Südböhmen
&
Böhmerwald

Michael Bussmann
Gabriele Tröger

Text und Recherche:	Michael Bussmann und Gabriele Tröger
Lektorat:	Angela Nitsche, Dagmar Tränkle
Redaktion und Layout:	Susanne Beigott
Fotos:	Michael Bussmann, ausgenommen S. 1, 8, 66, 70, 82, 98, 105, 125, 126, 134, 140, 158 (alle Tschechische Zentrale für Tourismus)
Titelfotos:	oben: Kanufahren auf der Úhlava unten: Schloss Červená Lhota
Umschlaggestaltung:	Karl Serwotka
Karten:	Hana Gundel, Judit Ladik, Gábor Sztrecska, Joachim Bode

Danksagungen:

Ein besonderer Dank für die wertvollen Tipps gilt den Lesern: Kristine Deumelandt (Waiblingen), Kitty und Wolfgang Mohr (Erlangen), Christina v. Puttkamer, Eros Montagnani (CH-Dietikon), Maximilian Roth (München), Andreas Hirsch (Bad Reichenhall), Simon Heindl (Sengenthal), Norbert Kueß und Ulrike Serth (Braunschweig), Peter von Kalckstein (Frankfurt) sowie Christel und Klaus Stolze-Zilm.

ISBN 978-3-89953-408-5

2. komplett überarbeitete und aktualisierte Auflage 2008

INHALT

Kartenverzeichnis

Zeichenerklärung für die Karten und Pläne

- Grünanlage
- Aussicht
- Campingplatz
- Anlegestelle
- Turm
- Kirche
- Synagoge
- Museum
- Sehenswürdigkeit
- Flughafen/-platz
- Bushaltestelle
- Taxistandplatz
- Autovermietung
- Fahrradvermietung
- Parkplatz
- Metrostation
- Straßenbahnhaltestelle
- Information
- Botschaft
- Post
- Bank/Wechselstube
- Ärztliche Versorgung
- Waschsalon
- Toilette

Was haben Sie entdeckt?

Haben Sie ein romantisches Hotel gefunden, eine urige Pivnice oder einen schönen Wanderweg?

Wenn Sie Tipps, Anregungen oder Verbesserungsvorschläge zum Buch haben, lassen Sie es uns bitte wissen.

Michael Bussmann & Gabriele Tröger
Stichwort „Südböhmen & Böhmerwald“
c/o Michael Müller Verlag GmbH
Gerberei 19
91054 Erlangen
E-Mail: bussmann.troeger@michael-mueller-verlag.de

Bergsee im Böhmerwald

Südböhmen erleben ...

Der viel besungene Böhmerwald, eine bukolische Welt aus rauschenden Flüssen, gurgelnden Bächen, rauem Weideland und tiefen Fichten- und Kiefernwäldern, ist noch immer so schön und intakt, wie ihn Adalbert Stifter einst literarisch porträtierte. Das Naturparadies an der Grenze zu Deutschland und Österreich, das bis 1989 der Grenzmiliz vorbehalten war, lädt heute wieder zu ausgedehnten Streifzügen ein.

Südböhmen ist aber weit mehr als der Böhmerwald: Unendliche Teichlandschaften, sanftes Hügelland und idyllische Stauseen prägen die Region genauso. Und so vielfältig die Landschaft, so abwechslungsreich war auch die Geschichte Südböhmens. Sie erzählt vom Goldrausch noch vor der Entdeckung des hohen Alaska, von den Adelsgeschlechtern der Eggen-, Rosen und Schwarzenberg, die mächtige Burgen und Dornröschenschlösser hinterließen, und von den Hussiten, die sich von hier aufmachten, um Europa in Atem zu halten. Das historische Erbe der Region spiegelt sich in prächtigen Städten und Städtchen wider, die einen im Stil der Renaissance mit einem Hauch von Italien, die anderen mit barockem Puppenstubencharme.

Aber so viele pittoreske Ecken die Region auch zu bieten hat – nicht überall ist die Tristesse aus der Zeit des Sozialismus schon ganz passee. Für diejenigen, die auch vor dieser Realität nicht die Augen verschließen, ist Südböhmen auf jeden Fall eine Reise wert – eine Reise, die in Kombination mit einem Ausflug nach Prag zu einem unvergesslichen Erlebnis werden kann.

... im Einklang mit der Natur

Weite Wälder, weite Felder – viele Gegenden sind dünn besiedelt und bäuerlich strukturiert. Zum Radfahren und Wandern laden vor allem die Třeboňer Teichlandschaft und der Böhmerwald ein. Da die Tschechen selbst mit Begeisterung per pedes oder Rad ihre Heimat erkunden, sind die Wege bestens markiert. Und wer Südböhmen auf dem Wasser kennen lernen will: Die wildromantischen Flussläufe sind ein Paradies für Kanuten. Die Moldau, die Mutter aller böhmischen Flüsse, begleitet Sie durch die gesamte Region. Im Winter bietet der Böhmerwald zudem gute Langlaufmöglichkeiten, auch alpiner Skisport ist möglich.

… mit Aschenbrödel und Schlossgeistern

Die ehemalige Tschechoslowakei war bekannt für ihre grandiosen Märchen- und Kinderfilme mit Zwergen, Burgfräuleins, Rittern und Gespenstern. Kein Wunder, denn die Kulissen für Räuber Hotzenplotz & Co lagen im ganzen Land quasi vor jeder Haustüre. Die Tschechoslowakei hat sich längst verabschiedet, die geradezu paradiesischen Zustände für alle Romantiker, Märchen-, Schlösser- und Burgenfreaks sind aber geblieben. Südböhmen macht da keine Ausnahme: Kaum ein Hügel ohne Burgruine, kaum eine Stadt ohne Schloss und kaum ein altes Gemäuer, über das es keine gruselige Legende zu erzählen gäbe. Man könnte schier ganze Jahre in Südböhmen verbringen, ohne alles gesehen zu haben. Einen Ausflug auf jeden Fall wert sind die Burgen Zvíkov und Rabí, die Renaissanceschlösser von Český Krumlov, Telč und Jindřichův Hradec und natürlich die Märchenschlösser Hluboká nad Vltavou und Červená Lhota.

… in Dörfern und Städtchen wie aus dem Bilderbuch

Wer nach Natur pur eine kleine Kulturpause einlegen will und wem Burgruinen und Schlösser zu viel der Romantik sind, der sollte sich die überaus charmanten Ortschaften der Region anschauen. Natürlich darf man kein typisch großstädtisches Kulturangebot erwarten – dafür ist Prag zuständig –, aber die eine oder andere historische Altstadt mit pittoresken Marktplätzen und herrlich restaurierten Bürgerhäusern ist immer einen Abstecher wert. Versuchen Sie es beispielsweise mal im malerischen Rožmberk nad Vltavou oder in Český Krumlov mit seinem Wirrwarr aus Giebeln, Erkern, Laubengängen, Zinnen … Oder fahren Sie nach Holašovice, Slavonice, Telč und Třeboň – allesamt bereits UNESCO-Weltkulturerbe oder Anwärter darauf.

… mit Hopfen und Malz

Tschechien – das bedeutet natürlich auch Bier, schließlich kommt der Welt bester Gerstensaft von hier. Man trinkt ihn am liebsten in rustikalen, verrauchten Pivnices. Dort sitzt man dicht gedrängt zusammen und erfährt spätestens beim dritten Glas die Lebensgeschichte seines Nebenmanns. Das tschechische Grundnahrungsmittel Nr. 1 enthält übrigens weniger Alkohol als deutsches Bier – den bekannten Krug zu viel trinkt man dennoch. Wer nicht nur wissen will, wie das Bier ins Glas, sondern auch, wie es ins Fass kommt, kann sich zum Beispiel bei Führungen in den Brauereien *Budvar* in Budweis oder *Eggenberg* in Český Krumlov schlau machen.

… mit Prag als Zugabe

Budweis und Prag trennen gerade zwei Fahrstunden. Das historische Zentrum Prags präsentiert sich als einzigartiges Freilichtmuseum, nicht umsonst ist es ebenfalls Weltkulturerbe. Gotik, Barock, Jugendstil, Kubismus – die architektonische Vielfalt auf engem Raum ist überwältigend: mehr als 2000 historische Gebäude auf einer Fläche von 800 ha. Zudem bietet die tschechische Hauptstadt mit ihren unzähligen

Galerien und Museen, traditionsreichen Opernhäusern und prunkvollen Konzertsälen Großstadtkultur vom Feinsten.

Tschechien, Südböhmen und der Böhmerwald in Zahlen

Geographie/Verwaltung: Mit 78.866 km² ist Tschechien nur wenig größer als Bayern. Der höchste Berg Tschechiens ist mit 1602 m ü. d. M. die Schneekoppe (Sněžka) im Riesengebirge, die höchste Erhebung des Böhmerwaldes ist der Plöckenstein (Plechý) mit 1378 m ü. d. M. Das Land ist in 14 regionale Gebietskörperschaften unterteilt, der Kreis Südböhmen (10.056 km²) besteht aus den Bezirken České Budějovice, Český Krumlov, Jindřichův Hradec, Písek, Prachatice, Strakonice und Tábor. Das Landschaftsschutzgebiet der Šumava (Böhmerwald) ist mit 1630 km² (690 km² Nationalpark, 940 km² Naturschutzgebiet) das größte Tschechiens und erstreckt sich bis nach Westböhmen.

Bevölkerung: Von den ca. 10,3 Mio. Einwohnern sind 81,2 % Böhmen, 13,7 % Mähren und 3,1 % Slowaken. Hinzu kommen Minderheiten von Polen (0,6 %), Deutschen (0,3 %) und Roma (0,3 %). Die Bevölkerungsdichte beträgt durchschnittlich 130 Einwohner je km², in Südböhmen, wo rund 625.000 Menschen leben, liegt diese bei nur 62 Einwohnern je km². In Prag wohnen knapp 1,2 Mio. Menschen, das sind rund 12 % aller Einwohner des Landes. Die Lebenserwartung der tschechischen Männer beträgt 72,6 Jahre, die der Frauen 79 Jahre.

Sprache: Landes- und Amtssprache ist Tschechisch, eine Minderheit spricht Slowakisch.

Religion: Tschechien ist das am stärksten säkularisierte Land des ehemaligen Ostblocks. Nach der letzten Volkszählung 2001 bekannten sich nur 30 % der Bevölkerung zum christlichen Glauben (v. a. zum katholischen Bekenntnis).

Wirtschaft: Die Wirtschaft des Landes boomt mit jährlichen Wachstumsraten von bis zu 6 %. Die Arbeitslosenquote ist in Tschechien regional extrem unterschiedlich, mancherorts sucht man händeringend Personal, andernorts ist ein Fünftel der Bevölkerung ohne Arbeit. Im Schnitt liegt die Arbeitslosenquote bei ca. 6,7 %, in Prag herrscht mit rund 3 % nahezu Vollbeschäftigung. Das Bruttoinlandsprodukt je Einwohner wird für 2008 auf 13.000 € geschätzt (zum Vergleich 2004 noch 8500 €). Zum BIP trägt die Industrie 39,3 % bei, 57,3 % der Dienstleistungssektor und nur 3,4 % die Landwirtschaft. Das durchschnittliche Monatsbruttoeinkommen lag Anfang 2008 bei rund 780 €, der durchschnittliche Stundenlohn (real) bei 4 €. Die Löhne steigen jährlich je nach Branche um 3–10 %. Ein Rentner musste sich mit durchschnittlich 340 € im Monat zufriedengeben. Die Inflationsrate schwankte in den letzten Jahren zwischen 1 % und 4 %. Die bedeutendsten Handelspartner sind die EU-Staaten, unter diesen steht Deutschland an erster Stelle. Rund ein Viertel der tschechischen Wirtschaft befindet sich auch in deutscher Hand.

Politisches System: Die Česká Republika ist eine parlamentarische Demokratie. Das Parlament besteht aus zwei Kammern, dem Abgeordnetenhaus (200 Mitglieder nach dem Verhältniswahlrecht auf 4 Jahre gewählt) und dem Senat (alle zwei Jahre wird ein Drittel der 81 Mitglieder für 6 Jahre per Mehrheitswahl bestimmt). Beide Kammern wählen gemeinsam das Staatsoberhaupt (seit 2003 Václav Klaus), dem max. 2 Amtsperioden à 5 Jahre erlaubt sind. Das Staatsoberhaupt besitzt ein aufschiebendes Vetorecht und ernennt den Ministerpräsidenten (seit September 2006 Mirek Topolánek, ODS), der vom Abgeordnetenhaus gewählt wird. Seit den letzten Wahlen 2006 sind darin folgende Parteien vertreten: Občanská demokratická strana/ODS (Demokratische Bürgerpartei, 81 Sitze), Česká strana socialně demokratická/ČSSD (Sozialdemokraten, 74 Sitze), Komunistická strana Čech a Moravy/KSČM (Altkommunisten, 26 Sitze), KDU-ČSL (Christdemokraten, 13 Sitze) und die Strana zelených/SZ (Grüne, 6 Sitze).

Anreise/Unterwegs in Südböhmen

Welche Papiere Sie für eine Reise nach Tschechien mit sich führen müssen, erfahren Sie im Kapitel „Reisedokumente" (→ S. 34). Damit Sie die richtige Währung parat haben, lesen Sie das Kapitel „Geld und Geldwechsel" (→ S. 27). Und wie viele Zigaretten Sie bei der Ausreise aus Tschechien dabeihaben dürfen, steht im Kapitel „Zollbestimmungen" (→ S. 37).

Das Reisen innerhalb Südböhmens gestaltet sich mit dem eigenen Fahrzeug selbstverständlich am unkompliziertesten. Aber auch mit öffentlichen Verkehrsmitteln, egal ob Bus oder Bahn, gelangt man spielend und preiswert überall hin.

Mit dem Auto oder Motorrad

In Tschechien werden jährlich über 20.000 Kraftfahrzeuge als gestohlen gemeldet, die meisten davon mit ausländischen Kennzeichen. Die besseren Marken werden ins Ausland transferiert, ältere Modelle im Land ausgeschlachtet. Man vermutet, dass jedes sechste Fahrzeug auf tschechischen Straßen gestohlen ist oder mit gestohlenen Teilen ausgestattet ist. Infolgedessen haben viele international operierende Autoverleiher in ihren Verträgen Klauseln fixiert, die Fahrten nach Tschechien ausdrücklich verbieten. Panik müssen Sie deswegen aber nicht haben (ohnehin nicht, wenn Sie gut versichert sind oder eine sichtbare Wegfahrsperre dabeihaben). Viele

Hotels und Pensionen verfügen über bewachte oder abschließbare Parkplätze. Zudem kassieren und kontrollieren Parkwächter auf vielen Parkplätzen in Städten und vor Sehenswürdigkeiten. Dennoch: Lassen Sie niemals Wertsachen im Fahrzeug liegen!

Ein erheblich gravierenderes Problem als der Fahrzeugdiebstahl stellt die Raserei auf den Straßen dar, die erschreckende Auswirkungen auf die Unfallstatistik hat: Die Zahl der Verkehrstoten auf eine Million Einwohner ist in Tschechien fast doppelt so hoch wie in Deutschland – kleine hölzerne Kreuze am Straßenrand sind allgegenwärtig.

Hilfreich für Fahrten durch die böhmische Prärie ist gutes Kartenmaterial, da an vielen kleineren Kreuzungen lediglich die nächstgelegenen Ortschaften ohne zusätzliche Richtungsangabe zur nächstgrößeren Stadt ausgeschildert sind. Mit grobem Kartenmaterial ist man dann schnell verloren. Detaillierte Karten bekommen Sie in Tschechien überall sehr preiswert (→ Wissenswertes von A bis Z/ Literatur, S. 29). Falls Sie über ein Navigationsgerät verfügen, achten Sie darauf, dass Ihr Kartenmaterial auf dem aktuellsten Stand ist.

Autobahngebühren: Für tschechische Autobahnen und Schnellstraßen benötigen Sie eine **Vignette.** Diese ist an den Grenzübergängen und an vielen Tankstellen erhältlich. Sie bekommen sie zudem in allen tschechischen Postämtern. Für Kfz bis 3,5 t kostet der Aufkleber für 1 Kalenderjahr umgerechnet 33 €, für 30 Tage (ab Stempelloch) 11 € und für 7 Tage (ab Stempelloch) 7,50 €. Für Fahrzeuge bis 12,5 t betragen die Gebühren 260 € bzw. 65 € und 24 €.

Parken: Auf zentralen Parkplätzen ohne Parkwächter gibt es i. d. R. Parkscheinautomaten (funktionieren wie daheim). Gebührenfreie Parkabschnitte sind durch das Schild *Bez Poplatku* gekennzeichnet. Gelbe Linien am Straßenrand bedeuten Parkverbot. *Zakazzastaveni* bedeutet Halteverbot. *Pro Drzitele Povoleni* steht für Anwohnerparken. Zu Straßenbahnschienen muss Ihr Fahrzeug mindestens 3,5 m Abstand haben. Parken Sie nie auf Brücken, voroder nach Bahnübergängen, Tunnels oder Unterführungen. Falschparker müssen mit Krallen und Bußgeldern bis zu 150 € rechnen.

Tanken: Viele Tankstellen haben rund um die Uhr geöffnet. Achten Sie auf die Oktanzahl: Bleifrei Natural (95 Oktan), Bleifrei Super Plus (98 Oktan), Diesel heißt *Nafta*. Falls die Preise für Kraftstoff nicht anziehen, tanken Sie in Tschechien ca. 20–30 % billiger als zu Hause.

Pannenhilfe: Leistet der Automobilclub **UAMK ČR,** ✆ 1230. Die Mitarbeiter am Telefon sprechen Deutsch. Auch der **ADAC** hat eine Vertretung in Prag, zu erreichen unter ✆ 261104351.

Unfall: Bei Schäden ab 700 € muss die Polizei gerufen werden (Notruf ✆ 112 o. 158). Am Unfallort nichts verändern!

Entfernungen in km

München	–	Č. Budějovice	370
Frankfurt	–	Č. Budějovice	561
Berlin	–	Č. Budějovice	500
Zürich	–	Č. Budějovice	679
Wien	–	Č. Budějovice	198
Č. Budějovice	–	Klatovy	106
Č. Budějovice	–	Telč	92
Č. Budějovice	–	Tábor	57
Č. Budějovice	–	J. Hradec	54
Č. Budějovice	–	Písek	52
München	–	Prag	365
Frankfurt	–	Prag	531
Berlin	–	Prag	348
Wien	–	Prag	309
Zürich	–	Prag	670

Bußgelder: Zahlt man am besten sofort – billiger als der bürokratische Weg. Bestehen Sie **unbedingt** auf einer Quittung, ansonsten wandert die (dann meist überzogene) Strafe in die privaten Taschen der Polizisten – leider keine Seltenheit!

Mietwagen: → Wissenswertes von A bis Z/ Mietwagen, S. 31.

Besondere Verkehrshinweise

Alkohol: Es gelten 0,0 Promille. Bei Zuwiderhandlung droht der Führerscheinentzug!

Höchstgeschwindigkeit: Für Pkws innerorts 50 km/h, außerorts 90 km/h und auf Autobahnen und Schnellstraßen 130 km/h. Fahrzeuge über 3,5 t und Gespanne dürfen außerorts nie schneller als 80 km/h fahren. Vor Bahnübergängen gilt ein Tempolimit von 30 km/h.

Kinder: Bis 12 Jahre und kleiner als 1,50 m dürfen sie nur im Kindersitz mitreisen.

Licht: Pkws und Motorräder müssen das ganze Jahr über auch tagsüber mit Licht fahren, andernfalls drohen 1000 Kč (ca. 37 €) Strafe. Zudem müssen Sie ein Set an Ersatzbirnen mit sich führen. Wer sie vergessen hat, bezahlt 300 Kč (ca. 11 €).

Straßenbahnen: Abbiegende Straßenbahnen haben grundsätzlich Vorfahrt.

Telefonieren im Auto: Nur mit Freisprechanlage.

Mit dem Flugzeug

In Südböhmen gibt es zwar etliche Flugplätze, von denen Sie Rundflüge unternehmen können, bislang jedoch keine Flughäfen, die im Flugplan nationaler und internationaler Airlines auftauchen. Allerdings ist geplant, den ehemaligen Militärflughafen Planá nad Lužnici bei Tábor bis 2010 zu einem Regionalflughafen auszubauen, der u. a. Verbindungen nach Wien bieten soll.

Für Flüge nach Prag (Infos zum Flughafen → S. 188) müssen Sie, egal ob Sie von Deutschland, Österreich oder aus der Schweiz fliegen wollen, je nach Saison und Sondertarif bei den meisten Airlines mit Preisen zwischen 100 und 350 € für einen Hin- und Rückflug rechnen. Sie können natürlich auch viel mehr bezahlen (z. B. in der Business Class), aber auch viel weniger, z. B. mit Low-Cost-Airlines wie Germanwings von Köln/Bonn, EasyJet von Dortmund und Genf oder SkyEurope von Wien. Wer bei Letzteren Glück hat, bekommt ein OW-Ticket schon ab rund 20 €. Zum Festpreis von 69 € (Stand Jan. 2008) bietet zudem Czech Airlines über die Webseite www.click4sky.com OW-Flüge innerhalb Europas inkl. aller Gebühren an. Wie Sie vom Prager Flughafen in die Innenstadt und von dort per Bus oder Bahn weiter nach Südböhmen gelangen, erfahren Sie unter „Prag/Verbindungen", S. 189.

Airlines im Internet

Austrian Airlines: www.aua.com
Czech Airlines: www.czech-airlines.com u. www.click4sky.com
EasyJet: www.easyjet.com
Flybaboo: www.flybaboo.com
Germanwings: www.germanwings.com
Condor (Thomas Cook): www.condor.de
SkyEurope: www2.skyeurope.com
Lufthansa: www.lufthansa.com
Swiss: www.swiss.com

Mit der Bahn

Eine gemütliche Anreisevariante und eine zuverlässige Reisevariante vor Ort. Das ausgedehnte Schienennetz bringt Sie in nahezu jedes Eck Südböhmens. Zugfahren vor Ort ist preiswert, eine einfache Fahrt von Český Krumlov nach Prag (ca. 160 km) kostet rund 9 €. Es gibt SuperCity- (SC), EuroCity- (EC) und InterCity-Züge (IC), für die ein Zuschlag erhoben wird. Des Weiteren verkehren Express- (EX), Schnell- (R) und Eilzüge (SP), allerdings ohne ihren Namen gerecht zu werden.

Die meisten wichtigen Symbole und Zeichen auf den Fahrplänen sind die Gleichen wie in Deutschland, so gibt z. B. ein Fahrradsymbol an, dass Sie ein Fahrrad mitnehmen können. Auf kleinen Nebenstrecken sollten Sie sich jedoch noch mit folgenden Zeichen vertraut machen: Eine mit X markierte Haltestelle steht dafür, dass der Zug nur auf Verlangen hält, d. h. Reisende, die zusteigen wollen, müssen dies dem Lokomotivführer signalisieren (also winken, wenn der Zug kommt), und Reisende, die aussteigen wollen, teilen es dem Schaffner mit. Ein Halbmond mit Rundung nach links bedeutet, dass der Zug nur zum Aussteigen hält, mit Rundung nach rechts das Gegenteil. Die wichtigsten Zugverbindungen sind im Reiseteil unter den jeweiligen Ortschaften aufgeführt.

Information im Internet: Unter www.bahn.de, www.sbb.ch, www.oebb.at oder www.cdrail.cz.

Preisbeispiele für die Anreise: Der Normaltarif für eine einfache Fahrt nach Südböhmen, z. B. nach České Budějovice (Budweis), liegt je nach Verbindung von Stuttgart bei ca. 69 €, von Hamburg bei ca. 106 €, von Wien bei ca. 38 €, von Zürich bei ca. 152 sfr (Nachtzug 164 sfr).

Das **Schöne-Wochenende-Ticket** der DB gilt übrigens auch in den grenznahen Gebieten Tschechiens. Dazu und über diverse Sondertarife und Ermäßigungen informieren die Bahngesellschaften.

Wer mit öffentlichen Transportmitteln (egal ob Bus oder Bahn) Südböhmen erkunden will, erfährt unter **www.jizdnirady.idnes.cz** (auch in deutscher Sprache) die schnellste und günstigste Verbindung. Wer auch noch wissen möchte, **welches Bier an welchem Bahnhof** ausgeschenkt wird, kann sich unter www.agnld.uni-potsdam.de/~kai/BAB/BAB.html informieren.

Mit dem Bus

Was die Anreise anbelangt, meist die preisgünstigere Alternative zur Bahn. Busverbindungen gibt es von diversen deutschen, österreichischen und schweizer Städten nach Prag. Je nachdem, von wo man anreist, halten die Busse auch in České Budějovice.

Wohin man innerhalb Südböhmens nicht mit dem Zug gelangt, kommt man auf jeden Fall mit dem Bus, das Netz ist sehr gut ausgebaut. Die Preise liegen oft unter den Bahnpreisen. Die wichtigsten Busverbindungen sind im Reiseteil unter den jeweiligen Ortschaften aufgeführt.

Information und Fährpläne der **Studentagency-Busse** unter www.studentagency.cz, der **Eurolines-Busse** unter www.touring.de, www.eurolines.at, www.alsa-eggmann.ch und www.bei.cz.

Preisbeispiele nach Prag: Von Stuttgart ca. 100 €, von Hamburg ca. 110 €, von Wien ca. 40 €, von Bern ca. 160 sfr (jeweils hin/zurück).

Reiseveranstaltertipp „Begegnung mit Böhmen“: Der Tschechienspezialist bietet Rad-, Wander-, Literatur-, Eltern & Kind- sowie Kulturreisen in kleinen Gruppen an. Ausgezeichnet mit der „Goldenen Palme“ von *Geo Saison*. Dechbettener Str. 74 b, 93049 Regensburg, ✆ 0941/26080, www.boehmen-reisen.de.

Mit dem Rad

Markierte Radwege gibt es überall in Südböhmen, die schweißtreibendsten im Böhmerwald. Sie können aber auch per Rad anreisen, etwa auf dem Fernradwanderweg Prag–Wien, der durch Südböhmen führt. Am besten bringt man sein eigenes Rad mit, vor Ort werden in erster Linie Bikes von Kaufhausqualität verliehen.

Für wenig Geld sind überall Radwanderkarten *(cykloturistická mapa)* erhältlich (→ Literatur/Karten, S. 29), Infomaterial für Radtouren halten die Touristeninformationen vor Ort bereit. Im Buch finden Sie unter vielen Ortschaften Tourenvorschläge, die aber lediglich als Anregungen gedacht sind. Exakte Routen zu beschreiben, ist aus Platzgründen nicht möglich.

Verpflegung: Wer ausgedehnte Radtouren durch Südböhmen plant, sollte bedenken, dass es in vielen kleinen Ortschaften keine Unterkunfts- oder Verpflegungsmöglichkeiten gibt.

MTB-Cross-Country-Strecken weisen die Skigebiete Zadov-Churáňov (→ S. 163), Kramolín (→ S. 150) und Špičák (→ S. 175) auf.

Radltreff Třeboň

Radtouren in Kombination mit Busfahrten (Cyklobusse): Durch Südböhmen verkehren sog. Cyklobusse, die auf die Mitnahme von Fahrrädern spezialisiert sind und so Radwanderrouten ermöglichen, bei denen Start- und Zielpunkt nicht identisch sein müssen. Die Busse fahren von Mitte Juni bis Ende September i. d. R. samstags, sonntags und feiertags, im Juli und August auf manchen Strecken gar täglich. Die meisten Busse starten in České Budějovice (CB) frühmorgens und fahren am späten Nachmittag zurück, in diversen Orten unterwegs kann man zu- bzw. aussteigen. Darüber hinaus gibt es Busse durch die Lipno-Region und den Nationalpark Böhmerwald. Die Routen im Einzelnen:

Modrá linka (blaue Linie – in den Böhmerwald über Vimperk): CB – Netolice – Prachatice – Husinec – Vimperk – Nové Hutě – Kvilda und zurück.

Šedá linka (graue Linie – in den Böhmerwald über Volary): CB – Netolice – Prachatice – Volary – Lenora – Horní Vltavice – Borová Lada – Kvilda und zurück.

Červená linka (rote Linie – in den Böhmerwald über Český Krumlov): CB – Zlatá Koruna – Český Krumlov – Černá v Pošumaví – Horní Planá – Nova Pec – Volary – Lenora – Horní Vltavice – Borová Lada – Kvilda und zurück.

Vltavská linka (Moldau-Linie – über Český Krumlov zum Lipno-See): CB – Český Krumlov – Rožmberk – Vyšší Brod – Lipno – Frymburk – Černá v Pošumaví – Horní Planá und zurück

Zelená linka (grüne Linie – durch die Třeboňer Teichlandschaft nach Slavonice): CB – Třeboň – Jindřichův Hradec – Nové Bystřice – Landštejn – Slavonice und zurück.

Žlutá linka (gelbe Linie – zum Orlík-Stausee): CB – Hluboká n. Vlt. – Písek – Nevězice – Schloss Orlík und zurück.

Novohradská linka (Gratzener-Bergland-Linie): CB – Nová Ves – Trhové Sviny – Nové Hrady – Dobra Voda und zurück.

Linky na Lipensku (Lipno-Linien – verkehren zwischen Český Krumlov und Prachatice in beiden Richtungen): Český Krumlov – Rožmberk – Vyšší Brod – Lipno – Černá v Pošumaví – Horní Planá – Nova Pec – Volary – Prachatice und zurück bzw. andersrum.

Linky v NP Šumava 440840 (Böhmerwaldlinien 440840 – verkehren zwischen Kvilda und Železná Ruda in beiden Richtungen): Kvilda – Modrava – Srní – Prášily – Hartmanice – Prášily – Železná Ruda und zurück bzw. andersrum.

Linky v NP Šumava 433570 (Böhmerwaldlinien 433570 – verkehren zwischen Sušice und Kvilda in beiden Richtungen): Sušice – Dlouhá Ves – Kašperské Hory – Srní – Modrava – Kvilda und zurück bzw. andersrum.

Reservierungen sind nicht erforderlich, erwünscht jedoch bei Gruppen. Bezahlt wird beim Fahrer (je nach Entfernung: 50 km kosten ca. 1,70 €). Weitere Informationen in den Touristeninformationen vor Ort oder unter www.jihotrans.cz. Dort erhalten Sie auch aktuelle Fahrpläne.

Fahrrad und Bahn: Auch auf vielen Bahnstrecken Südböhmens kann man das Rad mitnehmen (→ Mit der Bahn). Zudem verleiht die Tschechische Bahn (České dráhy, kurz ČD) an den Bahnhöfen Tábor, Veselí n. L., Jindřichův Hradec, Třeboň České Velenice und Telč Fahrräder. Zurückgeben kann man die Räder entweder dort oder in Bechyně, Chýnov, Roudná, Soběslav, Lomnice n. L., Chlum u. T., Majdalena, Borovany, Nové Hrady, Nové Bystřice, Počatky, Dačice und Slavonice. Weitere Verleihstationen unterhält die Bahn in den Böhmerwaldorten Volary, Nová Pec, Horní Planá und Černá v Pošumaví. Die dort geliehenen Räder können jedoch nur dort oder in Kubová Huť, Prachatice, Kájov oder Český Krumlov zurückgegeben werden. Die Leihgebühr für 6 Std. beträgt 4,50 €, für 24 Std. 8,90 €, die Kaution 38 €.

Wandern

Zum Nationalsport wurde Wandern in Tschechien während der kommunistischen Ära (außer dem eigenen Land konnte man ja nicht allzu viel erkunden). Dementsprechend durchziehen das Land unzählige perfekt markierte Wanderwege. In den letzten Jahren kamen im Böhmerwald zahlreiche grenzüberschreitende hinzu. Rote Markierungen kennzeichnen Kammwege und Fernwanderstrecken, blaue Strecken von mittlerer Länge, grüne Kurztouren und gelbe kurze Verbindungsstrecken. Naturlehrpfade sind weiß-grün markiert.

Wie beim Radfahren gilt: Die Tourenvorschläge im Buch sind nur als Anregungen gedacht, exakte Tourenbeschreibungen sind aus Platzgründen nicht möglich.

Verbotsschilder

Diverse Waldwege und Straßen im Grenzgebiet sind aus Gründen des Naturschutzes mit Verbotsschildern (mit der Aufschrift *„Vjezd zakázán“* oder *„Průjezd zakázán“*) für den Verkehr gesperrt. Zum Teil sind die Schilder jedoch noch Relikte aus der Zeit des Kalten Krieges. Auch wenn diese heute keinen Sinn mehr machen, ist für einen ordentlichen tschechischen Beamten die Durchfahrt so lange verboten, wie das Schild steht. In der Regel gelten die pauschal ausgesprochenen Verbote nur für Kraftfahrzeuge, Radfahrer sind davon ausgenommen. Nachfragen ist aber immer besser als nachzahlen. Wo Sie als Wanderer oder Radfahrer Schilder am Weges- oder Straßenrand mit der Aufschrift *„Vstup zakázán“* („Betreten verboten“) sehen, befolgen Sie diese zu Ihrer eigenen Sicherheit: Nicht alle einstigen Truppenübungsplätze im Grenzgebiet sind bislang von explosiven Munitionsresten geräumt worden.

Fleisch- und Fischgeschäft auf dem Land

Essen und Trinken

In Tschechien trinkt man bekanntlich nicht zum Essen, sondern isst zum Trinken. So ist für viele Tschechen nicht in erster Linie die Qualität der Küche der ausschlaggebende Punkt, sondern die des gezapften Bieres. Und das, was man zum Bier genießt, ist in der Regel deftig, fleischig, kloßig und soßig.

Die handfeste, kräftige Kost aus Böhmen hatte während der k. u. k. Monarchie einen nahezu legendären Ruf. In jedem Wiener Haushalt, der etwas auf sich hielt, stammte die Köchin aus Böhmen. Jenen Kochkünstlerinnen verdankt die viel gerühmte Wiener Cuisine bis heute so manche Spezialität, man denke nur an Palatschinken. Doch die Rezepte der böhmischen Kultköchinnen, die mit besten Zutaten, frischen Kräutern und extravaganten Gewürzen Köstlichkeiten zauberten, sind – zumindest in der Gastronomie und vor allem in der ländlichen – vergessen oder werden erst langsam wieder entdeckt. Dafür haben vier Jahrzehnte Sozialismus gesorgt. Wie man zu kochen hatte, war zu jener Zeit staatlich verordnet, um der Kategorisierung der Restaurants Genüge zu leisten. Wer die Einheitsküche verfeinern wollte, dem drohte Strafe. Auch heute noch liegt die Ausbildung der Köche z. T. in den Händen jener, die einst die Einheitsküche förderten. Und was dennoch an kreativen jungen Köchen nachkommt, geht lieber ins Ausland, wo mehr zu verdienen ist.

Wo isst man?

Günstig und gut, aber alles andere als in stilvoller Atmosphäre isst man in einer *pivnice, hospoda* bzw. *hostinec.* Erstere ist eine Bierstube, die anderen zwei sind eine Mischung aus Bierstube und Restaurant. Hauptgerichte (insbesondere Schnitzel und Braten mit Kloß) werden dort ab ca. 2,50 € serviert, zudem kommen auch kalte Speisen auf den Tisch. Eine größere Auswahl an Gerichten bieten *restauraces.* Diese gibt es in der einfach-rustikalen Version mit speckigen Tischdecken genauso wie in der gepflegt-gediegenen mit Kronleuchtern und Kellnern im Frack – Letztere findet man insbesondere in den größeren Städten Südböhmens und in Prag. In der Preisklasse von 5 € und mehr für ein Hauptgericht isst man meist recht gut. In den Mittelklasserestaurants Südböhmens geht es dabei insgesamt freundlicher und ehrlicher zu als im touristischen Zentrum Prags.

Wann isst man?

Die Hauptmahlzeit nehmen die Tschechen mittags ein. In den meisten *restauraces* werden dann preiswerte Tagesgerichte angeboten. Am Abend wird früh gegessen. In Dorfkneipen macht die Küche oft schon gegen 20.30 Uhr zu, ansonsten ist um 22 oder 23 Uhr Zapfenstreich. Lediglich in den Trendrestaurants der größeren Städte wird bis spät in die Nacht serviert.

Was isst man?

In Prag findet man eine große gastronomische Vielfalt, dort sorgt auch der Konkurrenzdruck meist für gute Qualität. Auf dem Land hingegen haben sich die Speisekarten vielerorts seit Jahrzehnten nicht verändert. Serviert wird noch immer die nationale Einheitsküche, in der Abwechslung rar ist. Auf knackige Salate, frische Kräuter oder regionale Spezialitäten muss man weitestgehend verzichten.

Vepřová pečeně (Schweinebraten) nennt sich das Leibgericht der Tschechen, gefolgt von *svíčková na smetaně* (Lendenbraten mit Sahnesoße) und *guláš.* Auch das Schnitzel *(vepřový řízek)* fehlt auf keiner Karte. In besseren *restauraces* wird zudem noch Wild und Fisch serviert. Fisch ist v. a. im Böhmerwald und in der Třeboňer Region sehr beliebt, wo sich in den Teichen und Flüsschen Karpfen, Hechte und Forellen nur so tummeln. Empfehlenswerte Vorspeisen sind sämige, herzhafte Kraut-, Kartoffel- oder Linsensuppen.

Wichtigste **Beilage** und quasi der Schwamm zum Aufsaugen der Bratentunke sind Klöße, die in verschiedenen Variationen daherkommen: als *houskové knedlíky* (in Scheiben geschnittene Mehlklöße, für böse Zungen geschmacksneutrale Pappscheiben), *bramborové knedlíky* (Kartoffelklöße) und – seltener – als *špekové knedlíky* (Speckklöße).

> Die Preisangaben im Buch beziehen sich lediglich auf die Hauptgerichte (abgekürzt mit „Hg."). Beilagen müssen, von den Tagesgerichten abgesehen, meist extra bestellt werden. Die Grammangaben vor Fleisch- und Fischgerichten sind Relikte aus sozialistischer Zeit. Als Trinkgeld gibt man etwa 10 %, in touristischen Lokalen wird dieses oft automatisch berechnet. Dort sollte man stets Rechnung und Wechselgeld überprüfen! Einen Servicezuschlag bezahlen i. d. R. nur Ausländer!

Berühmt ist Böhmen auch für seine **Süßspeisen.** Fragen Sie nach *lívance* (Liwanzen, mit Pflaumenmus bestrichene Hefeplätzchen) oder *buchty* (Buchteln, mit Pflaumenmus oder Mohn gefüllte Mehlspeise). Schleckermäuler sollten zudem Obstknödel *(ovocné knedlíky)* oder gefüllte Pfannkuchen *(palačinky)* kosten. Den zwickenden Magen beruhigt hinterher ein *Slivovice* oder ein *Becherovka,* die tschechischen Nationalschnäpse schlechthin.

In vielen Bierstuben gibt es nur **kalte Speisen** wie z. B. *utopenci* („Ertrunkene"), das sind dicke Fleischwürste in Essig und Zwiebeln. Oder *pivní sýr,* ein Quarkkäse, der mit Zwiebeln, warmem Senf und Bier vermischt aufs Brot gestrichen wird. Äußerst lecker ist *nakládaný hermelín,* kein zähes Wiesel, sondern der tschechische Camembert, in Öl, Gewürzen und Knoblauch mariniert. Unter *topinka* versteht man ein mit Knoblauch bestrichenes und mit unterschiedlichen Zutaten belegtes Röstbrot.

Was isst man als Vegetarier?

Vegetarier haben es schwer in einem Land, dessen durchschnittlicher Fleischkonsum zu den höchsten der Welt zählt. Verhungern brauchen aber auch sie nicht. *Knedlíky s vejce* (gebratenes Knödel mit Ei), *smažený sýr* (warmer panierter Käse) oder *šopský salát* (Gurken-Tomaten-Salat mit geriebenem Schafskäse) werden nahezu überall angeboten. In manchen Restaurants findet man auch unter der Überschrift *bezmasa* („Ohne Fleisch") ein paar Gerichte. Aber Achtung: Darunter fallen manchmal auch Speisen, deren Hauptbestandteil nicht aus Fleisch besteht, so z. B. ein Omelett mit Schinken oder Bratkartoffeln mit Speck. Eine gute Alternative für Vegetarier sind Pizzerien.

Was isst man auf die Schnelle?

Fastfood auf Tschechisch ist z. B. *párek v rohlíku* (tschechischer Hotdog) oder eine dicke *klobása* (gegrillte Wurst) mit Brot und Senf: ein fettig-spritzendes Bisserlebnis, das die Handcreme ersetzt. Ebenso schwer verdaulich ist *langoš,* ein mit Ketchup, Käse und Knoblauch belegter Teigfalden aus der Fritteuse. Sehr zu empfehlen sind hingegen sog. *chlebíčky,* kunstvoll arrangierte und reich mit Schinken, Edamer, Majonäse und Ei belegte Weißbrotscheiben. Diese „Brötchen fürs Volk", die es auch noch in anderen Zusammensetzungen gibt, sollten allerdings am besten vormittags genossen werden – ab 3 Uhr nachmittags beginnen sie langsam zu versteinern. Wer sie kosten will, muss nach einem *lahůdky* (einem tschechischen Delikatessengeschäft) Ausschau halten.

Was trinkt man dazu?

Na klar, **Bier,** gehört das tschechische doch zu den besten Bieren der Welt! 160 Liter pro Kopf und Jahr konsumieren die Tschechen im Durchschnitt – Kinder und Abstinenzler eingerechnet. Die Kommunisten nannten es gar „Brot der Bevölkerung".

Das bekannteste südböhmische Bier ist das *Budvar* aus České Budějovice (Budweis), doch auch kleinere Brauereien der Region produzieren hervorragenden Gerstensaft: *Samson* (ebenfalls aus České Budějovice), *Nektár* (aus Strakonice, unser Favorit), *Eggenberg* (aus Český Krumlov), *Bohemia Regent* (Třeboň) und *Platan* (Protivín). Sehr populäre tschechische Biere sind zudem das legendäre *Plzeňský prazdroj* (Pilsner Urquell), *Krušovice, Velkopopovický kozel* und *Gambrinus.* Prags größte Brauerei ist *Staropramen,* der Stadt berühmteste Kleinbrauerei heißt *U Fleků.*

Allgemein unterscheidet man zwischen hellem *(světlé)* und dunklem Bier *(tmavé bzw. černé),* eine Art Malzbier für Erwachsene. Beide lassen sich auch mischen. Was herauskommt, heißt *řezané,* „Geschnittenes". Tschechisches Bier wird nicht nach seinem Alkoholgehalt, sondern nach den Platograden unterschieden, d. h. dem Anteil löslicher Stoffe in der Würze vor dem Gärungsprozess. Faustregel zum Ausrechnen des Alkoholgehaltes: Stammwürze geteilt durch drei. Meist wird 10- oder

12-gradiges Bier ausgeschenkt, das mit etwa 3,5–4,5 % Alkohol deutlich schwächer ist als deutsches Bier.

Am besten schmeckt das Bier in einer typischen *pivnice* (Bierstube), die aus nichts anderem besteht als aus ein paar einfachen langen Holztischen, einer Schanktheke, ein bisschen Kitsch an den Wänden und einem derben Kellner. Frischluft ist darin ein Fremdwort, dicke Rauchschwaden vernebeln den Raum. In Anzug und Krawatte ist man ebenso willkommen wie im verschmierten Overall aus der Werkstatt. Denn Trinken ist in Tschechien eine demokratische Angelegenheit, und vor dem Zaphahn einer *pivnice* sind alle Menschen gleich. Das Bier wird in traditionellen Kneipen so lange unaufgefordert auf den Tisch gestellt, bis man zahlt oder umfällt. Die Preise für einen halben Liter schwanken je nach Niveau der Gaststätte zwischen 0,50 und 2,50 €.

Aber auch **Wein** kann man zum Essen trinken. Bei einer landesweiten Umfrage hielten die Tschechen noch 2004 ihre eigenen Weine nach den französischen für die besten (!) der Welt. Auf Tetra-Pack-Niveau mag das auch stimmen, zumal man mehr bemüht ist, Masse statt Klasse zu produzieren. Dennoch: Es gibt auch sehr gute Weine. Vor Flaschenweinen unter 5 € Ladenpreis muss man aber warnen. Die größten Weinanbaugebiete findet man in Mähren, angebaut werden insbesondere Grüner Veltliner *(Veltlínské Zelené)*, Müller-Thurgau, Weißer Burgunder *(Rulandské bílé)*, Welschriesling *(Ryzlink vlašský)*, Chardonnay und Sauvignon, Saint Laurent *(Svatovavřinecké)*, Blaufränkischer *(Frankovka)*, Blauer Portugiese *(Modrý Portugal)*, Zweigeltrebe und Spätburgunder *(Rulandské modré)*.

Grillparty auf dem Marktplatz von Český Krumlov

Den **Kaffee** nach dem Essen trinken die Tschechen in der Regel schwarz. Sehr beliebt ist noch immer der *Turecká* (türkischer Kaffee) – ein hoffnungsvoller Name für ein eigentlich ziemlich widerliches, gallebitteres Getränk. Wer sich die schwarzen Krümel zwischen den Zähnen ersparen will, kann auf *Vídeňská káva* (Wiener Kaffee mit dicker Sahnehaube), *presso* (ein guter, verlängerter Espresso) oder Cappuccino zurückgreifen. Das Stückchen Kuchen dazu bekommt man in der netten *kavárna* (Café) genauso wie in der einfacheren *cukrárna* (eine Art Schnellimbiss für Kuchen und Torten, auch gut zum Frühstücken geeignet).

Alle anderen Getränke sind, sofern man kein Billigimitat bestellt, wie daheim. Ein Genuss sind übrigens die tschechischen **Mineralwässer.**

Třeboň – eine Stadt wie gemalt

Übernachten

Zwischen mondän und marod – das Angebot an Übernachtungsmöglichkeiten in Südböhmen ist vielseitig. Vom Jugendstilpalast mit jeglichem Komfort über das Parkhotel in Plattenbauversion bis zur spartanischen Holzhütte ohne Dusche können Sie alles buchen. Und der Blick in die Zukunft ist vielversprechend, denn auf dem Übernachtungssektor wird einiges getan – jedes Jahr entstehen neue Häuser oder alte erstrahlen in neuem Glanz.

Hotels und Pensionen

Gehobene Hotels und Pensionen, die westeuropäischen Komfort offerieren und mittlerweile westeuropäische Preise verlangen, finden Sie in den touristischen Zentren Südböhmens und in Prag. Auf dem Land hingegen sind stilvolle Hotels oder Pensionen auch fast 20 Jahre nach der Samtenen Revolution noch Mangelware. Zum Glück tut sich hier aber mittlerweile einiges. Auch ansprechende Mittelklassehotels muss man vielerorts noch suchen. Selbst wenn sie in alten Prunkbauten untergebracht sind, verblasst deren Fassadenherrlichkeit oft schon in der Eingangshalle. Der Restaurierungs- und Sanierungsboom der letzten Jahre beschränkte sich häufig nur auf einen neuen Anstrich. Eine zeitgemäße Ausstattung der Zimmer wurde oft nur sehr geschmacklos vorgenommen. Nicht selten erwarten einen furnierte Möbel aus vorrevolutionärer Zeit, wellige Teppichböden (teils sogar an den Wänden!), ein Bad mit Linoleumboden oder zerbrochenen Kacheln und eine unberechenbare Heizung, die entweder gar nicht funktioniert oder so, dass man auch bei minus 15 °C bei offenem Fenster schlafen muss. Im Buch sind solche Hotels nur dann aufgeführt, wenn es an Alternativen mangelt. Preiswerte Zimmer oder Bungalows vermieten vielerorts auch Campingplätze (s. u.).

Während der tschechischen Ferienzeit von Anfang Juli bis Mitte August empfiehlt sich – vor allem bei einfacheren Unterkünften – eine Reservierung.

Bei der Entscheidung für ein Hotel sollte man die Sterneanzahl mit Vorsicht genießen: Auch graue Plattenbauhotels können über einen Lift oder ein Telefon in ihren Zimmern verfügen und haben so ein paar Sterne mehr. Besichtigen Sie ein Zimmer, bevor Sie einchecken! Schon von außen lässt sich ein Hotel grob einschätzen, indem man auf die Fenster blickt – wer neue Fenster hat, hat meist auch neue Möbel in den Zimmern. Buchen Sie keine Voll- oder Halbpension – das kann eine kulinarisch überaus eintönige Angelegenheit werden. In Acht nehmen sollte man sich vor den mit roten Herzchen geschmückten „Pensionen" an den grenzüberschreitenden Hauptverkehrswegen – es sind Kleinstbordelle auf unterstem Niveau.

Für ein DZ inkl. Frühstück in einem renovierten Mittelklassehaus sollte man – je nach Ort – mit 40–90 € rechnen, in einem First-Class-Hotel kosten DZ bis zu 300 €. Die Preisspanne bei Pensionen und einfachen Hotels bewegt sich zwischen 22 und 50 € für ein DZ.

Spartipp: Über Čedok (www.cedok.de, www.cedok.at, www.cedok.ch) können Sie so manche der im Buch aufgeführten Hotels 20–60 % billiger buchen. Auch unter www.hrs.de gibt es so manches Schnäppchen. Für die Suche nach Hotels im Internet sind des Weiteren folgende Seiten hilfreich: www.travelguide.cz, www.hotelnet.cz, www.czechhotels.cz, www.hotel.cz, www.travel.cz, speziell für Prag zudem www.stopcity.cz und www.pragunterkunft.de.

Hostels und Jugendherbergen

Unterkünfte, in denen sich die internationale Backpackerszene trifft und die fröhliche Party am Abend wichtiger ist als die Dusche im Zimmer, existieren im Reisegebiet lediglich in Prag und in Český Krumlov. Bei den meisten Jugendherbergen *(domov mládeže)* Südböhmens handelt es sich um sterile Schüler- und Studentenwohnheime, in denen während der Sommerferien Zimmer an Touristen vermietet werden. Viele dieser Wohnheime sind in tristen Plattenbauten untergebracht. Die Preise sind niedrig (8–10 € pro Person), das Niveau lässt sich mit dem eines einfachen Hotels vergleichen. Das Gros der Zwei- und Dreibettzimmer besitzt ein privates Bad, der Schlafsack kann zu Hause bleiben. Zimmer in Jugendherbergen vermitteln in der Regel die örtlichen Touristeninformationen.

Apartments und Ferienwohnungen

Eine interessante Alternative für Familien oder Gruppen. Die Ausstattung vieler Apartments und Ferienwohnungen ist im Vergleich zu Pensionen oder einfachen Hotels oft erheblich komfortabler – rustikale Einrichtungen überwiegen. Ein Apartment für zwei Personen kostet je nach Standort und Ausstattung 30–100 €.

Privatzimmer

Schilder mit „Zimmer frei" sieht man häufig an Stadträndern. Privatzimmer waren vor allem Anfang der 90er Jahre, als die heranrollenden Touristenmassen die Kapazitäten der Hotels bei weitem überstiegen, der Renner. Mittlerweile gibt es fast überall genug Betten, dass man nicht gezwungenermaßen auf sie zurückgreifen muss. Nicht jedermanns Sache ist es schließlich, eingezwängt zwischen Aquarium und Einbauschrank sein Nachtlager zu beziehen und Klo und Bad mit der Familie zu teilen. Vielen Vermietern geht es leider auch mehr darum, den schnellen Euro zu machen, als den Gästen einen angenehmen Aufenthalt zu bescheren. So sind die Zimmer nicht selten mit dem gesammelten Wohnschrott aus einem halben Jahrhundert Sozialismus vollgestellt. Dennoch hat man bei einem Privatquartier, die beste Möglichkeit, Einblicke ins tschechisches Alltagsleben zu bekommen. Tschechische Wohnungen sind in der Regel sehr sauber, Schuhe werden an der Wohnungstüre ausgezogen. Übernachten kann man hier bereits ab 8 € pro Person.

Die im Buch angegebenen Preise für Unterkünfte beziehen sich auf die **Hauptsaison** (HS). In Südböhmen dauert diese von Anfang Mai bis Ende September, in den Wintersportorten im Böhmerwald jedoch von Weihnachten bis Mitte März und in Prag von Mitte März bis Ende Juni und von Anfang August bis Ende Oktober. Achtung: In Prag verlangen viele Hotels um Silvester einen Topsaisonzuschlag von 30–100 % auf den Hochsaisonpreis. Preisangaben für Doppelzimmer (DZ) gelten immer für zwei Personen und beinhalten, wenn nicht anders angegeben, Frühstück. Da die Preise ständigen Änderungen unterworfen sind, sind sie als Anhaltspunkte zu verstehen. In der **Nebensaison** (NS) spart man gegenüber der Hauptsaison in vielen Häusern bis zu 50 %.

Camping

Die Tschechen campen leidenschaftlich gerne, und so finden Sie im gesamten Reisegebiet unzählige Campingplätze. Das Gros der Campingplätze liegt an Stauseen, Teichen oder Flüssen, für Badefreuden ist also meist gesorgt. Die schönsten und aufgrund ihrer Lage interessantesten Plätze sind im Buch bei den jeweiligen Orten verzeichnet. Nur wenige Plätze sind ganzjährig geöffnet, viele haben nur von Mitte Mai bis Ende September geöffnet (genaue Daten bei den aufgeführten Plätzen im Reiseteil). Hochsaison herrscht zur tschechischen Ferienzeit, davor und danach ist nicht selten tote Hose. Zwei Personen mit Auto und Zelt (was i. d. R. auch dem Preis für zwei Personen im Wohnmobil entspricht) zahlen pro Nacht je nach Ausstattung des Platzes 6–20 €. Die teureren sind meist komfortable Anlagen mit guten Sanitärbereichen, Restaurant, Küche, Geschäften, Stromanschluss und vielen, vielen Holländern. Nicht selten sind sie mittlerweile auch in holländischer Hand, was auf den Hinweisschildern am Zusatz „NL" zu erkennen ist. Tschechen bevorzugen einfachere, provisorische Plätze, oft handelt es sich dabei um Wiesen, mit denen sich die Bauern im Sommer ein Zubrot verdienen. Die Würstelbude mit Bierausschank fehlt aber auch hier nicht. Jedoch sind die sanitären Anlagen auf solchen Plätzen meist bescheiden, zuweilen teilen sich 100 Camper eine Toilette und eine Dusche. Dafür entschädigen Lagerfeuer und lustige Partys mit Klampfenmusik bis spät in die Nacht.

Die meisten größeren Campingplätze vermieten *chatas*. Diese Holzhütten liegen im Niveau irgendwo zwischen gut ausgestatteten Ferienhäuschen mit eigenem Bad und Küche und spartanischen Pritschenunterkünften im Hasenstallformat. Für die Hauptreisezeit ist eine Reservierung empfehlenswert. Übernachten kann man hier schon ab 6 € pro Person.

Weitere **Informationen** zu Campingmöglichkeiten in Tschechien finden Sie unter www.camp.cz, auch gibt es Campingkarten (→ Literatur, S. 29), auf denen das Gros der Plätze verzeichnet ist.

Entenbraten, ein böhmischer Klassiker

Wissenswertes von A bis Z

Ärztliche Versorgung

Für eine ärztliche Behandlung in Kliniken und Praxen, die dem staatlichen Versicherungssystem angeschlossen sind, benötigen Sie die Europäische Krankenversicherungskarte (EHIC). Darüber hinaus empfiehlt sich der Abschluss einer privaten Auslandskrankenversicherung, die einen Krankenrücktransport mit einschließt. Eine solche wird von diversen Versicherungen angeboten, Formulare dazu liegen z. B. in Banken aus. Der Preis dafür bewegt sich zwischen 10 und 20 € für ein Jahr.

Wanderern und allen, die sich viel in der Natur aufhalten, ist von Frühjahr bis Spätherbst eine Zeckenimpfung (FSME-Impfung) angeraten.

Apotheke heißt übrigens *lékárna*. Medikamente sind in Tschechien deutlich billiger als im deutschsprachigen Raum.

> Die Anschriften der nächstgelegenen Krankenhäuser *(nemocnice)* finden Sie unter der Rubrik „Adressen" bei allen größeren Städten. Bei Prag sind die von der deutschen Botschaft empfohlenen Krankenhäuser und Ärzte aufgeführt (→ S. 190).

Behinderte

Die südböhmische Fremdenverkehrszentrale hält die Broschüre „Wir reisen auch mit einem Handicap" bereit. Diese listet für Südböhmen und das Mühlviertel (Österreich) alle behindertengerechten Einrichtungen auf: Apotheken, Restaurants, Hotels, Parkplätze, Banken usw. Die Broschüre ist kostenlos bei den Touristeninformationen erhältlich (sofern auf Lager), kann aber auch über die südböhmische Fremdenverkehrszentrale bezogen werden (Jihočeská centrála cestovínho ruchu, Nám. Přemysla Otakara II., 37092 České Budějovice, ✆ 00420/386801413, www.jiznicechy.cz). Eine vorbildliche Stadtbroschüre für Gehbehinderte mit gutem Kartenmaterial gibt es zudem für Český Krumlov (ebenfalls über die Touristeninformationen kostenlos erhältlich). Informationen auch unter www.ckrumlov.cz/handicap.

Grundsätzlich sei dennoch gesagt, dass Tschechien vielerorts noch kein behindertenfreundliches Reiseziel ist, was Infrastruktur und Einrichtungen angeht. Organisierte Reisen nach Böhmen bzw. Prag bieten folgende beide Agenturen an:

Reiseagentur für Behindertenreisen Carsten Müller, Straße 6/116, 13059 Berlin, ✆ 030/9244035, www.behindertenreisen-cm.de.

mare nostrum, Am Schnarrenberg 12, 70376 Stuttgart, ✆ 0711/2858200, www.mare-nostrum.de.

Casinos und Spielotheken

Kasinos findet man insbesondere in den Grenzregionen und in allen größeren Städten. Vornehmlich Touristen und die im Land lebenden Vietnamesen suchen dort ihr Glück. Ein offizieller Dresscode besteht für die meisten Kasinos nicht, erwartet wird dennoch feinere Kleidung als der Jogginganzug. Gespielt werden Roulette, Black Jack, Bakkarat usw. Eintritt wird in der Regel nicht erhoben, jedoch müssen Sie sich ausweisen und registrieren lassen. Die Kasinos für den armen Mann nennen sich Herna Bars – schummrige, verräucherte Höhlen voller Spielautomaten und einarmiger Banditen. Sie haben meist rund um die Uhr geöffnet und ziehen ein recht bizarres Publikum an: Arbeiter zum Frühstücksbier, Obdachlose zum Aufwärmen und Banker zum Kaffee.

Diplomatische Vertretungen

Botschaften der Tschechischen Republik: Wilhelmstr. 44, 10117 **Berlin,** ✆ 030/226380, www.czech-embassy.de.

Penzinger Str. 11–13, 1140 **Wien,** ✆ 01/899580, www.mvz.cz/vienna.

Muristr. 53–53 a (Eingang Burgernzielweg), 3000 **Bern** 16, ✆ 031/350-4070, www.mvz.cz/bern.

Ausländische Botschaften in Prag: Botschaft der Bundesrepublik Deutschland, Vlašska 19, Malá Strana, ✆ 257113111, www.deutsche-botschaft.cz. Ⓢ 12, 22, 23 Malostranské náměstí.

Botschaft der Republik Österreich, Viktora Huga 10, Smíchov, ✆ 257090511, www.austria.cz. Ⓢ 6, 9, 12, 58 Arbesovo náměstí.

Botschaft der Schweiz, Pevnostní 7, Střešovice, ✆ 220400611, vertretung@pra.rep.admin.ch. Ⓢ 1, 2, 8, 18 Vozovna Střešovice.

Einkaufen

Die südböhmischen Städte sind keine Shoppingparadiese. Aber die drei beliebtesten Tschechien-Mitbringsel gibt es auch hier: Karlsbader Oblaten, Becherovka und Zigaretten. Letztere sind um einiges billiger als zu Hause, dürfen von Österreichern und Schweizern aber nur begrenzt ins Heimatland eingeführt werden (→ Zollbestimmungen). Gern gekauft werden ferner Bohemia-Sekt (gut, gehört zu Henkell), feingeschliffenes Kristallglas aus dem Böhmerwald, Holzspielzeug, bunte Keramik aus Slavonice, Gartenzwerge in allen Größen und, und, und ... Nach Kleidung schaut man sich am besten in Prag um. Hochwertige Ware – egal ob Designerhose oder Brillanten – ist in der Regel jedoch teurer als im Heimatland. Wer Relikte aus vorrevolutionärer Zeit sucht, sollte sein Glück in einem Trödelladen *(bazar zasťavarna)* versuchen. Empfehlenswerte Geschäfte finden Sie im Reiseteil bei den einzelnen Orten unter der Rubrik „Einkaufen".

Touristentrubel in den Krumauer Gassen

TAX-FREE-Einkauf: Schweizer Staatsbürger, die in Geschäften und Boutiquen mit einem TAX-FREE-Symbol am Schaufenster einkaufen, können sich bei der Ausreise an sog. „Cash Refund Offices" (an mehreren Grenzübergängen und internationalen Flughäfen) die Mehrwertsteuer von 19 % zurückerstatten lassen. Der Rechnungsbetrag muss jedoch mehr als 2500 Kč betragen. Dafür bedarf es eines vollständig ausgefüllten Tax-free-Schecks vom Verkäufer, der bei der Ausreise vom tschechischen Zoll abgestempelt werden muss.

Elektrizität

Die elektrische Spannung beträgt 230 V. Wenn Ihre Geräte einen schmalen Eurostecker haben, brauchen Sie keinen Adapter. Sind die Stecker jedoch runde Schukostecker, so benötigen Sie einen Adapter für Südosteuropa.

Feiertage

1. Jan.: Neujahr

Ostern: Ostermontag ist Feiertag, am Karfreitag wird gearbeitet

1. Mai: Tag der Arbeit

8. Mai: Tag der Befreiung Prags vom Faschismus 1945

5. Juli: Tag der Slawenapostel Kyrill und Method

6. Juli: Gedenktag für Jan Hus
28. Sept.: Todestag des Hl. Wenzels (Landespatron)
28. Okt.: Gründung der ersten Tschechoslowakischen Republik (1918)
17. Nov.: Gedenktag an die Novemberdemonstration von 1989
24.–26. Dez.: Weihnachten

Geld und Geldwechsel

Der Euro wird voraussichtlich nicht vor 2012/13 eingeführt. Bis dahin ist die Tschechische Krone *(koruna česká)*, abgekürzt Kč, gesetzliches Zahlungsmittel. Im Umlauf sind Banknoten zu 20, 50, 100, 200, 500, 1000, 2000 und 5000 Kč und Münzen zu 1, 2, 5, 10, 20 und 50 Kč. Eine Krone ist bislang noch in 100 Heller *(haléřů)* unterteilt, die 10- und 20-Heller-Münzen wurden jedoch bereits abgeschafft, das Aus für die 50-Heller-Münzen soll September 2008 folgen.

1 € entsprach im März 2008 ca. 25,4 Kč, 1 sfr ca. 16,3 Kč

Geldwechsel: Wechselstuben findet man im Zentrum Prags und in allen touristischen Orten an jeder Ecke. Die Kursunterschiede sind insgesamt gering, auch wenn es auf den ersten Blick nicht so aussieht. Dort, wo mit besseren Kursen geworben wird, fallen in der Regel auch höhere Gebühren an. „No commission" bezieht sich in 99 % aller Fälle nur auf den Rückumtausch von Kronen. Besonders günstig erscheinende Kurse greifen oft erst bei einem Mindestumtausch von rund 1000 €. Fragen Sie deswegen vor dem Umtausch konkret nach, wie viele Kronen Sie für Ihr Geld bar ausbezahlt bekommen! In der Regel bieten die Banken bessere Kurse.

Geldautomaten: Findet man ebenfalls in allen größeren Ortschaften Südböhmens und selbstverständlich in Prag an jeder Ecke. Das Abheben mit der Maestro-Karte ist nicht nur der bequemste Weg, sondern zugleich auch der günstigste, sofern man größere Beträge zieht (max. 13.000 Kč). Trotz fälliger Gebühren ist der Kurs im Endeffekt meist besser als beim Barumtausch. Dabei ist es egal, bei welcher Bank Sie vor Ort abheben. Gebühren werden i.d.R. auch fällig, wenn Sie bei einer Filiale Ihres deutschen Kreditinstitutes in Tschechien abheben.

Bei Verlust der Kredit- oder Maestro-Karte wählen Deutsche die Servicenummer 0049-116116. Abhängig vom Ausstellungsland der Karte gelten zudem folgende Sperrnummern: Für **American Express:** ✆ 0049-69-97971000 (D/A), ✆ 0041-446-596333 (CH). **Diners Club:** ✆ 0049-69-661660 (D), ✆ 0041-1-8354444 (CH), ✆ 0043-1-501350 (A). **Visa:** ✆ 001-4105819994 (D/CH, Sperrdienst über die USA), ✆ 0043-1-71111-770 (A). **Master/Eurocard:** ✆ 0049-69-79331910 (D), ✆ 0043-1-717014500 (A), ✆ 0800218235 (CH). **Maestro-Karte:** ✆ 0049-1805021021 (D), ✆ 0043-1-2048800 (A), ✆ 0041-800800488 (Credit Suisse), ✆ 0041-800811000 (UBS), 0041-442712230 (für alle Schweizer Maestro-Karten außerhalb der Schalterzeiten).

Kreditkarten: Werden in allen besseren Restaurants, Hotels und Geschäften akzeptiert.

Reiseschecks: Der sicherste Weg, doch leider ist der Kurs für Reiseschecks in Tschechien sehr schlecht.

Schwarztausch: Wird noch immer offeriert, praktizieren aber nur noch Ewiggestrige. Bloß nicht!

Hausnummern

In allen größeren Städten Tschechiens hat jedes Haus zwei Nummern. Die weiße Nummer auf blauem Hintergrund ist die eigentliche Hausnummer, wie man sie bei uns kennt. Die Zahl auf rotem Hintergrund ist die Nummer, unter der das Haus im Grundbuch eingetragen ist. So bezeichnet sie zugleich die Reihenfolge, in der die Häuser in der jeweiligen Stadt bzw. deren Stadtteilen gebaut wurden.

Haustiere

In vielen Hotels sind Haustiere gestattet, die meisten verlangen dafür einen Aufpreis. In öffentlichen Verkehrsmitteln benötigen Sie für Ihren Hund einen Maulkorb. Für die Einreise mit Haustieren → Reisedokumente, S. 34.

Information

Die **Tschechische Zentrale für Tourismus** (www.czechtourism.com, auch in Deutsch) unterhält im In- und Ausland mehrere Fremdenverkehrsämter, die auf Wunsch – Anruf oder Postkarte genügt – vielfältiges Informationsmaterial verschicken.

Tschechische Zentrale für Tourismus, Friedrichstr. 206, 10969 **Berlin,** ✆ 030/2044770, info1-de@czechtourism.com.

Lerchenfeldstr. 20, 80538 **München,** ✆ 089/ 54885914, info2-de@czechtourism.com.

Herrengasse 17, 1010 **Wien,** ✆ 01/5332193, info-at@czechtourism.com.

Am Schanzengraben 11 (vertreten durch Čedok), 8002 **Zürich,** ✆ 01/2873344, info-ch@czechtourism.com.

Auskünfte vor Ort erhalten Sie bei den Touristeninformationen. Deren Adressen sind im Reiseteil bei den jeweiligen Städten unter der Überschrift „Information“ angegeben.

Internet

Sofern vorhanden bzw. mit Gewinn zu nutzen, sind die Internetadressen diverser Einrichtungen wie Hotels oder Fluggesellschaften im Buch angegeben. Die offiziellen Seiten der größeren Städte Südböhmens finden Sie im Reiseteil unter der Überschrift „Information“. Weitere interessante Seiten sind:

www.jiznicechy.cz: Die Seite der südböhmischen Tourismuszentrale mit Infos zur Gegend, zu Pauschalangeboten usw.

www.tschechien-online.org: Nachrichten, Hintergrundinformationen und ein kommentierter Veranstaltungskalender – alles in Deutsch.

www.radio.cz: Das tschechische Pendant zur Deutschen Welle – aktuelle Nachrichten und sämtliche deutschsprachige Radiobeiträge zum Nachlesen und -hören.

www.czech.cz: Die offizielle Seite der Tschechischen Republik, auch in deutscher Sprache.

www.ticketpro.cz: Hier erfahren Sie, welche kulturellen Veranstaltungen während Ihres Besuches über die Bühnen gehen und können dafür auch gleich Tickets kaufen.

www.expats.cz: Englischsprachige Seite für in Prag lebende Ausländer (Wohnungen, Jobs, Veranstaltungen etc.).

> Für die **Hotelsuche** im Internet → S. 22.

Wer während seines Tschechienaufenthalts im Netz surfen oder E-Mails verschicken will, kann dies in diversen Internetcafés tun. Deren Zahl nimmt jedoch ab, da mehr und mehr Tschechen über einen privaten Internetzugang verfügen. Je schicker das Café, desto teuerer der Ausflug in den Cyberspace, eine halbe Stunde kostet 1–2,50 €. Auch verfügen die meisten Touristeninformationen über eine Internetecke. Zudem bieten viele Hotels und Pensionen einen Internetanschluss. Aktuelle Informationen zu diesem Reiseführer, die nicht mehr berücksichtigt werden konnten, finden Sie auf den Südböhmenseiten des Michael-Müller-Verlags unter **www.michael-mueller-verlag.de.**

Klima

Das Wetter Tschechiens wird zum einen vom ozeanischen Klima Westeuropas beeinflusst, zum anderen vom kontinentalen Klima, das von Polen und Russland kommt. Der Gebirgszug des Böhmerwaldes ist dabei nicht selten eine Wetterscheide: Wenn es in Süddeutschland regnet, kann in Südböhmen die Sonne scheinen – was es häufig auch tut. Aber auch das Gegenteil kann der Fall sein. Im Folgenden sind die Durchschnittswerte für České Budějovice (Budweis) angegeben, in Klammern dahinter die für Prag. In den Höhen des Böhmerwaldes liegen die Temperaturwerte erheblich darunter – selbst im Hochsommer kann es hier ziemlich frisch sein. Der Böhmerwald ist zugleich sehr niederschlagsreich.

Durchschnittswerte

	ø Tages-temperatur (in °C)	Regen (in mm)	ø Sonnen-stunden tägl.
Januar	– 1,8 (– 0,9)	22,6 (19,8)	1 ½ (1 ½)
Februar	– 0,3 (0,8)	23,4 (19,2)	1 ½ (2 ½)
März	3,4 (4,6)	32 (24,4)	3 ¾ (4)
April	8,1 (9,2)	46,5 (31,8)	5 (5 ½)
Mai	13 (14,2)	70,1 (59,9)	6 (7)
Juni	16,2 (17,5)	93 (58,5)	6 ¾ (7 ¼)
Juli	17,7 (19,5)	77,8 (85,3)	7 (7 ¼)
August	17,1 (18,5)	78,8 (63,2)	6 ½ (6 ¾)
September	13,5 (14,7)	47,5 (37,1)	5 ½ (5 ½)
Oktober	8,4 (9,7)	32 (62,3)	3 ¾ (4)
November	3,3 (4,4)	34,7 (28,2)	2 (1 ¾)
Dezember	– 0,2 (0,9)	24,5 (19,5)	1 ½ (1 ½)

Kriminalität

In puncto Umsatzeinbußen durch Ladendiebstahl ist Tschechien europaweit Spitzenreiter. Und was die Korruption im Land angeht, präsentiert man sich im europäischen Ranking auch nicht schlecht: Egal ob Baugenehmigung, TÜV-Plakette oder Studienplatz – alles nur eine Frage des Preises. Wer aber als Tourist durch Tschechien reist, hat wenig zu befürchten, sofern man bewachte Parkplätze wählt und in Prags überfüllten U- und Straßenbahnen auf seine Wertsachen Acht gibt.

Literatur und Karten

Was bietet sich mehr an, als auf einer Reise durch den Böhmerwald Adalbert Stifter (1805–1868), den Böhmerwalderzähler schlechthin, zu lesen (mehr über ihn und sein Werk → S. 154). Oder den ebenfalls aus dem Böhmerwald stammenden Heimatdichter Karel Klostermann (1848–1923, → S. 166), der jedoch nie den Ruhm Adalbert Stifters erreichte. Aus dem heutigen Tschechien stammen aber noch weitere bekannte deutschsprachige Autoren, wie z. B. Karl Kraus (1874–1936, berühmt

u. a. durch *Die letzten Tage der Menschheit*), Egon Erwin Kisch (1885–1948, der „rasende Reporter"), Franz Kafka (1883–1924, → S. 229), Max Brod (1884–1968, u. a. auch Herausgeber von Kafkas Werk), Franz Werfel (1890–1945, berühmt u. a. durch *Die vierzig Tage des Musa Dagh*), Rainer Maria Rilke (1875–1926, berühmt u. a. durch *Die Aufzeichnungen des Malte Laurids Brigge*) oder – etwas weniger bekannt – Johannes Urzidil (1896–1970), von dem u. a. die kunsthistorische Studie *Goethe in Böhmen* stammt. Im Reiseteil werden Sie diesen Autoren immer wieder begegnen. Im Folgenden weitere Vorschläge für empfehlenswerte und weiterführende Literatur zu Südböhmen, Tschechien und Prag:

• *Zu Land und Leuten* **Jiří Burgerstein: Tschechien.** Beck, München 1998. Der Tipp für alle, die mehr über die Tschechen und Tschechien erfahren wollen, und das unverblümt, informativ und unterhaltsam. Absolut empfehlenswert, wenn auch etwas veraltet.

• *Zu Böhmen und dem Böhmerwald* **Hugo Rokyta: Die böhmischen Länder. Böhmen.** Vitalis-Buchverlag, Prag 1997. Hier werden Burgen und Schlösser der Gegend nicht architektonisch beleuchtet, sondern mit den Persönlichkeiten in Verbindung gebracht, die darin einst lebten oder zu Besuch weilten.

Václav Maidl (Hg.): Aus dem Böhmerwald. K. Stutz Verlag, Passau 2002. Deutschsprachige Autoren erzählen.

Paul Kruntorad: Kafka, das Schloss und die Schuhfabrik. Tschechische Kostbarkeiten. Picus: Wien 2004. Der 1935 in Budweis geborene und 2006 in Wien verstorbene Publizist zeichnet ein unterhaltsames und kritisches Bild des modernen Tschechien.

Kunst im Goldenen Kanal von Třeboň

• *Zu Prag* **Peter Demetz: Prag in Schwarz und Gold.** Piper, München 2000. Die „Welt" schrieb dazu: „Ein Glanzstück lebendiger Geschichtsschreibung". Dem ist nichts mehr hinzuzufügen. Wessen Wissensdurst davon nicht befriedigt wird, findet im Anhang eine weiterführende Bibliographie.

Michael Frank: Nepomuken, die auf Brücken spucken. Prager Hintergedanken. Picus, Wien 1999. Unterhaltsame, persönliche Anekdoten aus der tschechischen Hauptstadt vom ehemaligen SZ-Korrespondenten in Prag.

• *Tschechische Belletristik* → Kasten. Außerdem:

Miloš Urban: Die Rache der Baumeister. Rowohlt, Berlin 2003. Ein tschechischer Bestseller; ein spannender zeitgenössischer Roman, angesiedelt im alten Zentrum Prags mit vielen Morden zwischen längeren Passagen zur Geschichte des Kirchenbaus.

Die **Tschechische Bibliothek** besteht aus 33 Bänden (jeder kann auch einzeln gekauft werden) und umfasst Autoren wie Božena Němcová (→ S. 205), Jaroslav Hašek (→ S. 228), Jan Neruda (→ S. 226), Bohumil Hrabal (→ Kasten) und viele mehr aus 600 Jahren tschechischer Literaturgeschichte. Zwischen 1999 und 2007 bei Deutsche Verlags-Anstalt (www.randomhouse.de/dva) erschienen.

Václav Havel, Dramatiker und Bürgerrechtler, Vertreter der einstigen Dissidentenliteratur und erster Präsident der Tschechischen Republik. Havel verarbeitete in seinem literarischen Werk u. a. Elemente des absurden Theaters (z. B. in *Das Gartenfest*).

Interessant sind zudem die *Briefe an Olga*, die er in den späten 1970ern aus dem Gefängnis an seine damalige Frau schrieb. Havels Werk ist in Deutschland im Rowohlt Verlag erschienen.

• *Karten* Land-, Rad- und Wanderkarten sowie Stadtpläne sind vor Ort erheblich billiger als in Deutschland, Österreich oder der Schweiz. Ein paar Empfehlungen:

Straßenkarte: Autoatlas Česka Republika 1:200.000 aus dem Verlag Geodézie ČS. Für alle, die es besonders detailliert wollen. Tschechien auf fast 100 Seiten, dazu Pläne der wichtigsten tschechischen Städte.

Campingkarte: Marco Polo Kempy České republiky 1:500.000 aus dem Verlag Geodézie ČS. Fast alle offiziellen Campingplätze samt Ausstattungskriterien und Adressen – leider nicht immer ganz zuverlässig.

Radwanderkarten: Empfehlenswerte Radfahrkarten gibt der Verlag SHOCart im Maßstab 1:75.000 heraus mit sämtlichen Radwegen jeder Region und Tourenvorschlägen samt Höhenprofil (www.cykloserver.cz). Vor Ort überall erhältlich. Klatovy und Umgebung Ost Nr. 135, Böhmerwald (West) Nr. 155 und 156, Böhmerwald & Lipno-See Nr. 157, Prachatice und Umgebung Nr. 158, České Budějovice und Umgebung Nr. 159, Třeboň und Umgebung Nr. 161, Tábor und Umgebung Nr. 137, Jindřichův Hradec und Böhmisch Kanada (bis Telč) Nr. 163, Písek und Umgebung Nr. 136.

Wanderkarten: Detaillierte Wanderkarten zu jeder Region gibt es im Maßstab 1:50.000 vom Klub Českých Turistů preiswert vor Ort zu kaufen.

Stadtpläne Prag: GeoClub Praha 1:16.000 oder Žaket Praha 1:23.000, beide billig und gut.

• *Wanderführer* **Rosemarie und Nikolaus Pollmann: Böhmerwald.** Bergverlag Rother, München 2003. 50 Tourenbeschreibungen vom Spaziergang bis zur Bergwanderung. Sehr detailliert.

Manfred Kittel: Böhmerwald. Erlebniswanderführer. MZ Verlag, Regensburg 2001. Leichte bis mittelschwere Wanderungen, übersichtlich und sehr zuverlässig.

Von Hrabal zu Topol – Tipps für die Reiselektüre

Graham Greene vermutete einst, dass man in der Tschechoslowakei die Schriftsteller bezahlt, damit sie nicht schreiben. Im Exil jedoch konnten viele Autoren solchen und anderen Demütigungen entgehen. Zu den Ausgewanderten gehören die zwei heute international bekanntesten tschechischen Schriftsteller Milan Kundera (geb. 1929, lebt in Frankreich) und Josef Škvorecký (geb. 1925, lebt in Kanada). Einer von denen, die in der Heimat blieben, war Bohumil Hrabal (1914–1997). Restriktionen und Zensur konnte er meist umgehen, indem er aus dem Alltag der einfachen Menschen berichtete. Wer die Autoren noch nicht kennt, könnte beispielsweise Hrabals *Ich habe den englischen König bedient*, Kunderas *Die unerträgliche Leichtigkeit des Seins* (erst 2006 in tschechischer Sprache erschienen) oder Škvoreckýs *Feiglinge* als Reiselektüre in den Koffer packen.

Die populärsten Vertreter der postsozialistischen Literaturszene sind Michal Viewegh und Jáchym Topol. Vieweghs leicht lesbare Romane *Blendende Jahre für Hunde* und *Die Liebe eines Vaters* wurden bereits ins Deutsche übersetzt. Topol stieg vom zwangspsychiatrisierten Undergrounddichter zum Kultautor auf. Empfehlenswert sind sein verfilmter, ecstasylastiger Großstadtroman *Engel Exit* und der Roman *Nachtarbeit*. Mit letzterem Werk verlässt Topol erstmals die Szeneliteratur und behandelt ein neues Thema: den Prager Frühling.

Mietwagen

Autoverleiher gibt es in Südböhmen nur in den touristischen Orten und den größeren Städten, sie sind im Reiseteil unter „Adressen“ vermerkt. Zudem vermitteln diverse Hotels und Reisebüros Fahrzeuge der meist in Prag sitzenden international operierenden Gesellschaften (→ S. 191). Die preiswertesten Fahrzeuge bekommt man für 50–80 € pro Tag inkl. Diebstahlversicherung. Ohne Kreditkarte geht in der Regel nichts, zum Teil wird sogar eine zweite Karte als Sicherheit verlangt.

Öffnungszeiten

Es gibt kein Ladenschlussgesetz, an das der Einzelhandel gebunden ist, die Öffnungszeiten sind von Geschäft zu Geschäft unterschiedlich. Im touristischen Zentrum Prags haben die Geschäfte tägl. von etwa 9–20 Uhr oder noch länger geöffnet. Auf dem Land kann man mit Öffnungszeiten von 9–18 Uhr am Werktag und (nicht immer) 9–12 Uhr am Samstag rechnen. Über Mittag haben viele Läden geschlossen. Banken haben in der Regel Mo–Fr bis etwa 16.30 Uhr geöffnet, Postämter Mo–Fr bis 18 Uhr, die größeren auch samstags bis 12 Uhr. Das Gros aller Museen hat montags geschlossen.

Ortsnamen

Viele Städte und Dörfer Südböhmens waren bis 1945 rein deutschsprachig besiedelt oder die deutschsprachige Bevölkerung stellte die überwältigende Mehrheit. Daher hatten einst nahezu alle Ortschaften im Reisegebiet auch einen deutschen Namen. Budweis ist z. B. noch heute weltweit unter seinem deutschen Namen bekannter als unter seinem tschechischen – auch die örtliche Stellen wissen dies und werben dementsprechend. In den Überschriften und im Index erfahren Sie sowohl den alten deutschen (in Klammern) als auch den heutigen tschechischen Ortsnamen.

Polizei

Die Polizei besitzt keinen allzu guten Ruf, und wer mit ihr mal zu tun hat, weiß warum. Grundsätzlich unterscheidet man zwischen der dem Innenministerium unterstellten Staatspolizei *(Policie České Republiky)* und der von den Gemeinden unterhaltenen Stadtpolizei *(Městská Policie)*. Letztere stellt Ihnen bei Diebstählen

In der Provinz – Kino in Kamenice nad Lipou

jeglicher Art routiniert und gelangweilt ein Protokoll aus. Eine Fremdenpolizei, die sich um touristische Belange kümmert, gibt es nicht.

Den **polizeilichen Notruf** erreichen Sie unter ✆ 158 und seit neuestem auch – aber nicht überall – unter ✆ 112.

Post

Egal, ob die Grüße nach Österreich, die Schweiz oder Deutschland gehen, das **Porto** ist einheitlich. Es lag 2007 bei umgerechnet 0,40 € (11 Kč) für Postkarten und für Briefe bis 20 g. Damit Sie in größeren Postämtern wissen, an welchen Schalter Sie müssen, achten Sie auf folgende Schilder: *známky* für Briefmarken, *telefonní karty* für Telefonkarten und *balíky* für Pakete. Briefmarken verkaufen neben der Post auch viele Kioske. Bis die Karte bei der Oma an der Küchenwand hängt, vergehen 2 bis 5 Tage.

Sieben Fälle, sieben Fallen: die hohen Hürden beim Tschechischlernen

Peníze heißt Geld, *škoda* schade, *popelník* ist der Aschenbecher, und mit *kozel* ist eine Biermarke gemeint. Nur selten klingen Wörter vertraut und haben wie beim *šnuptychl* deutsche („Schnupftüchl“) oder wie beim *piškoty* (*biscotti* = Keks/Gebäck) italienische Paten. (Auch der umgekehrte Weg, nämlich dass Wörter aus dem Tschechischen in andere Sprachen entlehnt werden, ist eher die Ausnahme; vgl. aber *pistole, polka* oder *roboter*.)

Wer nie eine slawische Sprache gelernt hat, wird sich mit Tschechisch schwer tun. Das Kapitel Grammatik schlägt man am besten erst gar nicht auf. Sieben Fälle – sieben Fallen. Ein Graus. Mal taucht eine Endung auf, mal geht sie unter. Das erinnert an die Delfine auf See – vielleicht erklärt das, warum sich die Tschechen mit *ahoj* verabschieden. Hinzu kommt die Aussprache und die Tatsache, dass sich die Umgangssprache stark von der Schriftsprache unterscheidet.

Wo ein Haken drüber steht, steckt auch einer drin. Nahezu ein Ding der Unmöglichkeit ist das 'ř' – *r* und *sch* sollten dabei gleichzeitig über die Lippen kommen. Zum Stottern verdammen auch die Wörter, die ganz und gar ohne Vokale auskommen, z. B. *vlk* (Wolf). Zu einschüchternden Demonstrationszwecken kann man sogar ganze nichts sagende Sätze ohne Vokale konstruieren: *strč prst skrz krk*, d. h. „Stecke den Finger durch den Hals“.

Zum Glück kann rund ein Viertel der Tschechen Deutsch, insbesondere ältere Menschen. Die Jugend – früher zum Russischlernen verpflichtet – übt sich heute fleißig in Englisch. Als Ausländer in Böhmen sind Tschechischkenntnisse nicht dringend vonnöten. In vielen Geschäften, Restaurants oder Hotels Prags oder Südböhmens, wird perfektes Verkaufs- oder Speisekartendeutsch gesprochen. Zudem gibt's Erläuterungen auf vielen Hinweisschildern und Prospekten auch in deutscher und englischer Sprache. Um wenigstens die Namen der Sehenswürdigkeiten einigermaßen passabel vor sich hinstottern zu können, finden Sie am Ende des Buches Hilfen zur Aussprache und einen kleinen Grundwortschatz.

Prostitution

Prostitution ist in Tschechien weder explizit verboten noch erlaubt, und da Prostitution in Tschechien auch Straßenstrich bedeutet, ist sie unübersehbar. Eine katastrophale Entwicklung machten die böhmischen Grenzgebiete insbesondere nach 1989 durch, als Tausende von Prostituierten aus ganz Osteuropa so nahe wie möglich an die EU-Grenze pilgerten. Mittlerweile hat sich die Situation entspannt und das Gros der Prostituierten (heute vorrangig Roma-Frauen, Asylbewerberinnen und Ukrainerinnen) wurde in die außerhalb der Stadtzentren gelegenen Nightclubs verbannt. Ihre Dienste nehmen vorrangig Tagesausflügler aus dem nahen Bayern oder Österreich in Anspruch – 90 % der Fahrzeuge vor den Etablissements haben entsprechende Kennzeichen. Aus Sicherheitsgründen rät die tschechische Polizei zum Bordellbesuch – auf dem Straßenstrich werden Freier häufig ausgeraubt.

Reisedokumente

Auch wenn die deutsch-tschechische sowie die österreichisch-tschechische Grenze ohne Grenzkontrollen passierbar sind, müssen Deutsche, Österreicher und Schweizer Reisedokumente mit sich führen: entweder Reisepass oder Personalausweis bzw. die Identitätskarte. Kinder unter 15 Jahren können, sofern sie in Begleitung ihrer Eltern reisen, im Reisepass eines Elternteils eingetragen sein. Andernfalls benötigen sie unabhängig vom Alter einen Kinderausweis mit Foto. Grundsätzlich gilt, dass sämtliche Ausweisdokumente noch mindestens drei Monate gültig sein müssen.

Mit dem Fahrzeug: Selbstverständlich sind Führerschein und Fahrzeugschein, zudem die grüne Versicherungskarte. Ein Auslandsschutzbrief ist empfehlenswert. Ist man nicht mit dem eigenen Fahrzeug unterwegs, so bedarf es zudem einer beglaubigten Vollmacht des Fahrzeughalters.

Mit dem Haustier: Bei Reisen mit einem Tier (egal ob Hund oder Schlange) benötigen Sie den EU-Heimtierausweis bzw. das Schweizer Pendant. Zur Kennzeichnung muss das Tier eine Chipmarkierung oder eine Tätowierung am Ohr haben. Welche Impfungen neben der Tollwutimpfung im Heimtierausweis bzw. in der Veterinärbescheinigung verzeichnet sein müssen, erfahren Sie bei Ihrem Tierarzt.

Sgraffito-Technik – die Kratzkunst der Renaissance

Italienische Baumeister brachten im 16. Jh. die Renaissance nach Böhmen und die Handwerker in ihrem Gefolge die sog. Sgraffito-Technik dazu – viele Hausfassaden zeugen noch heute von ihrer Kunst. „Kratzputz" nennt sich die Technik im Deutschen, die das Verfahren gleichzeitig auch erklärt: Auf einen Untergrund aus Rauputz wird dunkler oder farbiger Putz aufgetragen. Dieser wiederum wird übertüncht mit einer sehr dicken hellen Farbschicht. Noch bevor diese trocken ist, werden Muster und Ornamente herausgekratzt, so dass unter der hellen Oberfläche die dunklen bzw. farbigen Stellen sichtbar werden.

Sport und Freizeit

Tschechen sind sportverrückt und dazu überaus naturverbunden. Unvorstellbare Massen bevölkern in den warmen Monaten die Wanderwege und im Winter die Skilifte der Mittelgebirge. Und wer nicht mindestens jedes zweite Wochenende selbst schwitzt, geht ins Fußball- oder Eisstadion und schaut anderen dabei zu.

Angeln: Die Teiche und Flüsse Südböhmens bieten beste Möglichkeiten, kein Wunder, dass eine halbe Million Tschechen diesem Sport frönen. Zu den dicken Fischen, die man an Land zieht, gehören u. a. Forellen, Äschen, Karpfen, Hechte, Zander, Saiblinge und Welse. Informationen über Angellizenzen, deren Verkaufsstellen, Schonzeiten, Schutzgebiete etc. entnimmt man den Regionalbroschüren des Tschechischen Anglerverbands (Český rybářský svaz), die auch in deutscher Sprache bei den örtlichen Touristeninformationen erhältlich sind.

Baden und Schwimmen: Überall im Reisegebiet findet man Stauseen oder Teiche mit Badestränden – die schönsten sind im Reiseteil aufgeführt. Fast alle größeren Städte besitzen zudem Frei- und/oder Hallenbäder. In Prag sollte man von einem Bad in der Moldau absehen (auch wenn es viele Prager selbst tun), denn die Wasserwerte stimmen bedenklich.

Bungeejumping: Ist nicht allzu populär, die einzige Möglichkeit finden Sie bei Hrad Zvíkov (→ S. 116).

Golf: Neun Plätze gibt es im Reisegebiet, die Greenfees sind erschwinglich. Die Plätze befinden sich bei Nová Bystřice, Lipno, Český Krumlov, Písek, Hluboká nad Vltavou, Tábor, Bechyně und Nýrsko.

Kanu/Kajak: Es gibt kaum eine schönere Art, Südböhmen zu erkunden, als auf seinen Flussläufen. Es lassen sich auch mehrtägige Touren unternehmen, bei denen i. d. R. auf Campingplätzen übernachtet wird. Zu den beliebtesten Paddelstrecken gehören die Moldau (Vltava) zwischen Vyšší Brod und České Budějovice, die Lužnice südlich von Třeboň und zwischen Soběslav, Tábor und Bechyně sowie die Otava von Sušice über Písek bis zum Orlík-Stausee. Kanu- und Kajakverleiher finden Sie u. a. in Lenora, Vyšší Brod, Český Krumlov, Rožmberk, Tábor, Bechyně, Sušice, Písek und Suchdol nad Lužnicí.

Badespaß am Orlík-Stausee

Radfahren: → Anreise und unterwegs, S. 15.

Reiten: Entlang der Flussläufe oder durch verwunschene Wälder, Ausritte werden im Reisegebiet vielerorts angeboten. Adressen finden Sie u. a. unter Husinec, Český Krumlov, Rožmberk, Písek, Tábor, Bechyně, Jindřichův Hradec, Slavonice und Klatotvy.

Segeln und Surfen können Sie an der „Böhmischen Riviera", dem Lipno-Stausee (→ S. 146).

Tennis: Tausende junge Ivan Lendls und Martina Návratilovás bevölkern die Plätze, nahezu jeder Ort hat welche. Tennis ist in Tschechien Volkssport. Wo Sie spielen können, erfahren Sie über die örtlichen Touristeninformationen.

Wandern: → Anreise und unterwegs, S. 16.

Wintersport: Die Areale für den alpinen Skisport sind selbstverständlich nicht so anspruchsvoll wie in der Schweiz oder in Österreich, da die Gipfel auch nur Höhen von 1300 m erreichen, dafür ist das Ganze aber auch erheblich billiger. Die drei größten Skigebiete im Böhmerwald sind Kramolín (→ S. 150), Zadov-Churáňov (→ S. 163) und Železná Ruda/Špičák (→ S. 175). Daneben laden Loipen zum Langlauf ein.

Telefonieren

Das Telefonieren mit dem Mobiltelefon ist problemlos nahezu überall möglich. Wer keines hat oder Geld sparen will, telefoniert am einfachsten mit sog. **Prepaid-Karten** (z. B. von *Smartcall*, www.smartcall.cz, oder *Easycard*, www.easycard.cz) von öffentlichen Fernsprechern oder Festnetzanschlüssen. Die Karten gibt es in verschiedenen Stückelungen an Zeitungskiosken zu kaufen. Eine Minute kostet zwischen 0,08 und 0,50 €, je nach dem, wie viele Einheiten man kauft und ob man ins heimische Festnetz oder Mobilfunknetz telefoniert. Das Freizeichen ist ein kurzer Ton, gefolgt von einem langen.

Internationale Vorwahlnummern: Nach Deutschland ✆ 0049, nach Österreich ✆ 0043, in die Schweiz ✆ 0041. Danach wählt man die Ortsvorwahl, jedoch ohne die Null am Anfang, dann die Rufnummer.

Wer **nach Tschechien** telefonieren möchte, wählt ✆ 00420 und danach die Rufnummer. Es gibt keine Ortsvorwahl!

Telefonauskunft: ✆ 1180 (national) und ✆ 1181 (international). Da letztere Nummer meist mit deutschsprachigem Personal besetzt ist, das i. d. R. sehr hilfsbereit ist, kann man es hier als Ausländer auch versuchen, wenn man eine tschechische Nummer braucht.

Notrufnummern: Polizei ✆ 158, 156 oder 112, Feuerwehr ✆ 150, Rettungsdienst ✆ 155

Call-by-Call: Den günstigsten Anbieter von Deutschland nach Tschechien erfahren Sie z. B. unter www.billiger-telefonieren.de.

Toiletten

Sofern keine Symbole angebracht sind, sollten Damen auf die Bezeichnungen *Dámy* oder *Ženy* achten, Herren auf *Muži* oder *Páni*. Öffentliche Toiletten sind meist gebührenpflichtig oder die Klofrau erwartet ein Trinkgeld. Viele Kabinen kann man nicht abschließen!

Zeit

Es gilt wie in Deutschland, Österreich und der Schweiz die Mitteleuropäische Zeit (MEZ) inklusive Sommerzeit.

Zeitungen und Zeitschriften

Handbemalte Ostereier – ein beliebtes Mitbringsel im Frühling

Tagesaktuelle Zeitungen und Zeitschriften aus Deutschland bekommt man in den touristischen Zentren und in Prag ohne Probleme. Hintergrundinformationen und Aktuelles zu Politik, Wirtschaft, Sport und Kultur bietet auch die deutschsprachige, stets donnerstags erscheinende „Prager Zeitung". Deren Beilage, das „Prager Tagblatt", informiert über kulturelle Veranstaltungen in der Moldaustadt. Ähnliches gilt für die umfangreichere englischsprachige Wochenzeitung „Prague Post", die mittwochs herauskommt.

Zollbestimmungen

Für Bürger der EU: Bei Reisen innerhalb der EU unterliegen Waren für den Eigenbedarf keinen Beschränkungen. Jedoch gibt es Richtmengen, bei deren Überschreitung die Zöllner den Eigenbedarf in Frage stellen (kritische Marke bei Wein z. B. 90 l). Die Obergrenze für Zigaretten beträgt im Reiseverkehr zwischen Deutschland und Tschechien 800 Stück. Wollen Sie hingegen **von Tschechien nach Österreich** Zigaretten mitnehmen, beträgt die Obergrenze vorerst noch 200 Stück. Wann zwischen Tschechien und Österreich ebenfalls die Obergrenze von 800 Zigaretten eingeführt wird, erfahren Sie unter www.bmf.gv.at.

Antiquitäten dürfen nur ausgeführt werden, sofern man eine Bescheinigung hat, dass sie nicht zum kulturellen Erbe des Landes gehören.

Für Schweizer: Eidgenossen haben die Möglichkeit, sich an der Grenze (z. B. am Prager Flughafen) die Mehrwertsteuer für die in Tschechien gekauften Produkte erstatten zu lasen (→ Tax-Free-Einkauf, S. 26). Auf der Rückreise dürfen für den privaten Gebrauch gekaufte Waren (wie z. B. Kleidung) bis zu einem Wert von 300 sfr zollfrei eingeführt werden. Ansonsten gelten für Schweizer für die zollfreie Ein- bzw. Ausfuhr folgende Richtmengen:

Tabak: 200 Zigaretten oder 100 Zigarillos oder 50 Zigarren oder 250 g Tabak.
Alkohol: 1 l Spirituosen oder Schaumwein oder 2 l Tafelwein.
Parfüm: 50 g Parfüm oder 0,25 l Eau de Toilette.

Geschichte zum Anschauen: Schloss Hluboká nad Vltavou

Geschichte

Von Böhmen und Tschechen – die Vorgeschichte: Vermutlich wurden die waldfreien Gebiete Böhmens in der Altsteinzeit (Paläolithikum) erstmals besiedelt. Im 5. Jh. v. Chr. drangen die *Bojer,* einer der bedeutendsten keltischen Stämme, nach Mitteleuropa vor. Noch vor Christi Geburt wichen sie dem germanischen Stamm der Markomannen, dem Land hinterließen die Bojer aber ihren Namen, auf Lateinisch *Boiohaemum,* Böhmen. Anfang des 6. Jh. stießen im Zuge der Völkerwanderung westslawische Stämme bis an die Moldau vor, der Mythologie zufolge auch einer mit einem Anführer namens *Čech*. Dessen Clan sollte ebenfalls namengebend für Land und Leute werden. Aber schon in der zweiten Hälfte des 6. Jh. wurden diese Stämme von den Awaren unterworfen, ein zu den Hunnen gehörendes, nomadisierendes Steppenvolk aus Zentralasien.

Von Karl dem Großen bis zum Großmährischen Reich – ab 796: Der Frankenkönig Karl der Große vertrieb die Awaren wieder. Die Fürstentümer Böhmens, Mährens und der Westslowakei fielen damit an das Fränkische Reich und mussten hohe Tributzahlungen leisten. Um sich diesen zu entziehen, schlossen sie sich gegen das Fränkische Reich zusammen (Jahrhunderte später prägten Historiker dafür den Begriff „Großmährisches Reich"). Die tschechischen Fürsten aus dem sagenumwobenen Geschlecht der Přemysliden (→ S. 252) nahmen dabei im gerade entstehenden Prag eine führende Rolle ein. Um auch religiös unabhängig zu werden (die Region gehörte zum fränkischen Bistum Regensburg), bat man Byzanz um Unterstützung. Missionare wurden gesandt, angeführt von den Brüdern Kyrill und Method, die das Evangelium nicht in Latein, sondern in der Landessprache verkündeten. Am 5. Juli 863 trafen die beiden „Apostel der Slawen" in Mähren ein (seit der Samtenen Revolution ist dieser Tag ein Feiertag in Tschechien).

Böhmen wird Teil des Römischen Reiches – ab 950: In jenem Jahr schickte der deutsche König und spätere Kaiser Otto der Große sein Heer nach Böhmen. Der Přemyslidenfürst Boleslav unterwarf sich ihm, womit Böhmen ein gleichgestelltes Mitglied im Römischen Reich wurde. Etwas mehr als ein Jahrhundert später folgte die Ernennung der ersten böhmischen Könige. Und wieder ein Jahrhundert später warben diese Siedler aus der ober- und niederdeutschen Nachbarschaft zur Entwicklung des Landes an. Soběslav II. räumte ihnen gar besondere Privilegien und Rechte ein. So wurden weite Gegenden Böhmens deutschsprachig, woran sich bis 1945 kaum etwas änderte.

Erste große Blüte unter Karl IV. – im 14. Jh.: Mit dem Tode König Václavs III. 1306 endete nach über drei Jahrhunderten die Přemysliden-Dynastie. Das Land erlebte daraufhin innerpolitische Wirren mit Rebellion und Anarchie, bis der böhmische Adel Johann von Luxemburg die Krone anbot. Goldene Zeiten führte dessen Sohn Karl IV. herbei, der als böhmischer König 1355 in Rom zum Kaiser des mittlerweile Heiligen Römischen Reiches gekrönt wurde. Prag stieg daraufhin zu einer der bedeutendsten Städte Europas auf (→ Prag/Geschichte, S. 186). Aber schon zwei Jahre nach Karls Tod, im Jahr 1380, brach die Pest aus, ein schwerer Schlag für das Reich. Und weitere sollten folgen, denen Karls Sohn Wenzel IV. nicht gewachsen war, der das politische Geschick seines Vaters nicht geerbt hatte, sondern vielmehr als fauler Trunkenbold in die Geschichte einging.

Im Zeichen der Hussiten – 15. Jh.: In Anlehnung an die Thesen des englischen Reformators Wyclif forderte Jan Hus (vermutlich 1370–1415) die Abkehr der Kirche von Besitz und weltlichem Machtstreben, was insbesondere bei der tschechischsprachigen Bevölkerung auf breite Zustimmung stieß. 1414 wurde er daraufhin zum Konzil nach Konstanz beordert. Man sicherte ihm freies Geleit zu. Doch um der Gefahr einer immerwährenden Spaltung der Kirche entgegenzuwirken, verbrannte man ihn auf dem Scheiterhaufen. In weiten Teilen Böhmens – mit Ausnahme streng katholischer Städte wie z. B. Budweis (heute České Budějovice) oder Krumau (Český Krumlov) – erreichte man mit seinem Tod genau das Gegenteil: Hus wurde zum Märtyrer (→ Kasten S. 94). Die sozialen Spannungen verschärften sich. Es kam zu Unruhen und 1419 mit dem ersten Prager Fenstersturz (→ Kasten S. 245) zur Revolte. Für den Papst waren die Hussiten jedoch nichts anderes als Ketzer aus Böhmen, und so erließ er die Kreuzzugsbulle. Doch die Hussiten stellten Heere auf und triumphierten in der berühmten Schlacht auf dem Vítkov (Veitsberg) mit Jan Žižka als Anführer über das zahlenmäßig weit überlegene Kreuzfahrerheer. Krieg auf Krieg folgte,

Hussitenführer Jan Žižka

16 lange Jahre, in denen auch Städte und Klöster in Südböhmen verwüstet wurden, dann war die Niederlage der Hussiten besiegelt. In der Folgezeit löste ein böhmischer König den anderen ab, darunter welche aus dem Geschlecht der Luxemburger und der polnischen Jagellonen. Sie alle aber waren zu schwache Persönlichkeiten für das Zeitalter religiöser Umwälzungen.

Böhmen unter den Habsburgern – ab 1526: In jenem Jahr begann mit Ferdinand I. die Habsburgerherrschaft über Böhmen. Mitte des 16. Jh. holte er die Jesuiten ins Land, die die Gegenreformation durchführen sollten. Am Ende der Regierungszeit von Ferdinand I. und unter seinem Nachfolger Rudolf II. leistete sich der katholische Adel und Klerus zahlreiche Paläste, entworfen von italienischen Baumeistern, die den Renaissancestil nach Böhmen gebracht hatten. Bezahlt hatten diese unter anderem etliche protestantische Adelige mit ihrem Leben und Vermögen.

1618 eskalierten die Spannungen zwischen Protestanten und Katholiken erneut in Prag. Es kam zum berühmten zweiten Prager Fenstersturz (→ Kasten S. 245), der den Dreißigjährigen Krieg zur Folge hatte. Die protestantischen böhmischen Stände verweigerten daraufhin den katholischen Habsburgern die Gefolgschaft. Ein Jahr später wählten sie den jungen, protestantischen Friedrich von der Pfalz zu ihrem neuen König. Als „Winterkönig" ging er in die Geschichte ein, was ungefähr der Zeitspanne seiner Regentschaft entsprach. Denn bereits 1620 setzte der Habsburger Ferdinand II. mit seinem kaiserlichen Heer in der siegreichen Schlacht am Weißen Berg *(Bílá hora)* bei Prag seine Thronrechte über Böhmen wieder durch. Die Strafe für die Aufständischen folgte auf dem Fuß: 27 Adelige wurden in Prag am Altstädter Ring in einem Schauprozess hingerichtet, andere spießte man am Altstädter Brückenturm auf – 10 Jahre lang blieben ihre Überreste dort hängen. Fast die gesamte protestantische Aristokratie und alle nichtkatholischen Geistlichen wurden verfolgt. Wer konnte, verließ das Land. Grund und Vermögen der Geflüchteten fielen loyalen katholischen Adelsfamilien zu.

Infolge des Dreißigjährigen Krieges wurde das Land verwüstet, die Bevölkerung um fast zwei Drittel dezimiert. Bis zum Westfälischen Friede 1648 marschierten das sächsische und das schwedische Heer plündernd durch Böhmen. Nach dem Krieg regierten die Habsburger Böhmen von Wien aus und ließen das Land durch hohe Steuern förmlich ausbluten. Alle Formen des Protestantismus wurden verboten, die Rekatholisierung flächendeckend durchgesetzt, Kirchen und Klöster barockisiert. Die Tschechen wurden zu Menschen zweiter Klasse, ihre Sprache zu einem verachteten Dialekt, der nur von Leibeigenen, Bauern, Handwerkern und Dienstboten gesprochen wurde. Hingegen bestand die Händlerschicht überwiegend aus Deutschen, und die deutsche Sprache, die Lingua franca des habsburgischen Zentralismus, wurde zur alleinigen Amtssprache erhoben.

Aufklärung und Industrialisierung – 18./19. Jh.: Während der österreichischen Erbfolgekriege, die auf den Tod Karls VI. 1740 folgten, wurde Böhmen vorübergehend von Bayern, Sachsen, Franzosen und Preußen belagert, die der Thronfolgerin Maria Theresia das Erbe streitig machen wollten. Ihr Sohn Joseph II. (1765–1790) reformierte das Habsburgerreich nach den Ideen der Aufklärung: Einführung der Schulpflicht, Glaubensfreiheit, Säkularisierung der Klöster usw. Aber weiterhin herrschte eine große Kluft zwischen dem, was „deutsch", und dem, was „tschechisch" war.

Wirtschaftlich entwickelte sich Böhmen zu einer Perle in der Krone der Habsburger und dank der Bildungsreform entstand zu Anfang des 19. Jh. ein kleines tschechisches, intellektuelles Bürgertum. Aus diesem ging u. a. die *Národní obrození*

Schloss Hluboká nad Vltavou: Der kopfpickende Rabe findet sich auch im Familienwappen der Fürsten Schwarzenberg

hervor, eine Bewegung, die zunächst die Gründung tschechisch-nationaler Vereinigungen in Kunst und Literatur zur Folge hatte. Diese fanden in Prag regen Zulauf, wo infolge der industriellen Revolution und des damit verbundenen Zuzugs an Tschechen das zahlenmäßige Verhältnis zwischen Deutschen und Tschechen zugunsten Letzterer kippte. Widerstand gegen die deutsche Dominanz begann sich zu regen. Und die Habsburger Monarchie, die keine Gleichberechtigung kannte, die Presse- und Versammlungsfreiheit verweigerte und deren Erhalt Polizeispitzel und eine Bürokratie garantierten, die für ganz Afrika gereicht hätte, brachte mehr und mehr junge böhmische Patrioten hervor, anti-deutsch eingestellt.

Die Spannungen eskalierten schließlich 1848. In Prag und in anderen Städten kam es zu schweren Protesten, weniger aber in den Zentren Südböhmens, wo die Tschechen vielerorts nur eine kleine Minderheit darstellten. Um die Aufständischen zu besänftigen, erfolgte am 8. April 1848 per kaiserlichem Dekret die Gleichstellung der Sprachen – ein Schritt, der zu spät kam. Der Traum von einem tschechischen Staat war bereits geboren, Straßenschlachten waren die Folge. Doch die Hoffnungen auf eine Hauptstadt namens Praha fanden schon bald ihr Ende. Bereits am 17. Juni 1848 verschaffte sich das österreichische Militär mit schwerem Geschützfeuer wieder Respekt.

Nach der kurzen Erschütterung der Habsburgerherrschaft übte sich die alte Oberschicht deutsch-böhmischer Prägung wieder in Ignoranz und Überheblichkeit. Doch das Streben der Tschechen nach Souveränität und kultureller Emanzipation war nicht mehr umkehrbar.

Erster Weltkrieg, Erste Republik: Während des 1. Weltkriegs sah eine Gruppe von Exilanten die Gelegenheit gekommen, bei den Entente-Mächten für eine unabhängige tschechoslowakische Republik zu werben. Eine Schlüsselrolle unter ihnen nahm Tomáš Garrigue Masaryk (1850–1937) ein. Und als die habsburgische Monarchie zerschlagen war, wurde die Republik Realität und Masaryk ihr erster Präsident.

Der neue Staat (ČSR) hatte gute Karten, ca. 60 % der Industrieanlagen Österreich-Ungarns waren ihm in intaktem Zustand zugefallen – von heute auf morgen befand sich das Land an 10. Stelle unter den Industrienationen der Welt. Die Bevölkerung war bunt gemischt: 6,8 Mio. Tschechen, 3,1 Mio. Deutsche (über 80 % davon lebten in geschlossenen Siedlungsgebieten, insbesondere in West-, Nord- und Südböhmen, aber auch in Nord- und Südmähren), 1,9 Mio. Slowaken, 750.000 Ungarn, 460.000 Ukrainer, 180.000 Juden und 70.000 Polen. Um ethnischen und sozialen Spannungen vorzubeugen, wurde unter Masaryk eine der liberalsten Verfassungen jener Zeit verabschiedet. Dennoch, viele Deutsche, insbesondere in den grenznahen Gebieten Böhmens, wollten die Eingliederung in die ČSR nicht akzeptieren. Und als peu à peu Gesetze folgten, die an ihrem Besitz rüttelten und ihre Rechte einschränkten (Enteignung durch Agrarreform, Entlassung von über 30.000 deutschsprachigen Beamten, da diese der tschechischen Sprache nicht ausreichend mächtig waren, Schließung deutscher Schulen etc.) formierten sie sich als Sudetendeutsche (die Bezeichnung existierte zuvor noch nicht) und forderten die Selbstbestimmung. 1933 wurde die *Sudetendeutsche Heimatfront* gegründet, aus der später die *Sudetendeutsche Partei* hervorging. Ihr Führer war Konrad Henlein, der die Nähe zum Führer in Berlin suchte. Sehnsüchtig blickten die Sudetendeutschen ins Reich, wo die Nazis nach der Weltwirtschaftskrise für Aufschwung sorgten, während in der ČSR allein 500.000 Deutsche arbeitslos waren.

Braune Hosen – ab 1938: Am 29. September dieses Jahres unterzeichneten Hitler, Mussolini, Chamberlain und Daladier das Müncher Abkommen, das die Abtretung der Sudetendeutschen Gebiete ans Deutsche Reich regelte. Zwei Tage später marschierten deutsche Truppen ein. Doch die Nazis wollten mehr. Im März 1939 besetzten sie das restliche Staatsgebiet Tschechiens – die Slowakei war inzwischen auf deutschen Druck formal unabhängig geworden – und erklärten es zum sog. Reichsprotektorat Böhmen und Mähren. Wie andernorts auch festigten die Nazis ihre Herrschaft mit Unterdrückung und Terror, etwa 10.000 Tschechen nichtjüdischen Glaubens und 75.000 Juden wurden ermordet. Zu den größten Exzessen der Naziherrschaft kam es nach dem Attentat auf den stellvertretenden Reichsprotektor Reinhard Heydrich, als u. a. das Dorf Lidice nordwestlich von Prag dem Erdboden gleichgemacht und sämtliche männlichen Einwohner getötet wurden.

Im April und Mai 1945 erfolgte die Befreiung des Landes. Im Westen durch die Amerikaner, im Osten durch die Russen. Später, im Kalten Krieg, leugneten übrigens die Kommunisten aus Propagandagründen die Befreiung Westböhmens durch die US-Armee und behaupteten, es wären russische Soldaten gewesen, aus taktischen Gründen jedoch als US-Soldaten verkleidet. Der bereits erwähnte Henlein beging in alliierter Haft Selbstmord, der letzte Reichsprotektor Frick wurde in Nürnberg zum Tode verurteilt.

Rote Socken – ab 1946: Kurz nach Kriegsende wurde die Tschechoslowakische Republik (ČSR) wiederhergestellt und Edvard Beneš ihr erster Präsident. Unter seiner Führung wurden 1945 auch jene von der Potsdamer Konferenz gebilligten Dekrete verabschiedet, die der deutschen Bevölkerung das Recht auf die tschechoslowakische Staatsangehörigkeit aberkannten und deren gewaltsame Abschiebung zur Folge hatten. Fast drei Millionen Deutsche waren davon betroffen. Nur rund 200.000 Deutsche durften bleiben, insbesondere jene, die für Industrie und Wirtschaft „unersetzlich" waren. Bis heute belasten die Beneš-Dekrete das deutsch-tschechische Verhältnis. Die entvölkerten Gebiete versuchte man in den folgenden Jahren mit der Ansiedlung von Tschechen, Slowaken, Roma und Ukrainern wiederzubeleben.

Ein Jahr später erhielten die Kommunisten bei den Wahlen zur Nationalversammlung knapp 40 %, das beste Ergebnis, das eine kommunistische Partei je in einer freien Wahl erzielte. 1948 führten sie eine Regierungskrise herbei, riefen den Generalstreik aus und zwangen Beneš zum Rücktritt. Neuer Staatspräsident wurde Klement Gottwald, eine tschechische Ausgabe Stalins. Mit ihm kam eine neue Verfassung und die Entmündigung des Volkes. Es folgten die kommunistische Ideologisierung von Kultur und Wissenschaft, die Verstaatlichung von Industrie und Handel, die gewaltsame Kollektivierung der Landwirtschaft und Fünfjahresplan auf Fünfjahresplan. Etwa 2 Mio. Tschechen und Slowaken verließen ihr Land.

Die einseitige Förderung der Schwerindustrie, Korruption und Unfähigkeit der Regierenden führten das Land in die wirtschaftliche Krise. Wer das Regime kritisierte, wurde interniert oder zum Tod verurteilt. Einigen Quellen zufolge soll bis 1968 fast jeder fünfte männliche Erwachsene vorübergehend inhaftiert gewesen sein. Auf jeden Fall litt das Volk, und mit ihm auch überzeugte Kommunisten, die sich eingestehen mussten, dass es so nicht mehr weitergehen konnte. Aus den innerparteilichen Streitigkeiten zwischen den selbstgefälligen Genossen stalinistischer Prägung und Reformern gingen schließlich Letztere als Sieger hervor.

Prager Frühling – 1968: Im Januar 1968 wurde Alexander Dubček Erster Sekretär der Kommunistischen Partei. Die von ihm vorgestellten Liberalisierungs- und Demokratisierungsprogramme sollten zu einem „Sozialismus mit menschlichem Antlitz“ führen, was viel über die vorherige Gestalt des Systems aussagt. Das Volk jubelte Dubček zu. Es herrschte Optimismus, der Prager Frühling verwandelte die Stadt und das Land.

Walter Ulbricht, dem Partei- und Staatschef der DDR, aber gingen die geplanten Reformen vor seiner Haustür zu weit. Und der Kalte Krieger Leonid Breschnew sah sogleich die Außengrenzen des Warschauer Paktes in Gefahr und pochte auf die beschränkte Souveränität der zugehörigen Staaten (Breschnew-Doktrin). Als aller nichtmilitärische Druck auf die Prager Führung erfolglos blieb, marschierten Truppen des Warschauer Paktes am 21. August 1968 in die Tschechoslowakei ein, insgesamt 650.000 Mann unter sowjetischer Führung. Es kam zu lang anhaltenden Protesten. Die Bilder gingen um die Welt: Tausende Prager auf den Straßen, in ihrer Mitte sowjetische Panzer. Sechs Studenten übergossen sich in aller Öffentlichkeit mit Benzin und zündeten sich an. Bevor der Eiserne Vorhang die Tschechoslowakei endgültig abriegelte, verließen mehr als 150.000 Menschen das Land.

Lange Winter – ab 1968/1969: Die Tristesse des sozialistischen Alltags wurde wiederhergestellt, aus dem großen Hoffnungsträger Dubček ein paar Jahre später ein kleiner Forstbeamter. Mit Hilfe eines gigantischen Sicherheitsapparates schaffte es die Kommunistische Partei (KSČ), für Ruhe zu sorgen und den Lebensstandard sogar so weit zu verbessern, dass er im Ostblock nur noch von der DDR übertroffen wurde.

1976, in dem Jahr, in dem man Fußballeuropameister wurde, wurden die Musiker der Undergroundband „The Plastic People of the Universe“ verhaftet. Liberale Intellektuelle setzen sich daraufhin für die Musiker ein. 1977 schlossen sie sich zur Charta 77 zusammen, aus der das Bürgerforum hervorging. Einer der geistigen Urheber war Václav Havel. Man forderte die Einhaltung der Menschenrechte und erlebte dafür das Gegenteil: Überwachung, Verfolgung und Gefängnis.

Samten fällt der Eiserne Vorhang – 1989: Gorbatschows Politik der Perestrojka läutete Ende der 80er Jahre das Aus für die greisen Funktionäre des gesamten Ostblocks ein. In Berlin war die Mauer bereits gefallen (9. November 1989), in Polen, Ungarn und Bulgarien hatte sich das Volk schon erhoben, als in Prag am 17. November 1989 über 50.000 Menschen auf die Straße zogen. Die Kommunisten hatten die Kundgebung genehmigt, da sie offiziell an die Novemberdemonstration von 1939 erinnern sollte. Damals waren Studenten gegen Hitlers Einmarsch auf die Straße gegangen. Der Protest aber, so zeigte sich schnell, galt der eigenen politischen Führung. Die Demonstration schlug man brutal nieder. Über 100 Teilnehmer wurden verhaftet, ca. 500 verletzt. Dieser Tag gilt heute als der Auftakt zur „Samtenen Revolution". Seit 2000 ist er ein Feiertag.

Es folgten Arbeitsniederlegung und Großdemonstrationen und noch bevor das Jahr zu Ende war, hatten die Kommunisten ihre Führungsrolle verloren. Das Volk forderte mit Plakaten „Havel auf die Burg", und so kam es. Um die Turbulenzen jener Zeit zu verdeutlichen, wird gerne die Geschichte von Jiří Dienstbier erzählt, der als Dissident im Gefängnis saß und danach für die Heizanlagen mehrerer Plattenbauten verantwortlich war. Seine Ernennung zum Außenminister kam so prompt, dass manche kalt duschen mussten, weil seine Stelle so schnell nicht wieder besetzt werden konnte.

1990 gab es schließlich nach langer Zeit wieder die ersten freien Wahlen, zu denen nicht nur jeder gehen durfte, sondern auch ging: Die Wahlbeteiligung lag bei 99 %. Havels Bürgerforum gewann. Demokratie war nun da, aber die Fragen der Zukunft blieben ungeklärt. Eine bewegte alle osteuropäischen Länder: Wie schafft man den Übergang von einer veralteten Planwirtschaft zu einer freien Marktwirtschaft, wenn die Gesellschaft – wie Havel es ausdrückte – an einer „Postgefangenschaftspsychose" litt, der Unfähigkeit ihrer Mitglieder, selbst Entscheidungen zu treffen und zu handeln.

Nach der Trennung 1993: Am 1. Januar 1993 erfolgte die Trennung der ČSFR (der Name existierte seit 1990) in die Tschechische und die Slowakische Republik. Und das Gros der ehemals 1,5 Mio. Mitglieder der Kommunistischen Partei hielt fortan das Fähnchen der Demokratie und des Kapitalismus in den Wind. Viele alte Parteimitglieder starteten eine neue Karriere in Politik und Wirtschaft, schafften es auf Ministerposten oder in die Vorstände internationaler Unternehmen wie *Škoda Auto* oder *HVB-Bank*. So wundert es auch nicht, dass bei der 1996 gegründeten Behörde, die die Verbrechen der Kommunisten dokumentieren und untersuchen soll, bislang wenig herauskam. Bei vielen einstigen Dissidenten herrscht deswegen bittere Enttäuschung. Freuen konnten sich hingegen viele Tschechen, die nach 1948 enteignet worden waren, unzählige Gebäude, Burgen, Schlösser, Klöster und Kirchen wurden ihren früheren Besitzern zurückgegeben.

Durch ein radikales Privatisierungsprogramm versuchte man, die Wirtschaft des Landes wieder auf Vordermann zu bringen. Eine große Zahl ausländischer Unternehmen investierte in den neuen Standort; deren Tochtergesellschaften sorgen heute für ca. 50 % der tschechischen Industrieproduktion und für 70 % der tschechischen Exporte. Die radikalen Veränderungen im Land wirken sich aber auch auf die Gesellschaft aus: Sorge bereitet dabei v. a. die wachsende Kluft zwischen Reformverlierern und Reformgewinnern, zwischen Arm und Reich – eine Entwicklung, unter der hauptsächlich ältere Menschen zu leiden haben.

EU-Beitritt – 1. Mai 2004: Seit dem EU-Beitritt Tschechiens überweist Brüssel jährlich rund 3,5 Mrd. Euro nach Prag. Damit werden überwiegend Projekte in den Bereichen Transport und Regionalentwicklung gefördert – das spiegelt sich v. a. in neuen Parkplätzen und Umleitungen wider. Nur für den Umweltschutz (das kleine Tschechien gehört zu den zehn größten Luftverschmutzern der Welt) hat man noch immer wenig übrig. Wie soll das aber auch anders sein bei einem Präsidenten, der das Kyoto-Protokoll zum Klimaschutz als „einen der größten Irrtümer der gegenwärtigen Menschheit" bezeichnet.

Der Marktplatz von České Budějovice, einer der größten Tschechiens

České Budějovice (Böhmisch Budweis)

České Budějovice ist die Metropole Südböhmens und unter dem Namen Budweis für Bierkenner gar weltbekannt. So steuern viele Besucher zuerst die Brauerei an. Aber es gibt noch mehr zu sehen.

Die 100.000-Einwohner-Stadt ist das industrielle, wirtschaftliche und administrative Zentrum Südböhmens – mit allem, was dazugehört. Die meisten Touristen kommen für einen Tagesausflug aus dem nahe gelegenen Český Krumlov oder sind auf der Durchreise. Auf den ersten Blick wirkt České Budějovice großstädtisch und, da man auf dem Weg ins Zentrum die typisch tschechischen Stadtrandsiedlungen passiert, nicht unbedingt einladend. Aber die am Zusammenfluss von Malše (Maltsch) und Moldau gelegene ruhige Altstadt mit ihren sorgfältig restaurierten Laubenhäusern ist überschaubar und lädt zum Bummeln ein. Allzu große kunsthistorische Attraktionen besitzt sie nicht, auch kein besonders reges kulturelles Leben, wie man es bei einer Studentenstadt vielleicht erwarten würde. Lebensqualität hat sie jedoch allemal.

Geschichte: 1265 wurde Budweis unter König Přemysl Otakar II. zur Stadt erhoben, ein Jahrhundert später mit Privilegien ausgestattet, die es zu einem bedeutenden Handelszentrum machten. Im 16. Jh. vermehrten ergiebige Silberfunde aus dem nahe gelegenen Rudolfov den Reichtum und führten zur Einrichtung einer königlichen Münze. Auch die Teichwirtschaft im Umland trug zum Wohlstand bei. Im Dreißigjährigen Krieg stand das katholische Budweis auf Seiten des Kaisers. Hohe Beamte suchten Schutz in der Stadt, die von einem mächtigen Wall umgeben war. Doch noch vor dem Westfälischen Frieden lag Budweis in Schutt und Asche, nicht durch Kriegseinwirkung, sondern durch einen Großbrand im Jahre 1641. 226

Häuser wurden dabei an einem Tag zerstört. Der Wiederaufbau dauerte Jahrzehnte, erst Mitte des 18. Jh. konnte man an die alte Blüte anknüpfen. 1832 liefen die ersten Züge aus Linz in Budweis ein, nicht dampfbetrieben, sondern von Pferden gezogen (→ Sehenswertes/Pferdeeisenbahnmuseum). 1847 wurde die Papier- und Bleistiftfabrik der Gebrüder Hardmuth gegründet, die noch heute unter dem Namen *Koh-i-Noor* existiert. Mit der Industrialisierung einher ging der Zuzug von Tschechen, die zu Beginn des 20. Jh. die deutsche Bevölkerungsmehrheit kippten. In sozialistischer Zeit verdoppelte sich die Einwohnerzahl auf den heutigen Stand.

Orientierung: Die Altstadt ist fast komplett von der Malše und ihren Nebenarmen umschlossen. Aufgrund des schachbrettförmigen Aufbaus kann man sich nicht verlaufen. Bis auf die Brauerei Budvar lassen sich alle Sehenswürdigkeiten zu Fuß erkunden. Die Verbindung vom Zentrum zum 500 m östlich gelegenen Bahnhof bzw. Busbahnhof stellt die Lannova dar, eine der Hauptgeschäftsstraßen.

Information/Parken/Verbindungen

• *Information* **Městské informační centrum** im Rathaus am Nám. Přemysla Otakara II. 2. Sehr hilfsbereit, viel Infomaterial, Zimmervermittlung. Im Sommer Mo–Fr 8.30–18 Uhr, Sa 8.30–17 Uhr, So 10–16 Uhr (Mittagspause), im Winter verkürzt. ✆ 386801413, ℻ 386801414, www.c-budejovice.cz. Zweigstellen am Bahn- und Busbahnhof.

Mapové centrum, privates Informationsbüro. Neben Unterkunftsvermittlung Verkauf von Kartenmaterial und Souvenirs. Übliche Geschäftsöffnungszeiten. Nám. Přemysla Otakara II. 21.

• *Parken* Bewachter Parkplatz nördlich des Zentrums beim unübersehbaren Plattenbauhotel Gomel an der Pražská (24 Std. 3,20 €). Zudem gebührenpflichtige Parkplätze am Hauptplatz und nahe dem Hotel Klika jenseits des Flusses.

• *Verbindungen* Bahnhof (mit Gepäckaufbewahrung) und Busbahnhof liegen eng beieinander (rund 500 m östlich des Zentrums).

Züge bis zu 9-mal tägl. nach Český Krumlov, 4-mal tägl. nach Linz, 7-mal tägl. nach Volary, 9-mal nach Pilsen, regelmäßig über Tábor und Benešov nach Prag, 6-mal nach Brünn und Jindřichův Hradec, 8-mal nach Písek.

Busse halbstündl. nach Český Krumlov, stündl. nach Prag, mehrmals tägl. nach Pilsen und Karlsbad, 5-mal tägl. nach Brünn, 4-mal tägl. nach Telč.

Die **Stadtbusse** benötigt man zur Besichtigung des Zentrums nicht, zur Budvar-Brauerei nimmt man vom Mariánské nám. Linie Nr. 2. Einen Übersichtsplan hält die Touristeninformation bereit. Bustickets bekommt man dort ebenfalls, außerdem in Tabakläden oder am Automaten, das Lösen im Bus wird nicht gern gesehen.

Adressen (siehe Karte S. 49)

• *Ärztliche Versorgung* **Krankenhaus** an der B. Němcové südlich des Zentrums. ✆ 387873126.

• *Autoverleih* Zum Beispiel **Europcar,** über das Reisebüro Rekrea, Široká 12, ✆ 387312290, www.europcar.cz. Billigstes Fahrzeug 66 €/Tag.

• *Polizei* Zum Beispiel an der Pražská nördlich des Zentrums. ✆ 156.

• *Post* **Hauptpost** am Senovážné nám.

• *Wäsche* Einen herkömmlichen Waschsalon gibt es nicht. Die Reinigung **Clean-o-tex** finden Sie in der Žižkova 20. Sa/So geschl.

• *Zeitungen/Zeitschriften* Die *Prager Zeitung* bekommt man im **Mapové centrum** (→ Information), andere deutschsprachige Publikationen auch im **Tabak U Stecherů (29)** an der Dr. Stejskala 11.

Einkaufen (siehe Karte S. 49)

In der Česká reiht sich Antiquariat an Trödler – schön zum Stöbern. Ein paar zusätzliche Tipps:

Shoppingcenter IGY (1), Ecke Pražská/Pekárenská, ca. 20 Fußmin. nördlich des Zentrums. 2005 eröffnete Mall mit rund 80 Läden (*H & M, Deichmann, New Yorker, Orsay* etc.).

Apatyka/PI Centrum (6), zwei benachbarte Läden mit stark alternativem Touch. Im Apatyka kann man sich mit Kräutern, Tee und Tarotkarten eindecken, im PI Centrum mit Naturkosmetik und Bioprodukten. Gegenüber dem Rabensteiner Turm in der Panská 1.

Domestika (4), in einem Nebengebäude des Rabensteiner Turms. Schöner großer Kramladen, den man ohne ein Mitbringsel kaum verlässt. Liebevoll eingerichtet. Bunte Kissen und Topflappen, Keramik, Kerzen, Schmiedeeisernes usw. Panská.

U Kořenářky (12), willkommen beim Budweiser Kräuterweib! Niedliches Lädchen mit Kräutern, Gewürzen und Tees im sog. Altböhmischen Hof *(Staročeský dvůr)*, einer Passage in einem restaurierten Arkadenhaus. Krajinská 22.

Vetešník (11), kleiner Trödelladen. Panská 21.

Souvenirladen der Brauerei Budvar (15), hier bekommt man Krüge, Gläser, Aschenbecher, T-Shirts etc. U Černé Věže 10.

Essen & Trinken (siehe Karte S. 49)

Die Restaurantvielfalt ist enorm, zudem findet man überall nette Cafés.

• Restaurants **U Solné Brány (25),** kleines, gediegenes Hotelrestaurant mit niveauvoller böhmischer Küche. Empfehlenswert sind das Wildschweinschnitzel mit Mandeln und Thymian oder die Entenbrust mit Rosmarin und Pilzragout. Der Betreiber ist ein Weinkenner, was sich auch in der Karte niederschlägt. Hg. 6–12 €. Radniční 11, ✆ 386354121.

Alchymista (32), beliebtes Restaurant im Backsteingewölbe mit dem in Südböhmen so populären Mittelalterflair – pseudo-keltische Musik, Gerichte vom offenen Grill und zuweilen Bedienungen in historischen Kostümen. Achtung, am nächsten Tag brauchen Sie eine frische Garderobe. Gehobenere Preise, aber für das Gebotene okay. Reservierung empfehlenswert. U Tří lvů 10, ✆ 386356545.

Česká Rychta (23), luftig-helles Kneipenrestaurant, der „Pilsner Urquell Original Restaurant"-Kette zugehörig. Ordentliche Rindersteaks, große Portionen. Zum Nachtisch sollten Sie Liwanzen kosten. Hg. 4,60–13,30 €. Nám. Přemysla Otakara II. 29, ✆ 387318511.

Masné krámy (16), in den ehemaligen Fleischbänken aus dem 16. Jh. Nach jahrelanger Pause (infolge des Hochwassers 2002) wurde das traditionsreiche Bierlokal im Dezember 2007 wiedereröffnet. Zum Budweiser Bier gibt es die böhmischen Klassiker wie Gulasch oder Lendenbraten mit hausgemachten Knödeln, aber auch diverse Wildgerichte. Hg. 6,20–13 €. Krajinská 13, ✆ 387201301.

Le Flambeau (2), neues Lokal, zwar nicht gerade zeitgemäß eingerichtet, aber die Küche kann sich sehen lassen. Interessant sind die diversen Gerichte auf dem heißen Stein. Hg. 5,60–10,50 €. Riegrova 8, ✆ 386350150.

Vino z Panské (10), kleines, freundliches Weinlokal in der Panská 14 (1. Stock). Kalbsmedaillons mit Thymian und Kapern oder Rindersteak in Rotwein (Hg. 2,80–8 €), aber auch kleine Snacks zum Wein wie eingelegter *Hermelín* oder ein Schälchen Oliven. Im EG Weinhandlung mit mährischen Tropfen (nur 10–18 Uhr). Am Wochenende Reservierung empfehlenswert. ✆ 387318511.

Pizzeria Regina Due (13), freundliche Pizzeria mit modernem Interieur und Terrasse. Pizzen 3–5 €. Na Mlýnské stoce 352/9, ✆ 38 6355005.

Zeleninový Bar (20), die „Gemüsebar" ist ein gutes vegetarisches Schnellrestaurant. Tägl. wechselnde Gerichte. Liebevolle Einrichtung: grüne Wände mit Blümchen, Naturholzmöbel. Zudem Verkauf von Tofu und Sojaprodukten. Mo–Fr 8–18 Uhr. In einem Hinterhof am Nám. Přemysla Otakara II. 26. ✆ 73674 8211 (mobil).

Potrefena Husa (22), Kneipenrestaurant mit Sportbarambiente und jungem Publikum. Tschechienweite Kette, der Budweiser Ableger hebt sich durch eine schöne Sommerterrasse mit Flussblick ab. Gute Küche. Česká, ✆ 387420560.

• *Außerhalb* **Na Točně Restaurace,** ca. 5 km südlich des Zentrums im Vorort Planá (an der Straße nach Český Krumlov). Kleines, gediegenes Hotelrestaurant (Familienbetrieb), das zu den Toprestaurants des Landes gehört. Böhmisch-internationale Küche: Hummercremesuppe, Rinderschnitzel mit Gänseleber oder Beefsteak mit Kaviarsauce. Hg. 7–56 € (!). So Ruhetag. Planá 51, ✆ 387203648.

• *Pivnice/Biergarten* **Budvarka (27),** dem Hotel Malý pivovar angeschlossene, äußerst beliebte Bierhalle. Schon um 17 Uhr wird man hier Schwierigkeiten haben, einen Platz zu finden. An den Wänden alte Fotografien der Budvar-Brauerei, Kellner in Hemd und Krawatte. Böhmische Küche wie Brauereigulasch oder Selchfleisch im Kartoffelpuffer, Hg. 3,30–7,40 €. Karla IV. 8–10.

U Havrana (7), kleine, auf zwei Gewölberäume verteilte Bierpinte mit offenem Kamin. Nur kleine Snacks zum hiesigen *Samson*-Bier. Derbe Tische (im Sommer auch vor der Tür). Viele Studenten, zu denen sich ein paar Quartalssäufer gesellen. Panská 13.

Hostinec U Zelené Ratolesti (3), riesige, äußerst angesagte Kneipe etwas außerhalb des Zentrums. Im Sommer empfehlenswert wegen der schönen Terrasse (mit Kinderspielplatz). Kleine Auswahl an Speisen. Fr/Sa bis 4 Uhr, So geschl. Wer nach dem Zapfenstreich noch Lust auf mehr hat, geht in die kleine, hässliche Szenebar **Joker's** nebenan, wo an Wochenenden nonstop ausgeschenkt wird. Husova 5.

• *Cafés* **Caffé Ionia (8),** eine der schickeren Locations der Stadt. Dezent-modernes Interieur, orangefarbene Wände. Studentenpublikum. Zu Ihrem Cappuccino können Sie hier ein Stück *Medovník* (Honigkuchen) wählen. Im Sommer wird auch im Innenhof serviert. So geschl. Plachého 25.

Vin de Café (30), gestyltes Caférestaurant. Wer auch essen will, greift zu Carpaccio, Pasta, Risotto oder belegten Bagels. Dr. Stejskala 13.

• *Snacks* **Bufet U Karla (26),** billiger geht's fast nicht. Eine Art Kantine, in der Suppen, drei, vier Tagesgerichte (zuweilen auch mal Hirschgulasch für 2,50 €!), gut belegte *Chlebíčky* und Majonäsesalate angeboten werden. Man bekommt einen sog. „Konsumzettel", auf dem alle verzehrten Speisen und Getränke vermerkt werden und zahlt beim Hinausgehen. Mo–Fr bis 17 Uhr, Sa bis 12 Uhr. Karla IV. 4.

Nachtleben

Die Clubszene ist für eine Studentenstadt mäßig. Achten Sie auf Plakate!

Klub K 2 (19), Diskothek auf der Halbinsel Sokolský ostrov westlich der Altstadt. Provinziell, aber beliebt. Oldie- und Rocknächte, aber auch Punk & Funk, gelegentlich Konzerte. Mo–Sa 21–3 Uhr. Geringer Eintritt.

Club & Café Velbloud (33), regelmäßig Konzerte (von Psychedelic bis Punkrock), darunter auch wirklich interessante Gigs. D'n'B-Nights, Jamsessions etc. Angeschlossen ein Café (Mo–Fr ab 15 Uhr, ansonsten ab 17 Uhr). U Tří lvů 4.

Marty's Club (31), hier treten die Bands der Gegend auf. Zudem erwähnenswert wegen seines schattigen Biergartens unter alten Bäumen. Gegenüber dem Südböhmischen Museum an der Dukelská.

Modry Dveře (24), die „Blaue Tür". Neue, modern eingerichtete Restaurantkneipe, die regelmäßig Konzerte bietet (vorrangig Blues und Jazz), im Sommer auch im Biergarten. Biskupská 1.

Krajinská 27 (9), bestehend aus einem Music Club im 2. Stock (Mi–Sa ab 21 Uhr), einer Pizzeria im 1. Stock und einer lang gezogenen Budvar-Kneipe (sehr beliebt, mit überdachtem Innenhof) im EG. Junges Publikum. Das Haus hat übrigens Geschichte: Jaroslav Hašek, der Autor der „Abenteuer des braven Soldaten Švejk", schrieb hier einige Kapitel seines berühmten Romans. Krajinská 27.

Übernachten

• Hotels **** **Dvořák (28),** 33 ordentliche, gepflegte Zimmer und Apartments. Gänge mit blauen Wänden und orangefarbenen Türen. Die Lobby ist dagegen recht steril. EZ 84 €, DZ 102 €. Nám. Přemysla Otakara II. 36, ✆ 386353140, 📠 386353058, www.orea.cz.

****_***** **Grand Hotel Zvon (21),** traditionsreiches Hotel, hier nächtigte bereits Mozart. Belegt 3 zusammenhängende historische Häuser am Hauptplatz – lassen Sie sich ein Zimmer mit schöner Aussicht geben. Zimmer je nach Sterneanzahl unterschiedlich

Übernachten
5 Zátkův Dům
14 Klika
17 Centrum I
18 Hradský
21 Grand Hotel Zvon
24 Centrum II
25 U Solné Brány
27 Malý pivovar
28 Dvořák
Nachtleben
9 Krajinská 27
19 Club K 2
24 Modré Dveře
31 Marty's Club
33 Club ė Café Velbloud
Essen & Trinken
2 Le Flambeau
3 Hostinec U Zelené Ratolesti
7 U Havrana
8 Caffé Ionia
10 Vino z Panské
13 Pizzeria Regina Due
16 Masné krámy
20 Zeleninový Bar
22 Potrefena Husa
23 Česká Rychta
25 U Solné Brány
26 Bufet U Karla
27 Budvarka
30 Vin de Café
31 Marty's Club
32 Alchymista
Einkaufen
1 Shoppingcenter IGY
4 Domestika
6 Apatyka und Pl Centrum
11 Vestešník
12 U Kořenářky
15 Souvenirladen der Brauerei Budvar
29 Tabak U Stecherů
Hluboká nad Vltavou, Jagdschloss Ohrada, Zoo, Brauerei Budvar und Flugplatz Hosín
Pekárenská
Pražská
Kostelní
Fráni Šrámka
Staroměstská
Budivojova
J. Haška
Resslova
Holečkova
Skuherského
tř. 28 října
B. Smetany
z. Budvar-Brauerei
BUS
J. Š. Baara
Jírovcova
Polizei
Mariánské nám.
Klavíkova
Riegrova
Ausstellungsgelände Výstaviště
Husova
Rabensteiner Turm
Galerie Měsíc ve Dne
Nová
Na sadech
Na Mlýnské stoce
Sokolský ostrov
Hradební
Česká
Panská
Krajinská
Plachého
U Černé věže
Südböhm. Aleš-Galerie
Mlýnská stoka
Motorradmus.
Piaristské nám.
Ausflugsboote
Galerie Hrozen
Hroznová
Rudolfovská tř.
Třeboň
Piaristická
St.-Nikolaus-Kathedrale
Dominikanerkirche und -kloster
Salz-pforte
nám. Přemysla Otakara II.
Kanovnická
Lannova
Bahnhof, Busbahnhof und Hotel Filip
Schwimmbad
Otakar-Jeremiáš-Konzerthalle
Kněžská
Radniční
Haus d. Kunst
Europcar
Karla IV.
Senovážné nám.
Biskupská
Široká
Eiserne Jungfrau
Südböhmisches Museum
Südböhmisches Theater
Zátkovo nábř.
Jirsíkova
Haus der Kulturen Metropol
Žižkova
Stejskala
Dr. Stejskala
Goethova
Gerstnera
F. A. Gerstnera
Dukelská
Ivů
U tří lvů
Čechova
Vrchlického
Alešova nábř.
U Zimního stadionu
Malše
Lidická tř.
Mánesova
Pferdeeisen-bahnmuseum
Campingplatz Dlouhá Louka
U vodárny
Němcové
Boženy
Komenského
Krankenhaus
V zátiší
Brauerei Samson
50 m
České Budějovice

ausgestattet: in der Standard-Version billig-schick, in der „Executive-Version" recht groß und freundlich. DZ je nach Ausstattung 107–200 € (in der NS rund 40 % billiger), Hotelgarage 12,50 €/Tag. Nám. Přemysla Otakara II. 28, ✆ 381601601, ✆ 381601605, www.hotel-zvon.cz.

**** **Malý pivovar (27)**, Zimmer im Stil von Omas Wohnstube – alles sehr, sehr bieder. Für das Gebotene alles andere als preiswert. Dafür freundlicher Service. EZ ab 82 €, DZ ab 112 €, bewachter Parkplatz 5 € extra. Karla IV. 8–10, ✆ 386360471, ✆ 386360474, www.malypivovar.cz.

*** **Klika (14)**, sympathisches, familiäres Hotel mit sehr freundlichem Empfang. 25 ausreichend große, solide möblierte Zimmer mit Teppichböden. Restaurant mit Terrasse am Fluss. Eigene Parkplätze. EZ 57 €, DZ 81 €. Hroznová 25, ✆/✆ 387318171, www.hotelklika.cz.

*** **Zátkův Dům (5)**, neues Hotel in einem schönen Renaissancegebäude in zentraler Lage. Bei der Zimmereinrichtung hat man sich leider nicht besonders viel einfallen lassen. Die Rezeptionisten sind nicht immer fremdsprachig. EZ 56 €, DZ 70 €, Parken 5,30 €/Nacht extra. Krajinská 41, ✆ 387001710, ✆ 387001711, www.zatkuvdum.cz.

**** **U Solné brány (25)**, kleiner Familienbetrieb im Herzen der Stadt. 12 ordentliche Zimmer. Freundlicher deutschsprachiger Service. Gutes Lokal. EZ 45 €, DZ 66 €. Radniční 11, ✆ 386354121, ✆ 386354 120, www.hsb.cz.

*** **Filip**, neueres Haus zwischen Altstadt und Bahnhof. Freundlicher Service. Das Gros der geräumigen Zimmer gruppiert sich um einen ruhigen Innenhof. DZ 65 €. Lannova 51, ✆ 386350841, ✆ 386351017, www.zin.cz/hotelfilip.

• *Pensionen* **Hradský (18)**, direkt am Hauptplatz. 12 ordentliche Zimmer mit neuem Mobiliar und privaten Bädern, leider blicken nur zwei davon auf den Platz. EZ 25 €, DZ 49 €. Nám. Přemysla Otakara II. 22, ✆ 386 351735, www.penzion-hradsky.cz.

Centrum (17/24), gibt's zweimal. Die zentral gelegene Pension Centrum bietet 12 unterschiedlich ausgestattete Zimmer. Die Spannbreite reicht von schönen Antiquitäten bis zu furniertem Billigmobiliar, alle Zimmer aber mit privaten Bädern und TV. Gepflegt und sauber. Keine Parkplätze. Restaurant. EZ 40 €, DZ 50 €. Biskupská 130/3, ✆ 387311801, ✆ 387311393, www.penzionrestaurantcentrum.crnet.cz.

Die kleinere Dependance am Rande der Innenstadt ist etwas einfacher, aber ebenfalls gepflegt. Familiäre Atmosphäre. Preiswerter: EZ 27 €, DZ 34 €. Na Mlýnské stoce 6, ✆/✆ 386352030, penzion@centrum.cz.

• *Studentenwohnheime* **Zimmer in Studentenwohnheimen** vermittelt während der Semesterferien im Juli u. Aug. die Touristeninformation. Ab 10 €/Pers. Die Wohnheime liegen i. d. R. etwas außerhalb.

• *Camping* **Dlouhá Louka**, ca. 1,5 km südwestlich des Zentrums, von der Straße Nr. 3 in Fahrtrichtung Český Krumlov ausgeschildert. Teilrestaurierte Anlage mit in Reihe gebauten Bungalows. Internationales Publikum. Radverleih, Freibad in der Nähe. Für einen Stadtplatz ganz okay. Ganzjährig. 2 Pers. mit Zelt u. Auto 9 €, Bungalow mit Du/WC für 2 Pers. ab 18 €. Stromovka 8, ✆ 387203601, ✆ 387203595, www.dlouhalouka.cz.

Sport/Freizeit/Kultur

• *Baden* **Frei- und Hallenbad** auf der Halbinsel Sokolský ostrov westlich des Zentrums.

• *Bootsausflüge* Bootsausflüge auf der Malše, ihren Nebenarmen und der Moldau werden von Mai–Aug. zwischen 10 und 20 Uhr angeboten. Startpunkt beim Hotel Klika. 25 Min. 2,80 €, 45 Min. 4,20 €. Infos unter ✆ 777141515 (mobil).

• *Golf* Nächste Möglichkeit in **Hluboká nad Vltavou** ca. 10 km nördlich von Budweis, → S. 55.

• *Radfahren* Für Cyklobusse → S. 15. Gen Süden nach **Český Krumlov** (→ S. 125) führt Radwanderweg Nr. 12 (31 km), gen Norden zum **Schloss Hluboká** (→ S. 55) ebenfalls Nr. 12 (ca. 13 km). **Třeboň** (→ S. 60) erreicht man über den Česko-moravská- bzw. Rožemberského-dědivtvi-Radweg (wird abschnittsweise mal so und mal so genannt, ca. 40 km), zurück bietet sich eine Fahrt über **Borovany** (→ S. 58, Radweg Nr. 1097, 17 km) und weiter auf Radweg Nr. 1121 zum **Žižka-Denkmal** bei Trocnov (→ S. 58, 6,5 km) an. Von dort sind es noch 22 km zurück nach Budweis (zuerst weiter auf Nr. 1121 und dann bei Plav auf Nr. 1018 wechseln). Richtung **Holašovice** → S. 59.

• *Rundflüge* Bietet von Mitte April–Mitte Okt. der **Aeroklub České Budějovice** am nördlich der Stadt gelegenen Flugplatz Hosín an. 1 Std. für 3 Pers. 205 €. Infos unter www.hosin.info.

• *Theater/Konzerte* Das größte Budweiser Theater ist das im 19. Jh. im Empirestil erbaute **Südböhmische Theater** *(Jihočeske divadlo)* in der Dr. Stejskala 23, ✆ 386356760, www.jihoceskedivadlo.cz. Es zählt zu den ältesten Böhmens und besitzt drei Ensembles, die im Sommer auch auf der Freilichtbühne in Český Krumlov zu sehen sind. Die südböhmische Kammerphilharmonie ist in der **Otakar-Jeremiáš-Konzerthalle** in der Kněžská 6 (✆ 386353561) zu Hause.

• *Veranstaltungen* Größtes Ereignis ist das **Internationale Musikfestival** zu Ehren der einstigen Operndiva Emma Destinnová im Spätsommer. Anfang April gibt es einen großen Jahrmarkt. Übers Jahr verteilt werden verschiedene **Messen** abgehalten, die sich i. d. R. an Landwirte oder Heimwerker wenden.

• *Zoo* Etwa 10 km westlich beim **Jagdschloss Ohrada** → S. 58.

Sehenswertes

Zu den schönsten Gassen und Straßen im Zentrum – alle mit herrlichen Laubengängen – gehören die **Česká,** die **Panská,** die **Plachého** und die **Hroznová,** in Letzterer befinden sich auch die alten **Fleischbänke** (→ Essen & Trinken). Die Sehenswürdigkeiten im Überblick:

Náměstí Přemysla Otakara II.: Stolze 133 x 133 m misst der Hauptplatz von Budweis, den schmucke, farbenfrohe Laubenhäuser umrahmen. Hinter vielen der barocken und klassizistischen Fassaden steckt ein gotischer Kern. Die Pracht des Platzes erinnert zugleich an den Wohlstand der einstigen deutschen Bürger. Erst Ende des 19. Jh. durften sich auch Tschechen am Platz einkaufen. Das auffälligste Gebäude ist das hellblaue, dreitürmige *Rathaus* im Südwesten des Platzes, das 1727–30 entstand. Über dem mittleren Fenster sieht man das Budweiser Stadtwappen, darüber imposante Wasserspeier in Drachenform und an der Attika allegorische Statuen, die Gerechtigkeit, Tapferkeit, Tugend und Weisheit symbolisieren. Vom Turm ertönt zu jeder vollen Stunde ein Glockenspiel. Falls noch Zeit bis dahin ist, können Sie die Eckpfeiler des Rathauses nach einem eisernen Band von der Länge der sog. Wiener Elle absuchen. 1765 wurde es angebracht und war fortan den Tuchhändlern, die es mit exakten Maßen nicht so genau genommen hatten, ein Dorn im Auge. Für Gruppen ab fünf Personen werden von Mai bis September Rathausführungen angeboten (1,10 €, erm. die Hälfte), Informationen erhält man bei der Touristeninformation im Gebäude selbst.

Der achteckige *Samson-Brunnen* in der Mitte des Platzes ist ein Werk der Bildhauer Zachariáš Zorn und Joseph Dietrich aus den Jahren 1721–26. Obenauf sieht man Samson mit dem Löwen kämpfen.

Am schönsten ist der Platz bei Nacht, wenn er sanft angestrahlt wird. Aber dann heißt es, insbesondere mit ein paar Gläsern Budvar zu viel, aufgepasst: Denn wer nach zehn Uhr abends versehentlich den sog. *Irrstein* (ein unregelmäßiger Pflasterstein mit Kreuz in der Mitte) zwischen Samson-Brunnen und Grand Hotel Zvon überschreitet, wird dem Volksmund nach nie mehr seinen Heimweg finden! Anderen Quellen zufolge stand genau an jener Stelle im Mittelalter der Galgen.

Chrám sv. Mikuláše (St.-Nikolaus-Kathedrale) und Černá věž (Schwarzer Turm): Mitte des 17. Jh. wurde die barocke St.-Nikolaus-Kirche errichtet, nachdem ihr Vorgängerbau dem verheerenden Stadtbrand 1641 zum Opfer gefallen war. Mit der Ernennung von Budweis zum Bistum wurde der dreischiffige Bau 1785 zum bischöflichen Dom erhoben. Vor über 300 Jahren wäre der Besuch der Kirche spannender gewesen: Während der Wirren des Dreißigjährigen Krieges wurden dort die böhmischen Kronjuwelen und das berühmte „Rosenkranzfest“ von Albrecht

Dürer (heute als Teil der Nationalgalerie im Prager Palais Sternberg zu sehen, → S. 238) vorübergehend aufbewahrt.

Der Schwarze Turm nebenan überstand den Brand von 1641. Zwischen 1550 und 1577 wurde er als Ausguck und Glockenturm errichtet. Mit 72 m ist er zugleich das höchste Gebäude der Stadt. 225 Stufen führen auf seine Galerie, die seit neuestem von einem Sicherheitsnetz umgeben ist, da sich von hier immer wieder Unglückliche in den Tod stürzen wollten. Die Aussicht auf Stadt und Land ist herrlich. Das am Turm vorbeiführende Gässchen U Černé věže hieß früher übrigens „Judengasse", da hier im 14. Jh. eine kleine jüdische Gemeinde lebte.

Adresse/Öffnungszeiten Kanovnická, Ecke U Černé věže. Die **St.-Nikolaus-Kathedrale** ist tagsüber zugänglich. **Schwarzer Turm,** April–Juni sowie Sept. u. Okt. tägl. (außer Mo) 10–18 Uhr, im Juli/Aug. auch Mo. Eintritt 0,90 €.

Rund um den Piaristické náměstí (Piaristenplatz): Im 18. Jh. übernahm der Piaristenorden das ehemalige Dominikanerkloster an diesem kleinen, baumbestandenen Platz im Westen der Altstadt und richtete darin ein Gymnasium ein. Noch heute befindet sich hier eine Schule. Besichtigen kann man die *Klosterkirche Mariä Opferung* (Kostel Obětoivání Panny Marie), die zusammen mit dem Kloster den ältesten Bauwerkskomplex der Stadt bildet (1265–1300). Der gotische Kreuzgang blieb weitestgehend im Originalzustand erhalten, das Innere der Kirche wurde teilweise im Barockstil verändert. Am Hauptaltar ist das Bild der *Budweiser Jungfrau Maria* eingesetzt, einst ein Ziel frommer Wallfahrer. Die imposante Orgel stammt aus dem 17. Jh.

An der Nordwestseite des Piaristenplatzes befindet sich das ehemalige *Zeughaus* (Zbrojnice) aus dem Jahr 1531, in dem später Salz aus dem österreichischen Salzkammergut gelagert wurde. Von der Fassade blicken einen drei rosafarbene Gesichter an – der Baumeister mit seinen Gesellen, so vermutet man. Statt Salz gibt es hier heute heiße Öfen zu sehen – im Gebäude ist ein privates *Motorradmuseum* (Jihočeské moto muzeum) untergebracht.

Öffnungszeiten **Klosterkirche,** tägl. 10–18 Uhr. Eintritt (!) 0,40 €. **Motorradmuseum,** tägl. (außer Mo) 10–18 Uhr, Nov.–Feb. geschl. Eintritt 1,40 €, erm. die Hälfte.

Vom Rabenštejnská věž (Rabensteiner Turm) zur Železná panna (Eiserne Jungfrau): Der Rabensteiner Turm am Nordende des schönen, engen Gässchens Panská war einst Teil der Stadtbefestigung. Er stammt aus dem 14. Jh., erhielt seine heutige Gestalt mit Walmdach und Erkern jedoch erst durch Umbauarbeiten Mitte des 16. Jh. Der Turm wird für wechselnde Ausstellungen genutzt. Ein gemütlicher Spaziergang bringt Sie vom Rabensteiner Turm entlang einem Nebenarm der Malše zur sagenumwobenen Eisernen Jungfrau am Südende der Mlýnská. Dabei passiert man die Rückseite des Dominikanerklosters (s. o.) und die kleine, unauffällige *Salzpforte* Solná branka, von der aus einst Salz auf Flusskähne geladen und nach Prag verschifft wurde. Auch die Eiserne Jungfrau ist ein Wehrturm aus dem 14. Jh. (umgebaut 1612), sie soll aber vormals – daher der Name – auch als Gefängnis und Folterkammer gedient haben. Man nutzt den Turm ebenfalls für wechselnde Ausstellungen, im Inneren ist zudem eine etwas sterile Schenke untergebracht.

Öffnungszeiten **Rabensteiner Turm,** Mo–Fr 10–17 Uhr, Sa 9–12 Uhr. Eintritt 0,40 €, erm. die Hälfte. **Eiserne Jungfrau,** tägl. 13–18 Uhr, Eintritt 1 €, erm. die Hälfte.

Jihočeské muzeum (Südbömisches Museum): Der große, gelbe Prunkbau hält trotz unzähliger Exponate leider von innen nicht ganz das, was er von außen verspricht. Der Rundgang beginnt für gewöhnlich im zweiten Obergeschoss: Federvieh, Luchse und Fuchse, selbst Karpfen – kaum ein Tier, das nicht ausgestopft zu

Samson beim Duschen – im Zentrum von České Budějovice

Karte von České Budějovice auf S. 49

sehen ist. Hinzu kommen Vitrinen voller Pilze und Fundgegenstände aus der Bronzezeit (Tonscherben) und aus den Schlössern und Burgen der Umgebung. Interessanter ist das erste Obergeschoss, wo Gotik (Schlüssel und Schlösser), Renaissance (Kleider und Schmuck), Barock und Rokoko (Glas, Musikinstrumente, Mobiliar) beleuchtet werden. An das 19. und frühe 20. Jh. erinnern Trachten, Werkzeuge und Kücheneinrichtungen. Das Erdgeschoss wartet mit einer Sammlung historischer Uhren auf, dazu mit wechselnden Ausstellungen (z. B. „Vogelgebiete Südböhmens").

Adresse/Öffnungszeiten Dukelská 1. Tägl. (außer Mo) 9–12.30 u. 13–17.30 Uhr. Eintritt 1,10 €, erm. die Hälfte. Erläuterungen nur in Tschechisch.

Pferdeeisenbahnmuseum (Muzeum koněspřežky): 1832 nahm die Pferdebahn auf einem hölzernen Schienenstrang von Budweis nach Linz ihren Betrieb auf – angeblich die erste des Kontinents. Für die 128 km lange Strecke benötigten Personentransporte im Trab ca. 14 Stunden, Abfahrt der Züge war stets 5 Uhr morgens in Linz und Budweis. Mit Güterwaggons (vorwiegend Salz wurde gen Norden geladen, in die andere Richtung Holz), die im normalen Pferdegang unterwegs waren, dauerte die Reise gar drei ganze Tage. An den Umspannstationen im Abstand von rund 20 km wurden die Pferde gewechselt und Reparaturen vorgenommen. 1872 kam die Dampfeisenbahn und damit das Ende der „PS-Züge". Das Museum, untergebracht im ehemaligen Bahnwärterhäuschen, liegt abseits der Altstadt zwischen Lebensmittel-Discountern und lässt ein wenig die alte Zeit Revue passieren. Der einzige noch erhaltene Personenwaggon befindet sich heute leider in Wien.

Adresse/Öffnungszeiten Mánesova 10 (rund 10 Fußmin. südwestlich der Altstadt). Das Museum war im Sommer 2007 wegen Restaurierungsarbeiten geschlossen.

Galerien: In Budweis warten rund 15 Galerien auf kunstinteressierte Besucher, die wichtigsten im Überblick: Älteste und bekannteste Galerie ist die *Südböhmische Aleš-Galerie* (Alšovo Jihočeská galerie, Di–So 9–12 u. 13–18 Uhr, Eintritt 1,40 €, erm. die Hälfte) in der U Černé věže 22. Präsentiert wird in vier Sälen vorrangig tschechische Malerei im bunten Zeitenmix. Ein Durcheinander an Pinselkunst bietet auch die *Galerie Hrozen* in der Hroznová 22 (Di–Fr 10–18 Uhr, Sa 9–12 Uhr, kein Eintritt). Der Schwerpunkt des *Hauses der Kunst* am Hauptplatz (Dům umění, Hnr. 38, 1. OG, Di–So 10–13 u. 13.30–18 Uhr, kein Eintritt) liegt auf moderner Grafik. Avantgardistische lokale Künstler zeigt die *Galerie Měsíc ve Dne* in der Nová 3. Angeschlossen ist ein Literaturcafé (im Sommer mit Hofbetrieb), wo gelegentlich Konzerte abgehalten werden (tägl. 12–18 Uhr, Café bis 23 Uhr, Eintritt frei). Im etwas miefigen *Haus der Kulturen – Metropol* (DK Metropol) am Senovážné náměstí ist die *Galerie Nahoře* untergebracht, die zuweilen sehenswerte Fotoausstellungen präsentiert (Mo–Fr 9–17 Uhr, Eintritt frei).

Brauereien: Das bekannteste Exportgut von Budweis ist das mehrfach international ausgezeichnete *Budweiser* bzw. *Budvar* der gleichnamigen Brauerei. Rund 600 Mitarbeiter besorgen dort einen Ausstoß von 1,1 Millionen Hektolitern Bier jährlich, die Hälfte davon geht in den Export. In mehr als 50 Ländern kann das Bier getrunken werden, aber nicht in allen unter dem Namen Budweiser (→ Kasten). Das Brauwasser kommt aus mehrere Hundert Meter tiefen Brunnen. So süffig das Bier auch ist – besonders prickelnd sind die Führungen durch die moderne Brauerei nicht, und in der dortigen Bierhalle (tägl. 10–22 Uhr) schmeckt es auch nicht anders als im Zentrum.

Budweiser – ein Schutzmarkenstreit

Auch wenn seit dem 13. Jh., also seit der Gründung der Stadt, Bier in Budweis gebraut wird: Die *Böhmische Brauerei AG*, die heutige *Budějovický Budvar n.p.*, Produktionsstätte des hiesigen *Budvar*, wurde erst 1895 gegründet. Im fernen Amerika aber gab es ein Bier namens Budweiser schon früher. 1852 hatte ein gewisser Georg Schneider in St. Louis die *Bavarian Brewery* gegründet. Acht Jahre später ging diese an Eberhard Anheuser über, dessen Tochter Lilly Anheuser kurz darauf einen Herrn Adolphus Busch heiratete. Der Name Anheuser-Busch steht heute für einen der größten Brauereikonzerne der Welt. Und dieser brachte nach eigenen Angaben schon 1876 ein Bier namens Budweiser auf den Markt und ließ damals den Namen als Schutzmarke eintragen. Da sich die tschechische und die amerikanische Brauerei nicht auf ihre nationalen Märkte beschränkten, war der Streit um den Markennamen vorgezeichnet. Die Akte Budweiser beschäftigte und beschäftigt noch immer Gerichte weltweit. Bei der Klärung des Namensstreits wurde nicht in allen Ländern zugunsten des besseren Geschmacks entschieden. So kommt es, dass unter dem Namen Budweiser in Dänemark zum Beispiel Anheuser-Busch-Bier aus den Zapfhähnen fließt, in Deutschland aber das aus České Budějovice. Das „tschechische Budweiser" in den USA heißt übrigens *Czechvar*. Ein Ende des Schutzmarkenstreits könnte sich in ein oder zwei Jahren abzeichnen. Es bedarf nur noch der Zustimmung des Finanzministeriums, das staatseigene Unternehmen zu privatisieren. Anheuser-Busch hat schon Interesse am Kauf angemeldet, immerhin ist man bereits Generalimporteur von *Czechvar* in den USA.

Die zweite Brauerei der Stadt ist die *Samson-Brauerei*. Sie ist die ältere von beiden und füllt neben *Samson*-Bier das sog. *Budweiser Bürgerbräu* in Fässer ab.

• *Adressen/Öffnungszeiten* **Brauerei Budvar,** Pražská (Straße Richtung Tábor/Prag) im Norden der Stadt. Zu erreichen mit Bus Nr. 2 (steigen Sie am Mariánské nám. nördlich der Altstadt zu und an der Haltestelle Budvar aus). Taxi vom Zentrum ca. 3,50 €. Führungen im Sommer tägl. um 14 Uhr, im Winter nur Mo–Fr 9–17 Uhr. Dauer: 80 Min. Fremdsprachige Führung mit Bierprobe 3,50 €.

Die **Brauerei Samson** in der Lidická (ca. 20 Fußmin. südlich des Zentrums) bietet leider keine Führungen an.

Karte von České Budějovice auf S. 49

Umgebung von České Budějovice

Land- und Teichwirtschaft prägen die Gegend rund um České Budějovice. In den Dörfern fallen immer wieder Gehöfte im typischen Bauernbarockstil ins Auge: Niedere Wohn- und Wirtschaftsgebäude sind dabei u-förmig um einen Hof angelegt. Zur Straßenseite hin besitzen sie zwei schmucke, z. T. mit Stuck verzierte Giebelfassaden, dazwischen befindet sich das Tor. Touristenattraktion Nr. 1 rund um České Budějovice ist das Schloss Hluboká nad Vltavou.

Hluboká nad Vltavou (Frauenberg)

Das Märchenschloss mit seinen Türmen und Türmchen, Basteien und Zinnen auf Kragsteinen, das auf einem Felsen über der Moldau thront, zählt zu den Top-Ten-Schlössern Böhmens.

Davon profitiert das kleine, gleichnamige Städtchen zu Füßen der imposanten Schlossanlage, das keine 10 km nordwestlich von České Budějovice liegt. Die vielen Gäste spülen Geld in die Kassen, und so präsentiert sich Hluboká nad Vltavou um einiges gepflegter als die umliegenden Orte. Das Zentrum steht ganz im Zeichen des Ausflugstourismus: Es gibt eine Vielzahl von Restaurants, dazu ein paar Pensionen und Hotels. Die Schilder für den zehnminütigen Fußweg hinauf zum Schloss hätte man sich sparen können, Souvenirstände weisen den Weg.
Schloss Frauenberg erhebt sich auf den Fundamenten einer frühgotischen Burg, die bereits im 13. Jh. erwähnt wird. Im 15. Jh. war sie im Besitz von Wilhelm von Pernstein (Pernštejn), der den Ausbau des hiesigen Teichsystems förderte (auch den nahen Bezdrev-Teich ließ er anlegen) und so als einer der Begründer des Fischereiwesens in Südböhmen gilt. Ende des 16. Jh. wurde die Burg in ein Renaissanceschloss umgebaut. 1661 erwarben die Schwarzenberg das Schloss und ließen es barockisieren. Die Idee zum erneuten Umbau, diesmal im Stil der Tudorgotik, hatte dann knapp 200 Jahre später Johann Adolf II. zu Schwarzenberg. Mit seiner Gemahlin Eleonora wurde er 1838 zu den Krönungsfeierlichkeiten von Königin Viktoria nach Schloss Windsor geladen. Nach der Reise wollte auch der Fürst in solch einem Palast residieren. 1871 war der Umbau abgeschlossen.

Die stilistische Reinheit, die das Äußere des Schlosses auszeichnet, ist im Inneren nicht gegeben. Hier sorgt ein bunter Stilmix für Abwechslung. Über 140 Räumlichkeiten gibt es, aber nur einen kleinen Bruchteil bekommt man zu Gesicht. Entlang der Haupttrasse durch das Schloss sieht man u. a. diverse Repräsentationsräume und Salons, das Schlafzimmer der Fürstin, das Hamilton-Kabinett, die Bibliothek mit 12.000 Bänden, das Schlosstheater und die Rüstkammer. Es geht vorbei an schmucken Kaminen, Tischchen mit Intarsienarbeiten, italienischen Fayencen, chinesischen Vasen, kostbaren Gobelins oder geschnitzten Wandtäfelungen. Eine andere Tour führt durch die Schlossküche aus dem 19. Jh., in der für bis zu 120 Personen gekocht wurde. Egal, für welche Tour Sie sich entscheiden – achten Sie

Die Schwarzenberg: Könige des Böhmerwaldes, der Stoff für eine Familiensaga

Durch Heirat, Politik und Waffengang stieg der unterfränkische Uradel der Schwarzenberg zu einem der bedeutendsten Geschlechter Böhmens auf. Aus den Hussitenkriegen gingen sie als Freiherren hervor, der Dreißigjährige Krieg brachte ihnen enorme Ländereien. Zwischendurch erfolgte die Erhebung in den Grafenstand und nistete sich ein Rabe ins Familienwappen ein, der einem goldenen Türkenhaupt ein Auge aushackt: Kaiser Rudolf II. zeigte sich auf diese Weise Adolf von Schwarzenberg dankbar, der als Heeresführer 1598 die von den Türken besetzte Festung Raab (heute Györ, Ungarn) zurückerobert hatte. Johann Adolf I. (1615–1683) durfte sich schließlich für seine Verdienste als Präsident des Reichshofrates mit dem Titel Reichsfürst schmücken. Dieser Titel wurde stets auf den erstgeborenen Sohn weitervererbt. Adam Franz (1680–1732) verstand es ohne großes Zutun, den Reichtum der Schwarzenberg weiter zu vergrößern. Von seiner Tante Marie erbte er 1719 den Besitz der Eggenberg, nämlich die Herrschaften Český Krumlov, Netolice, Volary, Vimperk, Orlík, Zvíkov und Chýnov. Unter Fürst Josef von Schwarzenberg (1768–1833) wurde der Schwarzenbergkanal (→ S. 155) zum Abtransport von Holz über die Große Mühl und die Donau bis nach Wien fertig gestellt. Seinem jüngeren Bruder Karl überließ er die Herrschaft Orlík (→ S. 117), die zum Stammsitz der von Karl begründeten Nebenlinie des Geschlechts wurde. Der befehligte übrigens die österreich-russisch-preußischen Truppen 1813 in der Völkerschlacht bei Leipzig und fügte dort Napoleon eine vernichtende Niederlage zu.

Fürst Josef hinterließ drei Kinder: der Erstgeborene, Johann Adolf II. (1799–1888), verlegte den Sitz der Familie von Schloss Krumau nach Schloss Frauenberg, der Zweitgeborene, Felix, wurde 1848 österreichischer Ministerpräsident, und der Jüngste, Friedrich, 1850 Erzbischof von Prag. Zu jener Zeit zählten die Schwarzenberg zu den reichsten Adelshäusern der Habsburger Monarchie. Ihre Ländereien hatten die Größe des Saarlandes, dazu besaßen sie rund zwei Dutzend Schlösser, 150 Meiereien, 13 Brauereien, drei Bergwerke und, und, und ... Ansehen genossen die Schwarzenberg nicht nur unter ihresgleichen, sondern auch beim einfachen Volk: Starb oder erkrankte einer der Angestellten, so sorgte der Fürst dafür, dass die Familie nicht in Armut geriet.

Infolge der Bodenreformen in der Ersten Republik, die insbesondere deutsche Großgrundbesitzer traf (von deutscher Seite oft als Diskriminierung ausgelegt; das Unrecht war aber kaum größer als die Ungerechtigkeit der Besitzverhältnisse bis dato), verloren die Schwarzenberg sechs Großgüter und viele Ländereien. Den verbliebenen Besitz konfiszierte 1940 die Gestapo: Die Schwarzenberg hatten nicht mit den Nazis kooperieren wollen, sich mutig gegen sie gestellt. Fürst Heinrich (1903–1965) landete im KZ Buchenwald. Danach bemächtigten sich die Kommunisten des Familienvermögens auf tschechoslowakischer Seite. Mit dem Tod Fürst Heinrichs ging das Erbe auf österreichischer Seite, darunter die Herrschaft Murau in der Steiermark und ein Millionenbetrag, auf Heinrichs Adoptivsohn Karl über. Karl, genauer Karl Johannes Nepomuk Josef Friedrich Antonius Wratislav

Mena, 12. Fürst zu Schwarzenberg, gefürsteter Landgraf in Klenggau, Graf von Sulz und Herzog von Krumau, wurde 1937 geboren und verbrachte seine Kinderjahre – 1948 emigrierte die Familie nach Österreich – auf Schloss Orlík. In seinem Wiener Palais umgab er sich mit Künstlern, Schriftstellern, Staatssekretären und Industriellen. 1985 wurde er zum Präsidenten der Internationalen Helsinki-Föderation für Menschenrechte, die sich insbesondere für Oppositionelle in Osteuropa einsetzte. Vier Jahre später erfolgte die Auszeichnung mit dem europäischen Menschenrechtspreis. 1990 holte ihn Václav Havel auf die Prager Burg und ernannte ihn zum Leiter der Präsidentschaftskanzlei. 1992 erhielten die Schwarzenberg all jenen Besitz zurück, der nach dem 25. Februar 1948 enteignet worden war, darunter Schloss Orlík, dazu einige Gebäude in Prag. Heute mischt Karl Fürst von Schwarzenberg die Politik auf. Im November 2004 wurde er in den tschechischen Senat gewählt, 2007 zum Außenminister ernannt. Präsident Václav Klaus, der aus seiner Abneigung gegen die EU nie einen Hehl machte, hat es nun mit einem europafreundlichen Außenminister zu tun, der zudem, so die Worte des Präsidenten, „mit einem Bein in Österreich steht."

auf die Details! Es gibt manch Kurioses zu entdecken, und das schon am Hauptportal: Werfen Sie dort einen Blick auf die Türgriffe in Form eines Raben, der in den Kopf eines Türken hackt – ein Bestandteil des Wappens der Schwarzenberg (→ nebenstehenden Kasten und Foto S. 41).

In der ehemaligen Reithalle neben dem Schloss, die für die Zwecke der Südböhmischen Aleš-Galerie (Alšovo jihočeská galerie) umgebaut wurde, werden Plastiken und Gemälde von der Gotik bis zur Gegenwart gezeigt. Das Gros der Werke stammt von südböhmischen Künstlern, aber auch ein paar niederländische Meister sind zu finden. Drum herum lädt der Schlosspark zum Spazierengehen ein.

• *Information* **Infocentrum Hluboka,** an der Hauptstraße im Zentrum. Hilft auch bei der Zimmersuche. Tägl. 9–18 Uhr, im Winter verkürzt. ✆ 387966164, www.hluboka.cz.

• *Parken* Mehrere Parkplätze ausgeschildert, im Sommer oft belegt. 2,50 €.

• *Verbindungen* Bahnhof weit außerhalb, besser mit dem **Bus** anfahren. Sehr gute Verbindungen nach Budweis, mehrmals tägl. zudem nach Týn nad Vltavou und Bechyně.

• *Golf* **Golf Club Hluboká nad Vltavou,** 18-Loch-Platz, Teil eines großen Sportareals mit Aquapark, Tennisplätzen, Fußballplatz etc. Im Ort ausgeschildert. Greenfee 21–32 €. ✆ 387966621, www.golfhluboka.cz.

• *Veranstaltung* Eine rund 50-jährige Tradition hat das alljährlich im Sommer auf dem Schlossgelände stattfindende **Musikfestival.**

• *Essen & Trinken* **Originál Švejk Restaurant,** großzügiges, rustikales Restaurant mit Holzboden und langer Theke. Terrasse. Guten Appetit bei Gulasch „Otto Katze" oder Lendenbraten „Frau Müller". Hg. 3,50–7 €. Zentral am Náměstí Čsl. armady 28, ✆ 387965529.

• *Übernachten* **** **Hotel Štekl,** in einem ebenfalls im Tudorstil gehaltenen Nebengebäude des Schlosses. 44 sehr komfortable, elegante Zimmer, manche mit herrlichen Ausblicken und Himmelbetten – ein Tipp für Romantiker und Flitterwöchner. Sauna, Innenpool, Fitnesscenter usw. Restaurant mit feiner Küche. EZ ab 70 €, DZ ab 98 €. Bezručova 141, ✆ 387967491, ℻ 387965943, www.hoteltyp.com.

Penzion Kapr, im Zentrum, einem Fischlokal angeschlossen. 12 freundliche, recht komfortable Zimmer mit guten Bädern. Die Freundlichkeit des Personals lässt jedoch zu wünschen übrig. EZ 35 €, DZ 52 €. Tyršova 966, ✆ 387965848, ℻ 387225017, www.restaurace-kapr.cz.

• *Öffnungszeiten* **Schloss,** April u. Okt. tägl. (außer Mo) 9–17.30 Uhr, Mai u. Sept. tägl. (außer Mo) 9–18 Uhr, Juni–Aug. tägl. 9–17 Uhr. Fremdsprachige Führung je nach Trasse 5,30–5,60 €, erm. 2,80–3,50 €.

Zámek Ohrada (Jagdschloss Zwinger)

In idyllischer Lage an einem Teich rund 2 km südwestlich von Hluboká nad Vltavou steht das Jagdschloss Ohrada, das Fürst Adam Franz von Schwarzenberg 1708–21 erbauen ließ. Heute befindet sich darin ein **Forst-, Jagd- und Fischereimuseum** (Muzeum lesnictví, myslivosti a rybářství) mit vielen ausgestopften Tieren (darunter der letzte im Böhmerwald erlegte Bär aus dem Jahr 1856), jeder Menge Geweihe, Fischernetze, Jagdwaffen etc. Wer Tiere lieber lebend sieht, findet daneben den Eingang zu einem **Zoo** mit Kängurus, Eulen, Präriehunden, Flamingos, Schildkröten etc.

Fährt man die Straße am Jagdschloss vorbei noch ca. 1,5 km weiter, gelangt man zum Bezdrev-Teich – ein Tipp für den Badespaß. Einstiegsmöglichkeiten bestehen z. B. beim gleichnamigen Campingplatz am Teich (s. u.).

• *Camping* **Bezdrev,** ca. 2 km südlich des Schlosses Ohrada. Weitläufiges, schattiges Areal direkt am gleichnamigen Teich. Kinderspielplatz, Tretbootverleih, Fischrestaurant. Bestens besucht, könnte jedoch etwas gepflegter sein. Mai–Sept. 2 Pers. mit Zelt u. Auto 6,80 €, Hütte ab 7 €/Pers. Bezdrev, ☏ 387965098, 📠 387966591, www.h-r.cz.

• *Öffnungszeiten* **Jagdschloss Ohrada,** April u. Okt. Di–Fr 9–15 Uhr, Sa/So 9–16.30 Uhr, Mai u. Sept. tägl. (außer Mo) 9–17 Uhr, Juni–Aug. tägl. 9–18 Uhr. Eintritt 1,40 €, erm. die Hälfte. **Zoo,** April–Juni u. Sept./Okt. tägl. 9–18 Uhr, Juli u. Aug. bis 19 Uhr, Nov.–März bis 16 Uhr. Eintritt 1,40 €, erm. die Hälfte.

Für weitere Ziele nördlich von České Budějovice wie z. B. Týn nad Vltavou ca. 22 km nördlich von Hluboká → Umgebung von Tábor ab S. 97.

Borovany (Forbes)

In das bäuerlich geprägte, 13 km südöstlich von České Budějovice gelegene Borovany kommen meist nur Touristen, die sich verfahren haben. Den Hauptplatz dominiert ein frisch gestrichenes **Barockschloss** aus den Jahren 1763–67. Daran grenzt der Gebäudekomplex eines 1455 gegründeten **Augustinerklosters.** Führungen durch die Klosterkirche und das Schloss werden nur im Juli und August angeboten (dann tägl. außer Mo zwischen 10 und 16 Uhr alle 90 Min., Eintritt 0,70 €).

Zweigt man von der Straße nach Trhové Sviny unterhalb des Klosters nach Trocnov ab (Hinweisschild), taucht nach rund 1 km rechter Hand das private **Freilichtmuseum des Eisernen Vorhangs** (Soukromý pohraniční skanzen) im Gemüsegarten eines Bauern auf (Eintritt 1,80 €, falls zu, klingeln). Es informiert über den Grenzschutz bzw. die technische Ausrüstung des einst dafür verantwortlichen Korps der Nationalen Sicherheit *(SNB = Sboru národní bezpečnosti).* Zu besichtigen gibt es u. a. einen Wachturm, eine Baracke der Grenzsoldaten und elektrische Zäune, die das Passieren der Grenze unmöglich machen sollten. Zwischen 1951 und 1964 standen sie mit 4000 Volt (!) unter Spannung – verheerend auch für den Wildwechsel. Die späteren sog. Signalzäune wiesen nur noch 12 Volt Spannung auf.

• *Verbindungen* **Busse** regelmäßig nach Trhove Sviny und Budweis, bis zu 7-mal tägl. nach Nové Hrady, 6-mal nach Třeboň. **Züge** regelmäßig nach Budweis.

• *Übernachten* **Hotel Alf,** am Marktplatz. Steriles Haus. Ordentliche, wenn auch nicht besonders geschmackvolle Zimmer mit privaten Bädern, TV und Telefon. Restaurant, Terrasse. Sehr günstig. EZ 12 €, DZ 21 €. Žižkovo nám. 2, ☏ 387980097, 📠 387980212.

Žižka-Denkmal (Památník Jana Žižky)

Trocnov, ebenfalls ca. 13 km südöstlich von České Budějovice gelegen, gilt gemeinhin als der Geburtsort des Hussitenführers Jan Žižka (→ Kasten, S. 94), der hier um 1370 das Licht der Welt erblickt haben soll. Einer Sage nach kam er jedoch nicht im Dorf Trocnov selbst zur Welt, sondern während eines Gewittersturmes in einem nahen Wald unter einer Fichte. An der vermutlichen Geburtsstätte steht heute ein Gedenkstein, etwas weiter eine annähernd 10 m große Žižka-Statue aus Granit, ein Werk von Josef Malejovský aus den Jahren 1958–1969 – der Zeit entsprechend erinnert es ein wenig an ein sozialistisches Kriegerdenkmal. Nahebei befindet sich ein alter Hegerhof mit einer kleinen Žižka-Ausstellung und einem beliebten Ausflugslokal, wo man auch günstig übernachten kann (Montag Ruhetag).

• *Anfahrt/Verbindungen* Denkmal nahe dem Dorf Radostice, von der Straße Trocnov–Ledenice ausgeschildert. **Züge** von Budweis zur Bahnstation Trocnov ca. alle 2 Std., von dort führt ein blau markierter Wanderweg zur Gedenkstätte.

• *Öffnungszeiten* **Žižka-Ausstellung,** Mai–Sept. tägl. (außer Mo) 9–17 Uhr. Eintritt 1,10 €, erm. die Hälfte.

Für weitere Ziele südöstlich und östlich von České Budějovice → Umgebung von Třeboň ab S. 65 und → Umgebung von Český Krumlov ab S. 144.

Holašovice

Holašovice liegt 17 km westlich von České Budějovice und ist ein **Dorf wie aus dem Bilderbuch.** Rund zwei Dutzend Gehöfte im Bauernbarockstil gruppieren sich um den lang gezogenen, begrünten Dorfplatz samt Tümpel. Das Gros der Höfe entstand zwischen 1840 und 1880, die meisten der verzierten Giebelfassaden sind heute liebevoll und farbenfroh restauriert. Selbst die alten Brunnen wurden wieder hergerichtet und die Straßenlaternen aus sozialistischer Zeit ersetzt. In einem Gehöft (Hnr. 30) hat man zudem eine kleine Ausstellung über das Dorfleben Südböhmens eingerichtet (mehr nach Lust und Laune geöffnet, Eintritt 1,10 €). 1998 wurde Holašovice als typisches Beispiel für die früheren ländlichen Milieus in die Weltkulturerbeliste der UNESCO aufgenommen. Seitdem verirren sich selbst japanische und amerikanische Reisegruppen hierher. Es gibt zwei Gasthäuser – wer lieb fragt, bekommt dort vielleicht auch ein schlichtes Zimmer. In der Umgebung findet man noch andere Dörfer dieser Art wie beispielsweise das rund 6 km westlich gelegene **Dobčice.** Nur warten dort noch immer einige Fassaden auf einen neuen Anstrich.

• *Verbindungen* **Busse** mehrmals tägl. nach Budweis.

• *Radfahren* Per Rad erreicht man Holašovice von České Budějovice über Radwanderweg 1100 (bis Čakov) und 1085 (18 km). Von Český Krumlov fährt man für 11 km auf Radwanderweg 1166, dann wechselt man für 10,5 km auf Nr. 1196. Danach sind es noch ca. 3,5 km auf Nr. 1085 bis zum Ziel.

• *Veranstaltung* Ende Juli findet das **Selské slavnosti Holašovice** statt, ein folkloristisches Dorffest mit Jahrmarkt, Tanz, Musik und Kunsthandwerkern aus der ganzen Republik.

Für weitere Ziele westlich von České Budějovice → Umgebung von Prachatice ab S. 124.

Masarykovo náměstí, das Herz der Stadt

Třeboň (Wittingau)

In der Altstadt Renaissancegiebel, Laubengänge und enge Stadttore, drum herum einmal keine Berge, sondern Teiche, so weit das Auge reicht. Třeboň ist Radlermekka, Kurort und Zentrum der böhmischen Fischereiwirtschaft.

Třeboň und sein Umland sind in Böhmen *die* Garanten für das weihnachtliche Traditionsgericht: Nahezu sämtliche Städte Böhmens werden alljährlich eine Woche vor Heiligabend mit fetten Karpfen aus den Třeboňer Teichen versorgt. Aus den Brunnen der Marktplätze oder aus großen wassergefüllten Bottichen werden sie dann noch zappelnd verkauft und nach ihren letzten Tagen in der heimischen Badewanne mit Bergen von Kartoffelsalat verdrückt. Třeboň aber auf seine Funktion als Karpfenlieferant zu reduzieren wäre falsch: Das schnuckelige 10.000-Einwohner-Städtchen besitzt ein prächtiges Schloss und eine sehenswerte, denkmalgeschützte Altstadt. Die Terrassencafés am kopfsteingepflasterten Marktplatz belegen im Sommer überwiegend Radler. Kein Wunder, lädt doch die nur leicht hügelige, von etwa 500 Teichen gespickte Landschaft drum herum zu ausgedehnten Touren ein.

Geschichte: Der alte deutsche Name des Städtchens erinnert an das sagenumwobene Geschlecht der Witigonen (→ S. 142), das hier im 13. Jh. eine Siedlung an einem Handelsweg nach Bayern gegründet haben soll. 1366 ging diese an die Rosenberg über. Im 15. und 16. Jh. begann man in großem Stile das sumpfige Umland durch den Bau eines Teichsystems wirtschaftlich zu nutzen. Viele der damals angelegten Kanäle, insbesondere die Abzuggräben, welche die Flüsse Lužnice und Nežárka miteinander verbinden, bestehen noch heute. Der Erfolg der Fischzucht blieb nicht aus. Zu Anfang des 17. Jh., unter der Herrschaft des letzten Rosenbergers Peter Wok II., eines bunten Vogels mit Hang zu Drogen und zur Alchemie, erlebte Wittingau seine große Blüte. Danach legten sich die Leiden des Dreißigjährigen

Krieges über die Stadt. 1660 erhielten die Schwarzenberg das Schloss, in deren Besitz es bis zum Ende des Zweiten Weltkrieges blieb. 1883 wurde das Kurhaus Berta (Bertiny Lázně) eröffnet, in welchem man versuchte, mit Schlamm aus den Mooren der umliegenden Wälder Schmerzen zu lindern. Erst 1960 erhielt Třeboň den Status eine Kurortes. Nach der Samtenen Revolution ging die Textilfabrik *Otavan* Bankrott, der größte Arbeitgeber der Stadt. Heute lebt man vor allem von der Fisch- und Geflügelzucht, aber auch vom Tourismus.

Orientierung: Die Třeboňer Altstadt nimmt lediglich wenige Prozent der Stadtfläche ein und besteht nur aus sehr wenigen Straßen – sich zu verlaufen ist schlicht unmöglich. Bis auf die 1,5 km südlich gelegene Schwarzenberggruft befinden sich alle Sehenswürdigkeiten im Stadtzentrum.

Information/Parken/Verbindungen

• *Information* **Informační a kulturní středisko,** Masarykovo nám. 103, ✆ 384721169, www.itrebon.cz. Mai–Sept. Mo–Fr 9–18 Uhr, Sa/So 10–12 u. 13–18 Uhr, Okt.–April Mo–Fr 9–17 Uhr, Sa 9–12 Uhr.

• *Parken* Möglichkeiten gibt's rund um die Altstadt.

• *Verbindungen* **Busbahnhof** in der Neustadt (ca. 1,5 km westlich des Zentrums). Gute Verbindungen nach Budweis und Jindřichův Hradec, seltener nach Prag. Hauptbahnhof ca. 1,5 km nördlich des Zentrums, alle Züge halten jedoch auch an der nur 400 m nordöstlich des Zentrums gelegenen Station Třeboň-Lázně. **Züge** regelmäßig nach České Velenice (österreichische Grenze) und Veselí nad Lužnici (dort Umsteigemöglichkeit nach Brünn, Prag etc.).

Adressen/Einkaufen (siehe Karte S. 63)

• *Ärztliche Versorgung* **Poliklinik** an der Riegrova westlich des Zentrums. ✆ 384721800.

• *Polizei* **Stadtpolizei** am Masarykovo nám. 20. ✆ 156.

• *Post* Etwas westlich des Zentrums an der Seifertova.

• *Einkaufen* **Galerie Bell (5),** originelle Verkaufsgalerie mit alternativen Kleidungsstücken, Keramik, lustig bemalten Blechtassen, Stoffbären usw. Masarykovo nám., Ecke Rožmberská.

Obchod pro Sběratele (4), ein super Hinterhoftrödler. Alte Platten und CDs, Möbel, Bücher, Gemälde etc. Březanova 79.

Kovárna U Vojtěcha (9), im Schlossareal. Schmiedeeisernes jeglicher Art.

Essen & Trinken/Nachtleben (siehe Karte S. 63)

Wo so viele Teiche für frischen Fisch sorgen, sollte man – je nach Abfischsaison – Schleie *(lín)*, Wels *(sumec)* oder Hecht *(štika)* probieren. Dazu trinkt man ein Glas *Bohemia Regent* – in Třeboň wird eines der ältesten Biere Tschechiens gebraut (seit 1379). Neben den hier aufgeführten Lokalen sind die Restaurants des Hotels Myslivna und der Pension U Míšků (→ Übernachten) zu empfehlen. Wer die Fische aus den Třeboňer Teichen übrigens lebend sehen will, kann das **Akvárium Krčínův dům** beim Schloss besuchen.

• *Restaurants* **Šupina (14),** gilt als bestes Lokal des Städtchens. Nette Terrasse, gehoben-rustikales Interieur, aber nicht besonders groß. Interessante Fischgerichte und Gerichte vom Lavagrill zu 5,30–11 €. Sehr gepflegt ist auch das dazugehörige Restaurant (mit „k") **Šupinka (13)** gleich gegenüber. Valy 155, ✆ 384721149.

Rožmberská Bašta (10), ebenfalls recht angenehmes Lokal und ebenfalls auf die Leckereien aus den umliegenden Teichen spezialisiert. Kosten Sie die Fischsuppe,

Karpfenwürfel mit Knoblauch-Honig-Sauce oder Hecht mit Sardellensauce. Hg. 4,20–8 €. Rožmberská 59, ✆ 384721893.

• *Pivnice* **Pivovarská pivnice (15),** einfache, nette und ursprüngliche Bierhalle bei der Brauerei. Schöne Terrasse (Selbstbedienung). Deftige böhmische Küche zu günstigen Preisen, dazu auch Snacks wie eine dicke *Klobása*, eingelegter *Hermelín* oder *Olmützer Quargeln*. Auf dem Gelände wird auch Bier zum Mitnehmen verkauft – wer mag, bekommt's fassweise. Trocnovské nám.

• *Cafe* **Cukrárna Adria Centrum (3),** Eisdiele und Café. Im Sommer steht man für das italienische Eis (über 20 Sorten) Schlange. Rožmberská 28.

Übernachten

• *Hotels* ****** Zlatá Hvězda (6)**, Altstadthaus am Marktplatz. 48 Zimmer und Apartments mit Komfort, aber ohne persönliche Note. Restaurant, Terrasse, Bowlingbar, Radverleih. EZ 65 €, DZ 88 €, Parken 3,50 /Nacht extra. Masarykovo nám. 107, ✆ 384757111, ℻ 384757300, www.zhvezda.cz.

***** Galerie (11)**, in einem historischen Gebäude. 12 großzügige, nette Standardzimmer auf dem der Sternenanzahl entsprechenden Niveau. Familiäre Atmosphäre, schönes Café im EG. EZ 46 €, DZ 65 €. Rožmberská 35, ✆ 384385293, ℻ 384385294, www.hotel-trebon.cz.

Bílý koníček (2), ansprechendes Renaissancehaus am Marktplatz. Leider von außen viel besser als von innen: 10 altbackene, billig-bieder ausgestattete Zimmer. Eigene Parkplätze, Radverleih. EZ 28 €, DZ 35 €. Masarykovo nám., ✆/℻ 384721213, www.hotelbilykonicek.cz.

Myslivna (8), 9 etwas abgewohnte Zimmer, alle immerhin mit Bad und recht günstig. Restaurant mit Hirschgeweihen an den Wänden: Wildgerichte, aber auch jede Menge Fisch vom Aal über den Hecht bis zum Zander. Kosten Sie „Rosenbergs Fischsuppe". Hg. 4–9,50 €. DZ ohne Frühstück 28 €. Rožmberská 33, ✆ 384721833, www.myslivna.com.

• *Pensionen* **U Míšků (1)**, hübsches, zweigiebliges, rosa-blaues Haus im südböhmischen Bauernbarockstil. Restaurant mit nettem Innenhof und Fischspezialitäten. Großzügige Zimmer (2 Apartments, 2 DZ, 1 EZ) auf Drei-Sterne-Niveau. Schwimmbad. EZ 53 €, DZ 67 €. Husova 11, ✆ 384721698, ℻ 384723917, www.misek.cz.

Modrá Růže (12), kleine, oft ausgebuchte Pension in bester Lage. Zimmer mit Küchenzeile, Bad und TV, im Ganzen aber nichts Besonderes. DZ 42 €. Rožmberská 39, ✆/℻ 384722167, www.modra-ruze.cz.

Zlatá Stoka (7), neu renovierte, saubere Pension, eine Leserempfehlung. Unterschiedlich eingerichtete Zimmer mit Fliesenböden und Bad. DZ 32 €, kein Frühstück. Rožmberská 65, ✆/℻ 384721650, www.zlatastoka.cz.

• *Camping* **Autocamp Třeboňský ráj (16)**, ca. 1,5 km vom Zentrum entfernt (nahe der Schwarzenberggruft), ausgeschildert. Großes Gelände an einem See mit einem Inselchen davor. Zum Teil parzellenartig unterteilt, wenig Schatten. Restaurant, Kinderspielplatz. Im Hochsommer oft sehr voll. Anfang Mai–Ende Sept. 2 Pers. mit Wohnmobil 9,50 €, Bett in der Chata 6 €. Třeboň, ✆ 384722586, www.autocamp-trebon.cz.

Sport/Freizeit/Kultur

• *Baden* Bademöglichkeiten bestehen am Stadtteich **Svět**. Vom Zentrum der Uferstraße Světská hráz gen Westen folgen.

• *Bootsverleih* Nächste Möglichkeit beim **Sportcentrum Doubí** ca. 3 km südlich der Stadt am Teich Opatovický rybník (an der Straße nach Nové Hrady). 5,30 €/Tag. ✆ 384721105.

• *Brauerei* Die **Třeboňský pivovar**, in der 6 verschiedene Biere gebraut werden, können nur Gruppen von mehr als 10 Pers. nach Voranmeldung (✆ 384721319) besichtigen. Führung mit Bierprobe 2,80 €.

• *Kuren* Třeboň besitzt zwei Kurhäuser, wo Störungen des Bewegungsapparates mit Moor- und anderen Bädern sowie den verschiedensten Massagen behandelt werden: das traditionsreiche **Bertiny Lázně** im Norden des Zentrums (✆ 384754111, www.berta.cz, Tylova 1) und das aus sozialistischer Zeit stammende, jedoch modernisierte **Lázně Aurora** am westlichen Ortsrand, (✆ 384750555, www.aurora.cz, Lázeňská 1001).

• *Kutschfahrten durch die Stadt* Zuweilen im Sommer, Start im Schlosspark, der Preis ist Verhandlungssache.

• *Radfahren* Für Cyklobusse → S. 15. Eine beliebte, 39 km lange Rundtour verläuft auf Radwanderweg Nr. 122 gen Südosten bis

Chlum u Třeboně (→ S. 65), dann auf Radweg 1011 nach Lutová und auf 1035 über Stříbřec und den **Rožmberk-Teich** (→ S. 66) wieder zurück nach Třeboň. Eine weitere schöne Rundtour verläuft auf Radwanderweg 1034 über Lužnice nach Val, von dort auf Wald- und Wiesenwegen – gute Karte vonnöten – zum **Jagdschloss Jemčina** (Juni u. Sept. nur Fr–So 10–17 Uhr, Juli u. Aug. tägl. 10–17 Uhr) und von dort über den Rožemberského-dědictivi- und den Česko-moravská-Radweg zurück nach Třeboň (knapp 60 km). Für Weg- und Kilometerangaben nach **České Budějovice** → S. 50, nach **Jindřichův Hradec** → S. 74.

• *Radverleih* Räder kann man über die **Tschechische Bahn** (→ S. 16) und im **Hotel Zlatá Hvězda** (→ Übernachten) leihen. Ab 7 €/Tag.

• *Rundflüge* Über die **Pension Dvorce** im gleichnamigen 2 km westlich gelegenen Weiler (Hnr. 50). 200 €/Std. für max. 4 Pers. ✆ 384724117, www.dvorce.cz.

• *Schiffsausflüge über den Stadtteich* Im Sommer, Anlegestelle am südlichen Ende des Schlossparks.

• *Veranstaltungen* Stolz ist man auf das **Festival Okolo Třeboně** Ende Juni/Anfang Juli mit Konzerten, Theateraufführungen usw.

Das **Abfischen** im Okt. u. Nov. wird mancherorts von kleinen Volksfesten begleitet.

• *Wandern* Etliche markierte Wanderwege führen in die Teichlandschaft der Umgebung. Wer noch ein bisschen Kultur schnuppern will, kann sich das Örtchen **Stráž nad Nežárkou** (rot markierter Weg ab dem Zentrum) zum Ziel setzen. Das örtliche Schloss gehörte 1914–1930 der Opernsängerin Emma Destinnova. In einem heruntergekommenen Zustand hinterließ es 1991 das Militär. Heute ist hier u. a. eine Ausstellung zum Leben der Sängerin untergebracht (Mai–Sept. tägl. außer Mo 9–16 Uhr, Eintritt 3,50 €, erm. die Hälfte).

Sehenswertes

Masarykovo náměstí (Masaryk-Platz): Der längliche Platz ist das Zentrum der Altstadt – ein steinerner Brunnen und eine Mariensäule in der Mitte verstehen sich für ein typisch böhmisches Städtchen von selbst. Herrliche Laubenganghäuser mit Fassaden im Stil der Renaissance und des Barock umgeben ihn. Das auffälligste ist das 1544 errichtete *Haus zum Weißen Pferdchen (Bílý koníček)* mit einem vierstöckigen Giebel, dazu Zinnen und schießschartenähnlichen Öffnungen, die dem Gebäude Festungscharakter verleihen. Heute befindet sich darin ein Hotel (→ Übernachten). Gegenüber steht das 1566 erbaute *Rathaus (Radnice)*, dessen 31 m hoher Turm mit Umgang, Uhr und Zwiebelhaube erst 1638 hinzukam. Der Turm kann bestiegen werden und bietet einen schönen Ausblick auf die Fischteiche der Umgebung. Das *Tyl-Theater* (1832–33) neben dem Rathaus gehört zu den ältesten tschechischen Bürgertheatern. Den Osten des Marktplatzes schließt das sog. *Neuhauser Tor (Hradecká brána)* aus dem 16. Jh. ab, eines von drei noch erhaltenen Stadttoren. Gleich dahinter fließt der *Zlatá stoka:* Der rund 45 km lange „Goldene Kanal" verbindet seit dem 16. Jh. etliche Fischteiche miteinander. Auf der gegenüberliegenden Seite des Platzes lohnt das Schloss einen Besuch.

Öffnungszeiten Der **Rathausturm** ist unregelmäßig geöffnet, die aktuellen Zeiten erfahren Sie bei der Touristeninformation. Eintritt 0,50 €.

Zámek (Schloss): Für das kleine Třeboň überrascht die Größe des mit schneeweißen Sgraffiti verzierten Schlosses. Allein der Schlosspark im englischen Stil besitzt die Fläche der gesamten Altstadt. Das Renaissanceschloss mit mächtigen Toren und mehreren Höfen ließen die Rosenberg zwischen 1565 und 75 errichten, nachdem die vormalige gotische Burg einer Feuersbrunst zum Opfer gefallen war. Unter den Schwarzenberg wurden einige Barockgebäude hinzugefügt, dazu ein Brunnen, den das Raben-Motiv aus dem Wappen der Familie ziert (→ Kasten, S. 56). Bei Führungen kann man heute den Spuren beider Adelsgeschlechter folgen: Auf der Tour, die an die Rosenberg und die ältere Schlossgeschichte erinnert, besichtigt man Räumlichkeiten mit Renaissanceinterieur, die andere Tour verläuft durch die Apartments der Schwarzenberg aus dem 19. Jh. Eine dritte Trasse führt durch Reitstall, Küche und Kasematten.

Zudem kann man auf dem Areal noch einen schaurig-kitschigen *Gespensterkeller* besuchen, die *Schlossgalerie* und die modern konzipierte, von der EU gesponserte *Ausstellung „Man and the Landscape"*. Letztere informiert über die Flora und Fauna der Umgebung, zudem über das Anlegen der Fischteiche und die Geschichte des Bäderwesens. Den größten Teil des Schlosses nimmt das nicht zugängliche, staatliche *Regionalarchiv* ein, eines der größten der Republik. Die älteste Urkunde dort stammt aus dem Jahr 1184.

• *Öffnungszeiten* April, Mai, Sept. u. Okt. tägl. (außer Mo) 9–16 Uhr, Juni–Aug. tägl. (außer Mo) 9–17.15 Uhr, Schlosspark tägl. 7–21 Uhr. 2,80–4,90 €/Führung, erm. jeweils die Hälfte. Separater Eintrittspreis (jeweils ca. 1,10 €) für „Man and the Landscape", Gespensterkeller (nur Mai–Sept.) und Schlossgalerie.

Kostel sv. Jiljí a augustiánský klášter (St.-Ägidius-Kirche und Augustinerkloster): Der sog. „Lange Gang" (Dlouhá chodba), ein über 100 m langer Gebäudekomplex, verbindet das Schloss mit dem Augustinerkloster im Norden der Altstadt. Es wurde 1367 unter den Rosenberg gegründet. Die dazugehörige Konventskirche, die St.-Ägidius-Kirche, wurde wenige Jahre vor der Säkularisierung des Kloster (1785) barockisiert. Dabei entfernte man ihren Hauptaltar und verteilte dessen Bilderzyklus (entstanden um 1380/1390) auf umliegende Kirchen – ein Ding der Unmöglichkeit, hätte es damals schon so etwas wie ein Amt für Denkmalschutz gegeben. Doch im 18. Jh. wusste man offenbar den Wert des Bilderzyklus, das Werk eines unbekannten Malers (Meister von Wittingau genannt), nicht zu schätzen. Immerhin besitzt die Prager Nationalgalerie noch drei Tafeln davon, Kopien sind im Schloss ausgestellt. Der Kirche erhalten blieb die gotische Kalksteinskulptur der *Madonna von Wittingau* (um 1400). Die Konventsgebäude dienen heute u. a. als Schülerwohnheim.

Adresse/Öffnungszeiten Husova 142. Führungen Juni–Sept. regelmäßig von 9–12 u. 13–16 Uhr, April, Mai, Okt. u. Nov. nur tägl. um 11 u. 14 Uhr. Eintritt 0,70 €.

Schwarzenberská Knížecí Hrobka (Schwarzenberggruft): Bis weit ins 19. Jh. wurden die Angehörigen der Hauptlinie des Schwarzenberger Adelsgeschlechts in der Friedhofskirche St. Ägidius (Kostel sv. Jiljí) am Südufer des Teiches Svět bestattet. Als dort kein Platz mehr war, setzte sich Fürstin Eleonore von Schwarzenberg für die Errichtung einer Familiengruft ein paar hundert Meter weiter ein. Der imposante neugotische Bau im Waldpark U Hrobky entstand 1874–77. Eine monumentale Treppenrampe führt ins Innere, wo hin und wieder auch kulturelle Veranstaltungen stattfinden.

Wegbeschreibung/Öffnungszeiten Der Straße nach Borovany stadtauswärts etwa 1,5 km gen Süden folgen, ausgeschildert. April, Mai, Sept. u. Okt. tägl. (außer Mo) 9–16 Uhr, Juni–Aug. tägl. (außer Mo) 9–17 Uhr. Fremdsprachige Führung 2,10 €, erm. die Hälfte.

Umgebung von Třeboň

Teiche, Kanäle, Moore, sanftes Hügelland und ausgedehnte Wälder prägen die Landschaft rund um Třeboň. Viele Straßen präsentieren sich als Alleen, oft führen sie holprig über Teichdämme hinweg, hie und da wirken sie fast wie Stege. Zuweilen sieht man unter schattenspendenden, jahrhundertealten Eichen im Sommer Aprikosen- und Beerenverkäufer. Die Gegend ist ein Eldorado für Naturliebhaber, unzählige Wander- und Radwanderwege stehen zur Verfügung. Wer längere Touren plant, sollte aber bedenken, dass die touristische Infrastruktur in den Dörfern und Städten außerhalb von Třeboň oft noch in den Kinderschuhen steckt. Kanuten sollten sich das 14 km südöstlich von Třeboň gelegene 3400-Einwohner-Örtchen **Suchdol nad Lužnicí** merken, ein beliebter Startpunkt für Touren auf dem Fluss Lužnice; Kanuverleiher gibt es vor Ort.

Chlum u Třeboně (Chlumetz)

Der 1800-Einwohner-Ort Chlum u Třeboně liegt ca. 14 km südöstlich von Třeboň am **Badesee Hejtman.** Er ist beliebter Anlaufpunkt einer bunten Camperschar, über zehn Plätze säumen seine Ufer – im Hochsommer sind sie fast alle restlos belegt. Pensionen und Hotels gibt es hingegen nur wenige. Zu den Sehenswürdigkeiten des Ortes – allesamt nicht allzu spannend – gehören die **Wallfahrtskirche Mariä** Himmelfahrt, die 1745 nach dem Vorbild der Kirche Maria Zell in der Steiermark

Třeboň und Umgebung
Karte von Třeboň auf S. 63

Abfischen im Třeboňsko

Naturparadies Třeboňsko

Třeboňsko nennt sich die Wittingauer Teichlandschaft, ein Gebiet, das 700 km^2 umfasst, von denen 15 % mit Wasser bedeckt sind. Da die außergewöhnliche Landschaft aus Teichen und Kanälen ein Werk von Menschenhand ist, soll sie nicht nur UNESCO-Biosphärenreservat (seit 1977) bleiben, sondern sogar UNESCO-Weltkulturerbe werden, angemeldet ist sie immerhin schon.

Die ersten Fischteiche ließen die Zisterzienser und der Deutsche Ritterorden im 13. Jh. anlegen, die Karpfen sollten den Speiseplan während der Fastenzeit bereichern. Der größte Teich ist mit 490 ha der *Rožmberk* nördlich von Třeboň. Bis zu 2000 Zentner Karpfen werden in guten Jahren allein daraus abgefischt. Als er Ende des 16. Jh. angelegt wurde, war er noch mehr als doppelt so groß. Für seinen 2,5 km langen Damm wurden damals 750.000 m^3 Erde aufgeschüttet. Dafür, dass sich die Karpfen nicht alleine fühlen, sorgen Schleie, Hechte, Welse, Aale und Zander. In den Flüssen und Kanälen tummeln sich zudem rund 150 Flussotter, darüber flattern Fischreiher, Wildgänse, Rohrdommeln, Schwarzstörche und selbst Seeadler. In den dichten Wäldern drum herum sollen sich sogar Elchfamilien wohlfühlen. Tatsache ist auf jeden Fall, dass im Naturschutzgebiet aufgrund der außergewöhnlichen Fauna und Flora Baden nur an ausgewiesenen Stellen erlaubt ist.

entstand, und das hiesige **Schloss,** ein ursprünglich barockes Jagdschloss aus dem Jahr 1710. Es ist bislang noch nicht zugänglich. Berühmtester Schlossherr war der habsburgische Thronfolger Franz Ferdinand d'Este, der von hier 1914 seine schicksalhafte Reise nach Sarajevo antrat, wo er und seine Frau jenem Attentat zum Opfer fielen, das als Auslöser des Ersten Weltkriegs gilt. In Chlum u Třeboně treffen sich etliche Wander- und Radwanderwege.

• *Verbindungen* **Busse** 1-mal tägl. nach Jindřichův Hradec sowie regelmäßig nach Majdalena, wo **Zug**anschlüsse nach Třeboň bestehen.

• *Essen & Trinken/Übernachten* Die hiesigen Camper sind allesamt leidenschaftliche Würstchengriller, daher gibt es nur wenige Lokale vor Ort.

Hotel Česká Kanada, Landhotel in Staňkov, ca. 2 km nördlich von Chlum, nicht zu verfehlen. Freundliche, farbenfrohe Zimmer. Das hübsche angeschlossene Restaurant serviert neben Fischgerichten auch Schnitzel oder Schweinesteaks, Hg. 3,50–4,90 €. DZ 28 €, Frühstück 3,20 € extra. Staňkov 76, ✆ 606931876 (mobil), www.hotelceskakanda.cz.

Camping Sever, direkt am Hejtman-See in Chlum. Großer, durch Bäume unterteilter Wiesenplatz, der komfortabelste der Gegend. Sanitäranlagen in ausreichender Anzahl, Kiosk, Ruderbootverleih. Auch Chatavermietung. April–Okt. 2 Pers. mit Zelt u. Auto 7,40 €. Chlum u Třeboně 443, ✆/℻ 384797189, www.campsever.cz.

Nové Hrady (Gratzen)

Novohradské hory, Gratzener Bergland, nennt sich die Region ganz im Südosten des Třeboňer Gebietes an der Grenze zu Österreich. Die Gegend ist mehr hügelig als bergig, kaum eine Erhebung, die die 1000-Meter-Marke übersteigt. Bis zum Zweiten Weltkrieg gab es hier etliche kleine Ortschaften, darunter gar welche mit so klangvollen Namen wie London, Paris, New York. Auch Mexiko war nicht weit. Heute ist die Gegend verwaist und eines der wirtschaftlichen Schlusslichter Tschechiens. „Zentrum“ der Region ist das 2300-Einwohner-Örtchen Nové Hrady. Auf dem Weg von Třeboň dahin passiert man die eine oder andere Geflügelzuchtstation – rund 30 € kostet hier eine quietschlebendige Weihnachtsgans.

Nové Hrady ist ein ruhiger Ort, aus dessen besseren Zeiten noch ein paar prächtige Bauten erhalten blieben wie das **Renaissancerathaus** am viereckigen Marktplatz. Etwas zurückversetzt davon steht das 1677 gegründete **Servitenkloster** (Klášter Servitů) mit der frühbarocken **Kirche St. Peter und Paul.** Von 1950 bis 1991 diente das Kloster der Grenzmiliz als Kaserne, in extrem verwahrlostem Zustand bekam es der Orden zurück. Heute finden darin gelegentlich Ausstellungen statt. Das Kircheninnere besticht durch einen prächtigen vergoldeten Altarbau.

Fast die gesamte Ostseite des Marktplatzes nimmt die sog. **Residenz** (1636–1644) ein, einst der Wohnsitz des Adelsgeschlechts der Buquoy, die die Geschicke Nové Hradys vom 17. Jh. bis 1945 bestimmten. Heute ist in der Residenz das gleichnamige Hotel untergebracht (→ Übernachten). Um 1810 zogen die Buquoys in das **Neue Schloss,** einen Empirepalast mit weitem Park am Stadtrand. Eduard Mörike (1804–1875) kam häufig zu Besuch und verewigte das Gratzener Land in seiner Erzählung „Mozart auf der Reise nach Prag“. Das Schloss beherbergt heute das Institut für Biotechnologie der Südböhmischen Universität Budweis und ist der Öffentlichkeit nicht zugänglich.

Besuchen aber kann man die hiesige **Burg,** die im 13. Jh. als Wachstation errichtet wurde. Sie liegt nur ein paar Schritte vom Marktplatz entfernt, unterwegs kann man einen Blick in eine originalgetreu rekonstruierte, alte **Schmiedewerkstätte** (Kovárna) werfen. Durch die Burg werden zwei verschiedene Führungen angeboten. Spannender ist die längere (45 Min.), bei der man u. a. die Porträtgalerie der Familie Buquoy und Trophäen exotischer Tiere zu Gesicht bekommt. Auch erfährt man etwas über die Zeit, als Nové Hrady noch bekannt war für die Herstellung von Hyalit, ein mit Mangan dunkelrot bis schwarz gefärbtes Glas. Da die Rezeptur verschollen ist, kann es heute nicht mehr produziert werden. Die zweite Tour (30 Min.) durchläuft u.a. eine nachgestellte Beamtenwohnung aus der Wende vom 19. zum 20. Jh.

Třeboň und Umgebung
Karte von Třeboň auf S. 63

Ein rot markierter Wanderweg führt von Nové Hrady zum 2 km entfernten Terezíno údolí, einem weitläufigen englischen Park aus der zweiten Hälfte des 18. Jh., der nach der Gräfin Therese Buquoy benannt wurde. Durch die Parkanlage führt wiederum ein Lehrpfad, auf dem man mehrere romantische Bauten, einen künstlichen Wasserfall und die Festung Cuknštejn aus dem 15. Jh. passiert. Radfahrer haben rund um Nové Hrady die Qual der Wahl. Ein 46 km langer Radlehrpfad führt beispielsweise vorbei am Teich Karlův Rybník nach Horní Stropnice, dann weiter nach Dobrá Voda (s. u.) und von dort zurück nach Nové Hrady.

• *Information* **Kulturní a informační centrum,** im Rathaus am Marktplatz. ✆ 386362195, www.novehrady.cz. Im Sommer tägl. 9–17 Uhr, im Winter nur Mo–Fr 9–16 Uhr.

• *Verbindungen* Vom **Bus**bahnhof (an der Straße zum Camping) unregelmäßige Verbindungen nach Budweis, České Velenice, Trhové Sviny und Třeboň.

• *Essen & Trinken* **U Heidingerů,** am Marktplatz. Einfache Bierstube, in der schon morgens um 10 Uhr kräftig gebechert wird. Zum Essen die üblichen Verdächtigen: Schweinebraten, Gulasch usw. ab 2,30 €.

• *Übernachten* *** **Hotel Rezidence,** in der Residenz am Marktplatz. 2007 eröffnetes Hotel, das künftig auch als Wellness-Adresse punkten will. Bei unserem Besuch wirkte jedoch alles noch sehr unprofessionell. 12 Zimmer, der Sterneanzahl entsprechend ausgestattet. Modernes Café im EG. EZ 37 €, DZ 67 €. Nám. Republiky 1, ✆ 724130399 (mobil), www.rezidencenh.cz.

Penzion Pod Hradem, im Vorort Údolí an der Durchgangsstraße, ca. 1,5 km vom Zentrum entfernt. Anständige, jugendliche Zimmer mit und ohne Bad. Gemütliches Restaurant. DZ ohne Bad 28 €, mit Bad 35 €. Údolí 10, ✆ 386361173, www.penzionpodhradem.cz.

Servitenkloster, im zentral gelegenen Kloster werden 21 schlichte Zimmer mit 1–7 Betten vermietet. Gemeinschaftsbäder. Radverleih. EZ 12 €, DZ 20 €, Frühstück 1,20 € extra. Husova 2, ✆/℻ 386301322, www.klaster.cz.

Penzion Hamr, im Terezíno údolí, von der Straße 154 nach Horní Stropnice ausgeschildert. Absolut idyllische Lage. Die Zimmer sind unspektakulär, aber mit Du/WC und TV ausgestattet. Sichere Parkplätze. DZ 32 €. Terezíno údolí, ✆ 386361293, www.penzionhamr.euweb.cz.

• *Camping* **Camping Veveří,** ca. 3 km südlich von Nové Hrady, vom Marktplatz ausgeschildert. Liebevoll gestalteter Platz im einstigen Sperrgebiet. Saubere Sanitäranlagen, Kinderspielplatz. Nettes Terrassenlokal, schöne Wiese, nebenan der Wald. Meist Radler mit Zelten. Bade- und Fischteich in der Nähe. Mai–Okt. Hütte 18 €, 2 Pers. mit Wohnmobil 6,30 €. Veveří 308, ✆ 386362825, ℻ 386362827, www.volny.cz/camp.veveri.

• *Öffnungszeiten* **Burg,** April u. Okt. nur Sa/So 9–15.15 Uhr, Mai u. Sept. tägl. (außer Mo) 9–15.15 Uhr, Juni–Aug. tägl. (außer Mo) 9–17.30 Uhr. Eintritt je nach Führung mit dt. Text 1,40–2,10 €, erm. die Hälfte.

Kloster, Mo–Fr 9–11.30 u. 12–17 Uhr, Sa 9–11.30 u. 12–18 Uhr, So 10–12 u. 12.30–18 Uhr. Fremdsprachige Führung 1,80 €.

> Nur rund 10 km westlich von Nové Hrady liegt das nette Dorf **Žumberk,** → S. 143.

Dobrá Voda (Brünnl)

Weithin sichtbar dominiert die mächtige **Wallfahrtskirche Mariä Himmelfahrt** rund 10 km südlich von Nové Hrady das Gratzener Hügelland. Man fragt sich, was beeindruckender ist: der Anblick der Kirche aus der Ferne oder der Ausblick von der Kirche auf die umliegenden Wälder und Felder. Unter der Haupttreppe des zwischen 1708 und 1715 errichteten Gotteshauses plätschert die Quelle, die der Siedlung ihren Namen gab (*dobrá voda* = „gutes Wasser"). Das Wasser soll eine heilsame Wirkung haben und – so hat man uns erzählt – sogar verjüngen. Führungen durch das Innere der Kirche werden leider nur für Gruppen nach Voranmeldung angeboten (✆ 387301322). Jeden Sonntag um 14 Uhr finden jedoch zweisprachige Messen statt. Dobrá Voda ist nur ein Ziel für Selbstfahrer.

České Velenice (Böhmzeil)

Es gibt Grenzstädte, die haben aufgrund ihrer Lage einen besonderen Reiz. České Velenice, 17 km östlich von Nové Hrady gelegen, gehört sicherlich nicht dazu. Der Ort wurde erst nach dem Ersten Weltkrieg gegründet, als die österreichisch-tschechische Grenze gezogen und die Stadt Gmünd geteilt wurde. Die Österreicher erhielten die Altstadt, die Tschechen den Bahnhof. Um diesen versuchten sie, eine neue Stadt aufzubauen. Was České Velenice heute zu bieten hat, ist nicht viel mehr als ein überdimensionierter Grenzbahnhof (mit Radverleih über die Tschechische Bahn), etliche Asialäden mit Billigramsch, ein Kasino und ein paar Restaurants. Das hübsche Gmünd auf der anderen Seite lohnt jedoch einen Besuch.

Verbindungen Mäßige **Bus**verbindungen nach Nové Hrady. Regelmäßig **Züge** nach Budweis und Třeboň.

Für Ziele östlich von Třeboň → Umgebung von Jindřichův Hradec ab S. 77, für Ziele südwestlich von Třeboň → Umgebung von České Budějovice ab S. 58.

Blick aufs Schloss

Jindřichův Hradec (Neuhaus)

Jindřichův Hradec ist eine quicklebendige Kleinstadt mit einer glorreichen mittelalterlichen Vergangenheit. Aus jener Zeit rührt noch immer ein Zauber, der nicht gleich eine Zeile hinter dem historischen Marktplatz endet.

Die 23.000-Einwohner-Stadt besitzt nach der Prager Burg und dem Schloss Český Krumlov das drittgrößte Burg- und Schlossareal der Tschechischen Republik. Es nimmt eine Fläche von drei Hektar ein. Die direkt angrenzende charmante Altstadt ist von Mauern und Wasser umgeben und steht unter Denkmalschutz. Ihre Häuser, geschmückt mit Sgraffiti, Zunftzeichen, aufwändigen Giebeln, Fensterläden, Malereien oder massiven Portalen, versprühen einen Hauch jener Romantik, die italienische Städte so anmutig erscheinen lässt – ein Erbe der italienischen Renaissancebaumeister, die hier wirkten. All diese Schätze teilen die Einheimischen gerne mit den Touristen: Anders als in Prag oder Český Krumlov sitzt man in den Cafés und Restaurants der Altstadt mit ihnen an einem Tisch. Wer die natürliche Gemütlichkeit länger genießen will, findet eine Reihe von netten Unterkünften.

Geschichte: Wann hier ein Marktflecken mit einer Burg entstand, weiß man nicht. Gewiss ist aber, dass 1220 ein gewisser Jindřich (Heinrich) aus dem sagenumwobenen Geschlecht der Witigonen (→ S. 142) die Burg zum „Neuen Haus" ausbauen ließ. Knapp vier Jahrhunderte, bis zu ihrem Aussterben 1604, regierten die Herren von Neuhaus. Ihr Erbe, mittlerweile ein prächtiges Renaissanceschloss, dazu eine Stadt, die durch Schafzucht, Tuchmacherei und Teichwirtschaft reich geworden und von einem mächtigen Schanzenwall umgeben war, ging an das Geschlecht der Slavata von Chlumec und Košumberk über. Deren berühmtester Vertreter war Wilhelm (Vilém) Slavata, der 1618 als fliegender königlicher Statthalter beim Prager Fenstersturz in die Geschichte einging. 1653 zählte man exakt 405 Häuser, was genügte, um im Ranking der größten böhmischen Städte Platz drei hinter Prag und Pilsen zu belegen.

Ende des gleichen Jahrhunderts fiel der Besitz an die Adelsfamilie Černín von Chudenice, denen das Schloss bis 1945 gehörte. 1773 mussten sie mit ansehen, wie ihre Residenz in Flammen aufging. 1801 traf es vornehmlich die Stadt – acht Tage wütete die Feuersbrunst. Während des jahrzehntelangen Wiederaufbaus liefen andere Städte Neuhaus den Rang ab. 1887 brannte es erneut, doch dieses Mal zur Freude aller – es waren nur die elektrischen Straßenlaternen. Im gleichen Jahr folgte der Anschluss an das Eisenbahnnetz. Damit kam auch ein wenig Industrie in die Stadt, insbesondere Betriebe der Textilbranche. Doch an seine einstige Bedeutung konnte Jindřichův Hradec nie mehr anknüpfen, auch nicht unter den Kommunisten. Seit Mitte der 1990er gibt es eine Universität, die angeblich kleinste Mitteleuropas: Die tschechische Managerelite von morgen wird hier ausgebildet.

Orientierung: Der Hauptplatz der Altstadt ist der Náměstí Míru, das Zentrum der Neustadt der Masarykovo náměstí. Beide Plätze verbindet die Panská, eine der Hauptgeschäftsstraßen.

Information/Parken/Verbindungen

• *Information* **Informační středisko město Jindřichův Hradec,** Panská 136, ✆ 384363546, www.jh.cz. Mo–Fr 8–17 Uhr, Sa/So 8–12 Uhr.

• *Parken* Am Nám. Miru, ansonsten im Zentrum kaum Möglichkeiten. Rundherum jedoch diverse Parkplätze.

• *Verbindungen* Bahnhof und Busbahnhof rund 15 Fußmin. nördlich des Zentrums.

Beste Verbindungen mit dem **Bus** in die Städte Südböhmens, zudem mehrmals tägl. nach Prag.

Züge bis zu 6-mal tägl. nach Brünn und Budweis, bis zu 5-mal nach Pilsen, bis zu 8-mal nach Jihlava und regelmäßig nach Veselí nad Lužnicí (von dort weiter nach Prag). Mit einer **Schmalspurbahn** besteht zudem ein regelmäßiger Eisenbahnbetrieb gen Norden über Kamenice nad Lipou nach Černovíce u Tábora und gen Süden nach Nová Bystřice. Im Sommer verkehrt auf der Strecke 1-mal tägl. auch ein historischer Dampfzug. Näheres bei der Touristeninformation oder unter www.jhmd.cz.

Adressen/Einkaufen (siehe Karte S. 73)

• *Ärztliche Versorgung* **Kreiskrankenhaus** ca. 300 m südöstlich des Schlosses, U Nemocnice III/380. ✆ 384376111.

• *Polizei* **Stadtpolizei,** Nám. Míru 88. ✆ 156.

• *Post* Klášterská, Ecke Husova.

• *Einkaufen* **Kava a Čaj (4),** duftender Laden, in dem neben Tee und Kaffee auch tschechischer Met und in Honig eingelegte Nüsse verkauft werden. Růžova 3.

Moravská vína (2), gute Auswahl an Weinen aus Mähren. Klášterská 142. Eine weitere gute Adresse für Wein ist die **Vinotéka U Kostela (7)** an der Kostelní 73.

Langrův dům (9), im sog. Langerhaus, einem herrlichen Renaissancegebäude am Nám. Míru, befinden sich ein netter Stöberladen (Musikalien, Bücher, Marionetten, Kleidung, Glas etc.) und nebenan eine Vinothek.

Essen & Trinken (siehe Karte S. 73)

• *Restaurants* **U zlaté husy (8),** im Hotel Concertino (s. u.), gilt als die Nr. 1 der Stadt. Gediegen, doch wie das Hotel ohne besondere Note. Böhmische und internationale Küche. Sommerterrasse. Hg. 5,20–12,30 €. ✆ 384362320.

Restaurace Pod Věží (6), recht gemütliches Lokal mit freundlichem Personal, im Sommer wird die Gasse davor bestuhlt. Interessante Karpfengerichte, Wildgulasch oder Kaninchenmedaillons zu 5,20–8,80 €. Štítného 128, ✆ 777575872.

Pizzeria Cavallino (16), ordentliche Pizzen, dazu diverse Pastagerichte. Sehr beliebt. Kleiner Außenbereich. Hg. 2,80–4,20 €. Dobrovského nám. 4, ✆ 384362372.

Pizzeria Padrino (10), eine weitere populäre Pizzeria. Jugendliches Ambiente, bunt gestrichen, Holzofen. Pizzen 3,30–4,30 €. Nám. Míru 158, ✆ 777660870 (mobil).

Zámecká Krčma (19), im ersten Schlosshof. Gewölbesaal, Tische mit blau-gelben Decken. Zu den klassischen böhmischen Standards gesellen sich auch Karpfen und Forellen. Abends nur Fr/Sa geöffnet. Hg. 3,50–7,50 €. ✆ 384363462.

• *Pivnice* **Bistro Pod Hradem (20),** kleine, einfache Bierkneipe mit gemütlich-idyllischer Terrasse am rauschenden Bach. Di–Sa ab 15.30 Uhr. Pod Hradem.

• *Cafés* **Kavárnička U dvou lvů (11),** eigentlich ein schnuckeliger Laden, in dem Marionetten, Papier, Holzspielzeug und asiatisch anmutende Kissen verkauft werden. Man kann sich jedoch auch mitten reinsetzen (nur zwei Tische!), gemütlich einen Kaffee trinken und der dezenten Musik lauschen. Nur bis 17 Uhr. Nám. Míru 83.

Čajovna U zámku (14), alternative Teestube zwischen Nám. Míru und Schloss.

• *Snacks* **Lahůdky Labužník (3),** Fastfood auf Tschechisch. Etliche Sorten *Chlebíčky* und Majonäsesalate, zudem spottbillige Tagesgerichte. Nur Mo–Fr 7–17.30 Uhr u. Sa 8–12 Uhr. Klášterská, Ecke Nám. T. G. Masaryka.

Jadranská zmrzlina (5), leckeres Eis im Stehverkauf. Panská 113.

Von grünen Schnäpsen und grünen Feen

Jindřichův Hradec ist bekannt für Absinth. Hill's und Fruko-Schulz sind die lokalen Produzenten. Picasso soll mit dem giftgrünen, gallenbitteren Likör seine blaue Periode durchlebt haben, van Gogh schnitt sich im Absinthrausch ein Ohr ab. In den letzten Jahren feierte Absinth als Modedrink eine kleine Renaissance, aber außer dem Namen und seiner Hochprozentigkeit hat das aktuelle Zeitgeistgetränk mit „richtigem“ Absinth wenig gemein. Letzterer nämlich enthält den aus Wermutblättern gewonnenen namengebenden Bitterstoff Absinthin und dazu Thujon, ein Nervengift, das psychedelisch wirkt und in hohen Dosen zu psychischen Schäden führen kann – wenn man zu viel des giftgrünen Stoffes trinkt, so heißt es, sieht man eine Fee gleicher Farbe. Nicht zuletzt aus diesem Grund war Absinth lange Zeit in vielen Ländern der Welt verboten. Was heute auf den Markt kommt, ist eine Art „Absinth light“ mit maximal einem Fünftel der Thujon-Menge aus der Zeit Picassos und van Goghs. Dennoch heißt es aufgepasst: Schon ein Gläschen kann die Sightseeingtour in ein anderes Licht rücken. Wer stilecht probieren möchte, entzündet einen Löffel mit absinthgetränktem Zucker und kippt die karamellisierte Flüssigkeit zurück ins Glas.

Hill's Liqueure, 1920 gegründet, seit 1990 wieder in Familienbesitz, unterhält ganzjährig einen Verkauf in der Mlýnská 121 **(21),** im Sommer auch in der Dobrovského 197/1 **(18).** Eine große Flasche Absinth kostet ca. 12 €. Den Absinth von **Fruko-Schulz** bekommt man in Vietnamesenläden und Supermärkten. Beide Hersteller verstehen sich auch darauf, diverse hochprozentige Billigprodukte zu destillieren und eine Vielzahl schrecklicher, zuckersüßer Liköre zu mixen.

Übernachten

• *Hotels* **** **Concertino (8),** komfortables Haus in einem historischen Gebäude am Hauptplatz. 37 recht geräumige Zimmer mit Standardmobiliar. Kongresssaal, Tiefgarage. Gutes Restaurant. EZ ab 35 €, DZ ab 60 €. Nám. Míru 141, ✆ 384362320, ℻ 384362323, www.concertino.cz.

*** **Grand Hotel (12),** düstere Gänge, Zimmer mit billigem Kaufhausmobiliar, dafür viele mit schöner Aussicht. Restaurant in

einem imposanten Saal. Ausgesprochen freundlicher Service, kleiner Wellnessbereich. EZ 43 €, DZ 60 €. Nám. Míru 165/1, ✆ 384361252, ℻ 384361251, www.relaxhotel.cz.

Bílá paní (15), kleineres Haus nahe dem Schloss. Gepflegte Zimmer, z. T. recht groß, manche mit alten Bauernmöbeln, alle mit Dusche/WC und Satelliten-TV. Restaurant mit Terrasse, zu den Spezialitäten zählt die „Weiße Frau" (Rinderlende im Kartoffelpuffer). Hg. 4,50–9,30 €. DZ ab 45 €. Dobrovského 5, ✆/℻ 384363329, www.hotelbilapani.cz.

• _Pensionen_ **Cyklopension Kašperk (17)**, kleine, freundliche Pension mitten im Zentrum. Spricht – wie der Name schon sagt – vornehmlich Radwanderer an (Raum für Radaufbewahrung, Reparaturen). 8 Zimmer, die meisten mit Minibar und TV. Kleine Terrasse, Garagenparkplätze. EZ 27 €, DZ 44 €. Nám. Míru 178, ✆/℻ 384361474, www.cyclopenzion.cz.

U Papoušků (1), nicht direkt im historischen Zentrum, aber immer noch sehr zentral. Himmelblau gestrichenes Haus. Gepflegte Zimmer mit Teppichböden, hellem Mobiliar und z. T. mit Fotografien von Jan Saudek (nicht jedermanns Geschmack). Gemütliches Restaurant. Sommergarten. DZ 40 €. Na Příkopech 188, ✆ 384362235, www.esnet.cz/papousek.

U Muzea (13), kleine Pension mit 6 ziemlich altbacken ausgestatteten Zimmern, jedoch alle mit eigenem Bad. Zentrale Lage, Parkplätze vorm Haus. EZ 19 €, DZ 35 €. Balbínovo nám. 17/1, ✆/℻ 384361698, www.umuzea.jhweb.cz.

U Tkadlen (22), in den ehemaligen Gerberhäusern aus dem 16. Jh., idyllisch am Fluss mit Biergärtchen. Einfache Zimmer mit Bad. Parkplätze. Falls die Rezeption nicht besetzt ist, im Restaurant nachfragen. EZ 25 €, DZ 32 €. Pod hradem 7, ✆ 384321348, ℻ 384326076, www.utkadlen.wz.cz.

• _Außerhalb_ **** **Frankův dvůr,** komfortables Landhotel in idyllischer Lage, ca. 3,5 km westlich der Stadt (von der Straße nach

Buk ausgeschildert). Angenehme Zimmer mit vielen Extras, z. T. mit Hydromassagebadewanne. Sauna, Solarium. Zwei Restaurants, zwei Pools, Kinderspielplatz usw. DZ 68 €, Apartment. für 2 Pers. ab 74 €. Jemčinská 125/4, ✆ 777995555 (mobil), ✆ 3843 64754, www.frankuv-dvur.cz.

• *Camping* **Camping Jindřiš,** ca. 5 km östlich von Jindřichův Hradec, im gleichnamigen Dorf ausgeschildert. Gepflegter Wiesenplatz auf einer Anhöhe. Neue Sanitäranlagen. Kiosk. Viele Holländer. Keine Chatas. Juni–Okt. 2 Pers. mit Zelt u. Auto 7,70 €. Jindřiš 15, ✆ 384326758, www.cbox.cz/behoun.

Camping Zvůle, ca. 17 km östlich von Jindřichův Hradec, bei Mosty ausgeschildert. Recht idyllisch an einem Badesee. Groß, es hat Platz für alle. Trotzdem geringe Anzahl an Sanitäranlagen. Minigolf, Restaurant und Kiosk. Chata-Vermietung. Juni–Sept. 2 Pers. mit Zelt u. Auto 7 €. Kunžak, ✆ 384399 189, ✆ 384399119, www.zvule.cz.

Sport/Freizeit/Kultur

• *Baden* Neuer **Aquapark** an der Jachymova im Süden des Stadtteichs Vajgar. Mit Riesenrutsche und Hallenbad. An der Denisova im Norden des Teichs gibt es zudem ein **Freibad.**

• *Radfahren* Für Cyklobusse → S. 15. Die Gegend rund um Jindřichův Hradec ist ideal für größere und kleinere Touren. Wer es eher flach mag, radelt gen Westen, wer es hügeliger mag, gen Osten. Über **Nová Bystřice** (→ S. 77) und die **Burg Landštejn** (→ S. 78) nach **Slavonice** (→ S. 79) führt z. B. der sog. *Greenway Prag–Wien* bzw. Radwanderweg Nr. 32 (ca. 42 km). Von dort bieten sich diverse Routen durch **Böhmisch Kanada** (→ S. 79) zurück nach Jindřichův Hradec an.

Nach **Telč** (→ S. 83) gelangt man über die Radwanderwege 1113 (bis Palupín), 1163 (bis kurz vor Dobrá Voda), 5021 (bis Kostelní Myslová) und 16 (insgesamt rund 52 km). Cracks können von Telč über den Radwanderweg 16 nach Slavonice weiterfahren und von dort den oben beschriebenen Weg zurück nehmen.

Nach **Třeboň** (→ S. 60) zunächst Radwanderweg *Rožmberské dědictví* vorbei am **Jagdschloss Jemčina** (Juni u. Sept. nur Fr–So 10–17 Uhr, Juli u. Aug. tägl. 10–17 Uhr) bis in die Nähe des **Teiches Rožmberk** (→ S. 60), von dort geht es weiter über die Wege 1035 und 1034 (rund 30 km). Nach **Červená Lhota** (→ S. 77) gelangt man auf dem Radwanderweg 32 (16 km), nach **Kamenice nad Lipou** (→ S. 76) über den Radwanderweg 321 (25 km). Kamenice und Červená Lhota trennen rund 18 km, die Strecke führt über Mnich.

• *Radverleih* Räder kann man über die Tschechische Bahn (→ S. 16) und über die **Pension Kašperk** (→ Übernachten) leihen.

• *Golf* → Nová Bystřice, S. 78.

• *Reiten* Ausritte veranstaltet **Iva Lapková Zelinová** im ca. 6 km nordwestlich gelegenen Dorf Studnice (Hnr. 57). Ca. 11 €/Std. ✆ 6065 87223 (mobil), stanislav.lapka@tiscali.cz.

• *Rundflüge* **Aeroclub Jindřichův Hradec,** am nordwestlichen Stadtrand, Zufahrt von der E 23 Jindřichův Hradec–Prag. Ab 3 €/ Flugminute. ✆/✆ 384321009, www.letani.cz.

Sehenswertes

Zentrum der Altstadt ist der Hauptplatz **Náměstí Míru** („Platz des Friedens“) mit einer prächtigen Mariensäule aus den Jahren 1764–66. Ihn säumen schöne Bürgerhäuser mit barocken und klassizistischen Fassaden. Die Gebäude – die meisten haben einen gotischen Kern – besaßen einst offene Laubengänge, wie man sie noch heute auf vielen tschechischen Marktplätzen sieht. In Jindřichův Hradec jedoch wurden sie nach den großen Bränden zugemauert. Alle hier aufgeführten Sehenswürdigkeiten sind vom Platz keine zehn Fußminuten entfernt.

Zámek (Schloss): Das Areal präsentiert ein Baustilmosaik der letzten sechs Jahrhunderte. Angeblich benötigt man 500 verschiedene Schlüssel, um die Türen und Tore zu den rund 320 Räumlichkeiten zu öffnen. Zum Glück gibt es organisierte Führungen. Es werden drei Touren angeboten, alle beginnen im dritten Burghof.

Tour A führt durch den sog. *Adamsflügel,* einen von Adam II. in Auftrag gegebenen Renaissancepalast, für den italienische Baumeister im 16. Jh. verantwortlich zeichneten. Ganz im Stil der Renaissance ist hier das *Grüne Zimmer* gehalten, die restlichen

Räumlichkeiten sind überwiegend mit neoklassizistischem und barockem Mobiliar versehen. Man sieht u. a. ein Klavier, auf dem schon Mozart klimperte, und mehrere Gemälde von Peter Brandl (1668–1735), der von František Josef Černín gefördert wurde.

Dobrovského-Gasse: zwischen Marktplatz und Schloss

Tour B hat die *mittelalterliche Burg* zum Schwerpunkt. Unter anderem besichtigen Sie die *Heilig-Geist-Kapelle* mit Fresken aus dem 14. Jh., die die Legende des Hl. Georg zeigen, und eine *schwarze Küche,* in welcher Berta von Rosenberg, die „Weiße Frau“ (→ Kasten, S. 141), stets am Gründonnerstag Brei für die Armen kochen ließ.

Tour C widmet sich der Geschichte des Schlosses im 18. und 19. Jh. (in der Zeit der Černín) und seinem Wahrzeichen, dem *Gartenrondell* aus dem 16. Jh., eine Perle des europäischen Manierismus von Giovanni Mario Faconi. Wer es betrat, sollte sich wie im Himmel fühlen. Es diente vorrangig Bällen und Sommerfesten. Bei Veranstaltungen saß das Orchester in einem Raum unter dem Hauptsaal, damit die Distanz zwischen Musikern und Feiernden gewahrt blieb. Die Musik stieg durch eine kleine Öffnung in der Mitte des Raumes zu den Gästen empor.

Öffnungszeiten April u. Okt. tägl. (außer Mo) 10–15.15 Uhr, Mai u. Sept. tägl. (außer Mo) 10–16.15 Uhr, Juni–Aug. tägl. (außer Mo) 9–16.15 Uhr. 2,80 €/Tour (ca. 45 Min.), erm. die Hälfte.

Navštivte Zámecký Mlýn (Tapisserieausstellung in der Schlossmühle): Bei der Brücke zum Schloss weist ein großes Plakat den Weg zur Tapisserieausstellung. Dabei passiert man die einstige Brauerei von Neuhaus, in der u. a. František Smetana, der Vater des berühmten Komponisten, gearbeitet hat. Laut Stadtprospekt sind Tapisserien aus Jindřichův Hradec weltberühmt – von Hollywood bis Tasmanien, kurz gesagt in aller Welt, finden sie Abnehmer. Die alten Tapisserieateliers – die Werkstätten wurden 1910 von der Textilkünstlerin Marie Teinitzerová gegründet – befinden sich am Fluss in den ehemaligen Gerberhäusern.

Adressen/Öffnungszeiten **Ausstellung** tägl. 10–18 Uhr, Eintritt 1,80 €, erm. 1 €. Die **Tapisserieateliers** in der Gasse Pod Hradem 124 können nach Absprache mit dem Restaurant U Tkadlen (→ Übernachten) besichtigt werden.

Okresní muzeum (Kreismuseum): Das Museum ist untergebracht in den Räumlichkeiten des einstigen Jesuitenseminars. Stolz ist man auf eine einzigartige Weihnachtskrippensammlung, insbesondere auf die Krippe des lokalen Strumpfmachers Tomáš Krýza (1838–1918), die es als weltweit größte Krippe 1998 ins Guinness-Buch der Rekorde schaffte. Auf einer Fläche von 60 m^2 stehen 1398 Figuren – Menschen und Tiere –, 152 davon sind beweglich; heute setzt sie ein Elektromotor in Gang. Des Weiteren widmet sich das Museum der böhmischen Operndiva Emma Destinn bzw.

Destinnova (1878–1930, → S. 64), einer Partnerin Enrico Carusos. Zudem informiert es über das Uhrmacherhandwerk und zeigt archäologische Funde aus der Region, eine alte Barockapotheke, Sakralgegenstände sowie Möbel aus verschiedenen Epochen.
Adresse/Öffnungszeiten Balbínovo nám. April–Dez. tägl. (außer Mo) 8.30–12 u. 13–17 Uhr, im Hochsommer auch Mo. Eintritt 1,80 €, erm. 1 €.

Národní muzeum fotografie (Nationales Fotografiemuseum): Der neueste Stolz der Stadt befindet sich ganz in der Nähe des Kreismuseums im ehemaligen Jesuitenkolleg, einem schönen Renaissancebau. Das hochmoderne Museum zeigt in Wechselausstellungen Werke tschechischer und ausländischer Künstler, darunter Klassiker genauso wie vergessene oder relativ unbekannte Fotografen.
Adresse/Öffnungszeiten Balbínovo nám. Tägl. 10–17 Uhr. Der Eintritt hängt von der Ausstellung ab.

Kirchen und Türme: Nur ein paar Schritte vom Náměstí Míru entfernt (es geht durch eine Passage im alten Rathaus, das an seinem Türmchen mit Haube zu erkennen ist) steht die *Propsteikirche Mariä Himmelfahrt* (Kostel Nanebevzetí Panny Marie). Sie entstand im 14. Jh. unter dem Patronat des Deutschen Ritterordens. Die schönste Kapelle mit dekorativem Maßwerkrippengewölbe ist die des Hl. Hippolyt. 150 Stufen führen auf die Galerie des 69 m hohen Kirchturms (Městská vyhlídková věž). Eine weitere bedeutende Kirche ist die zweischiffige spätgotische *Kirche Johannes' des Täufers* (Kostel sv. Jana Křtitele). Das angrenzende einstige Minoritenkloster wurde 1320 gegründet. Die Kirche dient heute dem Kreismuseum als Ausstellungs- und Veranstaltungsort.

• *Adressen/Öffnungszeiten* **Turm der Propsteikirche** (Za Kostelem), April u. Mai sowie Sept.–Dez. Sa/So 10–12 u. 13–16 Uhr, Juni–Aug. tägl. 10–12 u. 13–16 Uhr. Eintritt 0,70 €. **Kirche Johannes' des Täufers** (Štítného, Ecke Svatojánská), Juli u. Aug. tägl. 9–12 u. 12.30–16 Uhr, sonst unregelmäßig. Eintritt variiert je nach Ausstellung.

Umgebung von Jindřichův Hradec

Westlich von Jindřichův Hradec erstreckt sich die weite, relativ flache Teichlandschaft des Třeboňsko-Gebietes (→ Umgebung von Třeboň, S. 66). Östlich steigt die Böhmisch-Mährische Höhe an – Gott hat diesen Landstrich ohne Wasserwaage geschaffen. Schmale, oft holprige Sträßlein schlängeln sich durch die hügelige, dünn besiedelte Region. Die touristische Infrastruktur hinkt hier vielerorts noch hinterher. Recht reizvoll ist die wald- und seenreiche Gegend südöstlich von Jindřichův Hradec, *Česká Kanada*, „Böhmisch Kanada", genannt (→ Kasten S. 79). Nordöstlich davon, von weißen Mohnfeldern umgeben, liegt *Telč*, das – wieder so ein Vergleich – „Mährische Venedig". Mit Südböhmen hat Telč eigentlich nichts mehr zu tun, doch wollen wir Ihnen das Städtchen – eines der schönsten des Landes – nicht vorenthalten.

Kamenice nad Lipou (Kamenitz an der Linde)

Kamenice nad Lipou liegt knapp 20 km nördlich von Jindřichův Hradec und ist ein verschlafenes Städtchen mit rund 4000 Einwohnern. Dass der Ort schon bessere Zeiten gesehen hat, daran erinnern noch ein paar prächtige historische Bauten im Zentrum. An den begrünten Marktplatz grenzt das rosafarbene **Schloss Kamenitz,** das seit 2004 der Öffentlichkeit zugänglich ist. Es beherbergt zum einen ein modernes, interaktives Stadtmuseum, zum anderen eine Ausstellung von Schmiedearbeiten und altem Spielzeug aus der Sammlung des Kunstgewerbemuseums Prag. Im Schlosspark steht – heute mehr breit als hoch – eine über 750 Jahre alte Linde.

Rainer Maria Rilke (1875–1926), dessen Ahnen das Schloss bewohnten, verewigte die Anlage samt Linde in mehreren Werken.

• *Verbindungen* **Busse** bis zu 9-mal tägl. nach Pelhřimov und Jindřichův Hradec. Bahnhof 1 km südlich des Zentrums, bis zu 6-mal tägl. Züge nach Jindřichův Hradec.

• *Übernachten* **Hotel U Lípy,** am Marktplatz. Ein einstiges Nobelhotel, 1901 errichtet. Der Fassadenbereich steht heute leer, bewirtschaftet ist nur noch der rückwärtige Trakt. Etwas lieblos restaurierte Zimmer, die selten einen Gast sehen. Restaurant mit böhmischen Standards zu 2–4,60 €. DZ 42 €. Nám. Čsl. Armády 7, ✆ 364433200, 📠 364433 201, www.hotelulipy.cz.

• *Radfahren* → Jindřichův Hradec/Radfahren, S. 74.

• *Öffnungszeiten* **Schloss Kamenitz,** April u. Okt. nur Sa/So 10–17 Uhr, Mai–Sept. tägl. (außer Mo) 10–17 Uhr, Stadtmuseum auch im Winter Di–Fr 10–15 Uhr. Eintritt für Ausstellung und Stadtmuseum jeweils 1,40 €, erm. die Hälfte.

Červená Lhota (Wasserschloss Rothlhota)

Das bonbonrote Schlösschen thront 12 km nordwestlich von Jindřichův Hradec inmitten stiller Wasser. Es ziert die Titelseiten von Reiseführern und Prospekten.

Das Wasserschlösschen im Grünen kann man ohne Übertreibung als eines der malerischsten Europas bezeichnen. Es ging aus einer ursprünglich gotischen Wasserfeste hervor, die so viele Umbauten wie Besitzer erlebte. Die letzte große Umgestaltung, die dem Schloss sein heutiges Aussehen gab, ging in den Jahren 1903–12 vonstatten. Die letzten adeligen Besitzer waren bis zu ihrer Enteignung 1945 die Schönburg-Hartenstein.

Bereits im 17. Jh. bekam das Renaissanceschlösschen seinen roten (tschech. *červená*) Anstrich, zuvor nannte man es Nová Lhota. Zu jener Zeit ersetzte man auch die Zugbrücke durch eine steinerne Brücke. 1799 starb auf Schloss Rothlhota der verarmte Komponist Karl Ditters von Dittersdorf (geb. 1739, beigesetzt 1799 im nahen Deštná). Auf Einladung des Freiherrn von Stillfried hatte er hier seine letzten Lebensjahre verbracht.

Durch das Innere des vierflügeligen Schlosses mit einem kleinen Hof in der Mitte werden Führungen angeboten. Das Interieur präsentiert sich überwiegend im Stil der Renaissance und des Rokoko. Ein Teil der Räumlichkeiten kann für Traumhochzeiten gebucht werden. Dann fallen die Führungen aus und es lohnt sich, ein Ruderboot zu mieten und einmal rund um das von Wasser umspülte Schloss zu paddeln. Beim Schloss gibt es zudem zwei Lokale, darunter ein recht schickes mit Sommerterrasse.

• *Verbindungen* Die Busanbindungen sind miserabel.

• *Radfahren* → Jindřichův Hradec/Radfahren, S. 74.

• *Öffnungszeiten* **Schloss,** April u. Okt. nur Sa/So 9.30–16 Uhr, Mai u. Sept. tägl. (außer Mo) 9.30–16 Uhr, Juni–Aug. bis 17 Uhr. Deutschsprachige Führung (50 Min.) 4,20 €, erm. die Hälfte.

Für weitere Ziele nordwestlich von Jindřichův Hradec → Umgebung von Tábor ab S. 96.

Nová Bystřice (Neubistritz)

Die Vertreibung der meisten Einwohner nach dem Zweiten Weltkrieg und der Eiserne Vorhang sorgten für den Niedergang des Städtchens. So manche Dörfer in der Umgebung verschwanden ganz, unzählige Ansiedlungen in Grenznähe wurden systematisch liquidiert. Heute erholt sich das 3500-Einwohner-Grenzstädtchen so langsam wieder, rund um den typisch böhmischen Marktplatz wird fleißig gestrichen. Wann das heruntergekommene Schloss einmal restauriert wird, steht allerdings in den Sternen.

Nová Bystřice ist die Gegenhaltestelle der Schmalspurbahn von Jindřichův Hradec, was den Ort als Ausgangspunkt oder Endziel für Touren per pedes oder Rad durch Česká Kanada (Böhmisch Kanada, → Kasten) interessant macht.

Wer der Straße von Nová Bystřice nach Slavonice folgt, passiert unterwegs die mächtige und sehenswerte **Barockkirche der Allerheiligen Dreifaltigkeit** von Dominic Orsi (in vielen Karten als *Klášter I* eingezeichnet). Sie gehörte einst zu einem 1501 gegründeten Paulanerkloster, das 1785 säkularisiert wurde. Wer die Kirche besichtigen will, muss im weißen Haus gegenüber nach dem Schlüssel fragen.

• *Verbindungen* Gute **Busverbindungen** nach Jindřichův Hradec und Slavonice. Die **Schmalspurbahn** startet rund 6-mal tägl. vom Bahnhof am östlichen Ortsrand gen Jindřichův Hradec, 1-mal tägl. fährt in den Sommermonaten auch eine historische Bahn, Infos unter www.jhmd.cz.

• *Übernachten* *** **Hotel Peršlák,** gepflegtes Waldhotel, idyllisch bei Nový Vojířov gelegen (ca. 6 km westlich von Nová Bystřice), bestens ausgeschildert. Sehr freundlicher Service. Zimmer jedoch etwas altbacken ausgestattet. DZ 59 €. Nový Vojířov 90, ✆ 384386505, ℻ 384386509, www.perslak.com.

Hotel Nobys, gelbe Villa an der Straße nach Slavonice. Von außen herrlich, im Garten ein kleiner Pool, zudem ein Tennisplatz. Geräumige Zimmer mit Bad, jedoch alles andere als herrschaftlich eingerichtet. EZ ab 23 €, DZ ab 40 €. Švermova 247, ✆ 384386595, ℻ 384386596, www.golfhotel-nobys.cz.

Camping Osika, am gleichnamigen Teich rund 3,5 km östlich von Nová Bystřice, von dort ausgeschildert. Freundlicher großer Platz mit Badestrand. Gepflegte Sanitäranlagen, Tischtennisplatten. Mitte Juni–Anfang Sept. 2 Pers. mit Zelt u. Auto 7,70 €, Chatas ab 17 €. Osika, ✆ 384386213, www.kemposika.cz.

• *Golf* Die beiden aufgelisteten Plätze befinden sich in unmittelbarer Nachbarschaft, sind von Nová Bystřice ausgeschildert und haben die gleiche Kontaktadresse: ✆ 38438 6986, www.golfmonachus.cz.

Golf Club Nová Bystřice, 9-Loch (Par 31), Greenfee 14–23 €.

Golf Club Mnich, 2004 eröffnet, 18 Loch (73 Par), Greenfee 35–46 €.

Für weitere Ziele südwestlich von Jindřichův Hradec bzw. Nová Bystřice → Umgebung von Třeboň ab S. 68.

Hrad Landštejn (Burg Landstein)

Burg Landstein, auf einer Anhöhe zwischen Nová Bystřice und Slavonice gelegen, ist ein beliebtes Ausflugsziel von Wanderern und Radfahrern, die hier diverse Einkehrmöglichkeiten haben. Die Burganlage entstand vermutlich unter den bayerischen Herren von Hirschberg im 12. Jh. Später diente die mächtige Feste der Kontrolle eines Handelsweges von Böhmen gen Süden. 1771 brannte die Burganlage nach einem Blitzeinschlag nieder und verödete. Erst in den 1970ern begann man mit der Rekonstruktion. Vom Burgfried – 150 Stufen sind es bis auf seine Aussichtsplattform – genießt man herrliche Ausblicke.

An Burg Landstein führt der **Fernradwanderweg Greenway Praha–Wien** vorbei, der auch Slavonice (8 km) und Jindřichův Hradec (34 km) passiert. Von Slavonice gelangt man zudem auf einem rot markierten **Wanderweg** zur Burg.

• *Verbindungen* **Busse** 3-mal tägl. nach Slavonice und über Nová Bystřice nach Jindřichův Hradec.

• *Übernachten* *** **Hotel Landštejnský dvůr,** angenehmes Landhotel neben der Burg. Sehr freundliche Zimmer mit neuen Bädern. Nette Wirtsstube mit Terrasse, der Koch sollte jedoch ein paar Nachhilfestunden nehmen. DZ 42 €. Landštejn 3, ☎ 384498726, 📠 384498727, www.landstejn.cz.

• *Öffnungszeiten* **Burg Landstein,** April u. Okt. nur Sa/So 9–16 Uhr, Mai u. Sept. tägl. (außer Mo) 9–16 Uhr, Juni–Aug. tägl. (außer Mo) 9–17 Uhr. Eintritt 1,40 €, erm. die Hälfte.

Česká Kanada – Böhmisch Kanada

Zieht man von Jindřichův Hradec eine Linie gen Südosten nach Nová Bystřice, von dort gen Osten nach Slavonice, dann gen Nordwest nach Kunžak und dann zurück gen Westen nach Jindřichův Hradec, so hat man grob das Gebiet umrahmt, das *Česká Kanada,* „Böhmisch Kanada", genannt wird. Es ist eine dünn besiedelte Landschaft mit zahlreichen Seen, großen Wacholderbeständen und weiten Fichtenwäldern, in denen sich Hirsche und Rehe wohl fühlen – viele Abschnitte stehen unter Naturschutz. Die höchste Erhebung ist der *Vysoký Kámen* mit 738 m. In den Wäldern rund um Kunžak erwarten den Besucher bizarre Granitformationen. Im Spätsommer sieht man viele Pilzsammler durch das Gebiet ziehen, so manche in einem Outfit, das an die einstigen Fallensteller im echten Kanada erinnert. Böhmisch Kanada eignet sich bestens für ausgedehnte Wanderungen und Radtouren, diverse markierte Pfade und Wege laden dazu ein – denken Sie jedoch an gutes Kartenmaterial!

Slavonice
Karte S. 81

Slavonice (Zlabings)

Slavonice präsentiert sich als eine Perle im Reisegebiet. Ein Spaziergang durch den Ort ist wunderschön, allerdings auch ziemlich kurz.

Nur 1,5 km von der österreichischen Staatsgrenze entfernt, lag das Renaissancestädtchen vier Jahrzehnte lang vergessen im Grenzgebiet. Heute ist Slavonice ein gern besuchter Ort, der bei Kulturreisenden genauso ankommt wie bei Radwanderern. Kein Wunder bei einem Marktplatz wie aus dem Bilderbuch: da reich verzierte Giebel, dort dekorative Mauerzacken, dazwischen Briefchensgraffiti oder bizarre, comicähnliche Figurenszenen mit biblischem, griechisch-mythologischem oder höfischem Inhalt. In dem Städtchen geht es sehr geruhsam zu, japanische und amerikanische Reisegruppen à la Telč sind die absolute Ausnahme.

Geschichte: 1260 wurde Zlabings erstmals erwähnt, im 14. Jh. war die Stadt bereits mit einer Befestigungsanlage umgeben. Im 16. Jh. erlebte sie ihre Blüte. Aus jener Zeit stammen auch die meisten der heute noch so herrlichen Renaissancehäuser am Marktplatz – nicht wenige übrigens sind mit deutschen Inschriften versehen. Den Reichtum verdankten die Einwohner dem Tuchmacherhandwerk und der Fischzucht. Doch dann kamen der Dreißigjährige Krieg, mehrere Stadtbrände und die Pest – schwere Rückschläge für Zlabings. Als auch noch der Postweg von Prag nach Wien über Jihlava und Znojmo verlegt wurde, rutschte die Stadt in die Bedeutungslosigkeit ab. Die Bevölkerung verarmte, und Geld für barocke Umbauten fehlte, weshalb das Stadtbild in seiner ursprünglichen, einheitlichen Art erhalten blieb. Durch die Vertreibung der Deutschen nach dem Zweiten Weltkrieg verwandelte sich das weitestgehend entvölkerte Slavonice in ein bröckelndes Denkmal einstigen Wohlstands.

Heute aus dem Dornröschenschlaf erwacht und fast flächendeckend frisch restauriert, zählt man wieder 2700 Einwohner, darunter einige Künstler. Die meisten aber leben vom Fremdenverkehr oder arbeiten hinter der Grenze.

Information/Parken/Verbindungen/Adressen

• *Information* **Regionalní informační centrum,** am Marktplatz. Juni–Aug. tägl. 9–12 u. 13–18 Uhr, Mai u. Sept. tägl. 9–12 u. 13–17 Uhr, Okt.–März Mo–Fr 8–12 u. 13–16 Uhr. ✆ 384493320, www.i.slavonice-mesto.cz.

• *Parken* Gebührenpflichtiger Parkplatz am Nám. Míru.

• *Verbindungen* Bahnhof ca. 600 m südlich des Zentrums, Busbahnhof recht zentral nördlich der Altstadt. Mäßige **Busverbindungen** nach Jindřichův Hradec, regelmäßiger nach Telč und über Dačice (z. T. auch über Jihlava) nach Prag (Roztyly, Ⓜ C). **Züge** bis zu 7-mal tägl. über Dačice nach Telč.

• *Ärztliche Versorgung* Kleine **Ambulanz** an der Brněnská 214. Das Krankenhaus in Dačice erreicht man unter ✆ 384422301.

• *Polizei* Am Nám. Míru 458. ✆ 158.

• *Post* Am Horní nám.

• *Einkaufen* Mehrere Galerien, die Silberschmuck, Batikkleidung, Keramik, Puppen, Holzspielzeug, Naturprodukte usw. anbieten. Zwei Tipps:

Mařiž (8), Atelier mit bunter, lustiger Keramik – beim Herstellen der Produkte kann man zusehen. Veranstaltet auch Kurse im Bemalen von Kacheln und Bechern. Nádražní 559.

Galerie Jiří Netík (9), skurrile Skulpturen aus Holz und Metall des mährischen Künstlers Jiří Netík (geb. 1953), der den Sommer in Slavonice verbringt. Gegenüber der alten Brauerei.

Essen & Trinken/Übernachten

Viele Privatunterkünfte befinden sich in tollen Renaissancehäusern mit uralten Fresken und Gewölben. Oft teilen sich jedoch mehrere Zimmer die Sanitäranlagen (pro Person ab ca. 7 €). Bei der Touristeninformation ist eine Liste der Vermieter erhältlich. Zudem gibt es eine Reihe von einfachen Radfahrerherbergen. Die Zahl besserer Hotels und Pensionen hält sich bislang in Grenzen.

• *Essen & Trinken* **Hospůdka U Mazhauzu (3)**, eines der nettesten und neuesten Restaurants am Marktplatz. Auf der kleinen Karte stehen u. a. Koteletts, Bratwurst oder Chicken Wings. Schöne Sommerterrasse. Hg. 3,50–8,40 €. Nám. Míru 479, ✆ 606831886 (mobil).

Café La Petite Mort (5), mit Liebe gestaltetes Künstlercafé. Man wirbt mit „bestem italienischem Kaffee, ehrlichen (sic!) Sahnetorten und köstlichen Weinen", dazu Strudel oder Tiramisu. Kleine Terrasse. Nur bis 21 Uhr. Horní nám. 526 (Kirchenseite).

• *Übernachten* ***** Hotel Dům U Růže (2)**, gepflegte Mittelklasse in einem historischen Stadtgebäude. Freundlicher Service. 12 Zimmer mit ansprechender Standardeinrichtung, alle mit Kitchenette und Kühlschrank. Kleines Hallenbad, Sauna, Solarium, Radverleih. Kunstgalerie angegliedert. EZ 45 €, DZ 56 €. Nám. Míru 452, ✆ 3844930 04, 📠 384493987, www.dumuruze.cz.

Apartmány Pod Věží (4), zentralste Lage. Apartments mit Parkettböden, z. T. mit Antiquitäten bestückt. Sehr freundlich. Rezeption im Goldladen nebenan. Für 2 Pers. 35 €. Horní nám. 526, ✆ 384493417.

***** Hotel Besídka (6),** eine der extravagantesten Unterkünfte im Reisegebiet. Originell eingerichtete Zimmer, jedes sieht komplett anders aus. Trendmöbel unter Stuck, Bäder unter Renaissancegewölbe. Schnell ausgebucht. Das angeschlossene Restaurant ist ein beliebter Künstlertreffpunkt. Ebenfalls durchgestylt und mit viel Liebe zum Detail dekoriert, Nichtraucherraum mit Spielecke für Kinder. Italienische und böhmische Küche, dazu saftige Steaks zu 3,20–10,50 €. DZ 52 €. Horní nám. 522, ✆/📠 38449323, www.besidka.cz.

Privat Giordano (7), charmante Privatunterkunft im Lutherischen Bettenhaus. Ganz unterschiedliche Zimmer mit Bad, z. T. mit schweren Antiquitäten vollgestellt. Parken im Hof. DZ je nach Ausstattung 21–28 €. Horní nám. 517, ✆ 384493159, www.cmail.cz/giordano.

Pension Sogdiana (1), etwas billig-kitschige, aber insgesamt freundliche Zimmer. Mosaikengeschmücktes Restaurant mit usbe-

kischer (!) Küche angeschlossen. Besser im Voraus reservieren. DZ 31 €. Dačická 576, ✆/✉ 384493374, eurasia@tiscali.cz.

• *Camping* Der nächste Campingplatz liegt rund 20 km entfernt bei Nová Bystřice, → S. 78.

Sport/Freizeit/Kultur

• *Baden* Zum Baden bieten sich die **Teiche Richtung Staré Město pod Landštejnem** an, die man auf dem roten Wanderweg zur Burg Landštejn passiert.

• *Radfahren* Für Cyklobusse → S. 15. Der Fernradwanderweg 16 führt nach **Telč** (→ S. 83, 30 km), Nr. 32 nach **Jindřichův Hradec** (→ S. 70, 42 km). Eine kurze Tour bietet sich z. B. zur **Wallfahrtskirche von Cizkrajov** (7 km nördlich) an. Auch Ausflüge ins **Thayaland** sind möglich.

• *Radverleih* Über **Cyclosport U Čapů**, Jana Žižky 51, ✆ 728828837 (mobil). 9 €/Tag.

• *Reiten* Ausritte in die Umgebung werden vom **Reitstall JK Apanachi** im ca. 20 km östlich gelegenen Dorf Plačovice (Hnr. 10) angeboten. Ca. 11 €/Std. Infos über ✆ 72045 6367 (mobil), jkapanachi@seznam.cz.

• *Veranstaltungen* **Slavonicer Kultursommer** im Juli und Aug., mit Konzerten, Workshops etc.

Sehenswertes

Den Hauptplatz **Náměstí Míru** („Platz des Friedens") umgeben prächtige alte Bürgerhäuser im Stil der Spätgotik und der Renaissance – eine Augenweide, egal, wohin man blickt. Die schönsten darunter gehörten einst Kaufleuten, die mit dem Zlabinger Tuch Handel trieben. Neben einem herrlichen Fassadenschmuck besitzen sie oft kunstvolle **Maßhäuser** (Torhallen) mit Zellen- und Diamantgewölben, die

Renaissancestadt Slavonice

reizvollen plastischen Bildern ähneln. Eines der prächtigsten Maßhäuser versteckt sich hinter der Neorenaissancefassade im Gebäude mit der Hausnummer 458/25 (heute Polizei). Auch das Gebäude, in dem heute die Touristeninformation ihren Sitz hat (Hnr. 480/46), weist ein sehenswertes Maßhaus auf.

Slavonické podzemí a Cechovní sál (Zlabinger Untergrund und Zunftsaal): Das Gros der Gebäude rund um den Marktplatz besitzt ein bis zwei Kellergeschosse. Diese sind durch ein Schachtsystem verbunden, das einst zur Entwässerung, aber auch als Zufluchtsort diente. Wer hinabsteigen will, darf auf der roten Trasse etwa 20 Minuten lang 130 m im engen Dunkel durch die Gänge (ca. 160 cm hoch und 60 cm breit) laufen, auf der blauen Trasse 400 m (Dauer: 45 Min.). Der Zugang erfolgt über das Gebäude der Touristeninformation. Im angrenzenden Renaissancegebäude mit Briefchensgraffiti (1543–49) – heute die Hospůdka U Mazhauzu (→ Essen & Trinken) – steigt man dagegen ins Obergeschoss. Dort befindet sich der sog. Zunftsaal, der durch kolorierte Sgraffiti mit neutestamentarischen Szenen samt deutscher Beschriftung besticht.

• *Adressen/Öffnungszeiten* **Untergrund** (Nám. Míru 480/46), nur Juli u. Aug.! Rote Trasse tägl. 9–18 Uhr, Blaue Trasse nur Sa/So 9–18 Uhr. Eintritt je nach Trasse 1,40–2,50 €, erm. 1–1,40 €. **Zunftsaal** (Nám. Míru 479/45), keine festen Öffnungszeiten. Fragen Sie im Restaurant nach jemandem, der Zeit und einen Schlüssel hat. Kein Eintritt.

Městské muzeum a Kostel Nanebevzetí Panny Marie (Stadtmuseum und Mariä-Himmelfahrts-Kirche): Das städtische Museum ist in einem schönen Renaissancegebäude aus dem Jahr 1550 untergebracht. Es widmet sich – natürlich – der Renaissance in Slavonice und informiert zudem über die in den Hussitenkriegen untergegangene mittelalterliche Siedlung Pfaffenschlag (4 km nordwestlich). Schräg gegenüber führt durch Hausnummer 473/39 ein Durchgang zur dreischiffigen Mariä-Himmelfahrts-Kirche. Sehenswert sind die spätgotischen Plastiken im Chor. Ihr Glockenturm, der auch als Feuerturm diente (der Wächter wohnte im 6. Stock), kann bestiegen werden – 174 Stufen sind es hinauf.

• *Adresse/Öffnungszeiten* **Stadtmuseum** (Nám. Míru 476/42), Juni–Sept. tägl. (außer Mo) 9–12 u. 13–17 Uhr. Eintritt 0,50 €, erm. die Hälfte. **Kirchturm,** April, Mai u. Sept. nur Sa/So 9–18 Uhr, Juni–Aug. tägl. 9–18 Uhr. Eintritt 0,70 €, erm. die Hälfte.

Lutheránská modlitebna (Lutherisches Bethaus): Am Horni Náměstí, dem „Oberen Platz“ – im Gegensatz zum Náměstí Míru (früher Dolni Náměstí = „Unterer Platz“) mehr Straße als Platz – lohnt ein Blick in Hausnummer 517/85. Im Erdgeschoss befindet sich eine kleine Ausstellung mit landwirtschaftlichen Geräten und Werkzeugen. Spannender ist das Obergeschoss, das früher vermutlich u. a. als Betsaal diente und mit Fresken aus der Apokalypse des Johannes ausgeschmückt ist. Auf der gegenüberliegenden Seite, am Ende des Platzes, befand sich in Hausnummer 538/108 übrigens einst die Brauerei von Zlabings. Die dortige Sgraffitifassade zeigt Szenen aus der Genesis – mit deutschen Titeln.

Adresse/Öffnungszeiten **Bethaus** (Horní nám. 517/85), im Sommer ist i. d. R. immer jemand da. Falls geschlossen, einfach klingeln, das „Museum“ ist der Privatzimmervermietung Giordano (→ Übernachten) angeschlossen. Eintritt 0,70 €.

Telč
Karte S. 85

Dačice (Datschitz)

Angeblich erblickte in Dačice 1843 der Würfelzucker das Licht der Welt. Erfinder war Jakob Christoph Rad, Vater von 16 Kindern und Direktor der hiesigen Zuckerraffinerie. Zehn Jahre später war sie pleite. Als Rohmaterial für den süßen Kubus dienten Zuckerrüben. Im **Stadtmuseum** (Městské muzeum) erinnert man stolz an die Errungenschaft, auch hat man dem Zuckerwürfel ein Denkmal gesetzt. Das Museum ist untergebracht in einem türkisfarbenen **Empireschloss,** das etwas außerhalb an der Straße nach Kunžak liegt (vom Marktplatz ausgeschildert). Des Weiteren können im Schloss diverse Prunksäle besichtigt werden, darunter der Spiegelsaal und die Bibliothek. Sonst hat das 12 km nördlich von Slavonice gelegene 8000-Einwohner-Städtchen nicht allzu viel zu bieten: Zu erwähnen sind vielleicht noch der mit Sgraffiti verzierte Renaissancepalast an der Straße nach Telč (heute das Rathaus) und die sich hoch über dem weiten, ansteigenden Marktplatz erhebende Kirche des Hl. Laurentius (Kostel sv. Vavřince), deren 51 m hohen Turm man im Sommer besteigen darf.

• *Verbindungen* Busbahnhof nahe dem Zentrum, Bahnhof am östlichen Ortsrand. **Busse** regelmäßig nach Jemnice, Telč und Slavonice, weniger häufiger nach Znojmo und Moravské Budějovice. **Züge** bis zu 13-mal tägl. nach Telč, bis zu 10-mal nach Slavonice.

• *Übernachten* **Hotel U Koníčka,** am Marktplatz. 12 neu ausgestattete Zimmer ohne viel Schnickschnack, aber alle mit privaten Bädern. Restaurant mit Terrasse. EZ 26 €, DZ 33 €. Palackého nám. 50, ✆ 384420747, ℻ 384420746, www.konicek.cz.

• *Öffnungszeiten* **Schloss/Stadtmuseum,** April u. Okt. nur Sa/So 10–15 Uhr, Mai u. Sept. tägl. (außer Mo) 10–16 Uhr, Juni–Aug. tägl. (außer Mo) 10–17 Uhr, Museum auch im Winter tägl. (außer Mo) bis 16 Uhr. Fremdsprachige Schlossführung 3,50 €, erm. 2,10 €, Museum 1,10 €, erm. die Hälfte.

Telč (Teltsch)

Telč ist von eindringlicher Schönheit, für manche gar das malerischste Städtchen der ganzen Republik. Der historische Kern samt prunkvollem Renaissanceschloss steht auf der Weltkulturerbeliste der UNESCO.

Das 6000-Einwohner-Städtchen, das zu den bekanntesten und meistbesuchten des Landes gehört, versteht mit seinen Reizen zu prahlen. Wer sie ungestört genießen will, sollte frühmorgens kommen, bevor die Busse eintrudeln. Die Altstadt, von zwei Teichen begrenzt, ist ein Schmuckkästchen. Am keilförmigen Hauptplatz lädt ein

Am Marktplatz von Telč

pittoreskes Ensemble prächtiger Renaissance- und Barockhäuser zum Giebelgucken ein. Danach besichtigt man das Schloss – das war's. Besucher, die sich im kleinen, aber feinen Telč länger einmieten wollen, finden diverse Unterkünfte.

Geschichte: 1339 ging die Wasserfeste von Teltsch an die Herren von Neuhaus über, und 1550, als deren Erbe geteilt wurde, an Zacharias von Neuhaus. Dessen Bruder Adam II. bekam die herrschaftliche Residenz in Jindřichův Hradec. Zacharias aber wollte sich nicht mit einer heruntergekommenen gotischen Burg zufrieden geben, zumal er auf einer Reise nach Genua Geschmack an Renaissancepalästen gefunden hatte. Er ließ italienische Baumeister kommen, die nicht nur den Umbau der Burganlage besorgten, sondern auch Impulse für die Neugestaltung des Marktfleckens gaben, der zwei Jahrzehnte vorher wieder einmal abgebrannt war. Die neuen, erstmals übrigens aus Stein errichteten Häuser erhielten eine Vorderfront mit Laubengang und ihre bis heute faszinierenden Fassaden. Nach dem Dreißigjährigen Krieg kamen die Jesuiten in die Stadt und mit ihnen ein paar wenige barocke Um- und Neubauten. In den folgenden Jahrhunderten passierte in Teltsch nicht mehr viel: Die Industrialisierung zog spurlos vorüber, und Geld für größere Baumaßnahmen fehlte – aus heutiger Sicht ein Glück, denn nur deswegen blieb das Stadtbild aus dem 16. Jh. so perfekt erhalten.

Information/Parken/Verbindungen

- *Information* **Infocentrum,** Nám. Zachariáše z Hradce 10 (Hauptplatz), ✆ 567112407, www.telcsko.cz. Im Sommer Mo–Fr 8–18 Uhr, Sa/So 10–18 Uhr, im Winter verkürzt.
- *Parken* Am Hauptplatz teuer, billiger an den etwas außerhalb des Zentrums gelegenen, großen Parkplätzen.
- *Verbindungen* Bahnhof und Busbahnhof ca. 700 m östlich der Altstadt. **Busse** häufig nach Jihlava, 4- bis 5-mal tägl. nach Prag (i. d. R. Florenc, Ⓜ C) und Brünn. **Züge** bis zu 7-mal tägl. über Dačice nach Slavonice.

Adressen/Einkaufen

- *Ärztliche Versorgung* **Poliklinik** östlich des Zentrums an der Masarykova. ✆ 567243319.
- *Polizei* An der Luční südlich des Zentrums. ✆ 156.
- *Post* Außerhalb der Altstadt an der Staňkova, der Straße von Třebíč nach Dačice.
- *Einkaufen* Keramik, Holzspielzeug, Duftkerzen und diverse andere Mitbringsel gibt es in Souvenirshops und Galerien. Aus der Reihe fallen:

Galerie U Michala (6), Verkauf von Art-déco-Gläsern und -Vasen, dazu ein paar Hanfklamotten. Nám. Zachariáše z Hradce 23.

Znovín Znojmo (10), mährische Weine aus der gleichnamigen Kellerei. Nám. Zachariáše z Hradce 34.

Essen & Trinken

• *Restaurants* **U Zachariáše (8),** gilt als bestes Restaurant vor Ort. Rustikal eingerichtet, dazu große marionettenartige Drachen, die beim Essen zuschauen – ein Spaß für Kinder. Spezialitäten des Hauses sind Fischgerichte (Zander, Hecht, Forelle), ansonsten Kurzgebratenes – keine Knödelküche. Sommerterrasse. Hg. 3,50–10,50 €. Nám. Zachariáše z Hradce 33, ✆ 567243672.

Lihovar (2), Restaurant des Hotels Anton (→ Übernachten). In weniger attraktiver Lage abseits des Altstadtkerns in einer alten *Slivovice*-Brennerei. Jugendlich-modernes Ambiente, Rauchen verboten. Kosten Sie „Fleischchen des Herrn Podstatzky". Mittlere Preisklasse. Slavatovská 92, ✆ 567243862.

Švejk Restaurant Na Zámecké (3), recht großes, rustikales Lokal. Die Küche ist sehr deftig! Wer viel Hunger hat, wählt das gefüllte Schweineschnitzel mit Käse und Speck. Sommerterrasse, mittlere Preisklasse. Nám. Zachariáše z Hradce 1, ✆ 602133809 (mobil).

U Marušky (13), ganz gemütlich, mit vielen alten Radios dekoriert. Wer hier einkehrt, sollte Paniertes mögen. Hg. 3,50–4,60 €. Palackého 28, ✆ 567223866.

• *Café* **Kavárna Antonína (9),** modern eingerichtetes Café mit kleinem Außenbereich. Guter Kaffee, Eisbecher. Nám. Zachariáše z Hradce 23.

Übernachten

Alle Hotels sind recht klein und verfügen selten über mehr als zehn Zimmer – eine frühzeitige Buchung ist daher empfehlenswert. Privatunterkünfte vermittelt die Touristeninformation.

• *Hotels* ****–**** Černý Orel (5)**, am Marktplatz. 33 Zimmer von ganz unterschiedlicher Ausstattung, manche auf (tschechischem) Vier-Sterne-Niveau, andere ohne privates Bad. Großes Restaurant mit Sommerterrasse. Eigene Parkplätze. DZ mit Bad 60 €. Nám. Zachariáše z Hradce 7, ✆ 567243222, 📠 567243221, www.hotelcernyorel.cz.

***** Pangea (1)**, Neubau etwas außerhalb des Zentrums an einer recht befahrenen Straße – wählen Sie ein Zimmer nach hinten. Ordentliche Teppichbodenzimmer ohne besondere Note, darunter auch behindertengerechte. Parken im Innenhof, kleiner Indoorpool im Haus. Reisebüro angegliedert. EZ 42 €, DZ 56 €. Na Baště 450, ✆ 567213122, 📠 567213265, www.pangea.cz.

Telč (12), irgendwie originelles, kleines Hotel im Stadtzentrum. Die 10 Zimmer haben kindlich-witzige Holzfiguren an den Wänden, dazu Kühlschrank, TV, Telefon und Minibar. EZ 44 €, DZ 54 €. Na Můstku 37, ✆ 567 243109, ℻ 567223887, www.hoteltelc.cz.

Vzdělávací a konferenční centrum MŠMT ČR v Telči (4), hinter diesem Namen verbirgt sich das „Bildungs- und Konferenzzentrum des Ministeriums für Schulwesen, Jugend und Körpererziehung der Tschechischen Republik mit Sitz in Telč". Es ist untergebracht im ehemaligen Konvikt des Jesuitenordens. Sofern keine Konferenzen stattfinden, können auch Touristen die dazugehörigen, neu restaurierten Zimmer und gehobenen Apartments belegen. DZ ab 44 €, Apartments ab 95 €. Nám. Jana Kypty 74, ✆ 567223525, ℻ 567223524, www.vkc-telc.cz.

*** **Anton (2),** freundliches Haus in Laufnähe zum Zentrum. Neu ausgestattete, zweckmäßige Zimmer. Anständiges Restaurant. Gutes Preis-Leistungs-Verhältnis. Sichere Parkplätze. DZ 35 €. Slavatovská 92, ✆/℻ 567223315, www.hotel-anton.cz.

• *Pensionen/Privatzimmer* **Penzion Danuše (11)**, 2 große Apartments mit Küche, 2 kleinere mit Kochgelegenheit. Sehr freundlich-heimelig gestaltet, zum Wohlfühlen. Private Garagenparkplätze. Internationales Publikum, die Besitzerin spricht jedoch nur wenig Englisch. 18 €/Pers. Hradební 25, ✆/℻ 567213945, www.telc-etc.cz/cz/privat/danuse.html.

Privat U Šeniglů (7), beste Lage am Marktplatz. Nur 2 durchschnittliche Zimmer mit Bad. Zu buchen über den Souvenirladen im EG (beachten Sie die üblichen Geschäftsöffnungszeiten!). DZ 28 €, kein Frühstück. Nám. Zachariáše z Hradce 11, ✆ 775219362 (mobil).

• *Camping* **Camp Velkopařezitý,** 8 km nordwestlich von Telč (nahe dem Dorf Řásná). Badeteich 300 m vom Camping entfernt. Im Ganzen nichts Besonderes, alles noch sehr grau. Vorrangig junges tschechisches Partyvolk, dazu stets ein paar italienische Wohnmobile. Chata-Vermietung. Restaurant. Von Telč mit „Camp Řásná" ausgeschildert. Ganzjährig. 2 Pers. mit Zelt u. Auto 7,90 €. Řásná 10, ✆ 567379449, www.campvelkoparezity.cz.

Sport/Freizeit/Kultur

• *Baden* Die nächste Möglichkeit besteht am Badesee in Řasná (→ Camping).

• *Radfahren* Für Touren nach **Jindřichův Hradec** → S. 74, nach **Slavonice** → S. 81. Interessante nähere Ziele sind das **Prämonstratenserkloster in Nová Říše** (10 km südöstlich, Führungen Juni–Aug. Mo–Sa um 10.30, 13.30 u. 15.30 Uhr, So nur um 13.30 u. 15.30 Uhr, Eintritt 2,10 €), über Radwanderweg 5125 zu erreichen, oder die **Burg Roštejn** aus dem 14. Jh. (April u. Okt. nur Sa/So 9–12 u. 13–16 Uhr, Mai tägl. außer Mo 9–12 u. 13–17 Uhr, Juni–Aug. tägl. außer Mo 9–18 Uhr, Sept. tägl. außer Mo 9–12 u. 13–16 Uhr, Eintritt 1,80 €) mit einer netten Kneipe im Burghof, über Fernradwanderweg 16 zu erreichen (9 km nördlich).

• *Radverleih* Räder kann man sich am Marktplatz bei Frau **Miluše Špazalova** in einem kleinen Souvenirgeschäft neben dem Hotel Černý Orel leihen. 9 €/Tag. ✆ 56724 3562.

• *Veranstaltungen* In der ersten Augusthälfte findet das **Prázdniny v Telči** statt, ein zweiwöchiges Folklorefestival.

• *Wandern* Von Telč führt ein gelb markierter Wanderweg zur **Burg Roštejn** (→ Radfahren).

Sehenswertes

Náměstí Zachariáše z Hradce (Zachariasplatz): Das großartige Ensemble der farbenfrohen Bürgerhäuser rund um den Zachariasplatz ist die Attraktion schlechthin. Spaziert man die Laubengänge entlang, lässt sich so manche nette kleine Galerie entdecken. Die sich kunstvoll in den Himmel rankende *Mariensäule* ist ein Werk von David Lipart aus der ersten Hälfte des 18. Jh. Einen schönen Blick über die Altstadt genießt man vom *Turm der Heilig-Geist-Kirche* (Kostel sv. Ducha) an der Palackého südöstlich des Platzes. Der spätromanische Turm ist 49 m hoch, die einst

Erfrischung am Marktplatz

IMP
MÓD

dazugehörende Wehrkirche brannte ab. Das enge Westende des Platzes dominiert das ehemalige *Jesuitenkolleg* samt Kirche (1679 fertig gestellt), heute Sitz der Masaryk-Universität Brünn. Dahinter erhebt sich die *Jakobskirche* (Chrám sv. Jakuba), die ihre heutige zweischiffige Gestalt nach den Hussitenkriegen bekam. Daneben steht das Schloss.

Öffnungszeiten **Turm der Heilig-Geist-Kirche,** Juni–Aug. tägl. (außer So) 10–12 u. 13–17 Uhr. Eintritt 0,50 €, erm. die Hälfte.

Zámek (Schloss): Das prächtige Renaissanceschloss mit seinen Arkadenhöfen und Bogengängen aus der Herrschaftszeit von Zacharias von Neuhaus (1550–1589) blieb weitestgehend in seinem Originalzustand erhalten, da die späteren Herren von Teltsch wenig Interesse an zeitgemäßen Umbauarbeiten zeigten. Durch das Schloss werden zwei Touren angeboten. Eine Führung widmet sich den *Renaissancesälen* mit ihren kunstvoll verzierten Kassettendecken, die schönste schmückt den *Goldenen Saal.* Im Mittelpunkt der zweiten Tour stehen die *Privatgemächer der Familie Lichtenstein-Podstatsky,* der letzten adeligen Besitzer des Schlosses (bis 1945). Dabei sieht man u. a. Delfter Fayencen, Sammlungen von Bierkrügen und Zinn, die *Schlossbibliothek* mit 8000 Bänden und ein buntes Durcheinander kostbarer Möbel verschiedenster Stilrichtungen. Diverse Porträts der Lichtenstein-Podsatsky, dazu grafische Blätter und Lithographien bietet die *Schlossgalerie* (Zámecká Galerie). Des Weiteren gibt es auf dem Schlossareal noch ein kleines *Museum* mit einem bunten Sammelsurium an Exponaten: ein Henkersschwert aus dem Jahr 1335, ein Stadtmodell mit beweglichen Figuren (das sog. *Teltscher Bethlehem*) etc. Darüber hinaus kann man sich dort auch über Osterbräuche informieren.

Öffnungszeiten April u. Okt. tägl. (außer Mo) 9–12 u. 13–16 Uhr, Mai–Sept. bis 17 Uhr. 4,90–5,60 €/Tour (fremdspr., 60 Min.). Galerie und Museum kosten extra: jeweils 1,10 €, erm. die Hälfte.

Fassadenherrlichkeit in Telč

Táborer Rathaus

Tábor (Tabor)

Das nette Städtchen Tábor ist untrennbar mit der Hussitenbewegung verbunden. Der alte Kern mit seinen verwinkelten Gassen und niederen Bürgerhäusern präsentiert sich überaus reizvoll – selbst die mit Plastikblumen dekorierte öffentliche Toilette am Marktplatz macht da keine Ausnahme …

Die 37.000 Einwohner zählende Kreisstadt 88 km südlich von Prag lohnt jederzeit einen Abstecher. Die Altstadt mit ihren krummen Gässchen, oft so eng, dass nicht einmal ein Auto hindurchpasst, lädt zum Bummeln ein. Sie besitzt den Charme des Unperfekten: Hier bröckelt zuweilen noch der Putz, hier reiht sich noch nicht Galerie an Galerie und hier sind japanische Reisegruppen noch die Ausnahme. Allzu groß aber ist der historische Kern nicht, und nach ein paar Stunden hat man alles gesehen. Dann bieten sich Ausflüge in die Umgebung an, z. B. ins schmucke Bechyně (→ S. 99), das Aktivurlauber auch mit dem Kanu ansteuern können – Tábor ist ein guter Ausgangspunkt für mehrtägige Flussabenteuer. Zur Stadtgeschichte → Kasten, S. 94.

Orientierung: Die Altstadt mit dem zentralen Žižkovo náměstí erhebt sich hoch über dem Flusslauf der Lužnice (Lainsitz). Gen Osten erstreckt sich die Neustadt, wo Busbahnhof und Bahnhof liegen. Die Hauptverbindungsstraße zwischen Alt- und Neustadt und zugleich die Hauptgeschäftsstraße ist die Pražská, die in die Palackého und die 9. května übergeht. Im Norden wird die Neustadt vom Jordán begrenzt, dem ältesten Stausee Mitteleuropas, der 1492 zur Trinkwasserversorgung angelegt wurde. Die Orientierung im Zentrum erleichtern braune Hinweisschilder.

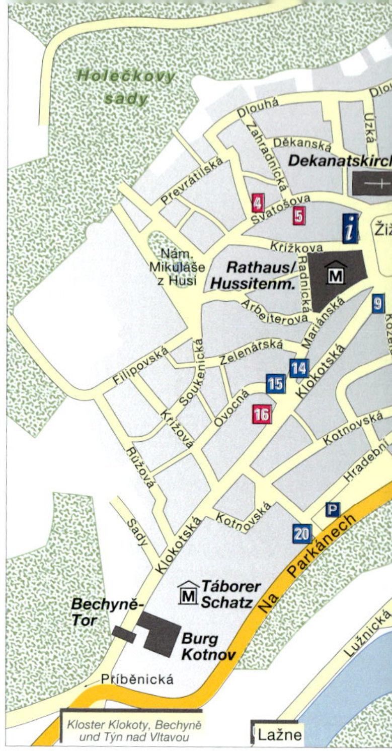

*I*nformation/*P*arken/*V*erbindungen

• *Information* **Infocentrum Město Tábor,** zentral am Žižkovo nám. 2. Zimmerreservierung. Mai–Sept. Mo–Fr 8.30–19 Uhr, Sa/So 10–16 Uhr, sonst Mo–Fr 9–16 Uhr. ✆ 381486230, www.tabor.cz.

• *Parken* Gebührenpflichtige Parkplätze u. a. an der 9. května, der Palackého und am Žižkovo nám.

• *Verbindungen* Busbahnhof und Bahnhof liegen nah beieinander im Osten der Stadt, bis ins Zentrum läuft man ca. 15 Min.

Busse u. a. nach Budweis, Český Krumlov, Pilsen, Jindřichův Hradec, Třeboň, Písek, Strakonice, Prachatice, Bechyně und Soběslav. Mind. stündl. auch nach Prag (Florenc oder Roztyly an der Ⓜ C).

Züge regelmäßig nach Prag und Budweis, 2-mal tägl. nach Linz, bis zu 10-mal tägl. nach Bechyně. Im Sommer verkehrt auf der Strecke nach Bechyně zudem samstags eine elektrische Eisenbahn aus der k. u. k.-Zeit, Näheres bei der Touristeninformation.

*A*dressen/*E*inkaufen

• *Ärztliche Versorgung* **Krankenhaus** nordwestlich der Altstadt, Zufahrt von der Kpt. Jaroše. ✆ 381608111.

• *Polizei* Am zentralen Platz gegenüber der Touristeninformation. ✆ 156.

• *Post* Neben der Polizei.

• *Zeitungen und Zeitschriften* Deutschsprachiges bekommt man am Bahnhof, die *Prager Zeitung* wird auch in der Touristeninformation verkauft.

• *Einkaufen* Jeden Mi kleiner **Markt** am Žižkovo nám., hauptsächlich Kleidung.

Antikvariát Bastion (10), nettes Antiquariat mit Musikbeschallung, Galerie und kleiner Auswahl an deutscher Literatur. Auch So 13–18 Uhr. Palackého 6.

Galerie-Boutiqe Nova (11), Trödlerlädchen mit Madonnenfiguren, Kruzifixen, Keramik und Totenschädeln. Pražská 208.

Antik No. 14 (8), kleiner Antiquitätenladen auf zwei Etagen in einem Hinterhof. Neben Möbeln viel Porzellan, Kaffeemühlen, Bilder und Lampen. Žižkovo nám. 14.

*E*ssen & *T*rinken/*N*achtleben

Nicht jedermanns Geschmack ist der Táborer *Met*, ein süßer Honigwein, den man u. a. in der Touristeninformation erstehen kann. Dort gibt es auch den *Žižkova Rána*, einen süßen, roten Kräuterlikör, der nicht ausschließlich aus Farbstoffen besteht, sondern auch noch 30 % Alkohol enthält.

• *Restaurants* **Lazně,** zum gleichnamigen Hotel (→ Übernachten) gehörendes, pseudogediegenes Restaurant in toller Lage am Flussufer. Sommerterrasse und Wintergarten. Nett dekorierte Gerichte (z. B. mit Käse gefüllte Hühnerbrust oder Fischfilet mit Erdbeersauce). Sehr freundlicher Service. Hg. 6–11,60 €.

U dvou koček (4), gepflegtes Restaurant mit deftiger Küche wie Krautsuppe mit Räu-

cherfleisch, *Halušky* (eine Art Spätzle) oder Schnitzel im Kartoffelpuffer. Hg. 2,50–9,80 €. Svatošova 310, ✆ 381256802.

U Kalicha (5), nur ein paar Schritte weiter. Für Fleischliebhaber. Spezialitäten: Megasteaks mit verschiedenen Saucen, Grillplatte. Hg. 4,60–10,50 €. Sa nur abends, So Ruhetag. Svatošova 25, ✆ 381251927.

Restaurace Na Schůdkách (16), rustikales, aber doch sehr jugendliches Nichtraucherlokal. Wildspezialitäten, dazu Leckeres vom offenen Grill. Mittlere Preisklasse. Klokotská 106, kein Telefon.

Beseda (3), einfaches Restaurant, nette Sommerterrasse. Neben böhmischen Standards auch einige regionale Gerichte wie das *Táborer Omelett* oder *Táborská bašta*, ein Berg aus geräuchertem Bauchfleisch, Schweinebraten und Wurst mit Sauerkraut und zwei Kloßsorten. Hg. 2,50–5,30 €. So geschl. Am Žižkovo nám. 5, ✆ 381254101.

Restaurace Švejk (2), stets belebtes Kneipenrestaurant im Zeichen des braven Soldaten. Magenfüllendes tschechisches Essen, kleine Bierterrasse. Špitalské nám. 509, ✆ 381257733.

• Cafés/*Teestube* **Café Campanila (12),** schwarz-weiß gekacheltes Café mit großer Fensterfront. Leckere Torten und Kuchen. Straßenbestuhlung. Abends eine Pizzeria. 9. května.

Café Bar (19), ist das, was der Name ausdrückt: ein schickeres Café mit einer schickeren Bar für junge Leute. Nám. Fr. Křižíka.

Dobra Čajovná (6), alternative Teestube mit orientalischem Touch, vorrangig junges Publikum. Man sitzt in Strümpfen an Knietischchen. Rauchverbot. Tomkova 2.

• *Nachtleben* Als bester Nightspot galt zuletzt die **Apollo Disco** im 4 km südöstlich gelegenen Vorort Sezimovo Ústí (Busse Nr. 10, 11 u. 13 ab Tábor), Táborská 45. Oldies, Travestiepartys etc., alles ziemlich provinziell. So/Mo geschl.

Wer eher auf Punkkonzerte oder wummernde DJ-Nächte steht, geht in den **Music Club Orion (18)** in der Neustadt am Nám. Fr. Křižíka 496.

Auch in der **Hostinec na druhém břehu (1)** an der Čsl. Armady 1763, einer beliebten Musikkneipe, werden hin und wieder Konzerte veranstaltet. Ansonsten kann man hier Kicker spielen und dazu *Bernard*-Bier trinken.

Übernachten (siehe Karte S. 90/91)

• *Hotels* **** **Dvořák (20),** 2004 eröffnetes, komfortables Hotel auf dem Gelände der ehemaligen Brauerei von Tábor, wirkt etwas überdimensioniert. Poppige Lobby mit durchsichtigen Plastiksesseln, 72 Zimmer ohne persönliche Note, dafür z. T. recht geräumig. Kleines Hallenbad, sichere Parkplätze (8,80 €/Tag extra). Auf der Restaurantterrasse wird im Sommer zuweilen gegrillt. EZ 82 €, DZ 91 €. Hradební 3037, ✆ 381207211, ✆ 381207333, www.orea.cz.

**** **Nautilus (9),** Boutiquehotel in einem Altstadthaus am Marktplatz, 2006 eröffnet. Eines der schönsten Hotels auf dem tschechischen Land. Die 22 Zimmer sind im geschmackvollen Stilmix ausgestattet (Parkettböden, Antiquitäten, junges Design usw.) und mit viel Liebe zum Detail dekoriert. Schönes Restaurant mit zeitgemäßer Küche der gehobeneren Preisklasse. EZ 77 €, DZ ab 88 €. Žižkovo nám. 20, ✆ 380900900, ✆ 380900999, www.hotelnautilus.cz.

**** **Lázně,** kleines Hotel in herrlicher Lage am Lužnice-Ufer (etwa 10 Gehmin. südl. der Altstadt). 15 komfortable, große Zimmer mit Standardeinrichtung, manche mit Balkon zum Fluss und Blick über die Stadt. Ordentliches Restaurant. EZ 65 €, DZ 77 €. U Lázní 44, ✆ 381202511, ✆ 381202513, www.orea.cz.

*** **Kapital,** zwischen Bahnhof und Altstadt. Mittelklassehaus älteren Baujahrs. 25 Zimmer mit neuen Bädern. Restaurant, eigene Parkplätze. EZ 35 €, DZ 47 €. 9. května 617, ✆ 381256096, ✆ 381252411, www.hotelkapital.cz.

• *Pensionen* **189 (17)**, kleine Pension unter freundlicher Leitung (nur englischsprachig). Etwas ältliche Einrichtung, aber dennoch charmant. Alle Zimmer mit Kitchenette, jedoch ganz unterschiedlicher Ausstattung – im einen wird die Porzellansammlung der Betreiberin ausgestellt, im anderen befindet sich ein offener Kamin, und im dritten überzeugen schöne Wandfliesen im Bad. Kleiner, kläffender Haushund. Für 2 Pers. 60 €. Hradební 189, ✆/✆ 381252109, www.globalnet.cz/bican.

Jana (13), am östlichen Rand der Altstadt. Restauriertes Gebäude aus dem 16. Jh., mit Liebe geführt, freundliche Zimmer. Gefrühstückt wird im gotischen Saal oder im netten Innenhof. Kostenlose Parkmöglichkeiten, ideal auch für Radtouristen. Freundliche Inhaberin (deutschsprachig) und ebensolcher Haushund. Frühzeitige Buchung im Sommer ratsam. EZ 21 €, DZ 39 €, Apartment 42 €. Kostnická 161, ✆ 381254667, www.bedandbreakfast.euweb.cz.

Kostnický dům (7), in einem historischen Gebäude aus dem 16. Jh. Zentralste Lage. Zimmer z. T. mit riesigen Kruzifixen über den Betten. Vorausbuchung ratsam, da Rezeption nicht immer besetzt. EZ 24 €, DZ 34 €. Střelnická 220, ✆ 603516188 (mobil), ✆ 381253339, www.tabor.cz/kostnickydum.

Modrá růže (15), in einer ruhigen Altstadtgasse. Unterschiedlich große Zimmer und Apartments mit unschönen 80er-Jahre-Möbeln, jedoch sauber und mit privaten Bädern. Sauna, Restaurant mit Sommerterrasse. Deutschsprachig. EZ 20 €, DZ 30 €. Ovocná 63, ✆ 381231277.

Alfa (14), 10 unspektakuläre Zimmer mit TV und privaten Bädern. Cafébar im Haus, Abstellmöglichkeiten für Fahrräder, Internetzugang. EZ 19 €, DZ 30 €. Klokotská 107, ✆ 381256165, www.pensionalfa.zde.cz.

• *Camping* **Autocamping Knížecí Rybník,** ca. 5 km östlich von Tábor, nahe der viel befahrenen Straße Nr. 19. Trotz einiger altgrauer Gebäude auf dem großen Gelände gar nicht so schlecht. Badeweiher, neue Sanitäranlagen. Restaurant mit Terrasse direkt über dem Wasser. Volleyballfeld, Tennisplatz, Radverleih. Es werden auch Zimmer und Chatas vermietet. Ganzjährig. 2 Pers. mit Wohnmobil 7,50 €, Chata für 3 Pers. 16 €, DZ mit Bad 35 €. Měšice, ✆ 3812 52546, www.knizecirybnik.cz.

Sport/Freizeit/Kultur

- *Baden* Im zentrumsnahen **Stausee Jordán.** Das Wasser – der See dient als Wasserreservoir – ist sauber, die Ausblicke auf Plattenbauten und eine Fabrik sind jedoch nicht jedermanns Geschmack. Das **Freibad Sokol** (mit Rasenstrand und Becken) findet man am Westufer (U Stadionu Míru).
- *Golf* **Golf Klub Čertovo břemeno,** 9-Loch-Platz, PAR 70, ca. 20 km nordwestlich von Tábor in Alenina Lhota bei Cunkov. Greenfee 21–25 €. ✆ 381273074, www.cebr.cz.
- *Radfahren* In der Region stehen fast 400 km markierte Radwanderwege zur Verfügung. Auf folgender Route (ca. 65 km) bieten sich auch einige Stopps an: Tábor – **Kozí Hrádek** (gotische Burgruine aus dem 14. Jh., in der sich Jan Hus 1412–14 aufhielt, Mai–Sept. tägl. außer Mo 10–16.30 Uhr, Eintritt 0,70 €, urgemütlicher Biergarten daneben) – **Choustník** (→ S. 97) – Tučapy – **Soběslav** (→ S. 97) – Želeč – Lom – Tábor. Wer kürzere Routen bevorzugt, wählt Radweg 1174 (ca. 13 km) nach **Chýnov** (→ S. 96) oder 1177 (ca. 19 km) nach Mladá Vožice, von wo ein rot markierter Weg hinauf zur **Burgruine Šelmberk** führt (April–Okt. Sa/So 10–17 Uhr, Eintritt 0,35 €).
- *Radverleih* Zum Beispiel über **Intersport,** Soběslavská 3061 (Straße nach Soběslav), ✆ 381201045, www.intersport.cz. Preise 10 €. Auch die Tschechische Bahn verleiht am Bahnhof Räder.
- *Rafting/Kanufahren* Auf dem Fluss Lužnice von Tábor nach Bechyně, Dauer: 2 Tage. Man kann auch in Soběslav starten (dann 3 Tage). Infos ebenfalls über **Intersport** (→ Radverleih).
- *Reiten* Ausflüge und Reitstunden offerieren **Jiří Dvořák** im nördlichen Stadtteil Náchod (Náchod 12, ✆ 381235921) oder **Pferdetouristik Kolibík** im 5 km südlich gelegenen Sezimovo Ústí (B. Němcové 571, ✆ 381264010). Ca. 11 €/Std.
- *Wandern* In der Region gibt es rund 630 km markierte Wege. Ein rot markierter Weg z. B. führt von Tábor ins 20 km nördlich gelegene verschlafene Örtchen **Borotín** mit der mittelalterlichen **Burgruine Starý zámek** (frei zugänglich). Einen kleinen Wanderführer (auch deutschsprachig) hält die Touristeninformation bereit.
- *Veranstaltungen* Highlight sind die **Táborer Begegnungen** *(Táborská setkáni)* Mitte Sept., bei denen sich das Zentrum für drei Tage in eine mittelalterliche Stadt verwandelt, Ritterkämpfe und Umzüge inklusive. Auch ansonsten ist viel los im Städtchen: Beim viertägigen **Bier- und Mineralwasserfest** Ende Jan. kommen rund 40 in- und ausländische Bier- und Mineralwasserproduzenten zusammen, um die besten Produkte zu prämieren. Bei den **Hussitentagen** Ende Mai/Anfang Juni huldigt man ebenfalls dem Mittelalter. In der zweiten Maihälfte steigt das **Festival Táborer Cocktail Jordán** mit Folk-, Country- und Rockbands. Ein weiteres Rockmusikfestival mit vorwiegend regionalen Bands ist das **Táborská Rocková Mapa** Anfang Juli. Freunde klassischer Musik bedient das **Südböhmische Musikfestival** im Juli.

Sehenswertes

Den besten Überblick über die schöne Altstadt gewinnt man vom **Turm der Dekanatskirche** (1440–1516) am Hauptplatz. Sie können ihn von Mai bis August tägl. von 10 bis 17 Uhr besteigen (Eintritt 0,70 €) – besser aber nicht zur vollen Stunde, denn man kommt ganz nah an den Glocken vorbei. Das kleine Ziegeldächermeer, auf das Sie von hier blicken, entstand nach den verheerenden Stadtbränden 1532 und 1559; bis dahin war das Gros der Táborer Häuser aus Holz gebaut. Beim Spaziergang durch das historische Zentrum kommt man an vielen kleinen Bürgerhäusern im Stil der Renaissance mit teils herrlichen Flammengiebeln vorbei. Wirklich herausragende Sehenswürdigkeiten besitzt Tábor jedoch nicht.

Radnice (Rathaus): Der spätgotische Bau (1440–1521) am Žižkovo náměstí beherbergt ein sehenswertes Museum, das sich der Hussitenbewegung (→ Kasten) widmet. Bei einer separaten Tour kann man sich eine Galerie mit tschechischer Kunst des 17.–20. Jh. ansehen, darunter mehrere Skulpturen des Bildhauers František Bílek (1872–1941), der aus dem nahe gelegenen Chýnov (→ S. 96) stammt. Vom Rathaus gelangt man auch in die bis zu 16 m tiefen unterirdischen Gewölbe der Stadt. Sie wurden als Bierkeller angelegt (ganzjährig herrscht darin eine Temperatur von 7–8 °C), dienten aber bei Bedrohung auch als Zufluchtsort. Gerne erzählt man die Geschichte, dass Frauen, die heimlich Bier getrunken hatten, für einen Tag in die Keller gesperrt wurden – angeblich war ihnen der Bierkonsum bis ins 18. Jh. verboten. Mitte des 20. Jh. wurden die Kellerräume durchbrochen und miteinander verbunden.

Öffnungszeiten Tägl. 8.30–17 Uhr. Kombiticket für Hussitenausstellung, Galerie und Keller 2,80 €, erm. die Hälfte.

Von Hus, Žižka, den Taboriten und Pikarden

Als einer der großen Reformatoren der Weltgeschichte gilt Jan Hus, der hundert Jahre vor Luther für eine Reform von Gesellschaft und Kirche eintrat. Um 1370 wurde er im südböhmischen Husinec als Sohn eines Bauern geboren. Trotz seiner ärmlichen Herkunft schaffte er es an die Prager Karls-Universität, wo er ab 1398 Theologie studierte. 1400 wurde er zum Priester geweiht. Ein Jahr später folgte die Ernennung zum Dekan der philosophisch-theologischen Fakultät, und wiederum ein Jahr später wurde er Professor. In den Jahren 1409/10 stieg Hus sogar zum Rektor der Universität auf. Er förderte deren Tschechisierung und rüttelte an der Vorherrschaft der deutschen Professoren. Berühmt wurde Hus durch seine radikalen, auf Tschechisch vorgetragenen Predigten in der Bethlehemkapelle, wo er in Anlehnung an die Thesen des englischen Reformators John Wyclif die Abkehr der Kirche von Besitz und weltlichem Machtstreben forderte. Seine Kritik am Ablasshandel, der u. a. dazu diente, die päpstlichen Kriege zu finanzieren, und die Ermutigung des Volkes, sich gegen ihre Herren aufzulehnen, brachten den konservativen deutschen Klerus in Aufruhr. Als sich 1412 die theologische Fakultät gegen ihn stellte und der Papst ihn exkommunizierte, floh Hus auf die Burg Kozí Hradek, wo er sein Hauptwerk *De ecclesia (Über die Kirche)* verfasste. 1414 wurde er vor das Konzil in Konstanz (heute die Partnerstadt Tábors) beordert. Hus weigerte sich, seine Thesen zu widerrufen, und wurde am 6. Juli 1415 als Ketzer verbrannt, obwohl ihm der deutsche König Sigismund (ab 1433 Kaiser) freies Geleit zugesichert hatte. Mit seiner Hinrichtung wollte man der Gefahr einer immerwährenden Spaltung der Kirche entgegenwirken, doch in Böhmen erreichte man damit genau das Gegenteil. Hus wurde zum Märtyrer und Nationalhelden der Tschechen, sein Todestag ist heute ein staatlicher Feiertag.

Die Anhänger von Hus formierten sich nach seinem Tod in verschiedenen mehr oder minder radikalen Gruppierungen. Eine dieser hussistischen Gruppierungen– bestehend aus Männern, Frauen und Kindern – floh wenige Monate nach dem ersten Prager Fenstersturz (1419) in den Schutz der Burg Kotnov. Dort errichtete die Gruppe ein Zeltlager, aus dem schon bald eine festungsähnliche Stadt hervorging, deren (bis heute unverändertes) Gassenwirrwarr jeden Angreifer zur Verzweiflung treiben sollte. Sie nannten ihre neue Stadt *Tábor* nach dem neutestamentarischen Berg der Verklärung Jesu. „Není nic méa nic tvé, než všecko v obc rovně mají" („Nichts gehört mir, nichts gehört dir, alles gehört allen") war das Motto der religiösen Gemeinschaft, Privatbesitz gab es nicht. Wer in Tábor leben wollte, musste sich nach diesem frühsozialistischen Modell seines gesamten Besitzes entledigen. Männer und Frauen hatten die gleichen Rechte. Das Abendmahl wurde in beiderlei Gestalt an die Gemeinde verteilt, also auch in Gestalt des Kelches mit dem Blut Christi, der im Ritus der römischen Kirche den Priestern vorbehalten war, was auf dem Konzil von Konstanz noch einmal ausdrücklich bestätigt worden war. Der sog. Laienkelch, den man von steinernen Tischen vorm Rathaus (sie stehen noch heute) verabreichte, wurde so zum Symbol der Männer und Frauen aus Tábor, die als Taboriten in die Geschichte eingegangen sind.

Als eine der radikalsten und sozialrevolutionärsten hussitischen Gruppierungen forderten die Taboriten nicht nur die Säkularisierung des Kirchenguts, die freie Predigt und die Rückkehr zur apostolischen Armut, sondern auch die Errichtung eines Gottesreiches durch das Schwert. Ihr militärischer Führer war Jan Žižka, um 1370 bei Trocnov geboren. Žižka gelang es sogar, Heere aufzustellen. Bereits 1420 besiegte er das kaiserliche Kreuzfahrerheer am Prager Vítkov-Berg, wo er heute in Form des größten Reiterstandbildes der Welt geehrt wird. Auch in Tábor ist er zu sehen, hier auf dem nach ihm benannten Hauptplatz. Sein erblindetes Auge ist abgedeckt, porträtiert wurde er daher fast immer im Seitenprofil. Beim Sturm auf die Burg Rabí (→ S. 173) verlor er 1421 sein zweites Auge. Auch vollständig erblindet gewann er noch mehrere Schlachten, bis er am 11. Oktober 1424 verstarb.

Die Kunde vom widerspenstigen Tábor durchlief ganz Europa und führte dazu, dass diverse Sekten das Städtchen zu ihrem Zufluchtsort erkoren. Eine darunter war die der Pikarden aus der nordfranzösischen Region Picardie. Ihre Auffassung, dass es die perfekte Seele nicht nötig habe, tugendhaft zu sein, kam bei den tugendhaften Taboriten aber schlecht an. Die Pikarden wurden aus der Stadt getrieben und ließen sich auf der nahen Burg Příběnice (heute eine Ruine westlich von Tábor) nieder. Ähnlich den legendären Adamiten folgten sie frei jedem ihrer Triebe. Dies führte zu rituellem Nudismus und „Liebesfesten". Ein schockierter Chronist vermerkte: „Beim Durchstreifen der Wälder und Hügel wurden manche derart vom Wahnsinn gepackt, dass Männer und Frauen ihre Kleider abwarfen und nackt herumliefen [...], dieser selbe Wahnsinn machte sie glauben, dass es keine Sünde sei, wenn sie miteinander Geschlechtsverkehr hätten." Žižka höchstpersönlich sandte eine Streitmacht aus, um 50 von ihnen auf dem Scheiterhaufen zu verbrennen, weitere 25 überließ er dem Volkszorn.

Bechyňská brána a Hrad Kotnov (Bechyně-Tor und Burg Kotnov): Folgt man vom Hauptplatz der Klokotská, gelangt man zum Bechyně-Tor (um 1420), dem einzigen noch erhaltenen Stadttor. In den darüber liegenden Räumlichkeiten befindet sich eine Ausstellung über die Lebensverhältnisse im Mittelalter. An das Tor schließt ein Rundturm an, der bestiegen werden kann. Er ist Teil der alten gotischen Burganlage Kotnov, in deren Schutz Tábor entstand. Außer dem Turm ist jedoch nicht mehr viel erhalten, der Stadtbrand von 1532 zerstörte den größten Teil der Burg. Vom 17. bis ins 20. Jh. diente das Burgareal als Brauerei. Heute befindet sich dort das Vier-Sterne-Hotel Dvořák (→ Übernachten).

Öffnungszeiten **Bechyně-Tor,** Mai–Okt. tägl. 8.30–17 Uhr. Eintritt 1,40 €, erm. die Hälfte. **Burgturm,** gleiche Öffnungszeiten. Eintritt 0,70 €, erm. die Hälfte.

Táborský poklad (Táborer Schatz): Die neueste Sehenswürdigkeit der Stadt wurde 2006 in der Mälzerei der oben erwähnten ehemaligen Brauerei eingerichtet. Die hochmoderne Dauerausstellung vermittelt ebenfalls Einblicke in den Alltag der Táborer Bürger im ausgehenden Mittelalter. Als Grundlage dient der namengebende „Schatz", den man 2001 bei Grabungsarbeiten in der Altstadt entdeckte: gotische Kacheln, Keramikgefäße aus dem späten 16. Jh. und v. a. 4000 Silbermünzen, von denen die älteste aus dem Jahr 1524 stammt.

Adresse/Öffnungszeiten Hradební, Zugang über den Hof des Hotels Dvořák. Mai–Sept. tägl. 9–12 u. 13–17 Uhr, Okt.–April Mo–Sa 10–12 u. 13–16 Uhr. Eintritt frei.

Klášter Klokoty (Kloster Klokoty): Vom Bechyně-Tor führt ein ausgeschilderter Spazierweg (ca. 1,5 km) zum Kloster Klokoty ganz im Westen von Tábor, dessen kupferfarbene Kuppeln weithin sichtbar sind. Die dazugehörende *Wallfahrtskirche Mariä Himmelfahrt* aus dem frühen 18. Jh. zählt zu den schönsten Barockbauten der Gegend. Sie wurde im Grundriss eines orthodoxen Kreuzes angelegt. Ihr Baumeister ist unbekannt, man vermutet, es handelt sich um Giovanni Santini. Der gegenreformatorische Prunkbau hat übrigens wenig Wirkung gezeigt: Bis heute hat Tábor eine der niedrigsten Katholikenraten im gesamten Land. Zuletzt war das Kloster leider gar nicht und die Kirche nur zu Messen zugänglich.

Umgebung von Tábor

Im Norden und Osten wird die Táborer Region auf natürliche Weise vom *Vlašimská pahorkatina,* einem bis zu 700 m hohen, bewaldeten Hügelland begrenzt. Die dortigen Dörfer sind touristisch kaum erschlossen. Gen Süden laufen die Anhöhen, begleitet vom Flusslauf der Lužnice, sanft aus und gehen in die Třeboňer Teichlandschaft über. Ganz im Südwesten erhebt sich inmitten einer ländlichen Idylle, wo auf endlose Sonnenblumenfelder grüne Weiden mit grasenden Kühen folgen, bizarr auf einer Anhöhe Tschechiens berüchtigtstes Bauwerk: *Temelín* – das Atomkraftwerk der Super-Gau-Klasse (→ S. 98). Wer angesichts der weithin sichtbaren Kühltürme Unbehagen empfindet, der radelt oder wandert besser entlang der Flussläufe – dort bleibt einem der Anblick weitestgehend erspart.

Chýnov

10 km östlich von Tábor liegt Chýnov, ein unspektakuläres Städtchen, für Kunstinteressierte aber dennoch einen Besuch wert. Denn aus Chýnov stammt die Familie des Bildhauers **František Bílek** (1872–1941). Bílek gilt als *der* tschechische Vertreter des symbolistischen Jugendstils, zu seinen Bewunderern zählte u. a. Franz Kafka. Das Geburtshaus des Künstlers ist heute eine Gedenkstätte. Fast sehenswerter aber ist der hiesige Friedhof, den Bílek mit einigen monumentalen Grabsteinen aufpeppte. Er selbst ruht im Kreise seiner Familie – halten Sie nach einer alles überragenden Statue Ausschau.

5 km nordöstlich von Chýnov kann man außerdem die bestens ausgeschilderte **Chýnov-Höhle** (Chýnovská jeskyně) besuchen. Der Höhlenkomplex in der Tiefe des Berges *Pacovská hora* (573 m) beeindruckt durch bizarre, farbige Dolomit-Kalksteinformationen. 45 Minuten dauert eine Tour, 260 m weit geht es in die Höhle hinein.

- *Verbindungen* Mehrmals tägl. **Busse** und **Züge** nach Tábor.
- *Öffnungszeiten* **Bílek-Gedenkstätte** (Údolní, im Ortskern ausgeschildert), Mitte Mai–Mitte Okt. tägl. (außer Mo) 10–12 u. 13–17 Uhr. Eintritt 0,70 €, erm. die Hälfte. Der **Friedhof** ist von der Straße zur Höhle mit „Hřbitov" ausgeschildert. **Höhle,** tägl. (außer Mo) 9–17 Uhr. Eintritt 2,50 €, erm. die Hälfte.

Hrad Choustník (Burg Choustník)

Choustník, 20 km südöstlich von Tábor gelegen, ist ein unscheinbares Dorf mit einem kleinen Supermarkt und einem Restaurant am Dorfplatz. Die Häuseransammlung liegt zu Füßen der gleichnamigen, weithin sichtbaren Burgruine. An Sommerwochenenden ist diese ein beliebtes Familienausflugsziel. Die Burgfundamente reichen bis ins 13. Jh. zurück, erhalten blieben aber nur zwei Türme und ein paar Mauern. Die Wälder der Umgebung sind ein Geheimtipp unter Pilzsammlern.

• *Anfahrt/Verbindungen* Die Burg ist vom Dorfplatz ausgeschildert, vom Parkplatz am Fuße des Hügels läuft man noch ca. 10 Min. **Busse** 5-mal tägl. nach Tábor.

• *Öffnungszeiten* **Burg,** April, Mai, Juni, Sept. u. Okt. nur Sa/So 9–17 Uhr, Juli u. Aug. tägl. 9–17 Uhr. Eintritt 0,50 €.

Für weitere Ziele südöstlich von Tábor → Umgebung von Jindřichův Hradec ab S. 76.

Soběslav (Sobieslau)

Wer sich ein Leben in einer Kleinstadt nicht vorstellen kann, wird seine Meinung bei einem Besuch von Soběslav nicht ändern. Das 16 km südlich von Tábor gelegene 6800-Einwohner-Städtchen hat außer Langeweile nur einen angeschwärzten Jan Hus sowie zwei spätgotische Kirchen und ein **Stadtmuseum** am weiten Hauptplatz zu bieten. Das Museum verteilt sich auf zwei Gebäude: Das sog. Rožmberk-Haus widmet sich der Natur der Táborer Gegend, das Smrčkův-Haus ein paar Schritte weiter dem Landvolk der **Borkovicer Sumpflandschaft** (Borkovická Blata), die sich rund 5 km südwestlich von Soběslav erstreckt. Ein Ausflug dorthin lohnt mehr als der Besuch des Museums, die Gegend überrascht mit so manchem Dorf im Bauernbarockstil. Zu den schönsten gehören Komárov, Klečaty und insbesondere **Záluží,** eine Kleinausgabe des UNESCO-Kulturerbes Holašovice (→ S. 59), das durch hübsche ockerfarben gestrichene Gehöfte besticht. Dort gibt es auch ein kleines privates Museum mit einer alten Schmiedewerkstatt (Muzeum Kovárna), wo zudem traditionelle Marionetten hergestellt und verkauft werden. Durch das Gebiet kann man auch gemütlich radeln, nehmen Sie aber Proviant mit, die meisten Dörfer haben keine Kneipe.

• *Verbindungen* **Züge** und **Busse** nach Tábor, Budweis und Třeboň. Záluží ist mit öffentlichen Verkehrsmitteln kaum zu erreichen.

• *Öffnungszeiten* **Stadtmuseum Soběslav,** Mai–Sept. tägl. (außer Mo) 8–12 u. 12.30–16 Uhr. Kombiticket 1,10 €, erm. die Hälfte.

Museum in Záluží, geöffnet nach Lust und Laune. Eintritt frei.

Für weitere Ziele südlich von Tábor → Umgebung von České Budějovice ab S. 55.

Týn nad Vltavou (Moldautein)

Das rund 35 km südwestlich von Tábor gelegene Städtchen verdankt seinen einstigen Reichtum der Flößerei und dem Salzhandel. Das Salz wurde aus Budweis auf Lastkähnen angeschippert und hier auf Pferdefuhrwerke umgeladen, da die Moldau aufgrund gefährlicher Stromschnellen in ihrem weiteren Verlauf nicht mehr befahren werden konnte. Heute verdient das Gros der 8000 Einwohner im nur 8 km entfernten **Atomkraftwerk Temelín** (→ Kasten S. 98) seine Brötchen. Dass man mit

Atomkraftwerk Temelín – das bekannteste Bauwerk Südböhmens

Damoklesschwert Temelín

Am 11. Oktober 2004 erteilte die tschechische Nuklearaufsichtsbehörde die Genehmigung für die Dauerzulassung der zwei Druckwasserreaktoren des Atomkraftwerks Temelín. Vorausgegangen war eine vierjährige Testphase mit einer Serie von Störfällen, deren Auflistung ein ganzes Buch füllen würde. Und auch seit der regulären Inbetriebnahme reißt die Kette der Störfälle nicht ab, über 100 wurden bereits gezählt: Mal läuft radioaktiv verseuchte Flüssigkeit aus, mal kommt es zum Ausfall fast des kompletten Sicherheitssystems, mal gibt eine Hauptzirkulationspumpe ihren Geist auf und so fort. Kein Wunder, dass Václav Havel am Ende seiner Amtszeit resümierte: „Wenn ich mir etwas als den größten Fehler vorwerfe, den ich in den zehn Jahren meiner Präsidentschaft gemacht habe, ist dies der, dass ich [...] nicht schärfer gegen den Bau Temelíns vorgegangen bin." Die Grundsteinlegung fand bereits 1987 statt, das Know-how dazu (Pläne, die dem Tschernobyl-Reaktor ähnelten) lieferte der große Bruder Sowjetunion. Nach der Wende, als ausländische Proteste fruchteten, wurde der US-Konzern Westinghouse damit beauftragt, das Kraftwerk dem damals neuesten Stand der Technik anzupassen. Die erheblichen Sicherheitsbedenken konnten dadurch allerdings nicht ausgeräumt werden, so dass es in Österreich und Deutschland zu massiven Protesten gegen die Inbetriebnahme des Kraftwerks kam. Vor Ort regte sich dagegen wenig Widerstand: Temelín stand für neue Arbeitsplätze. Zudem versprach der Betreiber, die ČEZ AG, den umliegenden Haushalten billigen Strom – ein Versprechen, das jedoch nie eingelöst wurde. Immerhin liegen die Pläne, das Kraftwerk um zwei Reaktoren zu erweitern, momentan auf Eis. Dafür plant man den Bau eines Zwischenlagers für abgebrannte Brennstäbe auf dem Gelände.

Das Kraftwerk liegt nahe der Ortschaft Temelín und macht durch seine vier 155 m hoch in den Himmel ragenden Kühltürme auf sich aufmerksam. In einem kleinen Schlösschen daneben gibt es ein **Infozentrum** (ausgeschildert), das tägl. von 9 bis 16 Uhr (im Sommer bis 17.30 Uhr) über Tschechiens Aushängeschild modernster Technik informiert. Nach vorheriger Vereinbarung unter ✆ 384102639 werden auch Führungen angeboten. Über Pleiten, Pech und Pannen des Kraftwerkes informieren u. a. die Webseiten www.temelin.com und www.antiatom.info.

einem solchen Nachbarn nicht zum Tourismusmagneten aufsteigt, versteht sich von selbst. Wer dennoch zufällig in Týn nad Vltavou landet, kann sich am schmucken kopfsteingepflasterten Marktplatz, dem Náměstí Míru, das rosafarbene **Rokokorathaus** ansehen, die gelbe **Barockkirche St. Jakob** mit einer der ältesten Orgeln Böhmens oder das pastellblau gestrichene erzbischöfliche Palais aus dem 17. Jh., heute Sitz des **Stadtmuseums.** Dieses präsentiert u. a. südböhmische Marionetten sowie sog. Moldavite (glasartiges, in der Gegend gefundenes Meteoritengestein) und informiert über die Flößergeschichte.

Der Radwanderweg 1093 und ein rot markierter Wanderweg führen von Týn – z. T. entlang dem Flusslauf der Lužnice – nach Bechyně (s. u.). Beide passieren das nette Örtchen **Koloděje nad Lužnicí** mit Schloss und kleiner Datschensiedlung am Fluss. Der Wanderweg führt zudem durch das romantische **Felsental Židova strouha** (2 km südlich von Bechyně).

• *Information* **Informační centrum mikroregionu v Týně nad Vltavou,** am Marktplatz, ✆ 385772301, www.tnv.cz. Mo–Fr 9–11.30 u. 13–16 Uhr, im Sommer auch Sa/So.

• *Verbindungen* Busbahnhof an der Straße nach Temelín/Budweis ca. 800 m südlich des Zentrums. **Busse** regelmäßig nach Temelín, Budweis und Bechyně, bis zu 9-mal nach Písek, seltener nach Tábor und Český Krumlov.

• *Schiffsausflüge* Im Juli u. Aug. wird 1-mal tägl. eine Moldauschiffsfahrt von Týn zu den Schlössern Zvíkov und Orlík am **Orlík-Stausee** (→ S. 115) angeboten (hin 8 Uhr, zurück 16 Uhr), einfache Fahrtzeit mit mehreren Stopps 3 ¾ Std. Infos unter ✆ 382275333 oder www.lodnidopravaquarter.cz.

• *Café* **Kavárna U Slunce,** am Marktplatz (neben der Kirche). Mischung aus Bäckerei (leckeres Brot, Kolatschen und Kuchen), Ökoladen (alles zwischen Sojaprodukten und ökologisch korrekter Wachskerze) und nettem, leicht alternativem Café mit Sommerterrasse.

• *Übernachten* **Pension Plzeňka,** nahe dem Marktplatz. Pension und bieder-rustikales Wirtshaus mit deftiger böhmischer Küche, auch Kaninchen und Wild (Hg. 3,50–11,60 €). Gartenterrasse. Saubere Zimmer mit Bad. DZ 28 €. Tyršova 31, ✆ 385732108, plzenka@plzenka-tyn.cz.

Pension Pod Kostelem, direkt unterhalb des Marktplatzes. Ordentliche Zimmer mit Kiefernholzmobiliar und Bad. Rezeption in der Vinothek nebenan. Im EG ein rustikales (!) China-Restaurant. EZ 18 €, DZ 25 €, kein Frühstück. Puchmayerova 223, ✆ 602138153 (mobil).

• *Camping* **Camping Cábrov,** ca. 5 km nördlich von Týn in Koloděje nad Lužnicí (von Týn der Straße nach Milevsko folgen, dann ausgeschildert). Schöne Lage am Flusslauf der Lužnice. Bei Holländern und Dänen beliebter Platz, zudem unter holländischer Leitung. Nicht viel Komfort, aber dennoch ein Ort zum Wohlfühlen. Freundliche lichte Bar mit Kamin und kleinen Snacks. Feuerstelle, Volleyballfeld. Juni–Sept. Auf dem Weg passiert man den Camping Koloděje, der ebenfalls unter holländischer Leitung und auch ganz okay ist. 2 Pers. mit Wohnmobil 11,90 €. Koloděje nad Lužnicí, ✆ 385732055, www.camping-cabrov.nl.

• *Öffnungszeiten* **Stadtmuseum,** Di–Fr 9–17 Uhr, Sa/So 10–17 Uhr, im Winter verkürzt. Eintritt 0,70 €, erm. die Hälfte.

Für weitere Ziele südwestlich von Tábor wie z. B. Albrechtice nad Vltavou → Umgebung von Písek ab S. 110.

Bechyně (Bechin)

Der 26 km südwestlich von Tábor gelegene Ort ist ein bislang kaum entdecktes Schmankerl unter den südböhmischen Kleinstädten.

Das 6000-Einwohner-Städtchen schwebt romantisch auf einer Felszunge hoch über dem Zusammenfluss von Lužnice und Smutná. Der Náměstí T. G. Masaryka versprüht die Idylle eines zu groß geratenen Dorfplatzes mit viel Grün. Die ihn säumenden niederen Häuser wurden größtenteils schon hergerichtet, auch an der in

Am Marktplatz in Bechyně

den Platz ragenden, rosa-weißen Dekanatskirche St. Matthias mit Zwiebelhaube hat man bereits Hand angelegt. Wer die malerischen Gassen drum herum erkundet, wird hie und da Teile der alten Stadtbefestigung entdecken. Die Ruhe vor Ort wissen die Gäste des kleinen Kurareals nordöstlich des Zentrums zu schätzen. Die kohlensäurehaltigen Heilquellen werden für Trink- und Badekuren bei Störungen des Bewegungsapparates und Rheumatismus verwendet. Eine kleine Abwechslung zu Spaziergängen im Kurpark bieten die Bechiner Sehenswürdigkeiten, in erster Linie das gepflegte Schlossgelände im Süden des Örtchens.

Geschichte: Vermutlich wurde die Siedlung im Schutz einer Burg 1323 durch König Johann von Luxemburg zur Stadt erhoben. Im 16. Jh., unter Peter Wok von Rosenberg II., der von hier aus seine Amtsgeschäfte führte, erlebte Bechin seine größte Blüte. Zu jener Zeit erfolgte auch der Umbau der Burg in ein Schloss. 1715 gelangte dieses in den Besitz der Adelsfamilie Paar, der es mit Ausnahme der sozialistischen Ära bis heute gehört. Baptist Graf von Paar (1780–1839) war übrigens Goethes unzertrennlicher Geselle bei dessen Karlsbader Spaziergängen. Auf die Paar gehen auch die barocken Um- und Anbauten des Schlosses zurück. 1904 brach die erste elektrische Eisenbahn Böhmens von Tábor nach Bechin zu ihrer Jungfernfahrt auf, heute verkehren an Sommerwochenenden auf der Strecke u. a. historische Züge (→ Tábor/Verbindungen, S. 90).

Information/Parken/Verbindungen

• *Information* Private **Tourist Information Bechyně** am Nám. T. G. Masaryka. ✆/℻ 381213822, www.avantitravel.cz. Nur April–Sept. tägl. 8.30–18 Uhr.

• *Parken* Kostenlose Parkplätze am Marktplatz.

• *Verbindungen* Bahnhof und Busbahnhof liegen nahe beieinander ca. 1,5 km nordöstlich des Zentrums. Bis zu 10-mal tägl. **Züge** nach Tábor. **Busse** regelmäßig nach Týn nad Vltavou und Tábor, bis zu 6-mal tägl. über Hluboká nad Vltavou nach Budweis, 1-mal tägl. nach Prachatice.

Písek
Písecká
Bahnhof, Busbahnhof, Tábor, Soběslav und Týn nad Vltavou
Gabrielova
Stadionu
Školní
Gabrielova
Čechova
Libušina
Kurareal
Ambulanz
Lázeňská
Novodvorská
Novodvorská
Libušina
Michalská
Michalská
Übernachten
1 Davey
2 Hotel Panská
4 Pension U Pichlů
Plechamr
Parkány
Ehemalige Synagoge Touristikmuseum
Essen & Trinken
3 Pivnice U Diblíka
Dlouhá
Soukenická
Široká
Kašpara Malého
Libušina
Masokrámská
Valtrova
Kloster
Nám. T. G. Masaryka
Dlouhá
Dekanatskirche St. Matthias
Polizei
Klášterní
Städtisches Museum
Klosterkirche Mariä Himmelfahrt
Táborská
Zámek
Südböhmische Aleš-Galerie
Pod Schody
Lužnice
Větrov
Muzeum Vladimíra Preclíka
Schloss
60 m
Bechyně

Adressen

• *Ärztliche Versorgung* Ambulanz an der Čechova nördlich des Zentrums. Unter der Notrufnummer 155 zu erreichen.

• *Polizei* Am Nám. T. G. Masaryka. ✆ 158.

• *Post* Am Nám. T. G. Masaryka/Ecke Masokrámská.

• *Einkaufen* In mehreren Geschäften wird regionale **Keramik** verkauft, die guten Geschmack jedoch entschieden auf die Probe stellt: Elefantenfiguren, Sparschweine, Setzkastenutensilien, Glocken, Bierkrüge ...

Im Sommer findet jeden Tag ein kleiner **Markt** auf dem Marktplatz statt.

Essen & Trinken/Übernachten (siehe Karte S. 101)

*** **Hotel Panská (2)**, historisches Gebäude am Marktplatz. 29 komfortable Zimmer und Apartments. Freundlicher, deutschsprachiger Service. Nettes Restaurant mit Sommerterrasse, bei dem die Qualität der Speisen (Fisch, Fleisch, selbst Pizza & Pasta) dem Ambiente leider hinterherhinkt (Hg. 3,50–5,30 €). EZ 32 €, DZ 52 €. Nám. T. G. Masaryka 54, ✆ 381212550, hotel.panska@iol.cz.

Davey (1), nur 2 freundliche Zimmer und 1 Apartment in zentraler Lage. Garten, eigene Parkplätze. DZ 35 €, Apartment 44 €. Vermittlung über die Tourist Information.

Pension U Pichlů (4), am Marktplatz. Nur 5 Zimmer, alle mit TV und Bad, ordentlich. Restaurant mit offenem Kamin, böhmische und internationale Küche (Hg. 3,50–10,50 €). Im Sommer sitzt man draußen auf Bierbänken. DZ 28 €. Nám. T.G. Masaryka 141, ✆ 77 5418489 (mobil).

Pivnice U Diblíka (3), eine auf ihre Art urige Trinkstube am Hauptplatz. Rauchgeschwängert, Billard. Tägl. 14–2 Uhr.

• *Außerhalb* **Penzion Golf**, neben dem Golfplatz in Černice, ca. 8 km östlich von Bechyně an der Straße nach Soběslav. Zwar im Grünen gelegen, gleichzeitig aber auch an der (zum Glück nicht stark befahrenen) Durchgangsstraße. Landhaus mit 6 geräumigen, jedoch nur zweckmäßig und einfach ausgestatteten Zimmern. Restaurant. Nur April–Okt. DZ 27 €. Černice 43, ✆ 739637 126 (mobil).

• *Camping* → Týn nad Vltavou, S. 99.

Sport/Freizeit/Kultur

• *Golf* **1. Jihočeský Golfový Klub Bechyně**, der 9-Loch-Platz des „Ersten Südböhmischen Golfclubs" befindet sich ca. 8 km östlich von Bechyně nahe dem Dorf Černice, von der Straße nach Soběslav ausgeschildert. Greenfee 18–25 €. ✆ 381211123, www.golf-bechyne.cz.

• *Kanuverleih* Adressen hält die Tourist-Information parat.

• *Radfahren* Über Radwanderweg Nr. 1093 gelangen Sie gen Süden nach **Týn nad Vltavou** (→ S. 99), von dort bietet sich die Möglichkeit, östlich der Moldau bis zum **Schloss Hluboká** (→ S. 55) zu radeln (zuerst 7,5 km auf Nr. 1060, dann 10 km auf Nr. 1061 und schließlich weiter auf Nr. 12), insgesamt rund 40 km. Radwanderweg 1136 führt nach **Soběslav** (→ S. 97, 28 km), zweigt man auf halber Strecke auf Radwanderweg 12 ab, gelangt man nach **Tábor** (→ S. 89, 36 km). Auch entlang der Lužnice kann man nach Tábor radeln. Dabei geht es ca. 2 km südöstlich von Stádlec über eine imposante Kettenbrücke im Empirestil.

• *Radverleih* **Radverleih** in der Valtrova 15, ✆ 603480889 (mobil), 7 €/Tag.

• *Reiten* Mehrere Anbieter, Adressen hängen in der Tourist Information aus. Ca. 7 €/Std.

• *Wandern* Ein schöner, rot markierter Wanderweg führt von Bechyně **entlang dem Flusslauf der Lužnice bis nach Tábor.** Dabei passiert man das recht idyllische Dorf **Dobronice** mit einer Burgruine aus dem 14. Jh., von der v. a. der dominante Rundturm erhalten blieb (Mai u. Juni nur Sa/So 10–17 Uhr, Juli u. Aug. Mo 12–19 Uhr, Di–So 10–19 Uhr, Sept. nur Sa/So 10–18 Uhr, Eintritt 0,70 €). Für einen weiteren Tipp → Týn nad Vltavou, S. 99.

• *Veranstaltungen* Mai–Aug. Kultursommer – verschiedene Veranstaltungen, darunter auch ein zweitägiges **Jazzfestival.** Das **Bechyňský festival dechových hudeb,** ein Blasmusikfestival, findet stets Anfang Aug. statt.

Sehenswertes

Zámek (Schloss): Zwischen 1581 und 1584 wurde die ursprünglich gotische Burg durch den italienischen Architekten Baldassare Maggi d'Arogno in ein Renaissanceschloss verwandelt. Auftraggeber war Peter Wok von Rosenberg II., dessen Leben auch im Mittelpunkt der Schlossführung steht. In dem heute nach ihm benannten Prunksaal des Schlosses heiratete er im Alter von 40 Jahren die 14-jährige Katharina von Ludanitz. Mit „meine allerliebste Oma" umschmeichelte er sie in seinen Liebesbriefen, für sie hingegen war er der süße „Graukopf". Zur Hochzeitsfeier sollen 35.000 Liter Wein und 30.000 Liter Bier geflossen sein.

Schöne Ausblicke auf die Lužnice bietet der Schlossgarten, ein kühles Bier die nette Sommerkneipe dort und schrille Holz- und Eisenkonstruktionen des tschechischen Künstlers Vladimír Preclík ein Museum in der Nachbarschaft.

Öffnungszeiten Juli u. Aug. tägl. (außer Mo) 10–17 Uhr, Juni u. Sept. nur Sa/So 10–17 Uhr. Fremdsprachige Schlossführung 6,30 €, erm. die Hälfte, Museum 1,80 € extra, erm. 1,10 €.

Von böhmischen Dörfern und der Boheme

„Ich sag' ihm das bei meiner Ehren, mir das böhmisch' Dörfer wären" – im didaktischen Tierepos *Froschmeuseler* von Georg Rollenhagen, das im Jahr 1595 erschien, tauchte die Redewendung erstmals auf. Viele Ortsnamen Böhmens klangen für deutsche Reisende schon damals fremd und unaussprechbar – was lag also näher, als den Ausdruck „böhmische Dörfer" auf Unverständliches bzw. Unverstandenes im Allgemeinen anzuwenden. Die Tschechen benutzen übrigens eine ganz ähnliche Wendung, nur sind es dort keine böhmischen, sondern „spanische Dörfer", mit denen sich der Ahnungslose konfrontiert sieht. Kommt Ihnen das etwa spanisch vor?

Ein *Böhme* steckt natürlich auch im Wort *Boheme* (aus frz. *bohème*), das zunächst für die Pariser Künstleravantgarde Anfang des 19. Jh. stand und schon bald ungezwungenes (Lebens-)Künstler-Dasein schlechthin bezeichnete. Nun ist offenkundig nicht jeder Böhme ein Bohemien, aber das ist auch gar nicht gemeint. Die Wortgeschichte fußt auf einer frühen Verwendungsweise von *Böhme,* als auch noch Zigeuner bzw. Sinti so genannt wurden – vermutlich weil sie über Böhmen nach Westeuropa eingewandert sind. Populär wurde das Wort *bohème* dann durch Henri Murgers Roman *Scènes de la vie de Bohème* (1851), der literarischen Vorlage von Puccinis Oper *La Bohème* (1896).

Alšovo jihočeská galerie (Südböhmische Aleš-Galerie): In der ehemaligen Schlossbrauerei hat der Bechiner Ableger der Südböhmischen Aleš-Galerie seinen Sitz. Präsentiert wird internationale Keramik zwischen Kaffeepötten und größeren Plastiken. Leider interessiert sich kaum jemand dafür – die wenigen, die es tun, schrecken i. d. R. den Ticketverkäufer beim Nickerchen auf. Initiator der Ausstellung ist die hiesige Keramikschule (besteht seit 1884).

Öffnungszeiten Ende Juni–Mitte Sept. tägl. 9–12 u. 12.30–17 Uhr. Eintritt 1,40 €, erm. 0,50 €.

Městské muzeum (Städtisches Museum): Das kleine Museum am Marktplatz dient in erster Linie als Feuerwehrmuseum. Zu sehen ist ein Sammelsurium an Uniformen, Medaillen, Helmen, Schläuchen und Spielzeugfeuerwehrautos.

Öffnungszeiten Mai, Juni u. Sept. Do–So 9–12 u. 13–17 Uhr, Juli u. Aug. tägl. (außer Mo). Eintritt 1,40 €, erm. die Hälfte.

Synagoga/Muzeum Turistiky (Synagoge/Touristikmuseum): Bechyněs kleine ehemalige Synagoge an der Široka wird seit 2006 als „Touristikmuseum“ genutzt. Keine falschen Erwartungen: „Turisty“ nennt man in Tschechien auch Wanderer. Zu sehen gibt es alte Wanderkarten und -abzeichen, zudem wird die Geschichte des Tschechischen Wanderklubs beleuchtet. Eine zusätzliche Ausstellung widmet sich der ehemaligen jüdischen Gemeinde Bechins.

Öffnungszeiten Mai u. Okt. nur Sa/So 9–12.30 u. 13–17 Uhr, Juni–Sept. tägl. (außer Mo) zu den gleichen Zeiten. Eintritt 1,40 €, erm. die Hälfte.

Klášter (Kloster): Das hoch über dem Flusslauf der Lužnice im 13. Jh. gegründete Minoritenkloster wurde während der Hussitenkriege zerstört. An der Wende vom 15. zum 16. Jh. erbauten die Franziskaner an der gleicher Stelle ein neues Kloster. Heute ist auf dem Areal eine Schule untergebracht. Zu besichtigen sind die spätgotische Klosterkirche Mariä Himmelfahrt und der Kreuzgang, beide mit einem Rippengewölbe aus gebrannten Ziegeln.

Adresse/Öffnungszeiten Klášterní. Führungen April–Sept. tägl. 9–18 Uhr zu jeder vollen Stunde. Eintritt (fremdsprachige Führung) 3,50 €, erm. 2,80 €. Tickets ersteht man im Infozentrum.

Milevsko (Mühlhausen)

Das 24 km westlich von Tábor gelegene 9000-Einwohner-Städtchen Milevsko ist kein Ort, der zum längeren Verweilen einlädt. Ein paar sehenswerte Bauten beherbergt das Städtchen aber dennoch. Folgt man vom Hauptplatz, dem Náměstí E. Beneše, der Straße Richtung Tábor (Hinweisschild) und biegt dann nach rechts in die Sokolovská (erste Möglichkeit) ab, gelangt man zur einstigen **Synagoge Mülhausens.** Der tempelartige, restaurierungsbedürftige Bau wurde 1919 nach Plänen von Oldřich Tyl errichtet, der auch für den Prager Messepalast (→ S. 249) verantwortlich zeichnete. Wie in unzähligen anderen böhmischen Städten erlosch auch in Mühlhausen mit dem Holocaust das jüdische Gemeindeleben. Rund 100 Mitglieder wurden ermordet. Heute wird die Synagoge von der Hussitengemeinde als Kirche genutzt und ist nur zu den sonntäglichen Gottesdiensten zugänglich.

Die zweite und größere Attraktion der Stadt liegt am nördlichen Ortsrand (weiter der Straße Richtung Tábor folgen, unter der Schnellstraße nach Tábor jedoch hindurchfahren und unmittelbar hinter der Unterführung rechts halten): ein mächtiges **Prämonstratenserkloster** (Klášter premonstrátů). Mit dessen Bau wurde 1184 begonnen, seine goldene Zeit erlebte es Anfang des 15. Jh. Heute steht es in weiten Teilen ruinös da, auch wenn der Haupttrakt und die **Kirche Mariä Heimsuchung** schon restauriert sind. In dem ursprünglich romanischen Gotteshaus, das später immer wieder umgebaut wurde, beten teilweise wieder bis zu acht Mönche. Zudem ist auf dem Areal das **Stadtmuseum** (Milevské muzeum) untergebracht, das mit barocken Statuen, Bauernmöbeln, Trachten, schaurigen Erinnerungen an das Blutgerichtswesen (1749 fand in Mühlhausen die letzte Hinrichtung wegen Hexerei statt) und martialisch-makabren Relikten aus dem Zweiten Weltkrieg aufwartet. Neben dem Kloster steht die **Friedhofskirche St. Ägidius** (Kostel sv. Jiljí), ebenfalls aus dem 12. Jh., aber leider meist verschlossen.

• *Verbindungen* Am besten fährt man mit dem **Bus** an, der Busbahnhof liegt zentral. Bis zu 3-mal tägl. nach Orlík, bis zu 2-mal nach Bechyně, häufig nach Písek und Tábor.

• *Öffnungszeiten* **Stadtmuseum,** tägl. (außer Mo) 9–12 u. 13–17 Uhr. Eintritt 0,70 €, erm. die Hälfte.

Für weitere Ziele westlich von Tábor → Umgebung von Písek ab S. 110.

Písek besitzt eine der ältesten Steinbrücken Böhmens

Karte von Písek auf S. 107

Písek (Pisek)

Písek rühmt sich der ältesten Steinbrücke Böhmens und seiner Vergangenheit als Goldgräberstädtchen. Gold wert ist heute noch das grüne, bewaldete Umland, nicht aber der provinzielle Marktflecken selbst. Das soll aber niemanden von einer Stippvisite abhalten.

Das 30.000-Einwohner-Städtchen an der Otava verdankt seinen Namen dem goldhaltigen Sand (= *písek*), den der Fluss seit Urzeiten aus dem Böhmerwald mitbringt. Über Jahrhunderte hinweg galt das Edelmetall aus Písek als bestes und reinstes Gold, das keine weitere Bearbeitung nötig hatte. Der Goldrausch ist längst vorbei, doch kleinere Nuggets werden noch heute in Flusskurven gefunden. Und einmal im Jahr, zum Goldwaschwettbewerb im 7 km entfernten Kestřany (→ Veranstaltungen), blüht die alte Tradition wieder auf. Im sehenswerten Regionalmuseum kann man sich über die funkelnde Vergangenheit Píseks informieren. Ansonsten gibt das historische Zentrum nicht allzu viel her. Zwar wird es hier und da durch ein paar schöne Patrizierhäuser im Barock- oder Renaissancestil aufgelockert, doch wer bereits den Charme der bekannten Vorzeigestädte Südböhmens genossen hat, den wird Písek kaum in Begeisterung versetzen. Die Nähe zum Orlík-Stausee und zu einer Reihe romantischer Burgen und Schlösser machen aber auch Písek zu einem gern besuchten Ziel.

Geschichte: Den Flusslauf, an welchem 1254 eine Goldschürfersiedlung zur Stadt Písek erhoben wurde, kannten schon die Kelten: Sie hatten ihm den Namen *Atava,* „reicher Strom", gegeben. Das Gold brachte Písek Wohlstand, aber auch Neider und damit viele Plünderungen. Ein verheerender Brand (1532) und der langsame Niedergang der Goldschürferei bestimmten das 16. Jh. Im Dreißigjährigen Krieg wurde Písek drei Mal gestürmt, dabei völlig zerstört, das Gros der 3000 Einwohner kam ums Leben. Im 20. Jh. meldete sich das Städtchen zurück, und zwar in der (Welt-)Literatur: In Gustav Meyrinks (1868–1932) *Walpurgisnacht* mit dem Kapitel *Die Reise nach Písek* und in der Kriegsreportage *Soldat im Prager Korps* des rasenden Reporters Egon Erwin Kisch (1885–1948). Die Kommunisten sorgten für das Durchschnittsgrau im Stadtbild und förderten die Textilindustrie. Von beidem blieb nicht allzu viel übrig. Die Textilfirma *Jitex,* einst der größte Arbeitgeber der Stadt, hatte 2007 noch gerade 170 Beschäftigte auf der Lohnliste (2004 noch über 1000). Blickt man auf die Kollektion im Schaufenster des Outlet-Ladens *jitex ppp* am Alšovo náměstí, dann fragt man sich auch nicht mehr, warum.

Orientierung: Písek erstreckt sich zu beiden Seiten der Otava, sein kleiner Altstadtkern liegt am östlichen Ufer. Dieser besitzt zwei Marktplätze, den kleineren Alšovo náměstí mit einer Pestsäule in der Mitte und den größeren Velké náměstí mit Rathaus und Museum.

Information/Parken/Verbindungen/Adressen

• *Information* **Infocentrum Písek,** Heydukova 97, ✆/📠 382213592, www.icpisek.cz. Im Winter Mo–Fr 10–17 Uhr, im Sommer tägl. 9–18 Uhr.

• *Parken* Gebührenpflichtige Parkplätze am Alšovo nám. (kurz parken billig, lang teuer), kostenlose am großen Parkplatz am westlichen Flussufer nahe der Steinbrücke.

• *Verbindungen* Der winzige Bahnhof und der Busbahnhof liegen nahe beieinander im Süden der Stadt (ca. 10 Fußmin. vom Zentrum, ausgeschildert).

Busse fast stündl. nach Prag (Smíchovské nádraží oder Busbahnhof Na Knížecí/Smíchov), regelmäßig nach Pilsen, recht gute Verbindungen zudem nach Český Krumlov, Budweis, Prachatice, Strakonice und Tábor.

Züge bis zu 8-mal tägl. nach Tábor.

• *Ärztliche Versorgung* **Krankenhaus** südöstlich des Zentrums an der Karla Čapka. ✆ 382772111.

• *Polizei* An der Komenského. ✆ 156.

• *Post* Am östlichen Ende des Palackého-Parkes.

Essen & Trinken

Schön sitzt man im Sommer im **Palackého-Park,** wo mehrere Bars, Restaurants und Cafés Tische ins Freie stellen.

• *Restaurants* **Green Pepper Steakhouse (3),** gepflegtes Restaurant mit Spielecke für Kinder und kleiner Terrasse. Spezialität sind Rindersteaks aus Uruguay. Hg. 8–21 €. Heydukova 172, ✆ 382219051.

U Dobré Pohody (11), Lokal mit Höhlenambiente. Dicke Steaks in zig verschiedenen Varianten, aber auch Pasta und Fisch. Hg. 3,50–15,50 €. Drlíčov 147, ✆ 382211222.

Jihočeská Restaurace (10), im ehemaligen Nobelhotel Otava, das 1899 ein hiesiger Apotheker als eines der luxuriösesten Hotels Südböhmens errichten und mit Sgraffiti nach Vorlagen von Mikoláš Aleš versehen ließ. Mehr Café als Restaurant, man kann jedoch auch essen. Günstige Mittagsgerichte, abends Steaks und Spieße der mittleren Preisklasse. Komenského 56, ✆ 382212861.

Pizzeria San Marco (6), riesige Pizzen mit hauchdünnem Teig aus dem Holzofen. Das Ambiente – gelb gestrichene Wände, Fliesenböden – könnte ein bisschen gemütlicher sein. Rauchverbot über die Mittagszeit. Außenbestuhlung. Hg. 3,20–7,40 €. Fürs Eis steht man hier Schlange. Velké nám. 118, ✆ 382224389.

U Reinerů (4), großräumiges, holzgetäfeltes Restaurant mit Tradition. Einfach und beliebt. Deftige böhmische Küche, darunter auch Außergewöhnlicheres wie Fasan oder Kalbfleisch. Netter Außenbereich am Palackého-Park. Hg. 2,50–6,70 €. Heydukova 95, ✆ 382213484.

Na Ostrově (12), ein Tipp für den Sommer. Auf der Flussinsel Městský ostrov gelegenes Restaurant mit Biergarten. Gezapft wird

Platan-Bier, serviert werden die böhmischen Standards der mittleren Preisklasse. ✆ 382210835.

• *Cafés* **Café Mozart (2),** geniale Kuchen und Backwaren – für das Café spricht weniger die unspektakuläre Einrichtung als die angegliederte Bäckerei. Breite Fensterfront zum Fluss hin. Auch dicke Eisbecher und Palatschinken. Nur bis 19 Uhr. Čechova.

R-W Café (1), Mischung aus Café, Weinstube und Kneipe. Treffpunkt der kleinen Intellektuellenszene Píseks. Sehr gemütliches, freundliches Ambiente mit viel Holz und einem alten Flügel. Kleines Antiquariat angeschlossen. Am Wochenende bis 2 Uhr. Třída Svobody 32.

Café Halabala (9), eher Kneipe als Café, nett gemacht, an ein junges, alternatives Publikum gerichtet. Innenhofbestuhlung, kleine Snacks, hin und wieder Konzerte. Ein Tipp für das Abendprogramm. Komenského 16.

Übernachten

• *Hotels* **** **Interhotel America,** am ruhigen Waldrand ganz im Osten der Stadt, etwas für Selbstfahrer. Anfang der 1990er Jahre errichtetes Haus. Leider hielt der Architekt wahrscheinlich nie eine „Schöner wohnen"-Ausgabe in Händen. Ganz und gar auf billig-schick gemacht. Sitzungssaal, Restaurant, Sommerterrasse, Pool, Sauna und

Fitnesscenter. Anfahrt → Villa Conti, von dort ausgeschildert. EZ 52 €, DZ 69 €. R. Weinera 2375, ✆ 382219357, 📠 382212361, www.interhotel-america.com.

*** **Villa Conti,** ein Stern weniger, aber 1000-mal angenehmer. 9 schöne Zimmer in einer restaurierten Villa. Viel Schnickschnack. Mountainbikeverleih. Gartenterrasse, Parkplätze, Waschservice. Für das Gebotene günstig. Anfahrt: In Písek von der Straße 29 (Tábor–Protivín) der Beschilderung zur „Psychiatrická Lečebna" (weißes Hinweisschild) bzw. zum „Rozhledna Jarník" (braun) fol-gen. Ca. 150 m nach dem Abzweig liegt die Villa Conti rechter Hand. EZ 37 €, DZ 47 €. Lesní 1277, ✆ 382212663, 📠 382224523, villaconti@seznam.cz, www.villaconti.cz.

*** **Biograf (13),** 2006 eröffnet. Kleines, feines Designhotel in einem entkernten, minimalistisch durchgestylten Altstadthaus. 26 schicke Zimmer in hellen Farben, auch behindertengerechte. Café und Restaurant mit mediterran angehauchter Küche im gleichen Stil. Sehr freundliches Personal. EZ 44 €, DZ ab 58 €. Gregorova 124, ✆ 380425510, 📠 380425513, www.hotelbiograf.com.

*** **Bílá Růže (8),** neu restauriertes Hotel mit 80 Betten. Unterschiedliche Zimmer vom klassischen Standard bis hin zu leicht plüschigem Touch. Die Lobby dient gleichzeitig als trendiges Caférestaurant. Das junge Personal ist nicht immer fremdsprachig. DZ 51 €. Fráni Šrámka 169, ✆ 382214931, 📠 382219002, www.hotelbilaruze.cz.

** **Pod Skalou (7),** empfehlenswert allein aufgrund seiner Lage direkt am Fluss. In die Jahre gekommenes Haus. Schlichte Zimmer mit Bad/WC, die meisten mit Flussblick, aber ohne Balkon. Sommerterrasse. DZ 29 €, kein Frühstück. Podskalí 158, ✆/📠 38 2214753, www.hotelpodskalou.cz.

• *Pension* **U Kloudů (5),** die einzige zentral gelegene Pension. Saubere, große Zimmer mit privaten Bädern, leider recht geschmacklos möbliert. Parkplätze, Hunde erlaubt, Café mit schönem Außenbereich. EZ 18 €, DZ 30 €, Apartment 37 €, kein Frühstück. Nerudova 66, ✆ 382210802, 📠 382215 210, www.ipisek.cz/u-kloudu.

• *Camping* Die Campingplätze rund um Písek sind zwar z. T. idyllisch gelegen, bieten aber bislang kaum Komfort. Am besten weicht man ins 12 km südlich gelegene Protivín (→ S. 111) aus.

Sport/Freizeit/Kultur

• *Baden* → **Stausee Orlík,** S. 115.

• *Golf* **Prácheňský Golfový Klub,** 9-Loch-Platz im 7 km südwestlich von Písek gelegenen Dörfchen Kestřany. Angelegt vom Japaner Shunsuke Kato. Ausbau geplant. Greenfee 14–28 €. ✆ 724576976, www.golf-pisek.cz.

• *Kanufahren/Bootsausflüge* Beliebt bei **Kanuten** ist die 66 km lange Strecke auf der Otava von Sušice (→ S. 171) nach Písek. Ruhiger ist der Abschnitt von Písek zur Burg Zvíkov und weiter über den Stausee Orlík auf die Moldau. Weitere Infos über die Tourist Information.

Ruderboote werden im Sommer am Fluss verliehen, z. B. beim Hotel U Smetáka westlich des Zentrums.

• *Reiten* Ausflüge offeriert **Jiří Svoboda** im Dörfchen Štětice (ca. 10 km südlich von Písek). 5,30 €/Std., auch mehrtägige Ausflüge mit Übernachtung (Preise nach Vereinbarung). ✆ 606650028 (mobil), www.stajestetice.cz.

• *Wandern/Radfahren* Östlich der Stadt erstreckt sich bis zum Flusslauf der Moldau das sog. Píseker Gebirge (Písecké hory) mit Höhen zwischen 350 und 632 m. Mehrere Wander- und Radwanderwege führen hindurch, eine lohnenswerte Strecke ist die nach **Albrechtice nad Vltavou** (→ S. 110).

Etwa 19 km sind es auf dem Radwanderweg 1149 gen Norden zur **Burg Zvíkov** (→ S. 116), zurück bieten sich diverse Routen an. Sehr schön ist auch der Fußwanderweg zur Burg Zvíkov, der vornehmlich am Flusslauf der Otava verläuft (rot markiert, ca. 25 km).

• *Veranstaltungen* Highlight ist der **Goldwaschwettbewerb** im 7 km südwestlich von Písek gelegenen Dörfchen Kestřany, der alljährlich am ersten Sa im Aug. abgehalten und von einem Volksfest begleitet wird. Auf dem Kalender stehen zudem das **Jugendtheaterfestival Šrámkův Písek** Ende Mai, ein **Stadtfest** Mitte Juni und ein internationales **Folklorefestival** in der zweiten Augusthälfte.

Píseker Altstadt im Spiegel

Sehenswertes

Prácheňské muzeum (Prachiner Museum): Das Museum am Velké náměstí zählt zu den besten Regionalmuseen Böhmens. Es belegt u. a. den Westflügel der ehemaligen Burg – der einzige Teil der Festungsanlage, der die Feuersbrunst von 1532 überstand. Der Zugang erfolgt über den Innenhof des zweitürmigen barocken Rathauses, das zwischen 1740 und 1767 errichtet wurde. Die Regionalgeschichte wird kritisch und kurzweilig bis in jüngste Zeit durchlaufen. Zu den Highlights gehören der gotische Burgsaal mit Fresken aus der zweiten Hälfte des 15. Jh., die Ausstellung zum Goldgräberwesen (Schürfgeräte, historische Fotos) und die archäologische Abteilung (Schmuck und Keramik). Ferner werden sakrale Kunst, Militäruniformen, Kleidungsstücke von *Jitex* und, und, und präsentiert.

Öffnungszeiten März–Sept. tägl. (außer Mo) 9–18 Uhr, Okt.–Dez. tägl. (außer Mo) 9–17 Uhr. Eintritt 1,10 €, erm. 0,40 €.

Kamenný most (Steinbrücke): Die angeblich älteste Steinbrücke Böhmens wurde wahrscheinlich noch vor dem Ende des 13. Jh. errichtet. Da sie der Legende nach als Erstes ein Hirsch überquerte, wird sie auch „Hirschbrücke“ *(Jelení most)* genannt. Der Überlieferung nach leitete man beim Bau das Wasser der Otava um, um bei den Arbeiten keine nassen Füße zu bekommen. Zu beiden Enden erhoben sich einst Wehrtürme, von denen aber heute keine Spur mehr zu sehen ist. Im Laufe der Jahrhunderte hatte die Brücke immer wieder mit schweren Hochwassern zu kämpfen, zuletzt im August 2002, als das Wasser 2 m über der Brücke stand. Ihre Brüstung ging verloren, ebenso der steinerne Engel in der Nepomuk-Statuengruppe. Monatelang waren Taucher damit beschäftigt, die Einzelteile aus der Otava herauszufischen, und Restauratoren, die Brücke in den alten Zustand zu versetzen.

Kirchen: Von den Kirchen der Stadt verdienen zwei Erwähnung. Am südlichen Eingang zur Altstadt grüßt die *Dekanatskirche Maria-Geburt (Děkanský kostel Narození*

Panny Marie), eine dreischiffige Pseudobasilika, mit deren Bau in der Mitte des 13. Jh. begonnen wurde. Der 74 m hohe, reliefgeschmückte Turm stammt aus dem Jahr 1489. Zu den Kostbarkeiten im Inneren gehören ein frühgotischer Bilderzyklus an den Mittelpfeilern und die sog. „Madonna von Písek", ein gotisches Tafelbild aus dem 14. Jh. im Seitenschiff. Die schwarz-weiß-rosafarbene und mit einem imposanten Sgraffitigiebel verzierte *Kirche der Erhöhung des Hl. Kreuzes (Kostel Povýšení sv. Kříže)* am Südende des Velké náměstí war einst die Klosterkirche der Dominikaner, das Kloster selbst wurde bereits 1419 von den Hussiten zerstört. Da sie meist verschlossen ist, bekommt man ihr schlichtes Inneres im Stil des Barock und Rokoko leider nur selten zu Gesicht.

Městská elektrárna (Elektrizitätswerk): Das Wasserkraftwerk am Ufer der Otava wurde 1888 erbaut, nur ein Jahr nach Einführung der Stadtbeleuchtung. 1986 wurde es stillgelegt, 1994 in ein Museum umgewandelt. Das, was man heute sieht, entspricht ungefähr dem Stand von 1908.

Adresse/Öffnungszeiten Podskalí 159. Mai, Sept. u. Okt. tägl. (außer Mo) 9–12 u. 13–16 Uhr, Juli u. Aug. bis 18 Uhr. Eintritt 0,70 €.

Umgebung von Písek

Gen Süden gelangt man ins Vorland des Böhmerwaldes mit einigen Dörfern im typischen Bauernbarock (→ Umgebung von České Budějovice, S. 55), gen Westen in eine von Teichen durchsprenkelte, dünn besiedelte Gegend. Im Norden erstreckt sich der Orlík-Stausee. Egal aber, für welche Richtung Sie sich entscheiden, an Burgen und Schlössern wird es nicht mangeln – die bedeutendsten sind *Schloss Worlik* und *Burg Zvíkov*.

Albrechtice nad Vltavou (Albrechtitz)

Albrechtice nad Vltavou, 15 km südöstlich von Písek gelegen, würde wohl nie in einem Reiseführer auftauchen, wäre hier nicht einer der schönsten **Dorffriedhöfe** Böhmens zu finden – ein beliebter Drehort für Filmaufnahmen. In dessen Mitte steht die weiß getünchte **Peter-und-Paul-Kirche** aus dem 12. Jh. mit romanischen Fresken zum Jüngsten Gericht. Umschlossen wird der Friedhof von einer hohen Mauer mit farbenfrohen Blendarkaden aus der ersten Hälfte des 19. Jh. Volkstümliche Heiligenbilder mit moralisierenden Versen schmücken sie. Auf den Grabsteinen aus der Zeit des Sozialismus sind Fotografien der Verstorbenen zu sehen, nur selten Kreuze.

Dorffriedhof in Albrechtice

• *Verbindungen* **Busse** regelmäßig nach Týn nad Vltavou und Písek, mehrmals tägl. nach Protivín.

• *Wandern/Radfahren* Albrechtice ist **von Písek** zu Fuß (rot markierter Wanderweg) oder mit dem Rad (Radwanderweg Nr. 1015) zu erreichen. Radwanderweg Nr. 1017 führt von hier weiter nach **Týn nad Vltavou** (→ S. 97).

Für weitere Ziele östlich von Písek wie z. B. Týn nad Vltavou → Umgebung von Tábor ab S. 97.

Protivín (Protiwin)

Das 12 km südlich von Písek an der E 49 gelegene 08/15-Städtchen steht in erster Linie für Billigbier. Protivín ist Heimat der 1598 gegründeten **Platan-Brauerei,** deren Bier aber besser schmeckt, als der Preis vermuten lässt. Der Brauerei nahe der Hauptdurchgangsstraße ist ein kleiner Shop angegliedert, in dem man auch T-Shirts und Tischdecken im Platan-Design erstehen kann. Eine Brauereigaststätte gibt es nicht, das Bier wird jedoch in diversen Kneipen ausgeschenkt. Außer Bier hat Protivín leider so gut wie nichts zu bieten, zumal das gelb-rote Barockschloss am Marktplatz, dem Masarykovo náměstí, nicht zugänglich ist. Südwestlich von Protivín liegen ein paar typische südböhmische Bauernbarockdörfer wie **Kloub** und **Křtětice.**

• *Verbindungen* Unregelmäßige **Bus-** und **Zug**verbindungen nach Písek, die Busse halten nahe dem Zentrum.

• *Camping* **Camping Blanice,** ca. 400 m südlich des Zentrums, von der E 49 ausgeschildert. Kleiner gepflegter Platz unter holländischer Leitung. Nur Snackbar, Restaurants im Grünen. Mai–Nov. 2 Pers. mit Wohnmobil 17 €. Chelčického 889, ✆ 721589125 (mobil), www.campingblanice.nl.

Vodňany (Wodnian)

Als „böhmisches Venedig" rühmt sich die 6600-Einwohner-Stadt inmitten einer Fischteichlandschaft ca. 8 km südlich von Protivín. Doch mit Venedig hat Vodňany wohl in etwa so viel gemein wie der Böhmerwald mit dem Himalaja. Das Städtchen unterscheidet sich kaum von 1001 anderen böhmischen Kleinstädten. Einzige Sehenswürdigkeit ist die gotische **Mariä-Geburt-Kirche** am Marktplatz, die Mikoláš Aleš (1852–1913) Ende des 19. Jh. mit ein paar Sgraffiti bereicherte. Danach lädt das nahe Café Mozart auf ein Getränk ein. Anschließend bietet sich ein Ausflug zur ca. 10 km südlich inmitten eines Waldes gelegenen **Wallfahrtskirche Lomec** (Jména Panny Marie v Lomci) an. Auf dem Weg dahin passiert man weite Apfelbaumplantagen. Die Kirche stiftete Graf Karl Philipp Buquoy, ein frommer Forschungsreisender, der stets mit einer Muttergottesstatue im Gepäck unterwegs gewesen sein soll. Als sein Schiff auf einer Überfahrt von Italien nach Spanien von einem schweren Unwetter heimgesucht wurde, betete er zur Jungfrau Maria und wurde gerettet. Aus Dank ließ er die prächtige barocke Kirche bauen (1704 geweiht). An dem stillen Ort mit Meditationsgarten führt der blau markierte Wanderweg zwischen Vodňany und Netolice vorbei, der auch gut mit dem Rad zu meistern ist.

• *Verbindungen* Gute **Zug**verbindungen nach Prachatice, gute **Bus**verbindungen nach Písek und Budweis.

• *Übernachten* **Statek u Šťástků,** im Weiler Vodňanské Svobodné Hory ca. 6 km südwestlich von Vodnany. Alter Einsiedlerhof in idyllischer Lage. 5 Apartments und 2 Chatas, sehr einfach, aber nett. Pool, Grillmöglichkeiten, kleines Restaurant. Der freundliche Haushund heißt Ben. Deutschsprachiger Betreiber. 8 €/Pers. Vodňanské Svobodné Hory 15, ✆ 383384407, www.mestovodnany.cz.

Für weitere Ziele südlich von Písek → Umgebung von Prachatice ab S. 123.

Strakonice (Strakonitz)

In der 19 km südwestlich von Písek gelegenen Industriestadt (ca. 24.000 Einwohner) am Zusammenfluss von Otava und Volyňka wird *Nektár,* ein überaus süffiges Bier, gebraut. Recht nett präsentiert sich das Zentrum um die beiden Hauptplätze Velké náměstí und Palackého náměstí: Ersteren schmückt eine reich mit Sgraffiti verzierte Schule, Letzteren eine Mariensäule. Ansonsten dominieren eher triste Häuserzeilen.

Der Stolz und das Wahrzeichen der Stadt ist die auf der anderen Seite der Otava gelegene mächtige **Burg,** die von einem Rundturm, *Rumpál* genannt, überragt wird. Sie wurde im ersten Viertel des 13. Jh. vom Geschlecht der Bavor gegründet, bereits 1243 jedoch an den Johanniterorden abgegeben, der sie zum Sitz des böhmischen Großmeisters machte. Obwohl der Orden 1694 nach Prag umzog, behielt er die Festung bis 1925. Der *Kapitelsaal* mit Wandmalereien aus dem 14. und 15. Jh., das ehemalige *Ordenshaus,* der *Kreuzgang* mit verblichenen Fresken (ebenfalls aus dem 14. Jh.) und die romanische, um 1300 im Stil der Gotik umgebaute *St.-Prokop-Kirche* sind zu besichtigen.

Das weite Burgareal beherbergt zudem das **Museum des mittleren Otavagebietes** (Muzeum středního Pootaví), das in teils schönen Sälen mit so manchen Strakonitzer Kuriositäten überrascht. Dazu gehören z. B. die Exponate aus der örtlichen Textilfabrik *Fesko,* die im 19. und 20. Jh. die gesamte islamische Welt – von der Türkei bis Indonesien – mit dem Fes, einer kegelstumpfförmigen Filzkappe, belieferte. Als die Kopfbedeckung im Orient immer unpopulärer wurde, stellte man die Produktion auf Hüte um. Nicht minder interessant ist die Ausstellung über den *dudák,* den südböhmischen Dudelsack – die uralte Tradition des Dudelsackspielens wird in Strakonice bis heute gepflegt (→ Veranstaltungen). Anders als in Schottland wird der recht kleine Blasebalg mit dem Unterarm zusammengepresst. Auf diese Weise entfällt das Einblasrohr, und man kann beim „Pfeifen" auch singen. Die Highlights des Museums sind für viele jedoch die heißen Öfen der Strakonitzer *ČZ-Werke* aus den 1930er, 40er und 50er Jahren. Das Unternehmen (2000 Beschäftigte) besteht bis heute. Seit 1996 werden jedoch keine Motorräder mehr produziert, vielmehr ist man Zulieferer von Turboladern und Kleinteilen für die internationale Automobilindustrie geworden. Auch auf dem Firmengelände südlich des Zentrums an der Tovární befindet sich ein kleines **Motorradmuseum,** das während der Produktionszeiten kostenlos zugänglich ist – melden Sie sich beim Pförtner.

• *Information* **Městské informační centrum,** Velké nám. 2, ✆ 383700700, www.strakonice.net. Im Sommer Mo–Fr 8–18 Uhr u. Sa 9–13 Uhr, im Winter Mo/Di/Do/Fr 8–16 Uhr, Mi 8–18 Uhr.

• *Verbindungen* Bahnhof und Busbahnhof ca. 1 km südöstlich des Zentrums, der Weg zum Zentrum ist ausgeschildert. Gute **Busverbindungen** nach fast überallhin in Süd- und Westböhmen, zudem nach Prag. **Züge** häufig nach Budweis und Pilsen, regelmäßig nach Březnice.

• *Essen & Trinken* **Restaurace U Madly,** großes Lokal mit schweren Holzdecken und Backsteinwänden, dezente Musik, Publikum jeden Alters. Gute Brotzeiten, originell variierte Fleischgerichte, viele Sorten Bier (leider fehlt das einheimische). Hg. 5–8 €. So geschl. Darüber befindet sich das ebenfalls recht nette **Restaurant Kalich.** Velké nám. 53, ✆ 383323158.

Restaurace Zavadilka, kleiner, netter Biergarten mit Selbstbedienung an der Otava (zwischen Zentrum und Campingplatz). Sehr preiswertes, schlichtes Essen, dazu leckeres *Nektar*-Bier.

• *Übernachten* Vielleicht hat bis zu Ihrem Besuch ein neues Haus eröffnet – zu wünschen wäre es.

*** **Amber Hotel Bavor,** das „beste" Hotel der Stadt. 9-stöckiger Klotz, von der Burg zu sehen. 77 Zimmer, z. T. mit gepolsterten Türen und Teppichen an den Wänden! Bar, Restaurant, bewachte Parkplätze. Für das Gebotene komplett überteuert. EZ ab 60 €, DZ ab 77 €. Na Ohradě 31, ✆ 383321300, ℻ 383321299, www.legner.cz.

Hotel Bílá Růže, in einem historischen Stadtgebäude. Die Räumlichkeiten zeugen vom Glanz vergangener Tage und warten auf eine Totalrestaurierung. Bewachte Parkplätze. Im EG eine heruntergekommene Bar mit Stuckdecke. Zimmer mit Du/WC, z. T. auch mit Balkon. DZ 29 €, Frühstück 2 € extra. Palackého nám. 80, ✆ 383321946, ℻ 383326822, www.hotelruzest.cz.

Kemp Podskalí, von der Burg ausgeschildert. Eigentlich recht schön an der Otava gelegen, im Sommer aber zuweilen sehr voll mit jungen Kanuten – laute Partystimmung! Mäßige Sanitäranlagen. Ins Zentrum läuft man ca. 15 Min. 2 Pers. mit Zelt u. Auto 6 €, Chata für 2 Pers. ab 13 €. Strakonice, ✆ 383322024.

• *Kanuverleih* Mehrere Anbieter, z. B. **Lenka Lacinová,** Virt 2, ✆ 383325888, www.lodniservis.cz. Kanu mit 2 Paddeln 7 €/Tag.

• *Veranstaltungen* Ende Juli/Anfang Aug. findet das **Rumpálování** statt, ein historisches Fest mit viel Musik und Kultur im Burgareal. Merken sollte man sich das viertägige **Mezinárodní Dudácký Festival,** das internationale Dudelsackfestival, das in geraden Jahren Ende Aug. über die Bühne geht.

• *Öffnungszeiten* **Burg,** Mai, Juni, Sept. u. Okt. tägl. (außer Mo) 9–16 Uhr, Juli u. Aug. bis 17 Uhr. Eintritt 1,40 €, erm. die Hälfte.

Blatná (Platten)

Das landesweit durch seine Rosenzucht bekannte 6700-Einwohner-Städtchen liegt 25 km nordwestlich von Písek an der E 49 nach Pilsen. Besucher lockt es wegen seines südwestlich des Marktplatzes gelegenen **Wasserschlosses,** das märchenhaft auf einer Insel im hier teichähnlichen Lomnice-Fluss thront. Das Schloss entstand schrittweise aus einer von der Adelsfamilie Bavor von Strakonitz gegründeten romanischen Festung. Unter den Herren von Rožmitál baute der berühmte Architekt Benedikt Ried, der auch für den Vladislav-Saal auf der Prager Burg verantwortlich zeichnete, zwischen 1520 und 1530 einen Renaissancepalast an. Ein dritter Palast entstand schließlich während der Periode der Herren von Rozdražov ab 1576. Unter den Herren von Hildprant (ab 1798 und seit 1992 wieder) kam der englische Park hinzu. Bei einer Führung sieht man u. a. spätgotische Fresken im wuchtigen Hauptturm und im Rittersaal, dazu Räumlichkeiten mit historischem Interieur. Danach kann man sich bei der **Destillerie Liqui B** gegenüber dem Schloss eindecken – je nach Geschmack mit Slivovice, Kirschschnaps oder Kräuterlikör.

Wasserschloss Blatná

• *Verbindungen* Bahnhof etwas außerhalb, bis zu 11-mal tägl. **Züge** nach Strakonice, bis zu 8-mal nach Nepomuk. Zentraler halten die **Busse.** Häufig nach Písek, bis zu 5-mal tägl. nach Strakonice, 2-mal nach Horažďovice, 2-mal nach Lnáře und 1-mal nach Budweis.

• *Essen & Trinken* **Pizzeria Casa Verde,** am Marktplatz. Freundliches, modernes Inventar, Pizza aus dem Holzofen. Im Sommer stehen ein paar Tische auf der Straße. Günstige Tagesgerichte auch abseits von Pizza & Pasta. ✆ 775168775 (mobil).

Hospůdka U Bryndů, nahe dem Wasserschloss. Nette, verspielt eingerichtete Kneipe, die Wände voller Krimskrams. Günstige böhmische Küche, Sommerterrasse.

• *Übernachten* **Pension Pavel Hanzlík,** über dem gleichnamigen Fotoladen nördlich des Marktplatzes. Geräumige Zimmer mit 1–3 Betten unterm Dach, private Bäder. DZ 33 €. T.G. Masaryka 270, ✆/℻ 383423750, www.foto-art.cz/penzion.

• *Öffnungszeiten* **Wasserschloss,** April u. Mai sowie Sept. u. Okt. nur Sa/So 10–16 Uhr, Juni–Aug. tägl. (außer Mo) 10–17 Uhr. Fremdsprachige Führungen (75 Min.) 3,30 €, erm. 2,50 €.

Zámek Lnáře (Schloss Schlüsselburg)

8 km nordwestlich von Blatná liegt an der verkehrsreichen E 49 die einzige Sehenswürdigkeit des großen Dorfes Lnáře: das seit wenigen Jahren wieder zugängliche, anmutige **Barockschloss** aus der zweiten Hälfte des 17. Jh. Es wechselte häufig die Besitzer, allzu klangvolle Namen waren keine darunter. Zwei Führungen werden angeboten: Die eine führt in verschiedene Freskensäle (40 Min.), die andere zusätzlich in die Schlosskapelle, zur *Sala Terrena* und in den Garten (60 Min.). Wer mag, kann sich danach im **Fischereimuseum** auf dem Schlossgelände über die hiesige Teichwirtschaft oder im **Katzenmuseum** (!) über Samtpfoten aus der ganzen Welt informieren. Noch ein Tipp für Romantiker: Im Schloss kann man auch heiraten und die Hochzeitsnacht in einem historischen Apartment verbringen (→ Übernachten).

• *Verbindungen* **Busse** mehrmals tägl. nach Blatná, ansonsten sehr mäßige Verbindungen nach Rožmital pod Třemšínem und Horažďovice.

• *Übernachten* **Schlosshotel Lnáře,** das Schloss bietet 50 Betten, z. T. auch in sehr stilvollen, historischen Apartments. Vorausbuchung erforderlich. DZ 42 €. Zámek Lnáře, ✆ 607759704 (mobil), www.lnare.cz.

• *Öffnungszeiten* **Schloss,** Mai, Juni u. Sept. nur Sa/So 10–16 Uhr, Juli u. Aug. tägl. (außer Mo) 10–12 und 13–17 Uhr. Je nach Führung 1,40–2,10 €, erm. 1–1,40 €. Fischerei- und Katzenmuseum jeweils 0,70 € extra, erm. die Hälfte.

Schloss Lnáře

Auf der Žďákovsky-Brücke

Orlík-Stausee (Orlícká přehradní nádrž)

Der sich ewig windende Stausee gehört zu den beliebtesten Naherholungsgebieten der Píseker. Zwei bedeutende Sehenswürdigkeiten an seinen Ufern machen ihn auch für Kulturtouristen interessant: Burg Zvíkov und Schloss Worlík.

Der Orlík- oder Worlik-Stausee, wie ihn die Deutschen nennen, entstand zwischen 1956 und 1966. Bei Solenice ganz im Norden des heutigen Sees wurde der Moldau ein 450 m langer und 91 m hoher Staudamm in den Weg gestellt. Etliche Dörfer versanken in den Fluten. Der See ging jedoch kaum in die Breite, vielmehr in die Länge, und zwar weit über den Zusammenfluss der Moldau mit der Otava hinaus. Heute ist der über 2700 ha große See ein Tummelplatz von Ausflugsschiffen, Wassersportlern und Anglern. Vor allem Letztere kommen in Scharen, denn das Gewässer gilt als eines der besten Angelreviere Tschechiens: Bis zu 100.000 (!) Welse, Hechte, Zander, Barsche usw. gehen hier pro Jahr den Ködern auf den Leim. Um den See wechseln Wiesen, Wälder, Kartoffel- und Maisfelder mit unscheinbaren Dörfern ab – ideal zum Radfahren und Wandern. Durch steil abfallende Felsformationen direkt am Ufer sind die Einstiegsmöglichkeiten jedoch nicht überall optimal. Liegeflächen bieten die Campingplätze, ein schöner Badeplatz befindet sich zudem gegenüber dem Schloss Orlík am Ostufer.

Hinweis: Die meisten Dörfer und Weiler am See sind ohne eigenen fahrbaren Untersatz kaum zu erreichen. Etwas Abhilfe schaffen die während der Saison eingesetzten Motorfähren (→ Hrad Zvíkov/Verbindungen).

Hrad Zvíkov (Burg Klingenberg)

„Königin der böhmischen Burgen“ wurde Burg Klingenberg (24 km nördlich von Písek) einst genannt. Majestätisch thronte sie damals noch hoch über dem Zusammenfluss von Wottawa und Moldau auf einem Felsen. Seit der Orlík-Stausee die Täler gefüllt hat, ist die Lage der Burg zwar nicht mehr ganz so spektakulär – auf drei Seiten von Wasser umflossen, gibt sie aber noch immer ein überaus romantisches Bild ab. König Wenzel I. ließ die Burg 1234 errichten. Sie galt als uneinnehmbar und war bis 1355, dem Jahr der feierlichen Einweihung der neuen Burg Karlstein bei Prag, Aufbewahrungsort der böhmischen Kronjuwelen. Im 16. Jh. erfolgte ein Umbau im Stil der Renaissance. 1759 zerstörte ein Brand die Burg, bis zu ihrem Wiederaufbau durch die Schwarzenberg blieb sie für rund 100 Jahre unbewohnt. Zentrum der Anlage bildet der fünfflügelige frühgotische Königspalast mit einem im 19. Jh. teilweise rekonstruierten Arkadenhof. Sehenswert ist auch die Burgkapelle mit wertvollen Fresken, am schönsten aber ist der Blick vom Burgturm auf die vorbeisegelnden Jachten unten im See.

Die Umgebung lädt zum **Wandern** und **Radfahren** ein: Mehr oder weniger parallel zum Ostufer des Sees verläuft ein rot markierter Wanderweg bis zur Žďákovsky most kurz vor dem Schloss Worlik (s. u.). Auf einem ebenfalls rot markierten Weg kann man auf der gegenüberliegenden Uferseite zurückwandern. Mit dem Rad gelangt man auf den Radwanderwegen 31 (bis kurz vor Kučeř) und 1155 zum Schloss Worlik (21 km). Nach Písek → dort.

• *Verbindungen/Anfahrt* **Busse** von Zvíkovské Podhradí (ca. 1,5 km von der Burg entfernt) 1-mal tägl. nach Milevsko, bis zu 6-mal nach Písek.

> **Hinweis für Selbstfahrer:** Die Burg ist nur über den Ort Zvíkovské Podhradí und dieser wiederum nur über die Straße 121 Mirotice–Milevsko zu erreichen. Vom Parkplatz am Ende der Straße zur Burg sind es noch ca. 7 Min. zu Fuß.

Motorschiffe verbinden Burg Zvíkov und Schloss Worlík von März–Okt. tägl. (außer Mo) bis zu 5-mal, eine andere Route führt von Burg Zvíkov zu den Campingplätzen am See. Längste Strecke 3,50 €. Zudem finden im Hochsommer Rundfahrten statt, kleine Fahrt (35 Min.) 3,50 €, große Fahrt (2 Std.) 6,30 €. Infos unter www.lodnidoprava-quarter.cz.

• *Essen & Trinken/Übernachten*

*** **Hotel Zvíkov,** von der Straße zur Burg ausgeschildert. Eine sehr altbackene Angelegenheit mit düsterer Rezeption. 27 Zimmer, einige davon mit Flussblick, dazu 14 einfachere Bungalows mit Du/WC und Kühlschrank. Pool, Sauna, Tennis, Volleyball, Radverleih, Angelkarten. EZ 32 €, DZ 46 €, 2-Bett-Bungalow 32 €. Zvíkovské Podhradí, ✆ 382 285659, ℻ 382285655, www.hotelzvikov.cz.

Pivovarský dvůr, Hotel, Restaurant und Mikrobrauerei (helles und dunkles Bier) an der Straße zur Burg. Deftiges Essen wie „Altböhmisches Brettchen“ und Wildschweinschnitzel, mittlere Preisklasse. Terrasse. 15 freundliche Zimmer mit modernen Bädern. DZ 39 €. Zvíkovské Podhradí 92, ✆ 382285660, ℻ 382285722, www.zvikov.cz.

Camping Štědronín, von der Straße 121 Richtung Mirotice ausgeschildert, ca. 2 km von Zvíkovské Podhradí bzw. 3,5 km von der Burg entfernt. Badebecken, tolle Lage an der gestauten Otava. Ansonsten Ferienlagerambiente auf einer Wiese in Hanglage. Laute Bierpinte, alle Gebäude noch im sozialistischen Einheitsgrau. Mai–Sept. 2 Pers. mit Zelt u. Auto 6 €. Štědronín, ✆/℻ 382289184, www.pocta.cz.

• *Bungeejumping* Wird im Sommer Sa/So 11–17 Uhr an der Stauseebrücke Zvíkovský most (zugleich die Straße 121 Mirotice–Milevsko) angeboten. 30 €/Sprung. ✆ 6022501 25 (mobil) oder www.bungee.cz.

• *Öffnungszeiten* **Burg Zvíkov,** April u. Okt. nur Sa/So 9–12 u. 13–15.30 Uhr, Mai u. Sept. tägl. (außer Mo) 9.30–12 u. 13–16 Uhr, Juni tägl. (außer Mo) 9–12 u. 13–17 Uhr, Juli u. Aug. tägl. (außer Mo) 9–17 Uhr. Eintritt Burgpalast 1,60 €, erm. 0,90 €. Das Burggelände ist stets frei zugänglich – ein schöner Ort für ein romantisches Sonnenuntergangspicknick.

Für Ziele östlich der Burg Zvíkov und des Schlosses Orlík → Umgebung von Tábor ab S. 97.

Zámek Orlík nad Vltavou (Schloss Worlik)

Auch Schloss Worlík, 14 km flussabwärts gelegen, überblickte einst wie Burg Zvíkov, einem Adlerhorst (tschech. *orlík* = kleiner Adler) ähnlich, das Moldautal. Nach dem Bau des Staudamms verwandelte es sich in ein Wasserschloss, dessen Grundmauern verstärkt werden mussten, um ein Wegschwemmen zu verhindern. Das tiefe Tal verschlangen die Wassermassen, die Wasserhöhe stieg bei Orlík um etwa 60 m an.

Die äußerst gepflegte Schlossanlage fußt auf einer gotischen Burgruine. Für den letzten großen Umbau im – wie Kritiker meinen – ziemlich verunglückten neogotischen Stil zeichnete das Adelsgeschlecht der Schwarzenberg in der Mitte des 19. Jh. verantwortlich. Während die nahe gelegene Burg Klingenberg in Staatsbesitz verblieb, bekamen die Schwarzenberg Schloss Worlik als Folge der Restitutionsgesetze 1992 zurück. Bei einer Besichtigungstour kann man in die Welt der aristokratischen Dekadenz des 19. Jh. eintauchen, zudem lernt man die Sammelleidenschaft der Schwarzenbergs kennen: In den Sälen, darunter Jagdsaal, Rittersaal und Bibliothek, werden u. a. Empiremöbel, unzählige Trophäen, rund 300 Gewehre sowie archäologische Funde aus Europa und selbst der Türkei präsentiert. Zum Abschluss bietet sich ein Besuch des Lokals *U Toryka* im ehemaligen Pferdestall an. Es wurde unter Leitung Karls Fürst von Schwarzenberg (→ S. 56), der auf Orlík seine Kindheit verbracht hatte, restauriert.

Nahe Orlík nad Vltavou (auf der Straße Nr. 19) passiert man die 541 m lange **Ždákovsky most,** die hier den Orlík-Stausee überbrückt. Werfen Sie einen Blick hinab – Kanada lässt grüßen! Der Name der Brücke erinnert übrigens an ein im See versunkenes Dorf.

• *Verbindungen* **Busse** mehrmals tägl. von Orlík-Zentrum nach Písek. Zur Burg Zvíkov fährt man am besten mit dem **Schiff** weiter (→ Hrad Zvíkov/Verbindungen).

• *Übernachten* Hotels und Pensionen sind rar in der Gegend, man kann jedoch auf den (leider wenig empfehlenswerten und überfüllten) Campingplätzen auch Chatas mieten. Bis auf die Penzion U Nováků befinden sich alle aufgeführten Unterkünfte am Ostufer des Sees (mind. 10 km vom Schloss entfernt).

Penzion U Nováků, 2 km vom Schloss entfernt (von dort ausgeschildert) im Weiler Kožlí. 2006 restauriert. 15 anständige Zimmer mit und ohne Bad. Kleiner Pool im Garten, Terrassenlokal. DZ mit Bad 44 €, ohne Bad 27 €. Kožlí 24, ✆ 382275374, www.penzionunovaku.cz.

Kemp Podskalí, direkt am See (Ostufer, ausgeschildert). Extrem voll mit einem fast ausnahmslos tschechischen Partyvolk. Sehr einfach. Imbiss und kleiner Supermarkt. Die schönsten Plätze belegen Dauercamper. Mai–Sept. 2 Pers. mit Zelt u. Auto 6 €. Klučenice, ✆ 318853146.

Pension Mlýn Kamenice, in einer alten Mühle im gleichnamigen Weiler. Zwar 15 Fußmin. vom See, aber absolut idyllisch gelegen. Kleine, freundliche Apartments, Restaurant mit Terrasse und Grill. Reitmöglichkeiten, Badeteich vor der Tür. Ideal für Familien. Anfahrt: am Ostufer des Sees Richtung Podskalí fahren, ab Klučenice ausgeschildert. 18 €/Pers. Kamenice 4, ✆ 318853311, www.penzionkamenice.cz.

Camping Popelíky, nahe der Staumauer und dem Örtchen Milešov. An sich schöner, zum See hin abfallender Wiesenplatz mit guten Bademöglichkeiten. Aber: unsägliche Sanitäranlagen und laute Partystimmung. Restaurant, Kiosk, Lädchen. Mai–

Sept. 2 Pers. mit Zelt u. Auto 7,70 €. Milešov, ✆ 318853122.

• Radfahren/Wandern → Hrad Zvíkov, S. 116.

• *Öffnungszeiten* **Schloss Orlík,** April, Sept. u. Okt. tägl.(außer Mo) 9–16 Uhr, Mai–Aug. bis 17 Uhr. Fremdsprachige Führung 4,90 €, erm. die Hälfte.

Lety – eine traurige Geschichte, die zum Himmel stinkt

Beim rund 7 km westlich von Orlík gelegenen Dorf Lety wurden in einem eigens für Sinti und Roma errichteten Konzentrationslager während des Zweiten Weltkrieges um die 1300 Menschen interniert. Über 300 starben im Lager, mindestens 500 wurden nach Auschwitz verschleppt. Jedes Jahr im Mai wird in Lety vor einem kleinen steinernen Monument der Opfer gedacht. In Würde ist dies aber nicht möglich: An dem Ort des Schreckens wurde in den 1970ern eine Schweinefarm eingerichtet, die die Luft verpestet. Roma-Verbände protestieren seit Jahren gegen den unhaltbaren Zustand und fordern einen Abriss der Farm zugunsten eines Mahnmals – bislang jedoch vergebens. Lety war nämlich das einzige KZ im von Nazideutschland so genannten „Protektorat Böhmen-Mähren“, das ausschließlich von Tschechen betrieben wurde. Doch die Roma haben keine starke Lobby, viele Politiker gehen lieber mit rassistischen Äußerungen auf Wählerfang und haben damit Erfolg. Traurigerweise gilt das nicht nur für ein paar wenige Politiker aus den Randparteien: Jiří Čunek z. B., der vom Bürgermeister der mährischen Stadt Vsetín zum Minister für Regionalentwicklung und Vize-Premier (trat 2007 jedoch wegen angeblichen Missbrauchs von Sozialleistungen zurück) aufstieg, verdankt seine Popularität der Tatsache, dass er Romas aus dem Vsetíner Stadtzentrum in abgelegene Containerwohnheime umsiedeln ließ. Sein Kommentar dazu: „Ich entferne nur Geschwüre, Ärzte tun das auch.“

Prachatice (Prachatitz)

Dem Salzhandel verdankt Prachatice eine denkmalgeschützte Altstadt, in der sich schmucke Renaissancebauten um die besten Plätze streiten – eine angenehme Station auf dem Weg in den Böhmerwald.

Aus der Ferne gibt das 12.000-Einwohner-Städtchen zu Füßen des 1096 m hohen *Libín* jedoch kein besonders schönes Bild ab. Dafür ist die „Neustadt“ verantwortlich, die zusammen mit der in sozialistischer Zeit florierenden Elektronik- und Möbelindustrie entstand. Die kleine, kreisförmige Altstadt hingegen zieht im Sommer viele Touristen an. Man betritt sie in der Regel durch das Piseker Tor (Písecká brána), ein Relikt der alten Stadtmauer, die bis heute in Teilen erhalten ist. Zentrum ist der leicht abschüssige Marktplatz, der stolz Velké náměstí, „Großer Platz“, genannt wird. Drum herum stehen dicht gedrängt prächtige Renaissancebauten, und auch die vom Platz abgehenden schmalen Gassen werden fleißig restauriert – ein Spaziergang durch die Altstadt ist kurz, aber nett.

Geschichte: Anfang des 14. Jh. wurde die Stadt an einem Handelsweg von Bayern nach Böhmen gegründet. Ende des gleichen Jahrhunderts soll hier der Kirchenreformator Jan Hus einen Teil seiner Studienjahre verbracht haben. Das schützte die Stadt aber nicht vor seinen Anhängern: 1420 machten die Hussiten unter Jan Žižka Prachatitz dem Erdboden gleich. Es folgte der Wiederaufbau und nach einem Großbrand

im Jahr 1507 der prachtvolle Umbau im Stil der Renaissance. Den Reichtum dazu brachte der „Goldene Steig" (*Via aurea* oder tschech. *Zlatá stezka*), jener Handelsweg, auf dem nicht nur Stoffe, Gewürze, Wein und Waffen transportiert wurden, sondern auch Salz – für Böhmen, das keine eigenen Salzvorkommen hatte, ein so begehrtes wie kostbares Gut. Die Lastpferde mit Salz waren die sprichwörtlichen Goldesel, bis zu 1300 machten pro Woche in Prachatitz Station. Im 17. Jh. jedoch stieg Budweis zum großen Salzumschlagplatz auf – der Niedergang von Prachatitz. An den Wohlstand und die Bedeutung von einst konnte man nie mehr anknüpfen.

Information/Parken/Verbindungen/Adressen

- *Information* **Infocentrum** im Neuen Rathaus am Velké nám. 1, ☏/✆ 388312563, www.prachatice.cz. Mo–Fr 9–18 Uhr, Sa/So 10–12 u. 13–17 Uhr.
- *Parken* Teuer am Marktplatz, preiswerter auf diversen Parkplätzen außerhalb der Altstadt.
- *Verbindungen* Bahnhof und Busbahnhof nahe beieinander an der Nádražní im Osten

der Stadt, ca. 10–15 Fußmin. vom Zentrum. **Züge** tagsüber alle 2 Std. nach Volary, regelmäßig nach Vodňany. Gute **Bus**verbindungen mit allen Städten in Südböhmen, zudem Busse nach Pilsen und Prag.

• *Ärztliche Versorgung* **Krankenhaus** südöstlich des Zentrums (nahe der Nebahovská). ✆ 388600111.

• *Polizei* **Stadtpolizei** am Marktplatz. ✆ 156.

• *Post* An der Pivovarská.

• *Einkaufen* **Vinotéka Michal Kočan (6),** neben mährischen Tröpfchen wird hier auch der *Libínský sýr* verkauft, eine regionale Käsespezialität. Husova 69.

Essen & Trinken (siehe Karte S. 119)

Neben den hier aufgeführten Lokalen ist auch das Restaurant des Hotels Koruna (→ Übernachten) zu empfehlen.

• *Restaurants* **Restaurace U Mědveda (2),** v. a. wegen seiner schönen Sommerterrasse zu empfehlen. Zu den Vorspeisen gehört auch „Eingebackter Nachtschatten" (?), danach gibt's Steaks vom Grill mit Saucen nach Wahl. Hg. 2,50–8,40 €. Am Marktplatz, ✆ 775690412 (mobil).

Restaurace Bastion (10), etwas außerhalb der Altstadt. Ebenfalls wegen der netten Sommerterrasse hervorzuheben. Hier isst man Schnitzel oder die böhmischen Klassiker. Hg. 3–9 €. Hradební, ✆ 388311509.

Pizzeria Marco (9), nette Pizzeria. Neben Pizza auch zig Sorten Pasta, Risotto und große Salate. Hg. 2,10–4,30 €. Husova 106, ✆ 388316950.

• *Cafés* **Vanesa (1),** kleine Konditorei mit guter Kuchenauswahl. Gartenterrasse. Kostelní nám.

Kavárna Duras (7), die zweite Frühstücksadresse, dieses Mal direkt am Marktplatz. Modernes Inventar, nette Terrasse zum Peoplewatching, leckerer Kuchen.

Čajovna U Hrušky (5), mehr eine Adresse für den Winter: duftende Mischung aus Teestube und Teeverkauf. Poštovní, neben dem Spitzenmuseum.

• *Pivnice* **Šenk U Růže (8),** Bierstube mit verschiedenen Sorten Bier. Unser Favorit ist das sämige *Lobkowicz*. So/Mo geschl. Dlouhá.

Übernachten (siehe Karte S. 119)

Es gibt recht wenige Unterkünfte, v. a. im Zentrum.

• *Hotels* *****–**** Albatros,** ca. 1 km außerhalb des Zentrums an der Straße nach Písek/Vodňany. 2004 eröffnetes Haus. Knatschbuntes Foyer und ebenso farbenfrohes Lokal mit italienisch-mexikanischer (!) Küche. Der Rest ist jedoch eher steril. Die Zimmer bieten Drei-Sterne-, die Suiten Vier-Sterne-Standard. Abenteuerspielplatz, Pool, Sauna, sichere Parkplätze. DZ 50 €, Suite für 2 Pers. 68 €. Vodňanská 1321, ✆/℻ 388311400, www.hotelalbatros.cz.

***** Parkán (3),** historisches Altstadthaus in bester Lage. Von außen viel hübscher als von innen. 17 Zimmer mit liebloser Standardausstattung, teilweise etwas dunkel wegen der schmalen Fenster, dafür einige mit Balkon. EZ 24 €, DZ 35 €. Věžní 51, ✆/℻ 388311868, www.hotelparkan.cz.

***** Koruna (4),** verwinkeltes Haus nahe dem Marktplatz. 21 kleine, aber ordentliche Zimmer mit neuen Furnierholzmöbeln, guten Bädern und Satelliten-TV. Freundliches, uriges Restaurant, böhmische Standards zu 3,50–10 €. DZ 33 €, EZ 23 €. Velké nám. 48, ✆/℻ 388310177, www.pthotel.cz.

• *Pension* **Tina (11),** am Stadtrand, nahe der Straße nach Volary. Haus im Alpenstil. Saubere, helle Zimmer, größtenteils mit Fliesenböden und Kiefernholzmöbeln, private Bäder. Personal nicht immer fremdsprachig. DZ 21 €. Pod lázněmi 318, ✆/℻ 338319318.

• *Camping* **Blanický Mlýn,** rund 11 km südwestlich von Prachatice, von der Straße nach Volary ausgeschildert. Nur etwas für den Notfall, eine ziemlich trostlose Angelegenheit. Enge, nicht besonders gepflegte Wiese im Wald, drum herum ein paar Chatas. Restaurant, Lagerfeuerplatz. Waldbad Křišťanovice 1 km weiter. Pension angeschlossen. Ganzjährig. 2 Pers. mit Zelt u. Auto 7,70 €, in der Hütte 14 €/Pers., im Zimmer mit Bad 17 € (jeweils mit HP). Blažejovice, ✆ 388337152, ℻ 388337016, gproft@seznam.cz, www.blanicky-mlyn.cz.

In den Gassen von Prachatice

Prachatice und Umgebung
Karte von Prachatice auf S. 119

Sport/Freizeit/Kultur

- *Baden* Neu ist der kleine **Aquapark am Hůlů rybník** südlich des Zentrums. Außerdem gibt es das **Waldbad Křišťanovice,** das ca. 11 km südwestlich der Stadt nahe der Straße nach Volary beim gleichnamigen Dorf liegt, mit „Koupaliště" ausgeschildert. Sehr schön.
- *Radfahren* Für Cyklobusse → S. 15. Gen Süden nach **Volary** (→ S. 159, 20 km) und weiter in den **Nationalpark Böhmerwald** (→ S. 158) führt Radwanderweg 1055. Nach **Vimperk** (→ S. 162) folgt man Radwanderweg Nr. 121 bis Vlachovo Březí, von dort geht es auf Nr. 1075 weiter (insgesamt 29 km). Zum **Schloss Kratochvíle** (→ S. 124) nimmt man Radwanderweg Nr. 1145 bis Vitějovice, von dort Nr. 1088 (insgesamt 19 km).
- *Radverleih* Eine Liste der Verleiher hält die Tourist Information bereit.
- *Reiten* → Husinec, S. 123.
- *Wandern* Auf den Spuren des **Goldenen Steiges** (Zlatá stezka) verläuft der 33 km lange, gleichnamige Wanderweg (gelb markiert) von Prachatice über Volary zum Fußgängergrenzübergang České Žleby/Marchhäuser. Auf deutscher Seite schließt der **Goldene-Steig-Lehrpfad** an. Weniger mühsam und kompliziert ist der 6 km lange, rot markierte Wanderweg auf den Gipfel des **Libín** (mit Aussichtsturm).
- *Veranstaltungen* Highlight des Jahres ist das **Fest des Goldenen Steiges** mit mittelalterlichem Jahrmarkt und umfangreichem Kulturprogramm am letzten Juniwochenende. Recht bekannt ist zudem das Ende Juni stattfindende Pferderennen **Netolicer Steeplechase** im 20 km nordöstlich gelegenen Städtchen Netolice.

Sehenswertes

Alle Sehenswürdigkeiten liegen direkt am oder nur ein paar Schritte vom **Velké náměstí** entfernt. Früher hieß der Platz übrigens Ringplatz – dort, wo heute ein

Brunnen plätschert, stand zu jener Zeit eine Kaiser-Franz-Josef-Statue. Das Gebäude mit der künstlerisch wertvollsten Fassade am Platz ist das reich mit Sgraffiti dekorierte Alte Rathaus (Stará radnice) aus dem Jahr 1571. Unter dem Giebel verkörpern allegorische Figuren die Tugenden. Das Stadttheater trennt das Alte Rathaus vom Neuen Rathaus (Nová radnice), einem Pseudorenaissancebau aus dem Jahr 1903.

Prachatické muzeum (Prachatitzer Museum): Das Museum im sog. Syter-Haus (erbaut 1604) am Velké náměstí feierte 2004 seinen 100. Geburtstag. An seinem siebten Geburtstag besuchte es Erzherzog Eugen von Habsburg und meinte: „Es ist zwar klein, aber sehr interessant." Daran hat sich bis heute nichts geändert. Neben einem Modell der Stadtbelagerung durch Jan Žižka 1420 sieht man Funde, die bei der jüngsten Restaurierung des Marktplatzes zum Vorschein kamen (darunter das Skelett eines jahrhundertealten Pferdes), sowie Bilder und Tafeln aus jener Zeit, als die Stadt noch überwiegend deutschsprachig war. Zudem wird über die Karawanen auf dem Goldenen Steig informiert.

Adresse/Öffnungszeiten Velké nám. 13. April Di–Fr 10–16 Uhr, Mai–Sept. Di–So 9–17 Uhr, Mo 10–17 Uhr, Okt.–Dez. nur Sa/So 10–16 Uhr, Jan.–März geschl. Eintritt 1,10 €, erm. die Hälfte.

Kulturní centrum O. H. Hajeka (Otto-Herbert-Hajek-Kulturzentrum): Das Kulturzentrum auf der Südseite des Hauptplatzes zeigt einen Querschnitt aus dem Werk des 1927 im nahen Nové Hutě geborenen Künstlers Otto Herbert Hajek. Hajek, 1945 vertrieben, studierte nach dem Zweiten Weltkrieg Bildhauerei an der Staatlichen Akademie der Bildenden Künste in Stuttgart, wo er danach bis zu seinem Tod im Jahr 2005 lebte und arbeitete. Zu Ruhm kam der spätere Vorsitzende des Deutschen Künstlerbundes (1972–1979) insbesondere durch Teilnahmen an der *Biennale* in Venedig (1958) und an der Kasseler *documenta* (1964). Internationales Aufsehen erregten seine begehbaren Plastiken, die ihn in die Avantgarde der informellen Bildhauer aufsteigen ließen. Die ausgestellten Werke sind Schenkungen des Prachatitzer Ehrenbürgers.

Adresse/Öffnungszeiten Velké nám. 184. Juni–Sept. tägl. (außer Mo) 9–17 Uhr, sonst nur nach Absprache mit der Tourist Information. Eintritt 0,70 €, erm. die Hälfte.

Muzeum České Loutky a Cirkusu (Marionetten- und Zirkusmuseum): Das neueste Museum der Stadt macht v. a. mit Kindern Spaß. Im ersten Stock wird die Geschichte des tschechischen Marionettentheaters von den Volkspuppenspielern des 19. Jh. bis hin zu den populären Puppenstars Spejbl und Hurvínek erzählt. Im zweiten Stock widmet man sich – erstmals in Tschechien – dem Zirkuswesen. Zu sehen sind alte Zirkusplakate, abgewetztes „Zaubererwerkzeug", aber auch das Motorrad, mit dem die Bären des berühmten tschechischen Zirkusdirektors Ferdinand Berousek ihre Runden drehten.

Adresse/Öffnungszeiten Velké nám. 43. Tägl. (außer Mo) 10–17 Uhr. Eintritt 1,80 €, erm. 1,10 €.

Chrám sv. Jakuba (St.-Jakobs-Dom): Der größte Sakralbau Prachatices steht am Kostelní náměstí, ungefähr auf halber Strecke zwischen Marktplatz und Píseker Tor. Der Domturm überragt das historische Zentrum. Mit dem Bau der dreischiffigen Kirche wurde kurz nach der Stadtgründung begonnen, fertig gestellt wurde sie jedoch erst im Jahr 1513. Dazwischen, im Jahre 1420, ließ Hussitenführer Jan Žižka angeblich 85 Bürger in der Sakristei der Kirche verbrennen. Das Portal weist schöne spätgotische Verzierungen auf, genauso das Schnitzwerk am Altar im lichten Inneren. Eine Kapelle ist Johann Nepomuk Neumann (1811–1860) geweiht, einem weiteren berühmten Sohn der Stadt: 1836 wanderte der Missionar nach Amerika aus, wo er 1852 zum Bischof von Philadelphia ernannt wurde. 1977 sprach ihn Papst Paul VI. heilig.

Muzeum Krajky (Spitzenmuseum): Das kleine Museum in einem schönen Renaissancegebäude aus dem 16. Jh. erinnert an die mittlerweile fast schon vergessene Kunst des Spitzenklöppelns in der Prachaticer Region. Zu sehen sind historische Klöppelarbeiten (Verzierung von Trachten und Tischdecken), zudem altes Klöppelwerkzeug. Angeschlossen ist eine Verkaufsgalerie mit allerlei Mitbringseln für Mama und Oma zu Hause.

Adresse/Öffnungszeiten Poštovní 178. April–Okt. Di–Fr 10–17 Uhr, Sa 9–16 Uhr, So 10–15 Uhr. Eintritt 2,10 €, erm. die Hälfte.

Umgebung von Prachatice

Südlich und südwestlich von Prachatice erstreckt sich der Böhmerwald, die schönsten Ziele dort finden Sie im Kapitel „Šumava" ab S. 158. Die Ausläufer des Gebirges bestimmen die Gegend nördlich der Stadt, eine ländlich geprägte Region mit vielen kleinen Dörfern, die eines gemein haben: Auf irgendeinem alten Schlot nistet immer ein Storch. Von den Anhöhen sieht man leider nicht selten das Atomkraftwerk Temelín in der Ferne.

Husinec (Husinetz)

Das zu groß geratene Dorf oder zu klein geratene Städtchen liegt 7 km nördlich von Prachatice und ist vorrangig Ziel von Historikern und Theologen. Denn an der Hauptdurchgangsstraße, ca. 200 m von der Kirche entfernt, steht ein unauffälliges, einfaches Haus, in welchem **Jan Hus** (um 1370–1415, → Kasten auf S. 94) geboren wurde. Heute befindet sich darin eine Gedenkstätte zu Ehren des Kirchenreformators (Památník Místra Jana Husa). In der Regel ist man der einzige Besucher – außer am 4. und 5. Juli, wenn ein Volksfest im Zeichen von Jan Hus stattfindet.

• *Verbindungen* Gute **Bus**verbindungen nach Prachatice, Vimperk und Budweis, mehrmals tägl. zudem nach Strakonice. Der **Zug**bahnhof liegt 3 km außerhalb.

• *Reiten* Reitausflüge bietet **Jiří Oulický,** ca. 11 €/Std. Anmeldung unter ✆ 388331180.

• *Öffnungszeiten* **Jan-Hus-Gedenkstätte,** tägl. (außer Mo) 9–12 u. 13–16 Uhr. Eintritt 0,70 €, erm. die Hälfte.

Helfenburk (Helfenburg)

18 km nördlich von Prachatice sind von der Straße 142 Bavorov–Volyně die letzten Meter (ca. 15 Gehmin.) bis zur gotische Burgruine Helfenburk ausgeschildert. Im Sommer fährt zuweilen ein Pferdewagen hinauf. Die Burg wurde 1355 von den Herren von Rosenberg errichtet, aber schon im 16. Jh. – nicht zuletzt aufgrund ihrer ungünstigen Lage – wieder verlassen. Einer der Rundtürme kann bestiegen werden. Von Prachatice führt ein rot markierter Wanderweg zur Burg. Dabei passiert man Husinec (s. o.) und in der Ortschaft **Dub** ein Schloss mit einer Galerie, die gelegentlich Ausstellungen zeigt.

• *Verbindungen* Von Strakonice (→ S. 111) ist die Wegabzweigung zur Burg mehrmals tägl. mit dem **Bus** zu erreichen.

• *Öffnungszeiten* **Helfenburg,** April–Sept. tägl. (außer Mo) 10–17 Uhr. Eintritt 1,20 €, erm. 0,75 €.

Für weitere Ziele nördlich von Prachatice → Umgebung von Písek ab S. 111.

Zámek Kratochvíle (Schloss Kurzweil)

Im Grünen, 12 km östlich von Husinec an der Straße nach Netolice, liegt dieses Juwel unter den südböhmischen Renaissanceschlössern, das an eine italienische Landvilla erinnert. Wilhelm von Rosenberg ließ es zwischen 1583 und 1589 als Jagd- und Lustschloss errichten und gab ihm den Namen Kurzweil. Da das Terrain einst überaus sumpfig war, steht das Schloss auf Holzpfählen. Die letzten adeligen Besitzer waren die Schwarzenberg.

Das Palais ist von einem Wassergraben und einer quadratischen Befestigungsanlage umgeben – beides diente jedoch nie Verteidigungszwecken. Ein großer Torturm mit Uhr gewährt Einlass. Die Gesellschaftsräume des Schlosses besitzen eine reiche Stuckausschmückung mit Motiven aus der römischen Geschichte. Im Sommer finden gelegentlich märchenhafte Theateraufführungen auf dem Schlossgelände statt.

• *Verbindungen* Die **Busse** zwischen Prachatice und Budweis halten mehrmals tägl. vor der Schlossanlage.

• *Camping* **Autocamp Podroužek,** ca. 4 km südöstlich des Schlosses bzw. 1 km südlich von Netolice, von der Straße nach Lhenice ausgeschildert. Wiesenplatz an einem See, nicht sonderlich idyllisch, aber ganz okay. Gute Sanitäranlagen, Restaurant, kleiner Laden. Mai–Sept. 2 Pers. mit Zelt u. Auto 6,50 €, Chata für 2 Pers. ab 14 €. Tyršova 226, ✆ 388324315.

• *Öffnungszeiten* **Schloss,** nur Juni–Aug. tägl. (außer Mo) 9–12 u. 13–17 Uhr. Eintritt 2,10 €, erm. 1,40 €.

Für weitere Ziele östlich von Prachatice wie das Weltkulturerbedorf Holašovice → Umgebung von České Budějovice ab S. 65.

Was haben Sie entdeckt?

Haben Sie ein romantisches Hotel gefunden, eine urige Pivnice oder einen schönen Wanderweg?

Wenn Sie Tipps, Anregungen oder Verbesserungsvorschläge zum Buch haben, lassen Sie es uns bitte wissen.

Michael Bussmann & Gabriele Tröger
Stichwort „Südböhmen & Böhmerwald"
c/o Michael Müller Verlag GmbH
Gerberei 19
91054 Erlangen
E-Mail: bussmann.troeger@michael-mueller-verlag.de

Český Krumlov – ein Glanzlicht auch bei trübem Wetter

Český Krumlov (Böhmisch Krumau)

Český Krumlov ist ein Wirrwarr aus Giebeln, Erkern, Laubengängen, Zinnen, Sgraffiti, Fresken, Balustraden, Brunnen, Säulen, Pflastersteinen, schrägen Treppen, roten Ziegeldächern und so fort. Und weil's hier einfach schön ist, ist das Städtchen an den Ausläufern der Šumava nicht nur UNESCO-Weltkulturerbe, sondern im Sommer auch gnadenlos überlaufen.

Als der Schriftsteller Karel Čapek in der ersten Hälfte des 20. Jh. Český Krumlov besuchte, notierte er in seinen Reiseskizzen: „Ich weiß nicht, wievielmal sich hier die Moldau wendet [...]. Wie viel Bewohner Böhmisch Krumau hat, weiß ich auch nicht, aber 24 Wirtshäuser, drei Kirchen, ein Schloss besitzt die Stadt, dafür ein ganz großes, zwei Tore und dazu die schwere Last von Denkmälern. Eigentlich ist die ganze Stadt ein historisches Denkmal und man erinnert sich hier an Siena oder Stirling und andere berühmte Städte. Wohin man sich kehrt, überall malerische und altertümliche Winkel und ruhmvolle Vergangenheit.“ Das Bild von einst lässt sich heute noch genauso zeichnen, auch wenn die Zahl der Wirtshäuser eindeutig gestiegen ist.

Český Krumlov, ein 15.000-Einwohner-Städtchen 25 km südlich von České Budějovice, ist zweifelsohne der malerischste Ort Südböhmens, damit aber auch der touristischste. Was das Gedränge der Besucher in den engen Gassen angeht, braucht er einen Vergleich mit dem toskanischen San Gimignano nicht zu scheuen. Wirklich idyllisch präsentiert sich Český Krumlov eigentlich nur noch an kalten Winterabenden. Den Rest des Jahres ist die Stadt ein beliebtes Ziel von Japanern und Amerikanern, die von Prag hierher einen Abstecher unternehmen, von Deutschen

Das Schloss prägt die Silhouette der Stadt

und Österreichern, die von Český Krumlov per Rad oder pedes den Böhmerwald erkunden, und von Tausenden von Tschechen, die von hier zu ausgedehnten Kanufahrten auf der Moldau starten.

Geschichte: Die Burg von Český Krumlov wurde erstmals 1253 als Sitz der sagenumwobenen Witigonen (→ S. 142) erwähnt, das dazugehörende Städtchen 1274 urkundlich verzeichnet. Es entwickelte sich an einer Moldaufurt, die Teil eines wichtigen Handelsweges war. Die Auenlage der damaligen Siedlung und der Lauf der Moldau, die hier mehrere Schleifen beschreibt, gaben dem Städtchen seinen Namen: *Krumben Ouwe* (Krumme Aue). 1302 ging Krumben Ouwe an die Rosenberg über, die hier für die nächsten drei Jahrhunderte herrschten. 1336 bekam die Stadt das Braurecht, ab 1497 wurde in der Umgebung Silber geschürft. Unter Wilhelm von Rosenberg erfolgte in der zweiten Hälfte des 16. Jh. mit Hilfe von italienischen Architekten der Umbau der gotischen Burganlage in ein repräsentatives Renaissanceschloss.

Aus Geldnot – die Silberminen waren versiegt – musste Peter Wok II. von Rosenberg Krumau 1602 an Kaiser Rudolf II. verkaufen. Dieser übertrug den Ort seinem unzurechnungsfähigen Sohn Don Julius Caesar d'Austria, der hier die Liste seiner Skandale und Grausamkeiten u. a. mit dem bestialischen Mord an der Tochter eines Baders bereicherte. Das mysteriöse Ende des Verrückten inspirierte Rainer Maria Rilke (1875–1926) zu einer Szene in seiner Novelle *Die Geschwister*. Bis 1622 blieb Krumau im Besitz der Krone, dann schenkte Kaiser Ferdinand II. es Johann Ulrich Freiherr von Eggenberg als Dank für seine Dienste im Dreißigjährigen Krieg. Die örtliche Brauerei sorgt bis heute dafür, dass der Name Eggenberg in guter Erinnerung bleibt. Mit dem Tod des letzten Eggenberg 1719 erbten die Schwarzenberg das Städtchen und erhoben es zum Mittelpunkt ihrer Herrschaft. Das Haus Schwarzenberg besaß übrigens das Privileg, eine eigene zwölfköpfige Garde aufzustellen, die auch als Privatorchester der Burg diente. Erst mit der Vertreibung der Adelsfamilie 1948 wurde sie aufgelöst.

Danach fiel Český Krumlov in einen jahrzehntelangen Dornröschenschlaf. Das Städtchen stand nahezu leer. Mit den Schwarzenberg hatte auch die deutschsprachige Bevölkerung Krumau verlassen müssen, die rund 90 % der Einwohner gestellt hatte. Zur Wiederbelebung siedelte man u. a. Roma-Familien an. Trist und grau zeigte sich das Städtchen nach dem Fall des Eisernen Vorhangs. Doch mit der Aufnahme Český Krumlovs in die UNESCO-Weltkulturerbeliste 1992 setzte ein Touristenboom ein, der Geld für nötige Restaurierungsarbeiten brachte. Mittlerweile gehört Krumau zu den wohlhabendsten tschechischen Kleinstädten (Partnerstadt ist übrigens keine Geringere als Miami Beach), rund 1,2 Millionen Gäste inkl. Tagestouristen zählt man jährlich. So waren auch genügend finanzielle Mittel da, um die Schäden des katastrophalen Augusthochwassers im Jahr 2002, bei dem die Altstadt 2 m unter Wasser stand, schnell zu beseitigen. Zu wirklich dramatischen Szenen kam es dabei aber nicht, denn im historischen Zentrum wohnt heute kaum ein Krumauer mehr – es gehört vorrangig den Touristen.

Orientierung: Das Zentrum Český Krumlovs lässt sich in drei Teile gliedern. Die mächtige Burg- bzw. Schlossanlage, ihr zu Füßen der Stadtteil Latrán (ehemals die Unterburg, wo die Bediensteten lebten) und die Altstadt rund um den Náměstí Svornosti. Die Schlangenwindungen der Moldau dazwischen beschrieb der südböhmische Heimatdichter Adalbert Stifter so: „Die Moldau macht einen Ring. Dann macht sie außerhalb desselben einen zweiten verkehrten und dann noch einen größeren.“ Alles klar? Parkmöglichkeiten finden Sie außerhalb des Zentrums (s. u.).

Information/Parken/Verbindungen

• *Information* **Infocentrum Český Krumlov,** am Hauptplatz. Unterkunftsvermittlung, Stadtführungen (tägl. 1- bis 2-mal, Dauer 90 Min., 7,20 €/Pers.), Wechselstube, Infos zu Bus- und Zugverbindungen, Ticketvorverkauf etc. Tägl. 9–17 Uhr, Sa/So 12–13 Uhr Mittagspause. ✆ 380704622, www.ckrumlov.cz.

• *Parken* Rund um das Zentrum gebührenpflichtige, i. d. R. von 9–24 Uhr bewachte Parkplätze (0,70 €/Std., ca. 5,50 €/Tag). Im Zentrum selbst ist längeres Parken nicht gestattet. Die meisten Unterkünfte verfügen über private, kostenpflichtige Parkplätze.

• *Verbindungen* Busbahnhof östlich des Zentrums, keine 10 Gehmin. vom Hauptplatz. Häufig **Busse** nach Zlatá Koruna, halbstündl. nach Budweis, bis zu 8-mal tägl. über Tábor nach Prag (erheblich schneller als der Zug), bis zu 4-mal tägl. nach Telč und über Rožmberk nad Vltavou, Vyšši Brod und Lipno nach Frymburk, 3-mal tägl. nach Horní Planá.

Zugbahnhof (mit Gepäckaufbewahrung) gut 30 Fußmin. nördlich des Zentrums. **Züge** bis zu 9-mal tägl. nach Budweis (von dort weiter nach Prag), Nová Pec und Černý Kříž.

Adressen/Einkaufen

• *Ärztliche Versorgung* **Krankenhaus** an der Nemocniční beim Busbahnhof. ✆ 380761 911.

• *Autoverleih* Vor Ort keine Verleiher. Fahrzeuge können jedoch über die Touristeninformation aus Budweis angefordert werden. Billigstes Auto ohne Kilometerbegrenzung 56 €/Tag plus Überbringungsgebühr 14 €.

• *Polizei* **Stadtpolizei** im Rathaus am zentralen Platz. ✆ 156.

• *Post* **Hauptpost** an der Straße Latrán im gleichnamigen Stadtteil.

• *Einkaufen* Ein beliebtes Mitbringsel ist **Bernsteinschmuck,** halten Sie in den Schmuckläden zudem nach **Moldaviten** (dunklen Moldausteinen) Ausschau.

Regionales **Kunsthandwerk** (Keramik, Spitzen, Holzspielzeug usw.) verkaufen unzählige Läden im Zentrum. Diese stellen den guten Geschmack genauso auf die Probe wie die vielen „Galerien" mit naiven Ceský-Krumlov-Darstellungen und Glasmalereien.

Antikvariát (14), empfehlenswert, freundlicher Inhaber. Vornehmlich deutsche Literatur, auch einige Bände zum Böhmerwald. Dlouhá 91.

Shakespeare and Sons (17), ein Ableger aus Prag. Englischsprachige Buchhandlung, bietet aber auch deutsche Bücher, teilweise gebraucht. Soukenická 44.

Botanicus (34), das tschechische Pendant zum *Body-Shop*. Naturkosmetik, Seifen, Essig, Öl etc. Kájovská 63.

Gallery U Rytíře Kryštofa (19), Repliken von Rüstungen und Helmen, Nachbildungen von gotischem Glas, dazu jede Menge Ritter zum Spielen ... Široká/Ecke Dlouhá.

Moser (19), hier gibt's die Edelgläser aus Karlsbad. Široká 78.**Palírna (6),** spezialisiert

auf tschechische Schnäpse und Liköre. Neben den Klassikern wie Slivovice, Absinth und Becherovka auch Unbekannteres. Latrán 46.

• *Wäsche* Einen Waschservice bietet der der Pension Lobo angegliederte **Laundromat,** Latrán 73. Eine Maschine inkl. Waschpulver 5 €, Trocknen extra. Tägl. 9–20 Uhr.

Essen & Trinken/Nachtleben

In Český Krumlov haben Sie die Wahl zwischen ca. 80 Restaurants. Viele davon besitzen herrliche Sommerterrassen – entweder mit tollem Panoramablick oder in lauschiger Lage am Fluss. Recht provinziell präsentiert sich das Nachtleben.

• *Restaurants* **Don Julius (31),** stilvolles Lokal, zum Hotel Zlatý Anděl (→ Übernachten) gehörend. Rustikales Ambiente, offener Kamin. Neben den herkömmlichen Standards serviert man u. a. auch Hühnerbrust mit frischen Steinpilzen und Lauchzwiebeln oder – für Vegetarier – gegrilltes Saisongemüse mit paniertem Ziegenkäse und Wildpreiselbeeren. Hg. 6–14 €. Kájovská, ✆ 380712310.

Papa's Living Restaurant (11), für alle, denen die böhmische Küche bis zur Nasenspitze steht ... Großräumiges Lokal im farbenfrohen Mexican Style, dazu eine tolle Terrasse mit Ausblick über die Stadt. Dicke Steaks (8–14 €), große Salate (3,70–5 €), Pasta und Rippchen. Latrán 13, ✆ 380711583.

Krčma Barbakán (26), empfehlenswert wegen der herrlichen schattigen Sommerterrasse über der Moldau. Das Innere kann man sich eher sparen. Grillspezialitäten, vorzügliche Forelle! Hg. ab 6 €. Horní 26, ✆ 380712679.

Rybářské občerstvení (10), simpel-düsteres Inneres, netter die Bänke vor der Tür. Das Lokal des örtlichen Angelvereins serviert frischen Fisch in verschiedenen Variationen, je nach Saison Karpfen, Wels, Zander, Aal oder Forelle. Super Kartoffelsalat! Ein Gericht ab 4,60 €. Na ostrově 84, ✆ 380712310.

Brauereigaststätte Eggenberg (5), in den ehemaligen Kühlräumen der Brauerei im Stadtteil Latrán. Riesiger rustikaler Gewölbesaal. Zu hervorragendem Bier (kosten Sie das ungefilterte!) gibt es böhmische Spezialitäten von 3,60–11 €. Lebhafter und natürlicher ist die derb-einfache **Pivnice Formanka** im gleichen Gebäude, mittags ein Arbeitertreff. Die supergünstigen Tagesgerichte (Standards wie Gulasch oder Lendenbraten) sind nur in Tschechisch auf einer Tafel angeschrieben. Pivovarská, ✆ 380711426.

Hospoda Na Louži (32), die urigste Kneipe im Zentrum! Nur ein paar derbe Holztische, ein ausgedientes Klavier und die Wände voll mit alten Emailleschildern, die Hinweise geben wie „Das Ausgießen der Bieruntersetzer auf den Fußboden wird vom Wirtshaus genehmigt" oder „Das Ausspucken auf den Fußboden ist amtlich verboten". Serviert werden Sattmacher wie Böh-

Český Krumlov und Umgebung
Karte von Český Krumlov auf S. 128/129

merwaldschnitzel im Kartoffelpuffer oder „Gefüllte Bürgermeistertasche". Hg. 3,60–7,20 €. Kájovská 66, ✆ 380711280.

Krčma ve Šatlavské ulici (25), urig-gemütlicher Kerzenscheinkeller mit wohlig-warmer, mittelalterlich angehauchter Atmosphäre. Offener Grill. Kosten Sie die Knoblauch- oder Zwiebelsuppe im Brotteig und hinterher einen Spieß vom Rost. Für Vegetarier gibt's gegrillten *Hermelín*. Mittlere Preisklasse. Achtung: Die Klamotten vom Abend können Sie am nächsten Tag nicht mehr tragen! Am Abend Reservierung empfohlen. Horní 157, ✆ 380713344.

Krčma U dwau Maryí (15), auch dieses kleine, schnuckelige Lokal im 1. Stock würde in jedem Kostümfilm als mittelalterliche Schenke durchgehen. Urige Terrasse am Fluss. Neben deftiger altböhmischer Küche auch Vegetarierfreundliches (Hirseauflauf, Buchweizengerichte). Zuweilen etwas überfordertes Personal. Hg. 3,80–5,70 €. Parkán 104, ✆ 380717228.

Laibon (15), gleich nebenan. Das vegetarische Restaurant bietet internationale Küche wie Ziegenkäse mit Oliven, Gemüsecurry oder marinierte Sojascheiben mit Preiselbeeren. Ebenfalls idyllische Terrasse am Fluss. Schlichtes Interieur. Von Lesern hoch gelobt. Hg. 3,50–5,50 €. Parkán 105, ✆ 728676654 (mobil).

Cikánská Jizba (16), die „Zigeunerstube", eine von einer Romafamilie geführte, an sich unspektakuläre Restaurantkneipe. Nicht jedoch am Wochenende: Bei feuriger Live-Zigeunermusik herrscht dann die ausgelassenste Stimmung im Städtchen – ein Erlebnis! Touristen und Einheimische im bunten Mix, es kann eng werden! Das Essen ist eher Nebensache. Nur am Abend, So geschl. Dlouhá 31, ✆ 380717585.

Hospoda U Matesa (35), nochmal ein Lokal in lauschiger Lage direkt an der Moldau. Gemütlich, offener Kamin in der Gaststube, hübsche Terrasse. Deftige böhmische Küche zwischen Lendenbraten und Gulasch, im Sommer wird oft gegrillt. Hg. 3–7,20 €. Rybářská 23, ✆ 603518674 (mobil).

Pizzeria Latrán (8), das ehemalige Café Fink war Schieles Lieblingslokal. Heute ist hier eine freundliche Holzofenpizzeria untergebracht – eine Alternative zu Kloß mit Soß! Pizzen 3,30–5 €. Latrán/Ecke Nové Město, ✆ 380712651.

Hospoda U Báby (40), rustikales Kneipchen etwas außerhalb des Zentrums an der Rooseveltova. Wer in Český Krumlov an Winterwerktagen nach 9 Uhr abends sein Bier nicht alleine trinken will, ist hier gut aufgehoben. Pilsner Urquell und Gambrinus. Man kann auch günstig essen. Mo–Do 17–22 Uhr, Fr/Sa länger, So geschl.

• *Café* **Café Centrum (23),** dem Egon Schiele Art Centrum (→ Sehenswertes) angegliedert. Eine der schickeren Lokalitäten der Stadt, recht gemütlich, natürlich mit Kunst an den Wänden. Hausgemachte Mehlspeisen. Široká.

• *Snacks* **Gril Petra Woka (4),** simples Open-Air-Lokal (nur im Sommer) mit rustikalen Bierbänken im ersten Schlosshof. Gegessen wird, was vom Grill kommt: Steaks, Würste, Spieße etc. Günstig.

Občerstvení (7), niedlicher holzverschalter Straßenverkauf, Getränke und billige Snacks (panierter Schinken, Hotdog, Pommes oder Waffeln). Eine Tafel informiert darüber, was es gerade gibt. Gegessen wird auf der derben Sitzgarnitur davor. Latrán 40.

Lahůdky Krumlovská Fontána (30), ein Tipp für Ostalgiker – wer weiß, wie lange es dieses vorrevolutionäre Relikt am zentralen Platz noch gibt. Beim Eingang in das kantinenartige Lokal bekommt man einen Konsumzettel, auf dem alle verzehrten Speisen und Getränke (sehr günstig, Torten mit giftgrünem Wackelpeter, fett belegte *chlebíčky*, herzhafte Majonäsesalate) vermerkt werden. Gezahlt wird beim Hinausgehen. Nám. Svornosti.

Trdelník (9), Straßenverkauf. Hier bekommt man ein knusprig-leckeres traditionelles Gebäck in Röllchenform, entweder mit Zimt, Walnüssen oder Mandeln. Zámecké schody 5.

• *Nachtleben* Die beste Stimmung herrscht allabendlich in der Bar des **Traveller's Hostel (21),** → Übernachten. Zu den internationalen Backpackern gesellen sich etliche Locals, hin und wieder Konzerte oder DJs.

U Šneka (18), nennt sich Club, ist aber tatsächlich eine verrauchte Gewölbekneipe mit Graffiti an den Wänden und einem langhaarigen Barkeeper. Laute, grungige Musik. Mo–Do 19–2 Uhr, Fr/Sa bis 4 Uhr. Panská.

Hrozen (29), am zentralen Platz. Die einzige Disco vor Ort lockt die Landjugend und Kurzurlauber mit Bierlaune an. Wer Glück hat, erlebt eine Schaumparty. Musik für jedermann, manchmal Oldieabende. Faire Preise. Mi/Do 21–3 Uhr, Fr/Sa bis 6 Uhr.

Übernachten (siehe Karte S. 128/129)

Český Krumlov verfügt über rund 80 Unterkünfte von Hotel bis Hostel, die aber zusammen nur etwa 2500 Gästebetten aufweisen. Im Sommer kann es deswegen hin und wieder zu Engpässen kommen; insbesondere zum *Festival der fünfblättrigen Rose* (→ Veranstaltungen) ist ohne Vorausbuchung nichts zu machen. Eine ganze Reihe von ordentlichen, aber unspektakulären Pensionen findet man in der Rooseveltova (DZ ca. 35–43 €). Wer sich nach einfachen, preisgünstigen Privatzimmern umschauen will, kann dies z. B. in der Parkán tun. Die unterste Preisklasse bedienen zudem einige nette Hostels mit jungem, internationalem Publikum.

• *Hotels* ***** **Růže (28)**, feudales Haus. In einem Jesuitenkloster aus dem 16. Jh. 70 Zimmer, der Dekor und die Kostümierung an der Rezeption trifft den Geschmack von Rittern und Burgfräuleins. Amerikanischen Reisegruppen gefällt's. Schwimmbad, Fitnesscenter, Friseur etc. Preislich faires Restaurant mit Panoramaterrasse. EZ 150 €, DZ ab 207 €, Parkplatz zusätzliche 13 €/Tag. Horní 154, ✆ 380772100, www.hotelruze.cz.

**** **Gold (37)**, freistehendes Gebäude nahe dem Stadtpark und direkt an der Moldau in ruhiger Lage. 17 geräumige Zimmer. Bieder-klassisches Flair (z. T. Stuckdecken), Suiten mit Palastambiente. Restaurant, bewachter Parkplatz (9 €/Nacht). DZ ab 126 €, EZ 100 €, Suiten ab 194 €. Linecká 55, ✆ 3807 12551, ℻ 380712553, www.hoteltyp.com.

**** **Dvořák (13)**, großes Stadthaus aus dem 19. Jh. direkt am Fluss – wählen Sie ein Zimmer mit Moldaublick. Gediegene Ausstattung. 22 komfortable Zimmer, teils mit Lüster, teils eher rustikal, immer mit Teppichboden, Minibar und Safe. Restaurant. EZ 71 €, DZ 79–132 €, Parken 7,10 €/ Nacht. Radniční 101, ✆ 380711020, ℻ 38071 1024, www.orea.cz.

*** **Belarie (12)**, kleines, aber feines Haus. Nur 5 geräumige Zimmer, verspielt-stilvoll eingerichtet, mit Holzböden, z. T. weißem Mobiliar und schönen Bädern, ein paar mit Flussblick. Touristenlokal mit schöner Terrasse am Fluss angegliedert. DZ 95 €. Dlouhá 96, ✆ 380711214, www.belarie.cz.

**** **Zlatý Anděl (27)**, belegt am zentralen Platz drei aneinander grenzende, ursprünglich gotische Häuser. 27 Zimmer und 12 Suiten von unterschiedlicher Größe und Ausstattung – vom schmiedeeisernen Mobiliar bis zum gemütlichen Landhausstil. Zwei Restaurants, Café mit Terrasse zum Platz, Cocktailbar und Bierstube. Bewachte Parkplätze. EZ ab 60 €, DZ ab 71 €. Nám. Svornosti 10, ✆ 380712310, www.hotelzlatyandel.cz.

Konvice (24), kleines Haus auf Drei-Sterne-Niveau. Die 11 Zimmer und Apartments (weitere sollen folgen) sind auf mehrere Gebäude verteilt. Unterschiedlichste Ausstattung: manche Zimmer mit Antiquitäten oder Repliken, manche mit Parkettböden und/oder schweren Holzdecken, andere mit Teppichböden und Standardmobiliar. Restaurant mit schöner Sommerterrasse. Sehr freundliches Personal. Unter deutscher Leitung. DZ ab 57 €, Apartments ab 64 €. Horní 145, ✆ 380711611, ℻ 380711321, www.boehmerwaldhotels.de.

Hotýlek U malého Vítka (20), „Zum Kleinen Veitchen". Sehr charmant. In 3 miteinander verbundenen Gebäuden befinden sich 20 Zimmer, alle unterschiedlich groß, aber mit Geschmack und viel Gefühl für die alte Bausubstanz eingerichtet. Stuck- oder Gewölbedecken, originelle Bäder, schöne Dielenböden. Jedes Zimmer heißt anders, z. B. „Honigbiene Emilka" oder „Geist Buru Buru". Mehrere Familienzimmer. Parken kostenlos. Restaurant. EZ 43 €, DZ je nach Ausstattung 52–93 €. Radniční 27, ✆ 380 711925, ℻ 380711937, www.vitekhotel.cz.

Na Louži (32), der gleichnamigen Hospoda angehörend. Einfaches kleines Hotel in einem Bürgerhaus aus dem 15. Jh. Die 11 Zimmer im Bauernstubenstil haben Namen wie „Agnes" oder „Hubert". Nicht besonders groß, aber gemütlich. Laut Eigenwerbung besitzen alle Zimmer nicht nur Duschen, sondern auch „Klosetts mit Wasserspülung". DZ 48 €. Kájovská 66, ✆/📠 3807 11280, www.nalouzi.cz.

• *Pensionen* **Barbakán (26)**, gegenüber dem Stadttheater. 8 freundliche, geräumige Zimmer, z. T. mit schmiedeeisernen Betten. Viel Naturholz, ein paar Antiquitäten, Holz- oder Fliesenböden. Teilweise herrliche Aussichten. Schönes Terrassenrestaurant. 3 Parkplätze vor der Tür. EZ ab 46 €, DZ ab 61 €. Horní 26, ✆/📠 380717017, www.barbakan.cz.

U Matesa (35), schöne Pension in recht ruhiger Lage direkt an der Moldau. Individuell eingerichtete Apartments und Zimmer (alle mit guten Bädern und Panoramablick). Farbenfroh-moderne Ausstattung. Ein Pluspunkt ist zudem die angeschlossene Hospoda. Kostenlose Parkplätze. EZ 32 €, DZ 52 €, Apartment ab 64 €. Rybářská 23, ✆ 6035 18674 (mobil), 📠 380711593, www.pensiony.com.

Närrisches Český Krumlov

Myší Díra (33), 8 hübsche, geräumige Zimmer mit viel Kiefernholz. Parkplätze. Das Frühstück wird aufs Zimmer gebracht. EZ ab 39 €, DZ ab 43 €. Rooseveltova 28, ✆ 3807 12853, 📠 380711900, www.malecek.cz.

U Kapličky (39), beim Stadtpark. Lediglich 2 Zimmer, jedoch mit Liebe und Phantasie eingerichtet. Das größere nennt sich „Atelier", befindet sich unterm Dach und bietet Platz für bis zu 5 Pers. In der „Kapelle" können 2 Pers. unterkommen. Die Hausherrin ist sehr freundlich, beherrscht aber leider keine Fremdsprache. Für 2 Pers. ab 40 €. Linecká 60, ✆ 380714123, www.ckrumlov.cz/ukaplicky.

Ve Věži (2), gegenüber der Brauerei Eggenberg, in einem Rundturm aus dem frühen 16. Jh. – eine der originellsten Möglichkeiten, vor Ort unterzukommen. Nur 4 kleine Zimmer mit ebensolchen Fenstern. Gemeinschaftsbad. Für 2 Pers. 45 €. Pivovarská 28, ✆ 721523030 (mobil), 📠 380711742, pensionvevezi@seznam.cz.

Olšakovský (22), 5-Zimmer-Pension in toller Lage direkt am Fluss. Davor ein kleines Gärtchen mit Tischen. Der Hausherr spielt mit Leidenschaft Akkordeon. Große, fast apartmentähnliche Zimmer unterm Dach, kleinere darunter, alle mit Bad. DZ 35–40 €. Parkán 114, ✆ 604430181 (mobil), www.ckrumlov.cz/penzionekolsakovsky.

Danny (3), freundliche 8-Zimmer-Pension mit ebensolchen Besitzern. Die schönsten Zimmer sind die unterm Dach – viel Holz. Im EG ein Restaurant mit netter Sommerterrasse. Für das Gebotene recht günstig. DZ mit Bad ab 35 €. Latrán 72, ✆ 380712710, www.pensiondanny.cz.

• *Hostels* **Traveller's Hostel (21)**, ein Ableger aus Prag. Verschachteltes, großes Haus mit ganz unterschiedlichen Zimmern (auch DZ), spartanisch, aber sauber. Der fehlende Luxus wird durch allerhand andere Annehmlichkeiten kompensiert: Gemeinschaftsküche, Internetzugang, Waschservice, Grillabende, Balkon mit Schlossblick, Barrestaurant mit gelegentlichen Livekonzerten. In der HS Autotransfer zwischen dem Prager und dem Krumauer Hostel. Ab 11 €/Pers. im Schlafsaal, DZ mit Bad ab 22 €. Soukenická 43, ✆ 380711345, www.travellers.cz.

Merlin (36), am südlichen Ende des Zentrums und direkt an der Moldau. Nicht so professionell wie die anderen Hostels, dennoch nicht schlecht. 34 Betten, auf jeder Etage Küche und Gemeinschaftssanitäranlagen. Balkon. Internetzugang. Beliebt bei Japanern. Freundliche, kleine Zimmer, insbesondere unter dem Dach. Im Schlafsaal oder schuhschachtelgroßen DZ mit Gemeinschaftsbad 9 €/Pers., DZ mit eigenem Bad 24 €. Kájovská 59, ✆ 606256145 (mobil), www.hostelmerlin.com.

Hostel 99 (1), unser Hostel-Tipp. Sehr freundliches 63-Betten-Haus. Nette, farbenfrohe Schlafsäle mit Holzböden, ein paar recht beengte DZ. Saubere Gemeinschaftsbäder, Küche mit großem Stoffgorilla. Gemütliche Kneipe mit Biergarten (samt netter Aussicht) und Grill. Zudem Laundryservice, Schlittschuhverleih im Winter, Radverleih im Sommer und jeden Mittwoch ein Freibier. Im Schlafsaal 11 €/Pers., DZ (ohne Bad) 25 €. Věžní 99, ✆ 380712812, www.hostel99.com.

Krumlov House (38), kleines Hostel mit sehr familiärer Atmosphäre. Gut geführt und empfehlenswert. Rauchfrei. Der Treffpunkt ist die nette Küche. Bunte Zimmer, Schlafräume mit max. 6 Betten. Waschservice, Grillabende, Book Exchange, kostenloser Schlittschuhverleih im Winter. Im Schlafsaal 11 €/Pers., DZ mit eigenem Bad 29 €, mit Gemeinschaftsbad 27 €. Rooseveltova 68, ✆ 380711935, www.krumlovhostel.com.

• *Außerhalb/Camping* **Caravan Camp Petráškův Dvůr,** ca. 5 km nordwestlich der Stadt an der Straße nach Chvalšiny. Zwei Wiesen rechts und links der Straße. Gepflegtes Areal mit Restaurant, Biergarten und guten Sanitäranlagen. Mitte Mai–Ende Sept. Keine Chatas. 2 Pers. mit Zelt u. Auto 10,50 €. Petráškův Dvůr, ✆ 606669335 (mobil), ☏ 388314125, www.petraskuv-dvur.cz.

Guesthouse Rajka, Pension und Campingplatz im Dorf Mojné, ca. 8 km nordöstlich von Český Krumlov gelegen. Ein Top-Tipp, unter junger holländischer Leitung. Tolles Campingareal bei einem alten, restaurierten Gutshof. Im Gutshof selbst befinden sich einfache, aber liebevoll eingerichtete Zimmer und Apartments. Idyllischer Innenhofgarten, Küche, Feuerstelle, relaxte Atmosphäre. Kein Restaurant! Juni–Sept. 2 Pers. mit Wohnmobil 21 €, DZ 25 €, Apartment für 4 Pers. 61 €. Mojné 7, ✆/☏ 380743855, www.guesthouserajka.com.

Sport/Freizeit/Kultur

Mit dem Kanu die Moldau entlang

Von Český Krumlov und Umgebung bieten sich Touren unterschiedlichster Länge an. Die gängigsten Routen haben Längen von 5–35 km (Dauer: 1 ½–8 Std.). Anfänger können auf dem Teilabschnitt „Ceský–Krumlov–Umrundung" üben (1,5 km, Dauer ca. 30 Min.). Vermietet werden Raftingboote für 3–8 Pers., Kanus für 2–3 Pers. sowie Kajaks. Im Preis inbegriffen sind i. d. R. Hin- und Rücktransport, Paddel, Stausäcke, Schwimmwesten und Karten. Einen guten Ruf besitzen **Maleček Boat Rental** (Rooseveltova 28, ✆ 380712508, www.malecek.cz) und das **Reisebüro Vltava** (→ Radverleih). Preisbeispiele: 15 km Kajak 14 € (Kanu 25 €, Raftingboot 42 €), 35 km Kajak 23 € (Kanu 34 €, Raftingboot 57 €), 5 km Kajak 13 € (Kanu 18 €, Raftingboot 30 €).

• *Baden* Die besten Möglichkeiten bieten der **Lipno-Stausee** (→ S. 146) und das **Aquaworld,** ein Planschparadies in Lipno nad Vltavou (→ S. 150). Einen eher unspektakulären **Badeweiher** findet man im Stadtteil Horní Brána (vom Busbahnhof der Nemocniční gen Süden folgen, beim Hotel Vltava rechts ab). Natürlich hält Sie auch nichts davon ab, ein Bad in der **Moldau** zu nehmen.

• *Bootsfahrten* Wer nicht selbst Hand anlegen will, kann sich auch fahren lassen: **Maleček Boat Rental** (s. u.) bietet im Sommer für gewöhnlich um 13, 15, 17 und

Feuerzauber über Český Krumlov

zuweilen auch um 20 Uhr einstündige Floßfahrten mit Gondolieren und Führung an. 10 €/Pers.

• *Golf* **Golf Club Český Krumlov,** beim Weiler Svachova Lhotka ca. 4 km östlich von Český Krumlov. Neuer 18-Loch-Platz, Par 70, war 2007 noch im Aufbau begriffen. Greenfee 11–21 €. ✆ 606754570 (mobil), www.golfck.cz.

• *Radfahren* Für Cyklobusse → S. 15. Beliebt, aber weit (ca. 90 km) ist die Tour von Český Krumov über Radweg Nr. 12 nach Rožmitál, weiter auf 1188 über **Rožmberk nad Vltavou** (→ S. 141) nach **Vyšši Brod** (→ S. 147), von dort auf Nr. 33 an **Frymburk** (→ S. 150) vorbei, bis es rund 4 km vor **Černá v Pošumaví** (→ S. 153) auf Radweg 1047 zurückgeht.

Radweg Nr. 12 führt am **Kloster Zlatá Koruna** (→ S. 144) vorbei nach **Budweis** (→ S. 45, 31 km).

• *Radverleih* Mountainbikes kann man über das **Reisebüro Vltava** (Kájovská 62, ✆ 380711988, www.ckvltava.cz) leihen. Angeboten wird auch der Transport zum gewünschten Abfahrtsort. Ab 11 €/Tag.

• *Reiten* **Reiterhof Jezdecký Klub Slupenec,** im südlich von Český Krumlov gelegenen Weiler Slupenec. Reitstunden für Anfänger (Kurs mit 11 Std. 72 €), aber auch Tages- und Mehrtagestouren (72 €/Pers. und Tag). Deutschsprachiges Personal, tägl. außer Mo geöffnet. Infos unter ✆ 380711052, www.jk-slupenec.cz.

• *Wandern* Eine ca. 16 km lange, verschiedenfarbig markierte Rundwanderung führt zum Gipfel des **Kleť** (→ S. 145) und zurück. 25 km lang ist der blau markierte Wanderweg von Český Krumlov nach **Rožmberk nad Vltavou** (→ S. 141). Nähere Informationen dazu und zu anderen Wanderungen in der Umgebung in der von der Touristeninformation bereitgehaltenen kostenlosen Wanderbroschüre.

• *Wintersport* → Lipno, S. 150. An Winterwochenenden bringt ein Skibus Wintersportfreunde 2-mal tägl. von Budweis über Český Krumlov zum Skiareal **Lipno-Kramolín.** Genaue Abfahrtszeiten über die Touristeninformation.

• *Theater/Oper/Ballett* Ein Highlight sind die allsommerlichen Aufführungen im **Freilichttheater** mit drehbarer Zuschauertribüne im Schlossgarten. Da es sich häufig um Ballettstücke, Opern oder Musicals handelt, sind Tschechischkenntnisse nicht vonnöten (Tickets 5–40 €). Anders ist das bei den Gastspielen im **Städtischen Theater** *(Městské divadlo),* Horní Brána 2. Saison von Sept.–Juni.

Kartenvorverkauf für alle Veranstaltungen über die Touristeninformation.

• *Veranstaltungen* Absolutes Highlight ist das **Fest der fünfblättrigen Rose,** das alljährlich im Juni am Wochenende nach der Sommersonnenwende stattfindet. Für drei Tage kehrt die Stadt in die Zeit der Ritter, Burgfräuleins und Gaukler zurück, es gibt Umzüge, Ritterturniere usw.

Ende Juni/Anfang Juli findet ein **Festival der Kammermusik** statt, Mitte Juli ein **Festival der alten Musik,** bei dem Musik und Tänze aus der Zeit des Mittelalters, der Renaissance und des Barock im Vordergrund stehen. Klassische Musik präsentiert das **Internationale Musikfestival** von Ende Juli–Ende Aug. Anfang Sept. heizt ferner ein **Internationales Jazzfestival** ein.

Am Wochenende um den Todestag des Hl. Wenzel (28. Sept.) findet der traditionelle **Herbstjahrmarkt** statt. Naturfreunde gehen schließlich zum **EKOFILM Český Krumlov,** einem (seit über 30 Jahren!) Anfang Okt. stattfindenden internationalen Filmfestival zu den Themen Umwelt und Natur. Außerdem findet Ende Okt. noch das **MIRACULUM** statt, ein internationales Theaterfestival, bei dem sich Ensembles aus dem In- und Ausland vorstellen.

Sehenswertes

Gibt es unglaublich viel. Zu beiden Seiten der Moldau und hoch darüber auf der Burg wimmelt es nur so von Museen und Galerien. Alles lässt sich spielend zu Fuß erkunden. Für Abwechslung sorgen zudem ein Brauereibesuch, eine Freilichtaufführung im Schlossgarten und eine sommerliche Kanufahrt auf der Moldau. An dem feuchten Vergnügen kann man auch von der kleinen hölzernen Brücke beim Restaurant Rybářské občerstvení als Zuschauer teilhaben: Dort jagen die Kanuten die Fluten eines Wehrs hinab – zum Spaß aller kentern nicht wenige.

In der Altstadt

Náměstí Svornosti (Platz der Eintracht): Der trapezförmige Platz, den eine Mariensäule (1714–16) dominiert, ist das Herz der Altstadt. Drum herum laden im Sommer mehrere Lokale, deren Tische im Schatten der Laubengänge stehen, auf eine Pause ein. Der Grundriss des Platzes – und nahezu der der gesamten Altstadt – entspricht der mittelalterlichen Bebauung. Auch wenn heute viele Häuser eine Renaissance-, Barock- oder klassizistische Fassade haben, im Kern sind sie meist gotisch. So auch das *Rathaus* an der Nordseite des Platzes (links der Tourist Information): Hinter der weißen Renaissancefassade, deren raffinierte Attika von Vasen gekrönt wird, verbirgt sich eine Häuserzeile von mehreren älteren Gebäuden, deren rote Ziegeldächer man vom Schlossturm aus sehen kann. In den Kellergewölben des Rathauses befindet sich das *Foltermuseum (Muzeum Tortury),* ein Ableger aus Prag. An die 100 Folterinstrumente werden präsentiert, darunter die Jungfrau von Nürnberg, ein Spanischer Schuh und ein Hexenstuhl. Mit Ton- und Lichteffekten wird versucht, eine gruselige Atmosphäre zu schaffen – leider vergebens. Ein paar Schritte weiter liegt etwas versteckt in der Šatlavská 141 das *Haus der Fotografie (Dům Fotografie),* wo vorrangig tschechische Fotografen zum Zuge kommen. Werbeplakate machen auf die aktuelle Ausstellung aufmerksam.

Öffnungszeiten **Haus der Fotografie,** tägl. 10–18 Uhr. Eintritt variabel. **Foltermuseum,** tägl. 9–19 Uhr, Eintritt 2,90 €, erm. die Hälfte.

Entlang der Horní: Folgt man vom Náměstí Svorností dem Sträßlein Horní bergauf, fällt rechter Hand die dreischiffige *Propsteikirche St. Veit (Kostel sv. Vít)* ins Auge. 1439 wurde sie eingeweiht, im ausgehenden 17. Jh. begann man, sie im Stil des Barock auszuschmücken. Aus jener Zeit stammt auch der Hauptaltar mit dem Hl. Wenzel, dem Schutzpatron der Stadt, im oberen Abschluss. Weiter entlang der Horní passiert man die ehemalige *Kaplanei* (Nr. 159), die ehemalige *Prälatur* (Nr. 155) und das ehemalige *Jesuitenkolleg,* ein typischer Renaissancebau mit beachtenswerten Malereien am Sims und im Hof. Heute befindet sich darin das Nobelhotel Růže (→ Übernachten). Noch etwas weiter bergauf steht linker Hand das frühbarocke Jesuitenseminar, heute Sitz des *Regionalmuseums (Regionální muzeum).* Im bunten Durcheinander wird über die Entwicklung Krumaus und seiner Umgebung von der Altsteinzeit bis ins 19. Jh. informiert. Zu den schönsten Exponaten gehören eine barocke Jesuitenapotheke und ein Keramikmodell (ca. 6 x 3 m) der Stadt im Maßstab 1:200, welches das historische Zentrum um 1800 zeigt (beides im 2. OG). Im Erdgeschoss finden wechselnde Ausstellungen statt.

Öffnungszeiten **Regionalmuseum** (Horní 152), Mai–Sept. tägl. 10–17 Uhr, Juli u. Aug. bis 18 Uhr, im Winter Di–Fr 9–16 Uhr, Sa/So 13–16 Uhr. Eintritt 1,80 €, erm. 1,40 €.

Egon Schiele in Krumau – vom Ausgebürgerten zum Aushängeschild

Egon Schiele (1890–1918), der zunächst von Gustav Klimt und der Wiener Secession beeinflusst war, wurde später vor allem durch seine oftmals in intensiver Farbigkeit gehaltenen Akte und Selbstbildnisse bekannt. Viele seiner Bilder drücken Leiden, Schmerz und Einsamkeit aus.

Im Mai 1911, zwei Jahre nach seinem Abschluss an der Akademie der bildenden Künste in Wien, entfloh er der großstädtischen Hektik und zog nach Krumau. „Nach dem Böhmerwald will ich, neues muß ich sehen und will es forschen, will dunkle Wasser kosten, krachende Bäume, wilde Lüfte sehen, will modrige Gartenzäune staunend ansehen und zitternde Blätter hören, will Licht, Sonne sehen und nasse grünblaue Abendtäler genießen“, so drückte der junge Maler seine Sehnsucht in einem Brief an seinen Freund Anton Peschka aus. Krumau hatte er nicht zufällig gewählt, der Ort war die Geburts- und Heimatstadt seiner Mutter, des Öfteren hatte er hier die Ferien bei Verwandten verbracht. Mit seiner Lebensgefährtin Wally Neuzil mietete er sich in einem kleinen Häuschen an der Moldau (Plešivecká 343) ein. Wally war gerade 17, kennen gelernt hatte er sie als Modell Gustav Klimts. In Krumau malte Schiele neben einer Reihe ausdrucksstarker Stadtansichten auch Wally – nackt im Garten. Das ging den biederen deutsch-böhmischen Einwohnern Krumaus zu weit. Als Schiele auch noch begann, die hübschesten Töchter der Stadt in teils gewagten ekstatischen Stellungen Modell sitzen und stehen zu lassen, wurden er und seine avantgardistischen Künstlerfreunde zum Verlassen der Stadt gedrängt. Nach nur drei Monaten Aufenthalt in Krumau zog Schiele zurück nach Wien. Dort trat er der Künstlervereinigung *Sema* bei, der auch Paul Klee und Alfred Kubin angehörten. In den Jahren darauf nahm er an Ausstellungen in ganz Europa teil. 1915 heiratete er Edith Harms. Ihr Glück war von kurzer Dauer. Drei Jahre später, am 28. Oktober 1918, starb seine schwangere Frau an der Spanischen Grippe, die damals europaweit über 20 Millionen Opfer forderte. Auch Egon Schiele erlag ihr, nur drei Tage nach dem Tod seiner Frau mit nur 28 Jahren. Der Nachwelt hinterließ er ein Werk von rund 330 Gemälden und 3000 Arbeiten auf Papier, das zu den künstlerischen Meisterleistungen des frühen 20. Jh. zählt und seit 1992 auch in Český Krumlov gewürdigt wird.

Egon Schiele Art Centrum: Das mit Abstand sehenswerteste Museum Krumaus belegt die sanierten Räumlichkeiten der einstigen Stadtbrauerei und bietet 4000 m^2 Ausstellungsfläche. Die permanente Egon-Schiele-Exposition unterm Dach nimmt nur einen relativ kleinen Teil davon ein. Sie beleuchtet das Leben und Werk des Künstlers, präsentiert Aquarelle, Grafiken, eine kartographische Rekonstruktion seiner Krumauer Motive und ein paar von ihm entworfene Ateliermöbel. In den anderen verwinkelten Räumlichkeiten (immer den Wegweisern folgen, sonst kann man sich verirren!) werden wechselnde Ausstellungen namhafter Künstler des 20. Jh. gezeigt – u. a. standen hier bereits Werke von Pablo Picasso, Andy Warhol, Salvador Dalí und Alfred Kubin im Mittelpunkt. Im Art Centrum befinden sich zudem sieben Apartments für junge Künstler aus Ost- und Westeuropa, ein Café (→ Essen & Trinken) und ein Shop mit Ausstellungskatalogen. Alle Projekte werden übrigens vom deutsch-tschechischen Zukunftsfond unterstützt.

Adresse/Öffnungszeiten Široká 70–72. Tägl. 10–18 Uhr. Eintritt 4,30 €, erm. 2,50 €. Weitere Infos unter www.schieleartcentrum.cz.

Moto muzeum (Motorradmuseum): Das private Museum ist im Obergeschoss der Krumauer Mühle (Krumlovský mlýn), einem Renaissancegebäude aus dem 16. Jh., untergebracht. Gezeigt werden rund 30 historische Maschinen. Im Erdgeschoss der Mühle befindet sich ein gepflegtes, rustikales Restaurant.

Adresse/Öffnungszeiten Široká 80. April–Okt. tägl. 10–22 Uhr. Eintritt 1,80 €, erm. die Hälfte.

Pohádkový dům (Märchenhaus): Den Mittelpunkt der liebevoll auf zwei Etagen angelegten Ausstellung bilden über 200 historische Marionetten, darunter richtig gruselige Spukgestalten und Märchenfiguren aus aller Herren Länder. Sie stammen aus den Beständen des Nationalmuseums und des Náprstek-Museums (beide in Prag). Zudem sieht man ein Puppentheater aus dem mittelböhmischen Schloss Kačina (1819) und das Modell eines Rummelplatzes mit beweglichen Figuren aus den 1930er Jahren. Ein Spaß für Kinder!

Adresse/Öffnungszeiten Radniční 29. Mo–Fr 11–17 Uhr, Sa/So 10–18 Uhr. Eintritt 2,90 €, Kinder die Hälfte.

Wax Museum (Wachsfigurenmuseum): Exakt 55 steife Gestalten erwarten Sie hier, darunter Persönlichkeiten aus Politik und Kultur (Michael Jackson, Elton John, Václav Havel, Eduard Beneš etc.) sowie solche, die als Schmied, Glasmacher oder Bergmann in Szene gesetzt sind – im Ganzen wenig prickelnd.

Adresse/Öffnungszeiten Kájovská 68. Tägl. 9–20 Uhr. Eintritt 5,30 €, erm. 2,50 €.

Synagoge: Die neoromanische Synagoge aus dem Jahr 1910 im Süden Český Krumlovs (an der Straße Za Soudem) soll – so die Planung – restauriert werden und eine Ausstellung über die Geschichte und das Schicksal der jüdischen Gemeinde Krumaus zeigen. Bis 1940 lebten in Český Krumlov rund 140 Juden.

In Latrán

Muzeum marionet (Marionettenmuseum): Von der Altstadt gelangt man über die Lazebnický-Brücke in die Latrán, die Hauptgasse des gleichnamigen Stadtteils. Wenige Schritte nach der Brücke passiert man die *St.-Jobst-Kirche (Bývalý kostel sv. Jošta)*. Sie wurde zusammen mit einem Spital um 1330 errichtet. Die Kirche wurde 1788 in ein Wohnhaus umgebaut, das Spital gab es bis 1922. Heute befindet sich darin das zweite Marionettenmuseum Český Krumlovs mit historischen und modernen Marionetten. Angeschlossen ist eine Verkaufsgalerie.

Adresse/Öffnungszeiten Latrán 6. Tägl. 10–17 Uhr. Eintritt 2,50 €, erm. 1,40 €.

International Art Studio: Zwischen der St.-Jobst-Kirche und der Pizzeria Latrán, vormals das von Egon Schiele gern besuchte Café Fink (→ Essen & Trinken), gelangt man rechter Hand durch einen Torbogen mit zwei großen Gipsfüßen zum International Art Studio. Es wird von Miroslav Parál geleitet, der hier sein Atelier hat und dessen skurrile Keramikarbeiten auch im sog. Schmelzkasten auf dem Schlossgelände zu sehen sind. Im Juli und August, wenn ausländische Künstler zu längeren

International Art Studio – Galerie in Český Krumlov

Aufenthalten im Art Studio verweilen, ist ein Besuch am interessantesten. Am Gebäudekomplex zeigt eine dünne blaue Linie aus glänzenden Keramikplättchen den Wasserstand während des Augusthochwassers von 2002 an. Empfehlenswert ist ein Blick in die angeschlossene Verkaufsgalerie – Originelles für daheim.

Adresse/Öffnungszeiten Na Fortně, Eingang von der Latrán 16. Offiziell tägl. 11–22 Uhr geöffnet, tatsächlich aber mehr nach Lust und Laune. Kein Eintritt.

Klášter rytířského řádu Křižovníku s Červenou Hvězdou (Kloster des Ritterordens der Kreuzherren mit dem Roten Stern): Im Jahre 1350 wurde das Kloster für Klarissinnen und Minoriten gegründet, beides Zweige des Franziskanerordens. Der Klosterteil der Klarissinnen wurde 1782 infolge der Reformen Josephs II. säkularisiert, jener der Minoriten durch die Kommunisten 1950. In den Trakt Letzterer zog 1998 der Ritterorden der Kreuzherren mit dem Roten Stern ein. Nahezu das gesamte Areal ist noch restaurierungsbedürftig und war zuletzt bis auf den Vorgarten nicht zugänglich. Nach Abschluss der Restaurierungsarbeiten lohnt ein Besuch der *Fronleichnam- und Maria-Schmerz-Klosterkirche*. Sie wurde bereits 1358 geweiht und im 17. Jh. barockisiert. Die Ausschmückung ist üppig, Beachtung verdient die pompöse geschnitzte Kanzel. Der rechter Hand an die Kirche anschließende Kreuzgang aus der Zeit um 1500 wartet mit einer Serie von Szenen aus dem Leben des Hl. Franziskus auf. Im sog. Paradieshof, der vom Kreuzgang umgeben wird, errichtete man 1688 nach dem berühmten Schweizer Vorbild die *Kapelle der Jungfrau Maria von Einsiedeln* mit einer schwarzen Gottesmutter.

Adresse/Öffnungszeiten Latran 50, Zugang über die Gasse Klášterní.

Budějovická brána (Budweiser Tor): Folgt man der Straße Latrán weiter bergauf, gelangt man zum Budweiser Tor, das um 1600 entstand. Es ist das einzige erhaltene Stadttor der ehemals acht Toranlagen Krumaus. Zur Stadtseite präsentiert es sich mit einer malerischen Renaissanceausschmückung mit Sonnenuhr, stadtauswärts hat es Festungscharakter.

Pivovar Eggenberg (Brauerei Eggenberg): Von der Straße Latrán zweigt auf Höhe der Post die Straße Pivovarská ab zur 1560 gegründeten Brauerei Eggenberg. In der dazugehörigen Brauereigaststätte (→ Essen & Trinken) lässt es sich gut tafeln und Bier kosten. Wer zudem etwas über die Braukunst erfahren will, nimmt an einer Führung durch die Brauerei teil, die jährlich 50.000 Hektoliter abfüllt.

Adresse/Führungen Latrán 27. Führungen finden nur im Sommer (ab April) tägl. um 11 Uhr statt, Treffpunkt vor der Brauereipforte. Je nach Art der Führung (mit oder ohne Degustation, mit oder ohne Essen etc.) 4,60–13,60 €/Pers. Auch über die Tourist Information lassen sich im Sommer Führungen buchen.

In Burg und Schloss

An dem Wahrzeichen der Stadt wurde sechs Jahrhunderte lang gefeilt, immer wieder wurde um-, an- und neu gebaut. Die drei großen Adelsgeschlechter Südböhmens, die Rosen-, Eggen- und Schwarzenberg, zeichneten dafür verantwortlich. Das Resultat ist die nach Prag zweitgrößte Burganlage Böhmens mit fünf Schlosshöfen, um die sich zig Gebäude gruppieren mit mehr Zimmern, als das Jahr Tage hat.

Für gewöhnlich betritt man das Burgareal von der Latrán-Straße durch das **Rote Tor.** Über diesem erinnerte einst die Aufschrift „Audi, vide et tace, si vis vivere in pace“ („Höre zu, beobachte und schweige, wenn du in Frieden leben willst“) den einfachen Mann daran, wie er dem Adel zu begegnen hatte. Heute gilt der Spruch für all jene, die sich einer Führung durch die Räumlichkeiten der Burganlage anschließen wollen. Zwei Routen stehen zur Auswahl: Auf **Tour I** taucht man in jene Zeit ein, als die Rosen- und Eggenberg herrschten. Highlight ist der **Maskensaal,** der 1748 von Joseph Lederer in der Trompe-l'Œil-Technik mit Szenen aus der Commedia dell'Arte ausgemalt wurde. Motive davon inspirierten Literaten wie Rilke zu Szenen in *Die Geschwister* oder Gustav Meyrink in *Der Mann auf der Flasche.* **Tour II** führt durch einen Schlosstrakt, der nach Inventarlisten wieder so eingerichtet wurde wie zu Regierungszeiten des Schwarzenbergfürsten Johann Adolf II. (1833–1887) und seiner Frau Eleonore. Des Weiteren können besichtigt werden:

Schlosslapidarium: In den Kellerräumen der Burggrafschaft (Zugang vom ersten Schlosshof) werden Bildhauerarbeiten gezeigt, die vom Schlossareal oder aus dem Umland zum Schutz vor Verwitterung hierher gebracht und vielerorts durch Kopien ersetzt wurden. Die angrenzenden Kellerräume dienten z. T. einst als Verliese.

Schlossturm: Der Turm und der ihm angeschlossene Gebäudekomplex bilden den ältesten Teil der Burganlage. Ursprünglich war er erheblich niedriger. Während des Renaissanceumbaus um 1580 wurde er aufgestockt und mit einer schmucken Fassadenmalerei und einem Arkadenrundgang versehen – die Aussicht über Stadt und Schloss ist herrlich. Der Zugang erfolgt vom zweiten Schlosshof.

Wenzelskeller: Das Kellerlabyrinth, das man vom vierten Schlosshof erreicht, stammt aus dem 14. Jh. Einer Sage nach wurde darin 1394 der böhmische König Wenzel IV. gefangen gehalten, daher der Name. Heute nutzt der tschechische Künstlerverband der Keramikdesigner die Kellerräume als Ausstellungsareal. Auch in den Renaissanceräumen des sog. *Schmalzkastens* (auch *Máselnice*, „Butterfass“ genannt, da hier früher Butter hergestellt wurde; Zugang über den zweiten Schlosshof) wird tschechisches Keramikdesign präsentiert.

Im Schlosstheater

Schlosstheater: Über die sog. Mantelbrücke mit einer so aufwändigen wie auffälligen Arkadenkonstruktion aus der zweiten Hälfte des 18. Jh. gelangt man zum barocken Schlosstheater, das einst weit über die Grenzen Böhmens bekannt war. Es entstand in den Jahren 1765–66 und zählt heute mit dem Theater von Drottingholm zu den ältesten erhaltenen Barocktheatern der Welt. Ein technisch ausgetüfteltes Bühnensystem ermöglichte angeblich über 40 Szenenwechsel, ohne die Handlung auf der Bühne zu unterbrechen. Zum Fundus des Theaters gehören eine Vielzahl alter Kulissen und Kostüme, Textrepertoires, Notensammlungen und Partituren.

Schlossgarten: Der Schlossgarten umfasst eine Fläche von 11 ha. Im 17. Jh. wurde er nach einem frühbarocken Schema angelegt, im 18. Jh. im Stil des Rokoko umgestaltet, im 19. Jh. in einen englischen Park verwandelt und im 20. Jh. schließlich wieder in einen Rokokogarten umgeformt. Betritt man den Garten vom Schloss aus, liegt rechter Hand zuerst die *Winterreitschule* (*Zimní Jízdárna*, 1745) mit einem gemütlichen Terrassencafé. Von dort erreicht man, vorbei an einem schönen *Kaskadenbrunnen* (1750–65), das *Freilichttheater* mit einer drehbaren Zuschauerbühne (1956): Je nachdem, wohin das Publikum gedreht wird, dient als natürliche Kulisse die baumbestandene Parkanlage oder das *Lustschlösschen Bellaria* (1706–1708).

• *Öffnungszeiten* Das **Burgareal** ist mit Ausnahme des Schlossgartens ganzjährig zugänglich. Durch das **Schloss** werden von April–Okt. tägl. (außer Mo) von 9–12 und 13–17 Uhr (Juni–Aug. bis 18 Uhr) 2 verschiedene Touren (s. o.) à jeweils 60 Min. angeboten. Beide beginnen im dritten Schlosshof. Tickets zu 5–5,70 € (erm. 2,50–2,90 €) kauft man im zweiten Schlosshof. Außerhalb der Saison werden nur für Gruppen Führungen veranstaltet, Reservierung unter ✆380704721. Das **Lapidarium** ist nur Juni–Aug. tägl. (außer Mo) von 10–17 Uhr zu besichtigen, Eintritt 0,70 €, erm. die Hälfte. Auf den **Schlossturm** kann man von April–Nov. tägl. (außer Mo) zu den gleichen Zeiten steigen (Eintritt 1,30 €, erm. 0,70 €). Der **Wenzelskeller** ist April–Dez. tägl. von 10–17

Uhr geöffnet, Eintritt 0,80 €, erm. 0,50 €. Durch das **Schlosstheater** finden von Mai–Okt. um 10, 11, 13 u. 16 Uhr Führungen statt, Dauer 45 Min., Eintritt 6,40 €, erm. die Hälfte. Der **Schlossgarten** ist im April u. Okt. von 7–17 Uhr, von Mai–Sept. von 7–19 Uhr zugänglich, kein Eintritt. **Weitere Infos** unter www.castle.ckrumlov.cz.

Außerhalb des Zentrums

Grafitbergwerk (Grafitový důl): Ca. 2,5 km nordwestlich des Zentrums (an der Straße nach Chvalšiny) kann man das hiesige Grafitbergwerk besichtigen, das noch bis vor wenigen Jahren in Betrieb war. Mit einer Bahn fährt man dabei in den 70 m tiefen Stollen – ein spannendes Erlebnis für Kinder.

• *Adresse/Öffnungszeiten* Chvalšinská. Vom Zentrum kommend, nach dem Budweiser Tor (s. o.) links und dann stets geradeaus. Juni–Sept. tägl. 9–17 Uhr. Führung (80 Min.) 7 €, erm. die Hälfte.

Umgebung von Český Krumlov

Die Umgebung von Český Krumlov bietet attraktive Ziele für Tages- und Halbtagesausflüge, egal ob Ihr Weg nach Süden Richtung Lipno-Stausee (→ S. 146), nach Norden Richtung Budweis (→ S. 45) oder nach Osten führt – dorthin, wo der Böhmerwald langsam in die sanfteren, kaum besiedelten *Novohradské hory* (→ S. 67) und in die touristische Bedeutungslosigkeit übergeht. Sehenswertestes Ziel zwischen Moldau, Wiesen, Wäldern, Jägerständen und dem unschönen Straßenstrich an der Grenze zu Österreich ist das Dorf *Rožmberk nad Vltavou.*

Rožmberk nad Vltavou (Rosenberg)

Rožmberk nad Vltavou, ca. 20 km südlich von Český Krumlov gelegen, ist ein südböhmisches Vorzeigedorf. Es erstreckt sich zu Füßen seiner mächtigen **Schlossburg** an der hier wild mäandernden Moldau. Am dreieckigen Dorfplatz liegt nicht nur die gotische **Marienkirche,** sondern auch der Dorfpuff Kamasutra, der auf einer Tafel hin

Die Weiße Frau von Rožmberk

Wer Burg Rožmberk besichtigt, wird im sog. *Rosenberger Saal* auf das Bild einer traurig blickenden, weiß gekleideten Frau mit blonden Korkenzieherlöckchen stoßen. Es handelt sich um Berta von Rosenberg, die um 1430 als Tochter Ulrichs II. von Rosenberg geboren wurde. Als 16-Jährige verliebte sie sich in den jungen böhmischen Grafen Sternberk, doch versprochen war sie bereits Hans von Liechtenstein aus der Obersteiermark. Während der Hochzeitsfeierlichkeiten traf sie sich ein letztes Mal mit ihrem Geliebten. Hans von Liechtenstein erfuhr davon und bescherte ihr bis zu seinem Tode ein überaus unglückliches, von seinem Hass erfülltes Leben. Aus Gram darüber, sich nie mit ihrem Mann versöhnt zu haben, irrt sie seitdem – in ihr weißes Witwengewand gehüllt – durch die Rosenberger Schlösser. Sie taucht v. a. dann auf, wenn ein wichtiges Ereignis ansteht. Zuletzt wurde sie während des Zweiten Weltkrieges gesichtet, als Burg Rosenberg vom *Bund der Deutschen Mädel* in Beschlag genommen war. Als die Mädchen eine Naziflagge hissen wollten, erschien sie und drohte mit dem Zeigefinger. Die Fahne ließ man sicherheitshalber unten. Franz Grillparzer (1791–1872) verewigte Berta von Rosenberg in seiner Tragödie *Die Ahnfrau.*

und wieder auf „frische Mädchen" aufmerksam macht. In den schönen Renaissance- und Barockhäusern drum herum haben sich einige Unterkünfte und Restaurants mit netten Terrassen am Fluss angesiedelt. Von hier kann man den Kanuten auf dem Weg von Vyšši Brod nach Český Krumlov zusehen oder es ihnen gleichtun.

Dem Urvater der Witigonen, dem legendären, angeblich 1194 verstorbenen Ritter Witiko, der reicher als der König gewesen sein soll, setzte Adalbert Stifter in seinem gleichnamigen Epos ein Denkmal. Einer Sage nach teilte Witiko sein Erbe – unendliche Ländereien – auf seine fünf Söhne auf. Dazu schenkte er jedem eine fünfblättrige Rose in unterschiedlicher Farbe, die ihr Wappen werden sollte. Und Sohn Jindřich (goldene Rose) zog los und gründete Jindřichův Hradec, Witiko II. (grüne Rose) erbaute Český Krumlov, Witiko IV. (silberne Rose) errichtete Třeboň, Sezima (schwarze Rose) schuf das Gut Sezima (heute Sezimovo Ústí, ein Vorort von Tábor) und Witiko III. (rote Rose) machte Burg Rožmberk zu seinem Sitz. So die Sage. Tatsache ist, dass es in Südböhmen ein weit verzweigtes Geschlecht der Witigonen gab. Tatsache ist auch, dass sich nach der Mitte des 13. Jh. gegründeten Festung Rosenberg die Herren von Rosenberg benannten. Als Stammburg diente diese den Rosenberg nur bis zur Übersiedelung nach Český Krumlov 1302, in ihrem Besitz blieb sie jedoch bis zum Aussterben des Geschlechts im frühen 17. Jh. Von 1620 bis 1945 besaß die Adelsfamilie der Buquoy das Anwesen Rosenberg.

Kanutenrevier Rožmberk nad Vltavou

Der auffällige, walzenförmige Jakobínka-Turm ist das einzige Überbleibsel der 1522 einem Brand zum Opfer gefallenen **Oberburg.** Die **Unterburg** wurde im 16. Jh. zu einem Renaissanceschloss umgebaut und im 19. Jh. im neogotischen Stil verändert. Die Buquoys richteten darin zur Selbstglorifizierung ein **Familienmuseum** ein.

Dieses ist weitestgehend im Originalzustand erhalten geblieben und kann besichtigt werden. Die Räume sind mit schwerem neogotischem Mobiliar förmlich vollgestopft, zudem sieht man eine Reihe von Kriegsandenken, die Waffenkammer, die Kapelle und den im Renaissancestil geschmückten Rittersaal. Die sog. Kreuzrittergalerie informiert über berühmte, mit den Buquoy verwandte Kreuzfahrer wie z. B. Friedrich I. Barbarossa.

Neben dem Schloss erstreckt sich eine weitläufige englische Parkanlage. Auf dem Burggelände selbst befinden sich ein netter Souvenirshop und ein Café.

• *Verbindungen* **Busse** regelmäßig nach Český Krumlov, bis zu 2-mal weiter nach Budweis. 3-mal über Vyšší Brod, Lipno,

Frymburk, Horní Planá und Volary nach Prachatice.

• *Essen & Trinken/Übernachten* *** **Hotel Studenec,** ca. 2 km nördlich von Rožmberk, von der Straße nach Český Krumlov ausgeschildert. Gelbes Haus in idyllischer Lage am Waldrand. 13 recht kleine und hellhörige, aber ordentliche Zimmer. Wintergartenterrasse mit schönem Blick. EZ 30 €, DZ 52 €. Rožmberk 15, ✆ 380749818, ℻ 380749707, www.hotel-studenec.cz.

*** **Hotel U Růže,** gepflegtes, kleines Mittelklassehotel am Dorfplatz. 14 Zimmer, z. T. mit Balkon. Schönes Terrassenrestaurant, wo im Sommer hin und wieder Riesenhendl gegrillt werden. Ansonsten gute Fisch- und Fleischküche der mittleren Preisklasse. DZ ab 44 €, Apartment 56 €. Rožmberk 78, ✆ 380749715, ℻ 380749717, www.hotelruze.rozmberk.cz.

*** **Hotel U Martina,** ebenfalls am Dorfplatz. Ganz unterschiedliche Zimmer und Apartments, manche recht stilvoll mit Holzböden und schmiedeeisernen Betten, andere einfacher. Rustikales Grillrestaurant mit Terrasse. DZ 28 €, Frühstück extra. Rožmberk 79, ✆/℻ 380749745, www.hotelumartina.cz.

• *Camping* **Vodácké Tábořiště,** sehr einfacher Platz an der Moldau, vor Ort ausgeschildert. Junges Kanutenvolk, Festivalatmosphäre, es wird fleißig gegrillt. Mai–Mitte Sept. 2 Pers. mit Zelt u. Auto 6,30 €. Rožmberk, ✆ 380749816.

• *Kanuverleih* Mehrere Anbieter. Preise wie in Vyšši Brod (→ S. 147).

• *Reiten* Reitmöglichkeiten in der **Green Valley Ranch** ca. 3 km nördlich von Rožmberk im Weiler Metlice, ausgeschildert. Tagesritt 50 €, 8-Tages-Tour mit Übernachtung und HP 634 €. Auf der idyllischen Ranch kann auch übernachtet werden (17 €/Pers.). Viele Deutsche und viele Fliegen. ✆ 602461 305 (mobil), www.wanderreiten.cz.

• *Öffnungszeiten* **Burg,** April u. Okt. nur Sa/So 9–15.15 Uhr, Mai u. Sept. tägl. (außer Mo) 9–15.15 Uhr, Juni–Aug. tägl. (außer Mo) 9–16 Uhr. Deutschsprachige Führung 4,90 €, erm. 2,80 €.

Für Ziele westlich von Rožmberk nad Vltavou → Lipno-Region ab S. 147.

Bujanov (Angern)

Das 25 km südöstlich von Český Krumlov gelegene Bujanov ist an sich alles andere als ein Ort, den man gesehen haben muss. Die paar Touristen, die an Wochenenden das Dorf aufsuchen, versammeln sich vor einem alten Wärterhäuschen am Bahnhof, um dort das winzige **Pferdeeisenbahnmuseum** (Muzeum koněspřežky) zu besuchen. Es informiert – ähnlich wie das Budweiser Pendant (→ S. 53) – über die 1832 eingerichtete Pferdeeisenbahn von Budweis nach Linz. Bujanov diente als Umspann- und „Kolatschenstation", da sich die Reisenden hier mit Getränken und Kuchen eindecken konnten. Wer von Pferdeeisenbahnmuseen nicht genug bekommen kann – im grenznahen österreichischen Kerschbaum gibt es das nächste.

• *Verbindungen* **Züge** bis zu 10-mal tägl. nach Budweis. Die Busverbindungen sind nicht der Rede wert.

• *Öffnungszeiten* **Museum,** Mai–Okt. nur Sa/So 9–16 Uhr. Eintritt 0,50 €, erm. 0,20 €.

Žumberk (Sonnberg)

Das Dörfchen Žumberk träumt im touristischen Abseits rund 35 km östlich von Český Krumlov vor sich hin. Im Unterschied zu den vielen Bauernsiedlungen der Umgebung besitzt es nicht nur einen Badeweiher und ein Wirtshaus, sondern auch noch mittelalterliche Wehranlagen (darunter vier Türme). Die dazugehörende gotische **Burg,** über Jahrhunderte hinweg Sitz der Herren von Žumberk, wurde im 16. Jh. im Stil der Renaissance umgebaut und erweitert. Im Innern informiert eine Ausstellung über die Geschichte des Wehrdorfes, zudem werden bemalte Bauernmöbel aus dem 18. und 19. Jh. präsentiert. Anhand der Motive lassen sie sich den einzelnen Regionen zuordnen: Blumen und Vögel standen z. B. für Prachatitzer Möbel, Rehe und Hirsche für Wallerner.

- *Verbindungen* Schlechte Busanbindung.
- *Übernachten* **Penzion Marie,** neben der Burg. Restaurierte Landpension mit 55 Betten in gepflegten Zimmern und Apartments im Landhausstil, darunter auch behindertengerechte. Garten, nettes Terrassenausflugslokal. DZ 32 €. Žumberk 24, ✆ 386361112, www.zumberk.com.
- *Öffnungszeiten* **Burg,** April u. Okt. nur Sa/So 9–16.30 Uhr, Mai, Juni u. Sept. tägl. (außer Mo) 9–17 Uhr, Juli u. Aug. tägl. (außer Mo) 9–17.30 Uhr. Führung (60 Min.) 1,80 €, erm. 0,70 €.

Für Ziele östlich von Žumberk → Umgebung von Třeboň ab S. 65.

Trhové Sviny (Schweinitz)

Seitdem keine Schweinemärkte mehr in Trhové Sviny (9 km nördlich von Žumberk) abgehalten werden, kommt auch keine Hektik mehr auf in dem 5000-Einwohner-Städtchen. Zur Unterhaltung plätschert heute lediglich ein Springbrunnen am terrassierten Marktplatz, dem Žižkovo náměstí. Südlich des Städtchens, nahe der Straße nach Benešov nad Černou, steht die schmucke **Wallfahrtskirche der Hl. Dreifaltigkeit** aus den Jahren 1705–1709. Der Zentralbau mit vier Kapellen ist von einem Kreuzgang umgeben. Man vermutet Kilian Ignaz Dientzenhofer hinter dem Entwurf. Ebenfalls außerhalb (von der Straße nach České Budějovice mit „Buškův Hamr" ausgeschildert) ist ein **Hammerwerk** aus dem Jahr 1836 zu besichtigen. Die alte, idyllisch am Bach gelegene Mühle – der Hammer wurde durch eine Mühle angetrieben – ist immer noch funktionstüchtig. Zu sehen gibt es eine Ausstellung über altes Schmiedehandwerk.

- *Verbindungen* **Busse** regelmäßig nach Budweis und Nové Hrady.
- *Übernachten* **Centrum Pension,** am Marktplatz. Restaurierte und unrestaurierte Zimmer in verschiedenen Größen, mal mit Fliesen, mal mit Teppich, alle jedoch mit zusammengewürfeltem Mobiliar und privaten Bädern. Freundliches, deutschsprachiges Personal. Restaurant. DZ 23 €, Frühstück extra. Žižkovo nám. 140, ✆ 386322505.
- *Öffnungszeiten* **Hammerwerk,** Juni–Aug. tägl. (außer Mo) 10–17 Uhr, Mai, Sept. u. Okt. nur Sa/So 10–17 Uhr. Eintritt 0,90 €, erm. 0,50 €.

Für Ziele nördlich von Trhové Sviny → Umgebung von České Budějovice ab S. 58.

Zlatá Koruna (Goldenkron)

Gerade 5 km müssen die Bolzer des *FK Slavoj Český Krumlov* zurücklegen, wenn sie zum Auswärtsspiel beim *FC Zlatá Koruna* antreten. Der Name des dortigen Fußballvereins leitet sich vom gleichnamigen **Zisterzienserkloster** ab, das 1263 unter König Přemysl Otakar II. gegründet wurde. Ursprünglich hieß es „Heilige Krone" *(Svatá Koruna)* nach einer hier aufbewahrten Reliquie, einem Dorn aus der Dornenkrone Christi. Schon 1420, nachdem die Hussiten das Kloster niedergebrannt hatten, war es mit dessen Pracht vorbei. Rund 200 Jahre dämmerte es als halbe Ruine dahin, zeitweilig nur mit einem Mönch besetzt, bis es im Barockstil erneuert wurde. Aber auch die neue Blüte war nicht von allzu langer Dauer. 1785 wurde das Kloster säkularisiert und in eine Fabrik umgewandelt. In der ersten Hälfte des 20. Jh. nahmen sich die Schwarzenberg des Areals an und ließen es restaurieren. Heute fungiert das Kloster als Museum. Highlights der einstündigen Führung sind der Kreuzgang mit schönen Stuckaturen, die rosafarbene Schutzengelkapelle (der älteste Teil der Anlage, 1270–1280) und die in ihrem barocken Inneren etwas überladene Konventskirche Mariä Himmelfahrt mit einer wunderbaren Rosette am Querschiff und einer wertvollen barocken Orgel. Michael Parler, der Bruder des berühmten Peter Parler (→ Prag/St.-Veits-Dom, S. 242), soll am Bau der Kirche mitgewirkt haben. Zudem ist im Kloster eine Ausstellung über die Literatur des Böhmerwaldes zu sehen, für die separat Eintritt zu zahlen ist.

In Zlatá Koruna starten zwei rot markierte Wanderwege: der eine führt zur Burgruine Dívčí Kámen, der andere auf den Gipfel des Kleť (s. u.). Wer lieber im Geiste Christi wandert, kann das ca. 10 km östlich von Zlatá Koruna gelegene Örtchen **Římov** besuchen. Am dortigen Dorfplatz, auf dem ein Wallfahrtskomplex mit einer Loretokapelle (Loretoheiligtum → S. 236) aus dem 17. Jh. steht, beginnt ein rund 6 km langer Kreuzweg mit 25 Kapellen.

- *Verbindungen* Regelmäßig **Busse** nach Český Krumlov, der Bus hält vor dem Klostereingang.
- *Camping* Einfacher Zeltlagerplatz an der Moldau.
- *Kanufahren* Die Strecke von Český Krumlov nach Zlatá Koruna ist rund 13 km lang und in 2–3 Std. machbar. Kanuverleih → Český Krumlov, S. 133.
- *Öffnungszeiten* **Kloster,** April, Mai, Sept. u. Okt. tägl. (außer Mo) 9–12 u. 13–16 Uhr, Juni–Aug. bis 17 Uhr. Deutschsprachige Führung 6 €, erm. die Hälfte. Literaturausstellung 2,80 € extra, ermäßigt die Hälfte.

Dívčí Kámen (Maidstein)

Über die weitläufige Ruine der ehemaligen Rosenberg-Burg aus dem 14. Jh. gibt es nicht sonderlich viel zu erzählen. 1394 wurde hier Wenzel IV. für kurze Zeit gefangen gehalten. Bereits im 16. Jh. verwahrloste die Anlage, heute ist sie frei zugänglich. Der 1,5 km lange Fußweg hinauf zur Burg beginnt beim Bahnhof des Dorfes Třísov, folgen Sie dem roten Wanderweg.

Verbindungen/Anfahrt Třísov ist nahezu stündl. von Český Krumlov mit dem **Bus** zu erreichen. Die Burgruine ist bereits von der Verbindungsstraße Třísov–Křemže ausgeschildert.

Kleť (Schöninger)

Der Kleť ist mit 1088 m der höchste Gipfel und das Zentrum des **Naturschutzgebietes Blanský les.** Es erstreckt sich nördlich von Český Krumlov und bietet gute Wandermöglichkeiten. Wer sich den schweißtreibenden Aufstieg auf den Kleť ersparen möchte, kann vom Weiler Krasetín mit einer Seilbahn hinauffahren (von der Verbindungsstraße Třísov–Křemže bei Holubov mit „Lanovká Kleť" ausgeschildert). Auf dem Gipfel erwarten den Besucher eine Sternwarte und der älteste steinerne Aussichtsturm Tschechiens (1825) mit einer Ausstellung zur Flora und Fauna des Naturschutzgebiets. Bei günstigem Wetter kann man von hier bis zu den Alpen blicken.

Seilbahn Juni–Sept. Mo–Fr 9–16 Uhr, Sa/So 9–17 Uhr, ansonsten nur Sa/So 9–16 Uhr. Retourticket 2,80 €, erm. die Hälfte. Zur Seilbahn verkehren keine öffentlichen Verkehrsmittel.

Am Strand von Horní Planá

Die Lipno-Region

Shakespeare hatte doch Recht: Böhmen liegt am Meer, zumindest seit der Flutung des hiesigen Moldautals, das seit 1958 den Lipno-Stausee bildet. Und wenn es schon ein „Böhmisches Venedig" und ein „Böhmisches Kanada" gibt, so liegt es auf der Hand, dass die Region als „Böhmische Riviera" vermarktet wird.

Der rund 45 km lange und bis zu 4 km breite Lipno-Stausee auf einer Höhe von 725 m ist *der* Urlaubermagnet Südböhmens. Bis 1950 erstreckte sich hier ein fruchtbares Tal mit ein paar Dörfern vor der Kulisse des rauschenden Böhmerwaldes. Dann wurde der Damm aufgeschüttet, 25 m hoch und 282 m lang. Der See hat heute eine durchschnittliche Tiefe von 6–7 m. *Darauf* streiten Surfer, Segelboote, Ausflugsschiffe und Fähren um die Vorfahrt. *Darin* tummeln sich Hechte, Zander, Karpfen, Renken, Weißfische und, und, und – mit einem Angelschein und ein bisschen Geduld kann man sich sein Abendessen jederzeit aus dem See holen.

Am Nordufer drängt sich Campingplatz an Liegewiese und Datschensiedlung. Die kleinen Orte dazwischen machen seit der Samtenen Revolution eine rasante Entwicklung durch und stellen sich peu à peu auf die gehobeneren Ansprüche ihrer stetig wachsenden neuen Klientel ein. Zu den Stammgästen aus Tschechien gesellen sich jeden Sommer mehr Niederländer. Wer im Juli und August nicht im Voraus reserviert hat, wird sich wie Josef und Maria auf Herbergssuche fühlen, selbst ein Stellplatz auf einem Campingplatz ist dann nicht überall zu bekommen.

Das malerische Südufer zu Füßen des Böhmerwaldes, das bis 1989 im Sperrgebiet lag, ist hingegen kaum erschlossen. Auf jeden Bewohner kommen hier rund 33 ha – ein Paradies für Wanderer (Touren → Nová Pec, S. 155) und Radfahrer (Touren → Vítkův Kámen, S. 152), nicht aber für Autofahrer, denn viele Straßen sind aus Naturschutzgründen für den Verkehr gesperrt. Ab der Höhe von Frymburk gehört die Lipno-Region zum *Naturschutzgebiet (CHKO) Šumava.*

Mit dem Rad rund um den See: Die große Tour (ca. 112 km) führt von Vyšší Brod auf Radwanderweg Nr. 33 weitestgehend am Nordufer entlang über Lipno nad Vltavou, Frymburk, Černa v Pošumavi und Horní Planá nach Nová Pec; von dort geht es zurück auf der Südseite des Sees auf Radwanderweg Nr. 1033. Bei Frymburk und Horní Planá bestehen Fährverbindungen zum Südufer, so dass man die Tour auch auf die Hälfte der Länge reduzieren kann.

Vyšší Brod (Hohenfurth)

Das 3000-Einwohner-Städtchen liegt auf dem Weg von Rožmberk nad Vltavou zum Lipno-See. Vyšší Brod verkam während der sozialistischen Zeit zu einem äußerst schäbigen Ort im vergessenen Niemandsland an der österreichischen Grenze. Seit dem Fall des Eisernen Vorhangs lacht Vyšši Brod seine Besucher jedoch von Jahr zu Jahr mehr an. Rund um den baumbestandenen Hauptplatz mit einem kapellenartigen Rathaus in der Mitte wurde bereits fleißig restauriert. Hier findet man auch einige Pensionen und Restaurants. Die Tische belegen überwiegend **Kanuten,** die sich stärken, bevor es über die Moldau nach Český Krumlov geht, oder Kulturtouristen vor oder nach dem Besuch des mächtigen **Zisterzienserklosters** etwas außerhalb an der der Straße nach Lipno.

Das Kloster wurde 1259 von Peter Wok I. von Rosenberg gegründet – der Legende nach als Dank dafür, dass der Herrscher sich unversehrt aus den reißenden Fluten eines Moldauhochwassers hatte retten können. Das Ordensleben dauerte bis 1941 an, dann schlossen die Nazis das Stift. Unter den Kommunisten setzte der Verfall des Klosters ein. 1990 wurde das Areal den Zisterziensern zurückgegeben, fünf Mönche und zwei Priester spazieren seitdem wieder zwischen den z. T. recht leprösen Gemäuern umher. Die Denkmalpflege des Nachbarn Niederösterreich kümmert sich um eine dringend notwendige Restaurierung.

Über die Jahrhunderte hinweg war das Kloster nicht nur kulturelles Zentrum, sondern beherbergte auch die **Familiengruft der Rosenberger.** Peter Wok II. (an Drogen- und Alkoholmissbrauch 1611 verstorben) war das letzte Familienmitglied, das hier beigesetzt wurde – wie alle Rosenberger aber nicht liegend, sondern sitzend, um so den Herrscherstatus auch im Jenseits zu dokumentieren. Einer weiteren Legende nach erheben sich die Rosenberger alljährlich an Allerheiligen um Mitternacht aus dem Reich der Toten und versammeln sich, in prächtige Gewänder gekleidet, in der **Domkirche Mariä Himmelfahrt.** Diese stammt aus der zweiten Hälfte des 14. Jh. Ihren frühbarocken Hauptaltar zierten einst neun Tafelbilder des „Meisters von Hohenfurth“, die um 1350 entstanden und zu den bedeutendsten Meisterleistungen der böhmischen Gotik gehören. Die Tafelbilder sind im Besitz der Nationalgalerie Prag, die eine Rückgabe bislang verweigerte. Das Tafelbild der *Hohenfurther Madonna* (um 1400 von einem ebenfalls unbekannten Künstler erschaffen) kehrte dagegen schon an seinen ursprünglichen Platz in der Kapelle der Jungfrau Maria zurück. Ein Rundgang durch das Kloster führt zudem durch den Kapitelsaal, einen der ältesten Klosterbereiche und Bestattungsort zahlreicher Äbte, und die **Bibliothek** aus der Mitte des 18. Jh. Sie beherbergt in ihren beiden prächtigen Sälen an die 70.000 Bände und ist damit nach Strahov und Teplá die drittgrößte Klosterbibliothek des Landes. Schmuckstück der **Kunstsammlung** des Klosters ist das sog. *Záviš-Kreuz,* eine mit Perlen und Edelsteinen verzierte Goldschmiedearbeit aus der ersten Hälfte des 13. Jh.

Außer sakralen Kostbarkeiten kann man sich im Kloster noch ein **Postmuseum** (Poštovní muzeum) anschauen, das über die Geschichte des Postwesens von seinen Anfängen im 16. Jh. bis heute informiert. Eines der wertvollsten Exponate ist ein Landauer aus den 1820er Jahren im Kutschensaal. Interessant ist auch das Funkstörgerät aus kommunistischer Zeit, mit dem man den Empfang westlicher Rundfunksender zu beeinträchtigen versuchte.

Das Zisterzienserkloster von Vyšší Brod

• *Information* **Infocentrum** im kleinen alten Rathaus am Marktplatz. Im Sommer tägl. 7.30–12 u. 12.30–18 Uhr, im Winter verkürzt. ✆ 380746627, www.vyssibrod.cz.

• *Verbindungen* **Busse** regelmäßig über Rožmberk nach Český Krumlov, ein paar wenige fahren weiter nach Budweis. Bis zu 3-mal tägl. zudem über Lipno, Frymburk, Horní Planá und Volary nach Prachatice.

• *Essen & Trinken/Übernachten*

Restaurace & Pension U Candrů, am Marktplatz. 4 ordentliche Zimmer und ein Apartment mit Teppichböden, Bad und TV. Eigene Parkplätze. Im Restaurant böhmische und internationale Küche der mittleren Preisklasse, nette Sommerterrasse. EZ 31 €, DZ 35 €. Náměstí 36, ✆ 380746215, ℻ 380746239, www.ucandru.cz.

Pension Inge II, nahe dem Kloster. Historisches Gebäude am rauschenden Fluss, Garten mit Grill. 7 solide ausgestattete Zimmer mit Bad und Kühlschrank. Wählen Sie am besten eines im ersten Stock mit Klosterblick. Nicht zu verwechseln mit der weniger schönen Pension Inge I in der Nähe, in welcher sich die Rezeption für beide Häuser befindet. DZ 34 €, Frühstück 2,50 € extra. Vyšši Brod 379, ✆/℻ 380746482, www.pensioninge.cz.

Penzion Klášter, einfache Unterkunft auf dem Klosterareal. Man kommt in Apartments oder schlichten Zimmern mit Gemeinschaftsbad unter. Es werden Pferdeausritte organisiert. Nur im Sommer geöffnet, reservieren kann man Mo–Fr 7–15 Uhr. Nur 9 €/Pers. Klášter, ✆ 380746457 o. 602804 054 (mobil), ℻ 380746392.

• *Kanuverleih* Zum Beispiel über **Půjčovna lodí Inge** (zur gleichnamigen Pension gehörend, s. o.) oder bei **Loděboot Petr Putzer**

Vyšší Brod – Kanuten auf der Moldau

mit Sitz am örtlichen Campingplatz (✆ mobil 602129817, www.putzer.cz). 2- bis 3-stündige Touren mit Transport 20 €, 8- bis 10-stündige Touren 33 €.

• *Veranstaltung* Alljährliches Highlight ist das **Plavidla,** ein Wettbewerb skurriler Wasserfahrzeuge Anfang Sept.

• *Öffnungszeiten* **Kloster,** Mai–Sept. Di–Sa 9.30–17.30 Uhr, So 13.15–16.15 Uhr. Fremdsprachige Führung (50 Min.) 4,70 €, erm. 3,50 €. **Postmuseum,** April–Okt. tägl. (außer Mo) 9–12 u. 13–17 Uhr. Eintritt 0,90 €, erm. 0,35 €.

Auf dem Weg nach Lipno nad Vltavou taucht 2 km hinter dem Ortsschild von Vyšší Brod linker Hand ein Parkplatz auf. Gegenüber führt ein markierter Weg (10 Min.) zur **Teufelswand** (Čertova stěna), einem Meer aus großen Granitblöcken, das sich über einen weiten Hang hinab bis zum Flusslauf der Moldau zieht. Früher, als der Lipno-Stausee noch nicht existierte, strömte hier der Fluss mit Furcht einflößendem Donnern durch das Tal. Seine Stromschnellen konnte angeblich kein Flößer, sondern nur der Teufel passieren – daher der Name.

Lipno nad Vltavou (Lippen)

Die alte Flößergemeinde Lipno liegt heute 50 m unter dem Seespiegel. Das „neue“ Lipno ist ein weit verstreuter, künstlicher Ferienort, der jedes Jahr sein Gesicht verändert – es wird gebaut und gebaut. Am Seeufer erstrecken sich Hotels und Campingplätze zwischen bunten Asiamärkten, dazu gibt es die **Marina Lipno,** ein tschechisch-holländisches Projekt mit einem modernen Feriendorf aus der Retorte. Etwas zurückversetzt von der Uferstraße liegt die **Promenáda Lipno,** eine sterile

Flaniermeile mit Touristeninformation, Souvenirläden und ein paar Lokalen. Die triste Siedlung hoch darüber kann man sich sparen, es sei denn, man will in der Dorfdisco „Exil" die Puppen tanzen sehen.

Flair besitzt der gesamte Ort nicht, dafür aber ein gutes Freizeitangebot: Abwechslung zum Bad im See bietet das hiesige **Aquaworld,** zudem kann man Golf spielen, auf der **Sommerrodelbahn** den Hang hinabdüsen, eine Schifffahrt unternehmen oder auf einer gemieteten Yacht einmal selbst den Kapitän mimen. Im Winter ruft das **Skigebiet Kramolín** zum Brettlvergnügen, im Sommer kann man mit der Seilbahn nach oben schweben und zu großen oder kleinen Wandertouren aufbrechen. Auch fordern diverse Cross-Country-Routen **Mountainbiker** heraus. Für Urlauber mit dem Motto „No sports" bleibt lediglich die Besichtigung des **Wasserkraftwerks** an der Staumauer, dessen Turbinen pro Liter Wasser 1,5 Kilowatt Strom erzeugen.

• *Information* **Infocentrum Lipno,** im Hochsommer tägl. 9–19 Uhr, ansonsten verkürzt. Organisiert auch Ausflüge und Freizeitprogramme. Zudem deutschsprachige Zeitungen. ✆ 380736053, www.lipno.info.

• *Verbindungen* **Busse** regelmäßig über Vyšší Brod und Rožmberk nach Český Krumlov, ein paar davon fahren auch weiter nach Budweis. Bis zu 3-mal tägl. zudem über Frymburk, Horní Planá und Volary nach Prachatice.

• *Camping* **Autocamp Modřín,** im Westen Lipnos, bestens ausgeschildert. Riesiger Platz zwischen See und Straße. Viele Holländer, sehr gut ausgestattet. Eines der besten Campingrestaurants Böhmens. Mai–Sept. 2 Pers. mit Zelt u. Auto 9,50 €. Lipno 87, ✆ 380736053, ℻ 380736054, www.lipno.info.

• *Golf* **Lipno Golf Club,** an der Straße nach Frymburk ausgeschildert. 18-Loch-Platz. Greenfee 25–28 €. ✆ 380736260, www.lipnogolf.cz.

• *Radfahren* Für Cyklobusse entlang dem Lipno-See, in den Böhmerwald und über Český Krumlov nach Budweis → S. 15.

• *Schiffsrundfahrten* Mitte Juni–Mitte Sept. bis zu 3-mal tägl., im Mai u. Okt. unregelmäßiger ab Lipno. Es gibt 2 verschiedene Fahrten à 1 ½ Std. Ticket 7,90 €, erm. 4,60 €. Infos unter ✆ 380736276, www.lipno-line.com.

• *Seilbahn im Sommer* Fahrten Di/Do/So um 10, 12, 16 u. 17.30 Uhr. 1,80 €/Fahrt. Radtransport für Mountainbiker möglich.

• *Skifahren* 4 Schlepplifte und eine Seilbahn ermöglichen die Abfahrt auf 3 roten und 3 blauen Pisten. Tageskarte 16 € (erm. 11 €). Es gibt einen Snowboardpark, einen Skiverleih und eine Skischule. Langläufern stehen rund 22 km gespurte Loipen zur Verfügung.

• *Yachtcharter* An der Marina bei **Lipnorent.** Yacht ab 44 €/Tag, 242 €/Woche. ✆ 731410 813 (mobil), www.lipno.info.

• *Öffnungszeiten* **Aquaworld,** tägl. 14–21 Uhr, außerhalb der Saison verkürzt. 2-Std.-Ticket 5,20 €, erm. 3,90 €. **Sommerrodelbahn (Bobová dráha),** im Hochsommer tägl. 9–21 Uhr, in der NS tägl. 11–18 Uhr. 2,80 €/Fahrt, erm. 2,10 €. **Wasserkraftwerk,** Mitte Juni–Mitte Sept. Führungen tägl. um 11, 13.30 u. 15.30 Uhr. Eintritt 0,70 €.

Frymburk (Friedberg)

Das 1300-Einwohner-Städtchen ist mit Abstand das hübscheste am Lipno-Stausee. Es liegt idyllisch auf einer Halbinsel, die durch die Flutung des Moldautals entstanden ist. Zwar sind dabei einige Häuser untergegangen, der ursprüngliche Ortskern samt spätgotischer **St.-Bartholomäus-Kirche** mit elegantem, spitzem Turm – der Blickfang Frymburks – ist aber erhalten geblieben. Rund um den freundlichen, baumbestandenen Marktplatz mit Brunnen gibt es eine Reihe netter Unterkünfte und Restaurants – v. a. Holländer belegen sie gerne. An den Ufern östlich und westlich des Ortes wird fleißig gebaut. Von Frymburk besteht eine Fährverbindung ans Südufer des Sees nach Frýdava. Für Tipps zum Radfahren oder Wandern dort → Vítkův Kámen.

• *Verbindungen* **Busse** halten an der Durchgangsstraße nahe der Abzweigung ins Zentrum. Regelmäßig über Lipno, Vyšší Brod und Rožmberk nach Český Krumlov, ein paar wenige davon fahren weiter bis Budweis. Bis zu 3-mal tägl. über Horní Planá und Volary nach Prachatice.

Autofähre nach Frýdava April, Okt. u. Nov. 5-mal tägl., Mai, Juni bis zu 10-mal tägl., Juli u. Aug. von 6–20 Uhr nahezu stündl. 0,35 €/Pers., mit Fahrrad 0,90 €, Auto mit Fahrer 2,10 €.

• *Übernachten/Essen & Trinken* Ein neues Vier-Sterne-Hotel war zum Zeitpunkt der letzten Recherche am westlichen Ortsrand im Bau (Infos unter www.hotelfrymburk.cz).

**** **Vltava Hotel,** kleines komfortables Hotel am Dorfplatz. 25 teils recht geräumige Zimmer mit Teppichböden und Minibar. Hallenbad, Sauna, ordentliches Restaurant. Eigene Parkplätze (2,60 €/Tag extra). Fahrrad- und Surfbrettverleih. DZ 84 €. Frymburk 45, ✆ 380735605, 📠 380735603, www.hotel-vltava.com.

Penzion Frymburk, neue Komfortpension hinter der Kirche direkt am See. Alle Zimmer mit Balkon oder Terrasse zum Garten (Rasen von Golfplatzqualität). Sichere Parkplätze. In puncto Freundlichkeit kann das Personal aber noch etwas üben. Mindestaufenthalt zwei Nächte. DZ 65 €. Frymburk 190, ✆ 777123412 (mobil), 📠 380735187, www.lipno.com.

*** **Hotel Maxant,** am Marktplatz. Modern eingerichtete Zimmer. Sauna, Solarium, Hallenbad etc. Restaurant mit Sommerterrasse, zu den Spezialitäten gehören Kängurusteak und Hirschspieß mit Preiselbeeren (Hg. 3,50–15 €). EZ 41 €, DZ 63 €, Garagenparkplatz 3,20 €/Tag. Frymburk 80, ✆ 380735 229, 📠 380727161, www.hotelmaxant.cz.

Pension Markus, am Marktplatz. 24-Betten-Pension mit netten, neu ausgestatteten Zimmern und Apartments, alle mit Du/WC, TV und Holzböden. Beliebtes Restaurant. EZ 36 €, DZ 48 €, Apartment für 4 Pers. 93 €. Frymburk 11, ✆ 380735418, 📠 380735134, www.markus.lipensko.cz.

• *Camping* **Autocamp Frymburk,** ca. 800 m östlich des Zentrums, unter holländischer Leitung. Terrassenförmig angelegter Platz, fast alle Stellplätze direkt am Wasser. Kleiner Strand und Liegewiese. Moderne, saubere Sanitäranlagen. Vermietung von Chatas und einer Art „hölzerner Wohnwagen". Wassersportangebot. Im Hochsommer schnell ausgebucht. Mitte April–Ende Sept. 2 Pers. mit Auto o. Wohnwagen ab 21 €, mit Auto u. Zelt 13 €, 2-Pers.-Hütte 21 €. Frymburk 20/55, ✆ 380735284, www.campingfrymburk.cz.

Caravan Camp Hruštice, ca. 12 km nordwestlich von Frymburk, direkt am See, von der Straße 163 bei Milná ausgeschildert. Weiter Wiesenplatz, von Feldern umgeben und terrassenförmig angelegt. Selbst in der Hochsaison ist hier wenig los. Badebereich, Restaurant. Hotel angeschlossen. 2 Pers. mit Zelt u. Auto 11 €, Hruštice, ✆/📠 380735035, www.hotel-hrustice.cz.

• *Angelkarten* Erhält man in der **Reiseagentur Otre** am Marktplatz. Ein Angelschein Ihres Heimatlandes ist Voraussetzung. 23 €/Tag. ✆ 380735136, www.otre.cz.

Frymburk, ein beliebter Ferienort

Verschwundene Ortschaften

Auf das Ende des Zweiten Weltkriegs folgte die Zwangsaussiedelung der Sudetendeutschen aus der damaligen Tschechoslowakei. In den Gebieten an der bayerischen und österreichischen Grenze verloren damit viele Städte und Dörfer das Gros ihrer Einwohner, nicht wenige Dörfer waren gar ausgestorben. Um die Gegend wiederzubeleben, versuchte die Regierung in Prag, sog. Wolhynien-Tschechen – im Nordwesten der Ukraine lebende Landsleute – zum Übersiedeln in die Grenzgebiete zu bewegen. Doch der Erfolg war bescheiden. Schließlich siedelte man, teils auch unter Zwang, Slowaken, Rumänen, Sinti und Roma an. Das Terrain unmittelbar vor der Grenze wurde durch den Eisernen Vorhang zum Sperrgebiet, so auch der sich südlich und westlich des Lipno-Sees erstreckende Bereich des Böhmerwaldes. Die Ortschaften verfielen im Lauf der Zeit und wurden von der Natur zurückerobert. Eine davon ist beispielsweise Zvonková (das alte Glöckelberg) zwischen Lipno-See und österreichischer Grenze (→ S. 156). Paradoxerweise macht genau diese traurige Vergangenheit heute die Schönheit und Romantik des Böhmerwaldes aus. Während der Gebirgszug auf bayerischer oder österreichischer Seite mit Dörfern nur so gespickt ist, muss man sich die Relikte der einstigen Böhmerwaldsiedlungen per pedes oder mit dem Rad erarbeiten. Wer aufpasst, sieht irgendwo im Wald noch eine Hausfassade stehen, anderswo ein Denkmal für die Opfer des Ersten Weltkrieges, von Sträuchern verschlungen. Angeblich sollen noch viele Schätze unter der Erde schlummern, vom Tafelsilber bis zum Familienschmuck, vergraben von den Sudetendeutschen kurz vor ihrer Vertreibung.

Mit dem Thema Vertreibung setzen sich Tschechen (egal ob Historiker, Politiker oder Honza-Normalverbraucher) ungern kritisch auseinander, vielmehr übt man sich darin, die deutsch-böhmische Vergangenheit auf dem Boden der heutigen Tschechischen Republik schlicht zu ignorieren. Ganz im Gegensatz dazu versucht die junge tschechische Initiative **Antikomplex,** das verschwundene Sudetenland ins Gedächtnis zurückzurufen. Ihr über 650 Seiten starker Katalog zur Ausstellung „Zmizelé Sudety/Das verschwundene Sudetenland" wurde 2006 vom Verlag Nakladelství Českého lesa Domažlice herausgegeben (ISBN 80-86125-73-4).

Vítkův Kámen (Burgruine Wittinghausen)

Die frühgotische Burgruine Wittinghausen auf der Südseite des Sees ist ein beliebtes Ausflugsziel von Frymburk. Von der Fähranlegestelle **Frýdava** führt ein erst gelb, dann rot markierter Wanderweg ans Ziel (Dauer ca. 2 Stunden). Die würfelförmige, noch bis ins 18. Jh. bewohnte Burg auf 1032 m Höhe verewigte Adalbert Stifter (→ Kasten, S. 154) im Roman *Witiko* und in der hier zitierten Erzählung *Der Hochwald: „Ein grauer, viereckiger Turm steht auf grünem Weidegrunde, von schweigendem, zerfallenem Außenwerke umgeben, tausend Gräser und schöne Waldblumen und weiße Steine im Hofraume hegend und von außen umringt mit vielen Platten, Knollen, Blöcken und anderen wunderlichen Granitformen (...). Keine Stube, kein Gemach ist mehr in bewohnbarem Zustande, nur seine Mauern, jedes Mörtels und Anwurfes entkleidet, stehen zu dem reinen Himmel empor (...).“*

Mit dem Rad gelangt man von der Fähranlegestelle Frýdava auf Radwanderweg Nr. 1021 zur Burgruine. An Vítkův Kámen vorbei führt auch Radwanderweg 1033 von Vyšší Brod nach Nová Pec (ca. 53 km). Von Frýdava bietet sich zudem die Möglichkeit einer schönen, 33 km langen Rundtour auf Radwanderweg 1019. Man passiert dabei **Přední Výtoň,** einen Ferienort im Miniformat mit Möchtegern-Sandstrand und einigen Unterkünften.

Černa v Pošumaví (Schwarzbach)

Die sich dem Örtchen Černa v Pošumaví südöstlich anschließende Halbinsel ist für viele Tschechen und Holländer der Inbegriff für Urlaubsfreude an der „Böhmischen Riviera". Am westlichen Ortsende führt die Uferstraße vorbei an einem netten Naturfreibad mit großer Rutsche, einer kleinen Marina sowie ein paar oft überfüllten Campingplätzen und Liegewiesen bis hinunter in die Häuseransammlung **Radslav.** Ein zweites Sträßlein verläuft von Černa v Pošumaví über die Halbinsel hinweg nach **Dolní Lukavice.** Von der dortigen Liegewiese, auf der es selbst während der tschechischen Schulferien noch relativ ruhig zugeht, kann man beim Sonnenbaden hinüber nach Österreich blicken. Ein privat betriebenes Fährschiff verbindet Dolní Lukavice im Sommer mit dem Südufer des Lipno-Sees (→ Verbindungen).

• *Verbindungen* **Züge** bis zu 4-mal tägl. nach Volary, bis zu 8-mal (über Český Krumlov) nach Budweis. Für Fahrten mit historischen Dampfzügen → S. 160. **Busse** regelmäßig nach Český Krumlov und Volary.

Fähren im Juli u. Aug. stündl. von 9–20 Uhr, im Juni stündl. von 9–18 Uhr, ansonsten nur 4 bis 5-mal/Tag, Infos unter 775183185 (mobil). 1,20 €/Pers., mit Fahrrad 2,10 €, mit Auto 5,30 €.

• *Übernachten* **Villa Bohemia,** am westlichen Ortsende von Černa v Pošumaví die Uferstraße zur Halbinsel abbiegen. Natursteinverkleidete Villa (Wende 19./20. Jh.), direkt am See. Großer Garten mit Spielplatz, Restaurant mit schöner Terrasse, Tennis, Sauna. Angenehme Zimmer mit Satelliten-TV. DZ 67 €. Bližná 16, ✆ 380744666, 📠 380744 555, www.villabohemia.cz.

• *Camping* **Villa Bohemia,** Vier-Sterne-Platz neben dem gleichnamigen Hotel, am westlichen Ortsende von Černa die Uferstraße zur Halbinsel abbiegen, ausgeschildert. 2005 eröffnet. Gepflegte Wiesenfläche mit einem schönen Sandstrand davor. Sehr freundliche Betreiber (deutsch-tschechisch), großes Angebot für Kinder, gute Sanitäranlagen. Schnellrestaurant. 2. Pers. mit Auto u. Zelt je nach Stellplatz ab 18 €, Bungalow für 4 Pers. 41 €. Bližná 16, ✆/📠 380744004, www.villabohemia.cz.

• *Katamaranverleih* **Půjčovna katamaránů,** in Hůrka etwas westlich von Černá v Pošumaví (beim Bahnübergang). Für 2–4 Pers. 14 € für 2 Std., 32 €/Tag. ✆ 737850367 (mobil).

Horní Planá (Oberplan)

„Im Tale, das weit und fruchtbar ist, sind Dörfer herumgestreut, und mitten unter ihnen steht der kleine Flecken Oberplan." So sah es hier 1842 aus, als Adalbert Stifter die Erzählung Der Hochwald verfasste. Heute zählt der Geburtsort Stifters 2360 Einwohner und liegt am Ufer des Lipno-Stausees. Mehrere Brände haben seitdem auch das ursprüngliche Bild des Marktfleckens verwischt. Sieht man vom farbenfroh gestrichenen, winzigen Zentrum ab, ist der Badeort eine eher schäbige Angelegenheit, zumal mittendurch die Fernstraße 39 führt, mit brummenden Trucks als Zugabe. Dafür gibt es am Seeufer einen fast sandigen Strand, wo sich eine fröhliche, ölsardinenartig zusammengepresste Urlauberschar im Sommer rosarot brät.

Adalbert Stifter – Langweiler oder Meistererzähler?

Niemand anders hat den Böhmerwald so tiefgründig und anschaulich besungen wie Adalbert Stifter. Seine Verehrer bezeichnen ihn als den „größten Schilderer der Naturwelt in deutscher Sprache" und als „Meister des poetischen Realismus". Thomas Mann hingegen nannte ihn die „Ehrenrettung der Langeweile".

Adalbert Stifter wurde am 23. Oktober 1805 als Sohn eines Webers und Flachshändlers in Oberplan geboren. Sein Vater starb, als er 12 Jahre alt war. Der Großvater schickte den jungen Adalbert nach Oberösterreich zur Schule. Nach dem Abitur studierte Stifter in Wien Jura und Naturwissenschaften. Nebenbei beschäftigte er sich mit der Landschaftsmalerei und der Dichtkunst, bei der insbesondere die Darstellung seiner Kindheitswelt im Böhmerwald im Vordergrund stand. Erzählungen wie *Der Hochwald* (1842) brachten ihm ersten Ruhm ein. 1850 nahm er, als Sicherheit für seine Familie, eine Stelle als Schulinspektor in Wien an. Im Geiste aber blieb er im Böhmerwald.

„Sanftes Gesetz" nannte Stifter sein ästhetisches Programm, nach dem das Stille, Kleine und Gewöhnliche Ursprung alles Großen und Edlen sei. Meist skizzierte er einfache, klare Naturen, nicht umsonst gehören Kindergestalten wie in der Erzählung *Bergkristall* (1853, 2004 von Josef Vilsmaier verfilmt) zu seinen schönsten Schöpfungen.

Ab Anfang der 1860er quälte Stifter ein tückisches Leberleiden. 1868 machte er – so heißt es – während eines Schmerzanfalls seinem Leben ein Ende. Ein Jahr zuvor hatte er sein größtes Werk, das 1000-seitige Mittelalterepos *Witiko* beendet. Sein letzter Roman *Die Mappe meines Urgroßvaters* blieb ein Fragment.

Das **Geburtshaus Stifters** (Rodný dům Adalberta Stiftera), heute ein geschütztes Denkmal der Volksarchitektur, steht an der Durchgangsstraße Richtung Černa v Pošumaví und beherbergt eine 2005 neu konzipierte Ausstellung zum Leben und Werk des Dichters. Man sieht seine Totenmaske, ein paar seiner Landschaftsmalereien und einige Originalmöbel der Familie, darunter ein Hammerklavier. Am Museum beginnt der rund 4 km lange **Adalbert-Stifter-Weg.** Der Lehrpfad führt u. a. an dem hoch über dem Ort stehenden, den See überblickenden Stifterdenkmal und einer Bronzestatue aus dem Jahr 1906 (Pomník A. Stiftera) vorbei.

• *Information* **Kulturní a informační centrum Horní Planá,** zentral am Náměstí 8. Boots- und Radverleih (Rad ab 5,30 €/Tag), Kartenmaterial usw. Tägl. 8–12 u. 12.45–18 Uhr. ✆/📠 380738008, info@horniplana.cz.

• *Verbindungen* **Züge** bis zu 4-mal tägl. nach Volary und bis zu 7-mal (über Český Krumlov) nach Budweis. Für Fahrten mit historischen Dampfzügen → S. 160. **Busse** regelmäßig über Černa v Pošumaví nach Český Krumlov und Volary.

Autofähre nach Bližší Lhota auf der anderen Seite des Stausees April–Okt. 6.30–20.30 Uhr halbstündl. bis stündl. Auto 1,40 €, jeweils 0,35 €/Pers. und Fahrrad.

• *Essen & Trinken* Diverse Restaurants mit Sommerterrassen am Marktplatz.

• *Übernachten* **Pension Šejko,** an der Straße zum Strand bzw. der Fähranlegestelle. Gepflegte gehobene Pension, Zimmer mit Hang zum Romantischen eingerichtet. Schöne Anlage mit Pool im Innenhof. Sichere Parkplätze. 21 €/Pers., Frühstück (3,30 €) und Parken (3,20 €) extra. Jiráskova 170, ✆/📠 380738330.

*** **Hotel Na Pláži,** größeres Hotel direkt am Strand und daher die beste Adresse für alle, die von früh bis spät ins Wasser sprin-

Böhmerwaldidylle am Lipno-See

gen wollen. Gartenrestaurant. DZ 45 €. Jiráskova 42, ☏/℻ 380738374, www.hotel-plaz.cz.

Pension U Kohoutů, am Marktplatz. 2 großzügige Apartments und 2 Zimmer im modern-rustikalen IKEA-Stil. Eigene Parkplätze. Restaurant. DZ mit Frühstück 39 €, ohne 28 €. Náměstí 16, ☏ 380738029, www.penzionkohout.cz.

• *Außerhalb* *** **Hotelový Areál Na Jezeře,** weitläufige Anlage mit solide ausgestatteten Bungalows in einem Birkenhain ca. 4 km südlich von Horní Planá (von der Straße nach Cerná v Pošumaví nach Jenišov abbiegen). Radverleih, Tennisplätze, Volleyballplatz, Restaurant, schöner Strand mit schattenspendenden Bäumen. Das Hotel hat noch zwei günstigere Dependancen. Personal zuweilen etwas desinteressiert. DZ 84 €, Bungalow mit 2 Schlafzimmern, Küche und Wohnzimmer 137 €. Jenišov, ☏/℻ 380738338, www.euroagentur.cz.

• *Gokart* Eine kleine Bahn befindet sich ca. 1 km hinter dem Ortsausgang Richtung Hodňov. Juni u. Sept. tägl. 13–18 Uhr, Juli u. Aug. 11–20 Uhr. 7 Min. 4,20 €.

• *Angelkarten* Bekommt man im Souvenirladen und Geschäft für Angelzubehör **U Pešků** am Marktplatz (Hnr. 50), jedoch nur unter Vorlage des Angelscheins aus dem Heimatland. 5,30 €/Tag plus 4,20 € Gebühren. ☏ 380738484.

• *Veranstaltung* 20 km östlich von Horní Planá in **Hořice na Šumavě** stehen Mitte Aug. die **Passionsfestspiele** auf dem Programm. Die Festspieltradition reicht bis ins 13. Jh. zurück, lediglich während der kommunistischen Ära wurde sie unterbrochen, das Museum von Hořice na Šumavě informiert darüber.

• *Öffnungszeiten* **Adalbert-Stifter-Haus,** April–Juni u. Sept. tägl. (außer Mo) 10–12.30 u. 13.30–18 Uhr, Juli/Aug. auch Mo, Okt. tägl. (außer Mo) 9–12 u. 12.30–16 Uhr, Nov. u. Dez. Di–Sa 9–12 u. 12.30–16 Uhr. Eintritt 1,80 €, erm. die Hälfte.

Nová Pec (Neuofen)

Die verstreute Häuseransammlung am westlichen Ende des Lipno-Stausees besitzt neben mehreren Sägewerken einen Bahnhof, ein paar Restaurants, Pensionen und eine spartanische Camperwiese. Viel zu erleben gibt es vor Ort nicht, als Ausgangspunkt für **Wanderungen** (s. u.) ist Nová Pec aber ideal. Zudem ist Nová Pec Endpunkt der beliebten **Kanutenstrecke** von Lenora.

3 km südlich von Nová Pec verläuft der sog. **Schwarzenbergkanal** (mit „Švarcenberský kanál" ausgeschildert, vom Parkplatz noch ca. 15 Fußminuten). Der 45 km lange Kanal wurde zwischen 1789 und 1822 gebaut, um aus den abgelegenen Höhen des Böhmerwaldes Brenn- und Bauholz über die Große Mühl und die Donau bis nach

Wien driften zu können. Projektiert wurde das für die damalige Zeit technische Wunderwerk mit 87 Brücken und 22 Schleusen von Josef Rosenauer, dem Forstingenieur der Adelsfamilie Schwarzenberg. Einige Abschnitte blieben bis 1962 in Funktion. Heute sind Teilstücke des Kanals verfallen und führen kein Wasser mehr, andere wurden restauriert und werden in den Sommermonaten zu „Holzschwemmshows" gelegentlich wieder in Betrieb genommen. Entlang dem Kanal verläuft ein sehr populärer, grenzüberschreitender Radweg, rund 34 km davon auf tschechischem Gebiet.

• *Verbindungen* **Züge** bis zu 4-mal tägl. nach Volary, bis zu 7-mal (über Český Krumlov) nach Budweis. Auf der Strecke Nová Pec–Ovesná–Černý Kříž verkehren bis zu 9-mal tägl. Züge, auf der Strecke Nové Údolí–Černý Kříž bis zu 8-mal. Nur mäßige **Busverbindungen** in die umliegenden Orte.

• *Essen & Trinken* **Rybářská bašta,** nahe dem Bahnhof, im Ort ausgeschildert. Nettes Fischrestaurant, das Karpfen, Forelle, Zander, Hecht usw. zu 4,20–9 € serviert. ✆ 602379598 (mobil).

• *Übernachten* **Šumavský Pension Barbora,** im Dorf Bělá (nördlich von Nová Pec), dort nicht zu verfehlen. Pension im alpenländischen Stil. 4 rustikale, gut ausgestattete Apartments für bis zu 6 Pers. Nur im Voraus buchbar. Für 2 Pers. 35 €. Bělá 22, ✆/✆ 388320103, info@sumavskypension.cz, www.sumavskypension.cz.

Penzion Mauritz, blau gestrichener Gutshof aus dem 16. Jh., im Dorf Bělá nördlich von Nová Pec an der Durchgangsstraße, nicht zu verfehlen. Schöne rustikale Apartments für 2–6 Pers. Schnuckeliges Restaurant. Je nach Apartment 18–26 €/Pers. Běla, ✆ 602209920 (mobil), www.dudovi.cz.

• *Kanuverleih* Nächste Möglichkeit im 17 km nordwestlich gelegenen Volary bei **Půčovna lodí a kol Šumava,** Budějovická 422, ✆ 605341841; oder am **Campingplatz Soumarský Most** noch etwas weiter bei Lenora (→ S. 160, für Preise und Strecke siehe dort).

Zvonková (Glöckelberg) und Aussichtsturm Moldaublick

Ein für Rad- wie Autofahrer gleichermaßen spannender grenzüberschreitender Aus flug. Man verlässt Nová Pec auf einem schmalen Sträßlein gen Südosten und erreicht so nach ca. 6 km **Bližší Lhota** (auch zu erreichen mit der Fähre von Horní Planá, → S. 153). Folgt man von dort der Beschilderung nach Schöneben (Grenze Österreich), taucht nach rund 5 km ein kleines, braunes Hinweisschild zur **Kostel Zvonková** auf. Die Kirche liegt keine 100 m rechts der Straße im Wald versteckt. Das Gotteshaus samt Friedhof und dem ehemaligen Haus des Messners ist das einzige Überbleibsel der einstigen 763-Einwohner-Gemeinde Glöckelberg. Dem Engagement der einstigen Vertriebenen ist die Restaurierung der Kirche und die Einrichtung eines kleinen **Museums** im Messnerhaus zu verdanken, das über die traurige Geschichte Glöckelbergs informiert (→ Kasten „Verschwundene Ortschaften", S. 152). Zudem gedenkt man dem Schriftsteller Johann Urzidil, der 1933–38 in Glöckelberg lebte und das Dorf in einigen seiner Erzählungen nachzeichnete.

Von der Kirche sind es nur noch 2 km bis zur österreichischen Grenze. Gleich dahinter steht die 1962 erbaute Böhmerwaldkirche, auch **Heimatvertriebenenkirche** genannt, vor der ein Kreuz mit der Mahnung steht: „Vergiss nicht im Gebet die Toten der Heimatvertriebenen." Rund einen Kilometer weiter ist schließlich die Linksabzweigung zum Aussichtsturm Moldaublick ausgeschildert (von dort noch weitere 4,5 km). Der Blick von der 24 m hohen Eisenkonstruktion auf den Lipno-See ist unvergleichlich. Während der Zeit des Eisernen Vorhangs war der Aussichtsturm für viele Vertriebene eine der wenigen Möglichkeiten, nochmals einen Blick in die alte Heimat zu werfen.

Öffnungszeiten **Kirche und Museum Glöckelberg,** April–Okt. nur Sa/So 10–16 Uhr. **Aussichtsturm Moldaublick,** tägl. 9–17 Uhr. Eintritt 1,50 €.

Zum höchsten Berg und zum letzten Bären – Wanderungen von Nová Pec in den Nationalpark Šumava

An der Bahnstation **Ovesná** (2 km nördlich von Nová Pec) beginnt ein 16 km langer, gelb markierter und nicht umsonst **Bärensteig** (Medvědí stezka) genannter Wanderweg: Man passiert dabei den sog. **Bärenstein** (Medvědí kámen), der an den letzten im Böhmerwald erlegten Bär erinnert. Genau genommen handelte es sich um eine 15 Jahre alte Bärin, der hier am 14. November 1856 exakt 112 Treiber gegenüberstanden. Bis zuletzt soll die Bärin mit allen Kräften ums Überleben gekämpft haben. Noch vor dieser traurigen Stelle besteigt man den **Perník** (1049 m) und kommt an der Siedlung **Jelení** vorbei. Der **Schwarzenbergkanal** führt dort durch einen 429 m langen Tunnel – den ersten, den Böhmen je besaß. Der Bärensteig endet in **Černý Kříž,** von wo man mit der Bahn nach Nová Pec zurückkehren kann.

Rund 11 km lang ist die recht anstrengende Wanderung von Nová Pec zum **Plöckensteinsee** (Plešné jezero) auf 1090 m Höhe; der Weg ist erst gelb, dann grün markiert. Den geheimnisvollen Gletschersee, an dem angeblich nie ein Windhauch zu verspüren ist, verewigte Adalbert Stifter in seiner Erzählung *Der Hochwald: „(...) von dem schwarzen Sammet seines Grundes herausgetreten, steht man an der noch schwärzeren Seefläche. Ein Gefühl der tiefsten Einsamkeit überkam mich jedesmal unbesieglich, so oft und gern ich zu dem märchenhaften See aufstieg. Ein gespanntes Tuch ohne eine einzige Falte, liegt er weich zwischen dem harten Geklippe, gesäumt von einem dichten Fichtenbande, dunkel und ernst (...).“* Ein Denkmal zu Ehren des Heimatdichters, ein 15 m hoher Granitobelisk, steht auf einem Plateau rund 150 m über dem See – einer der schönsten Aussichtspunkte Südböhmens (gelbe Wegmarkierung vom See). Steigt man noch weiter bergauf, gelangt man auf den Gipfel des **Plöckenstein** (Plechý), den mit 1378 m höchsten Berg des Böhmerwaldes direkt an der österreichisch-tschechischen Grenze. Die durchschnittliche Jahrestemperatur beträgt hier 3 °C. Anspruchsvolle Wanderer folgen von hier dem rot markierten, ca. 13 km langen Kammweg entlang der Grenze über das **Dreiländereck** (Trojmezí, Ausweis nicht vergessen!) und den **Dreisesselberg** (1312 m, Třístoličník) nach **Nové Údolí,** wo man den Rückweg mit dem Zug (umsteigen in Černý Kříž) antreten kann.

Am Schwarzen See in der Šumava

Šumava (Böhmerwald)

Wilde Bergflüsse, geheimnisvolle Torfgründe, steinerne Meere, abgeschiedene Gletscherseen – der Böhmerwald ist voll von herber, paradiesisch unberührter Schönheit.

Šumava, „die Rauschende", nennen die Tschechen den Böhmerwald, der sich von Nýrsko südwestlich von Klatovy bis zum Lipno-Stausee erstreckt. Das grenznahe Gebiet zwischen dem See und Železná Ruda bildet dabei den *Nationalpark Böhmerwald (Národní Park Šumava),* der mal breitere und mal schmalere Streifen drum herum das *Naturschutzgebiet Böhmerwald (CHKO Šumava).* Bestens markierte Wander- und Radwege führen durch dunkles Gehölz, wo man den Böhmerwald vor lauter Bäumen nicht sieht, hin zu den abgelegensten Winkeln: auf stürmische Gipfel, zu verfallenen Burgen, auf Hochebenen mit Mooren von scheinbar unendlicher Weite, zu alten Gutshöfen mit krähenden Hähnen davor, zu einsamen Seen und zu Dornröschen und den sieben Zwergen. Es ist die Schönheit und Romantik dieser stillen Landschaft, die fasziniert.

Besiedelt wurde der Böhmerwald im 12. und 13. Jh. zuerst in den Niederungen und Tälern. Viele der damaligen Kolonisten waren vom Goldrausch beseelt. Erst im 18. und 19. Jh. wurden die unwirtlichen, niederschlagsreichen und kühlen Hochlagen des Böhmerwaldes durch Holzfällersiedlungen erschlossen. Diese belieferten Glashütten, aber auch die aufkommende Streichholz-, Papier- und Druckindustrie. Über den Schwarzenbergkanal (→ S. 155) transportierte man ab der ersten Hälfte des 19. Jh. Holz aus dem Böhmerwald bis nach Wien. Zu jener Zeit sprach man westlich von Sušice Oberpfälzer Mundart, zwischen Sušice und Horní Planá einen donaubayerischen Dialekt und östlich davon mit oberösterreichischem Einschlag. Damals verstand man unter dem Böhmerwald den gesamten bayerisch-böhmisch-österreichischen Gebirgszug vom heutigen Cheb bis ins österreichische Mühlviertel.

Die neuen geopolitischen Verhältnisse nach dem Zweiten Weltkrieg ließen den Wald dann in Teilregionen zerfallen. Heute bezeichnet man den Abschnitt südlich von Cheb bis zur Senke zwischen Furth im Wald und Domažlice als *Český les (Tschechischer Wald),* erst dann beginnt die im Folgenden präsentierte Šumava. Das deutsche Pendant zum Tschechischen Wald wiederum ist der *Oberpfälzer Wald* und das zur Šumava der *Bayerische Wald.*

Die Vertreibung der Bevölkerung nach dem Zweiten Weltkrieg und der danach gezogene Eiserne Vorhang ließen viele Dörfer von der Landkarte verschwinden (→ Kasten, S. 152), schufen aber zugleich ein von Menschenhand weitestgehend unberührtes Naturparadies, in dem sich Auerhahn und Fischotter gute Nacht sagten. Die noch verbliebenen Dörfer erwachen heute zu neuem Leben. Die alten, mit Schindeln gedeckten Berghäuser werden restauriert und zu Cafés, Restaurants oder Unterkünften ausgebaut. Charme haben dennoch nur wenige Orte, dafür sorgte der Sozialismus mit seinen staatlich verordneten Geschmacklosigkeiten. Zu viel Bergdorfromantik sollte man also nicht erwarten.

Zu hoffen bleibt, dass der sanfte Tourismus und nicht die wilde Ausbeutung von Bodenschätzen künftig zum wirtschaftlichen Standbein der Region wird. Denn Gold, das einst im Böhmerwald mit Hammer und Pickel abgebaut wurde, gibt es noch immer unter der Erde. Mit den Fördermethoden von einst lohnt der Abbau heute nicht mehr, wohl aber mit Dynamit und großen Maschinen. Internationale Unternehmen, die diesbezüglich in den letzten Jahren in Prag angefragt hatten, sind nicht auf taube Ohren gestoßen.

Tipps für Wanderer und Radfahrer

Es gibt unzählige markierte Wander- und Radwanderwege, die sich zu Touren unterschiedlichster Länge kombinieren lassen und so jedem Anspruch gerecht werden. Routenvorschläge finden Sie unter den jeweiligen Ortschaften. Sog. Cyklobusse (→ S. 15) ermöglichen zudem Radtouren, bei denen Startpunkt und Ziel nicht identisch sein müssen. Der populärste Radweg durch den Böhmerwald ist die *Šumavská magistrála* (Radwanderweg Nr. 33), die vom Lipno-Stausee bis Nýrsko führt.

Volary (Wallern)

Das 4000-Einwohner-Städtchen wurde an der Wende vom 13. zum 14. Jh. von Kolonisten aus Tirol gegründet. Die Händlerkarawanen, die Salz auf dem Goldenen Steig (→ Prachatice/Geschichte, S. 118) nach Prachatitz brachten, nutzten Wallern als Raststation – damals entsprach die Distanz von 18 km einem Tagesmarsch. Auch hatte man in Wallern seine Zollgebühren zu entrichten – Peter Wok II., der letzte Rosenberger, erteilte den Wallernern gar das Recht, die Ware von Drückebergern, die einen weiten Umweg ums Städtchen versuchten, zu beschlagnahmen.

Holzverarbeitung und Viehzucht sind heute u. a. die wirtschaftlichen Standbeine der Stadt. Gerne würde man auch stärker am einträglichen Geschäft mit dem Tourismus partizipieren, doch das heutige Volary ist alles andere als eine Perle im Böhmerwald. Man rühmt sich zwar seiner alten *Tirolerhäuser* (Gebäude mit steinernem Erd- und gezimmertem Obergeschoss, die Wohnraum, Stall und Scheune unter einem breiten Satteldach aus Schindeln vereinigen), doch leider gibt es im ganzen Ort nur noch zehn davon (der Rest brannte im 19. Jh. ab), und fast alle stehen in tristen Ecken, oft eingeklemmt zwischen Plattenbauten. In einem Tirolerhaus ist auch das örtliche **Museum** (Volarské muzeum) untergebracht, wo man etwas über die lokalen Handwerkskünste wie Holzschnitzerei und Glasherstellung erfährt. Erwähnung findet auch der sog. Todesmarsch: Der grausame Evakuierungsmarsch von über 1100 Frauen aus dem bayerischen Konzentrationslager Helmbrechts gen Osten begann am 13. April 1945 und endete nach 220 km bzw. 22 Tagen in Volary. Noch bevor die amerikanischen Truppen eingreifen konnten, wurden 95 entkräftete Frauen von den Aufsehern ermordet. Ein Denkmal beim örtlichen Friedhof erinnert an das Grauen.

• *Verbindungen* Gute **Busverbindungen** zu den Orten am Lipno-Stausee, zudem nach Lenora, Vimperk und Prachatice. **Züge** 7-mal tägl. nach Budweis, bis zu 6-mal über Stožec nach Nové Údolí, bis zu 9-mal über Kubova Huť und Vimperk nach Strakonice – eine tolle Strecke. Für Fahrten mit historischen Dampfzügen → S. Stožec.

• *Öffnungszeiten/Anfahrt* **Museum,** von Prachatice aus die zweite Straße nach der weiß-grauen Hauptkirche rechts abbiegen, Česká 71 (im Ort nur spärlich ausgeschildert). Mai–Sept. tägl. (außer Mo) 10–17 Uhr. Eintritt 0,70 €, erm. die Hälfte. **Gedenkstätte,** von Prachatice aus vor der weiß-grauen Hauptkirche rechts ab. Der Friedhof liegt nach ca. 150 m rechter Hand auf einer Anhöhe.

Informationen zum 17 km nördlich gelegenen Prachatice finden Sie auf S. 118.

Stožec (Tusset)

Die kleine, wiederbelebte Gemeinde mit Restaurants, ein paar Pensionen und Böhmerwald-Infozentrum liegt am Flusslauf der Kalten Moldau (Studená Vltava). Für motorisierte Fahrzeuge ist hier Endstation – die Straßen weiter zur Grenze und gen Süden sind für sie gesperrt. Nördlich des Ortes, unter dem Stožecká skála (Tussetfelsen) mitten im Wald, steht seit dem Ende des 18. Jh. eine **Marienkapelle,** die seit 1992 wieder regelmäßig – stets am 15. August – Ziel einer Wallfahrt ist.

Radfahrer erreichen Stožec von Vyšší Brod oder Frymburk über Radwanderweg Nr. 33. Von Stožec führt zudem Radwanderweg 1029 bis zum **Plöckensteinsee** (Plešné jezero, für Wanderungen dahin → S. 157). Wer Glück hat und Ruhe bewahrt, kann am Wegesrand nicht nur Schwarzwild sehen, sondern vielleicht auch einen Luchs. Die scheue Raubkatze wurde 1890 im Böhmerwald ausgerottet, 1982 aber wieder ausgesetzt.

• *Verbindungen* Von Anfang Juli–Ende Aug. startet in Stožec an Wochenenden eine historische Eisenbahn mit Dampflok zur Bummelfahrt. Die Strecke führt zunächst stets von Stožec nach Nové Údolí und wieder zurück, dann weiter über Černý Kříž nach Volary. Von Volary geht es dann – je nachdem, welche Tour auf dem Programm steht – weiter Richtung Prachatice, über Horní Planá nach Černa v Pošumaví oder Richtung Leonora. Genaue Infos zu den Abfahrtszeiten bei den Infozentren oder unter www.cd.cz bzw. ✆ 840112113.

• *Übernachten* **Hotel U Mauritzů,** kleines, familiäres Hotel, vor Ort ausgeschildert. Gebäude im Böhmerwaldstil, ruhige Lage. Schlichte 1- bis 4-Bett-Zimmer mit privaten Bädern. Super Blick von den Bierbänken im Garten. Freundliche Wirtsleute, Hausmannskost in der rustikalen Gaststube. DZ mit Frühstück 28 €, mit HP 44 €. Stožec 42, ✆/📠 388335166, mauritz.stozec@mybox.cz.

Lenora (Eleonorenhain)

Trotz seines hübschen Namens (nach der Gattin von Jan Adolf von Schwarzenberg) und der blumigen Beschreibung in so mancher lokalen Werbebroschüre – Lenora ist ein farbloses Straßennest. An den Ruhm der hiesigen Glashütten – 1990 ging die letzte große nach einer misslungenen Privatisierung Pleite – erinnert heute das ausgeschilderte **Glasmuseum.** Es zeigt schönes Kristallglas, das durch kunstvollen

Schliff und Färbung veredelt wurde. Nebenan bietet ein lokaler Glasschleifer seine handbearbeitete Ware an. Eine andere „Attraktion" Lenoras ist ein überdachter, steinerner **Brotbackofen** aus der ersten Hälfte des 19. Jh. an der Durchgangsstraße. Jeden letzten Samstag in den Sommermonaten wird dort ein Schaubrotbacken veranstaltet. Am Ortsausgang Richtung Volary sieht man rechts unterhalb der Straße zudem eine **Rechenbrücke,** ebenfalls aus dem 19. Jh. Sie diente einst zur Selektion des Schwemmholzes. Von Lenora führt ein blau markierter Wanderweg auf den Boubín (s. u.).

• *Verbindungen* **Busse** 1-mal tägl. über Volary nach Prachatice, bis zu 6-mal tägl. über Kašperské Hory nach Vimperk. Für Fahrten mit historischen Dampfzügen s. o.

• *Camping* **Tábořiště Soumarský Most,** ca. 2 km südöstlich von Lenora an der Straße nach Volary. Äußerst einfacher, großer Zeltlagerplatz an der Warmen Moldau, bei Kanuten sehr beliebt. Zum Teil schattig. Extrem spartanische Sanitäranlagen. Über die „Säumerbrücke" (Soumarský Most), an der der Platz liegt, verlief früher übrigens der Goldene Steig. Mai–Sept. 2 Pers. mit Zelt u. Auto 5,30 €, Hütte ab 12,30 €. Soumarský Most, ✆ 605832012 (mobil).

• *Kanufahren* Die 30 km lange **Moldaustrecke Lenora–Soumarský Most–Pěkná–Nová Pec** (Dauer 6–8 Std.) ist bei Kanuten äußerst populär. Kanuverleih beim Tábořiště Soumarský Most (s. o.), 16 €/Tag.

• *Öffnungszeiten* **Glasmuseum,** Mai–Sept. tägl. (außer Mo) 9–12 u. 13–16 Uhr. Eintritt 0,70 €.

Boubínský prales (Kubany-Urwald)

Nordöstlich von Horní Vltavice erhebt sich der 1363 m hohe Boubín. Rund um den Berg erstreckt sich der 600 ha umfassende Boubínský prales, ein Urwald mit bis zu 400 Jahre alten Fichten und Tannen, der seit 1858 unter Naturschutz steht. Auf dem bewaldeten Gipfel des Boubín (Aussichtsturm) treffen sich verschiedene Wanderwege. 5,5 km beträgt der kürzeste Aufstieg (blau markiert) von Kubova Huť (s. u.). Man kann den Gipfel aber auch von Vimperk (→ S. 162) auf einem rot markierten und von Lenora und von Zátoň auf einem blau markierten Wanderweg erreichen.

Durch den Urwald führt zudem ein 3,8 km langer Naturlehrpfad. Dieser beginnt am Boubíner See (Boubínské jezirko), zu dem man am einfachsten über den Weiler Kaplice gelangt. Kaplice wiederum ist von Zátoň über ein 3 km langes Sträßlein zu erreichen und dort mit „Boubín" ausgeschildert. Beim Parkplatz in Kaplice bestehen provisorische Campingmöglichkeiten auf einer kleinen Wiese.

Verbindungen Die **Züge** von Vimperk nach Volary (bis zu 9-mal tägl.) halten in Zátoň. Zudem besteht im Sommer bis zu 4-mal tägl. eine **Busverbindung** von Železná Ruda über Srní und Kvilda nach Kaplice.

Informationen zu Kvilda in den Höhen des Böhmerwaldes ab S. 165.

Kubova Huť (Kubohütten)

An das einstige Glashüttenwesen der Region erinnert der Beiname *Huť* (= Hütte) vieler Dörfer in der Umgebung von Vimperk. Die abgeschiedenen Kubohütten gab es aber nur ein paar Jahre (1728–1736). Heute ist Kubova Huť eine lang gezogene Pensionssiedlung parallel zur stark befahrenen Nationalstraße 4. Zugleich weist das Dorf die höchstgelegene Eisenbahnstation Böhmens auf, der Bahnhof befindet sich auf 995 m. Die Züge von Vimperk nach Volary machen hier Halt – ohne Zahnradantrieb müssen sie eine Steigung von 28 % bewältigen. An Sommerwochenenden schnauft auch eine historische Dampflok den Hang hinauf (→ Stožec/Verbindungen, S. 160).

• *Verbindungen* Bis zu 9-mal tägl. halten die **Züge** von Vimperk nach Volary in Kubova Huť.

• *Übernachten* Es gibt ein paar freundliche, im alpenländischen Stil errichtete Pensionen. Je ferner Sie der Nationalstraße bleiben, desto ruhiger nächtigen Sie logischerweise. Empfehlenswert sind die Pensionen **Šípkova Chalupa** (Hnr. 44, ✆ 388436173, www.sumava.net/sipkovachalupa, DZ 25 €) und **Klose** (Hnr. 1, ✆/📠 388436333, www.kubova-hut.cz/klose, DZ 24 €) in der Nachbarschaft.

Kemp TJ Vltava, ca. 4 km südlich bei Horní Vltavice, dort ausgeschildert. Einfacher Platz, der etwas gepflegter sein könnte. Auf jeden Fall schöne Lage zwischen Fluss und Waldrand. Volleyballfeld, Wippe. Veraltete Sanitäranlagen, aber okay. Kein Restaurant, dafür liegt das Dorf in Laufnähe. Mai–Okt. 2 Pers. mit Wohnmobil 5 €, Chata für 4 Pers. 15 €. Horní Vltavice, ✆ 388436189, tjhv@seznam.cz.

Vimperk (Winterberg)

Das von grünen Hügeln umrahmte 8300-Einwohner-Städtchen 24 km westlich von Prachatice machte lange Zeit den Eindruck, als hätte es nahezu alle Entwicklungen nach der Samtenen Revolution verschlafen. Die Wende kam zeitversetzt. Erst heute restauriert man fleißig, und auch die Schaufensterauslagen werden von Jahr zu Jahr zeitgemäßer. Das charmante Zentrum schmiegt sich an den Hang, ganz oben thront die Burg. Deren Fundamente reichen bis ins 13. Jh. zurück. Im 16. Jh. wurde die Burg unter den Rosenberg in ein Renaissanceschloss verwandelt und im 19. Jh. nach einem Brand unter den Schwarzenberg wieder aufgebaut. Die Burg bezeugt den einstigen Reichtum Winterbergs, das an einer Nebenroute des Goldenen Steiges (→ Prachatice/Geschichte, S. 118) lag und deswegen in ewiger Rivalität mit Prachatice stand. Daran erinnert das kleine **Museum des Goldenen Steiges** (Minimuzeum Zlaté Stezky) am Marktplatz. In der Burg selbst hat das **Städtische Museum** seinen Sitz. Es widmet sich der Flora und Fauna des Böhmerwaldes, der Glasherstellung (als Erwerbszweig längst von der Holz- und Möbelindustrie abgelöst) und dem Buchdruck. Die örtliche Jan-Steinbrenner-Druckerei wurde 1484 – wenige Jahrzehnte nach Gutenbergs Erfindung – als eine der ersten Böhmens gegründet und existierte bis 2003. Gedruckt wurden vorrangig religiöse Bücher, und zwar in 24 Sprachen, darunter auch Miniaturausgaben des Koran.

Information/Verbindungen/Sonstiges

• *Öffnungszeiten* **Museum des Goldenen Steiges,** wird von der Tourist Information verwaltet, fragen Sie dort nach einer Begleitperson. Eintritt 0,70 €, erm. die Hälfte. **Burg,** Mai–Okt. tägl. (außer Mo) 9–12 u. 13–16 Uhr. Eintritt 1,10 €, erm. die Hälfte.

• *Information* **Městské informační středisko,** am Marktplatz, ✆ 388411894, www.mesto.vimperk.cz. Mo 8–12 Uhr, Di–Fr 8–11.30 u. 12.30–17 Uhr, Sa 8.30–12 u. 12.30–14 Uhr, So 8.30–12 Uhr.

• *Verbindungen* Bahnhof und Busbahnhof im Südwesten des Städtchens (ca. 1 km vom Zentrum entfernt). Gute **Busverbindungen** nach Zdíkov und Lenora, mäßige nach Tábor, Písek, Strakonice, Prachatice und Český Krumlov. **Züge** bis zu 9-mal nach Strakonice und 7-mal nach Volary.

• *Radfahren* Gen Süden führt Radwanderweg 1032 nach Horni Vltavice (18 km), vorbei an **Kubova Huť** (s. o.). Von Horní Vltavice bestehen diverse Möglichkeiten für Rundtouren durch den **Böhmerwald.** Richtung **Prachatice** → S. 121.

Essen & Trinken/Übernachten

• *Essen & Trinken* **Lotte Restaurace,** gilt als das beste Restaurant des Städtchens. Pseudoschickes Inneres, Sommerterrasse. Mediterran Angehauchtes, aber auch Steaks, Wild oder Entenbraten. Hg. 3–11 €. Rožmberská 4, ✆ 777134823 (mobil). Wegbeschreibung: Vom Marktplatz die Straße rechts am Stadtturm vorbei nehmen (Steinbrenerova). Am Ende der gepflasterten Straße links halten, dann linker Hand.

Pizza Marco, 42 verschiedene Pizzen und irrsinnig viele Nudelgerichte. Buntes Interieur. Netter, aber mittags überforderter Service. Kleine Terrasse. Mittlere Preisklasse. So nur abends. Pivovarská 88, ✆ 388412059. Wegbeschreibung: Vom Marktplatz die Gasse links des Glockenturms bergab nehmen. Vorbei an der Kirche gelangt man zu einem Platz mit Brunnen, hier linker Hand Ausschau halten.

Hospoda Na Náměstí, am Marktplatz. Vimperker Holzfäller und andere Hartgesottene treffen sich hier – gegen 21 Uhr ist die Hälfte schon rotzeblau. Derb-lustig. *Platan*-Bier, günstiges Essen.

Bohemia Bar, wenn es so etwas wie eine Szene im Städtchen gibt, dann verkehrt sie an der schweren Holztheke dieser kleinen Kneipe an der Pivovarská. Harte Musik. Ein Wolpertinger heißt Sie Willkommen.

• *Übernachten* **** **Amber Hotel Anna,** in zentraler Lage. Ohne jegliches Feingefühl restauriertes Altstadthaus. Von der Lobby mit Heiligenstatuen bis zum Mobiliar in den 50 Zimmern und Suiten komplett geschmacklos. Whirlpool, eigene Parkplätze. EZ 39 €, DZ 56 €. Kaplířova 168, ✆ 388412050, 📠 388411694, www.legner.cz.

Penzion Róza, Apartpension am Marktplatz. 4 freundliche, modern eingerichtete Apartments (mit Wohnzimmer, TV, Küche und Badezimmer). Parkmöglichkeiten. Für 1 Pers. 16 €, für 2 Pers. 25 €. Nám. Svobody 10, ✆ 737856252 (mobil), www.penzionroza.cz.

Vodník Camping, schattenlose Wiese an der Straße nach Kašperské Hory (ca. 1,5 km außerhalb des Zentrums). Sanitäranlagen okay. Restaurant an einem kleinen Badeteich. Mai–Okt. 2 Pers. mit Zelt u. Auto 8,80 €, Chata ab 24 €. Jiráskova 278, ✆ 388415656, www.autokempvodnik.cz.

Vimperk, von Bergen umrahmt

Informationen zu Prachatice und anderen Ziele östlich von Vimperk → ab S. 118.
Ziele nördlich von Vimperk (wie Strakonice) → Umgebung von Písek ab S. 111.

Zadov-Churáňov

Zadov-Churáňov ist eines der drei „großen" **Skigebiete** des Böhmerwaldes. Von der Straße 145 Vimperk–Kašperske Hory zweigt bei Stachy eine Stichstraße dorthin ab. Langläufer finden um Zadov rund 80 km gespurte Loipen, alpinen Skifahrern stehen sechs Liftanlagen (überwiegend älteren Datums) zur Verfügung, darunter ein Sessellift auf den Churáňov (1119 m), auf dessen Gipfel eine meteorologische Station thront. Wer sich für einen Winterurlaub in Zadov entscheidet, sollte seine Vorstellungen von Bergromantik und coolen Après-Ski-Partys gewaltig nach unten schrauben: Die Hänge säumen neben ein paar Häusern im alpenländischen Stil auch Hotelklötze aus vorrevolutionärer Zeit. So etwas wie ein Ortszentrum gibt es nicht. Im Sommer fordern diverse Cross-Country-Routen **Mountainbiker** heraus.

• *Verbindungen* 6-mal tägl. ein **Bus** nach Kvilda.

• *Übernachten im und um das Skigebiet*

**** **Schlosshotel Zdíkov,** ein ehemaliger Herrensitz im gleichnamigen Dorf (ca. 7 km östlich von Zadov). Charmante Adresse unter deutscher Leitung. 25 individuell eingerichtete Zimmer, allerdings in einem bunten Stilmix: Kronleuchter neben Bauernschrank, Antiquitäten auf Teppichböden. Vornehmlich deutsches Publikum. Hallenbad, Fitnessraum, Sauna. Sichere Parkplätze. Restaurant. DZ ab 46 €, Apartment für 2 Pers. 91 €. Zdíkov 1, ✆ 339426829, ℻ 388426729, www.boehmerwaldhotels.de.

*** **Hotel Elsyn Dvůr,** nahe Nový Dvůr (kurz hinter der Abzweigung von Nový Dvůr nach Zadov), nur ca. 2 km vom Skizentrum entfernt. 2005 eröffnet. Freistehender Komplex mit herrlichen Ausblicken, nebenan grasen Pferde und Ponys. Fitnesszentrum, Tischtennis. 55 Betten, ordentliche Zimmer mit Internetanschluss. Restaurant mit Wintergartenatmosphäre. DZ 38 €. Nový Dvůr 135, ✆ 388302041, ℻ 388320484, www.elsyndvur.cz.

Pension U Studeného Potoka, beim Dörfchen Nové Hutě ca. 8 km südlich von Zadov. Netter Neubau mit Terrasse. Freundliche Teppichbodenzimmer mit Kiefernholzmobiliar, Bad, TV (ZDF!) und Radiowecker. Guter Service, sehr ruhig. Restaurant. Nur für Nichtraucher! DZ mit HP 46 €. Nové Hutě 42, ✆ 388434229, ℻ 388434059, www.ustudenehopotoka.cz.

Seilbahn auf den Churáňov

Penzion U Černého Kohoutka, Familienpension im Dörfchen Nový Dvůr, nur ca. 2 km von der Talstation des Lifts auf den Churáňov entfernt. Sehr liebevoll eingerichtet. Zimmer mit eigenen Bädern, Satelliten-TV und schöner Aussicht. Bar, Speiseraum mit Kamin, Feuerstelle und kleiner Planschpool im Garten, Schmökerecke, Internet. Zu Recht oft ausgebucht, dazu sehr günstig. DZ mit HP 36 €. Nový Dvůr 88, ✆/℻ 388414977, cernykohout@centrum.cz, www.cernykohoutek.cz.

Pension Anna, eine der angenehmeren Pensionen in Zadov. Ziemlich weit oben am Churáňov. Schlichte, aber ordentliche Zimmer mit Bad und hellem Holzmobiliar, manche davon mit toller Aussicht. Familiäre Atmosphäre. Parkplätze. Kleiner Pool für den Sommer. Buchung einige Monate im Voraus empfehlenswert. DZ mit HP 40 €. Zadov 2, ✆ 388428114, avoldrichova@quick.cz.

• *Camping* **Mléčná draha,** ca. 10 km nordöstlich von Zadov beim Dörfchen Račov. Einer der schönsten Plätze des Landes, jedoch ausschließlich an Nudisten gerichtet (keine Ausnahmen!). An einem Badeweiher, in den man mittels einer Seilrutsche hineindüsen kann. Moderne Sanitäranlagen, gemütliches Restaurant, Garten zum Grillen, drum herum weidende Kühe. Unter holländischer Leitung und fast ausschließlich holländisches Publikum. Zimmervermietung. Mitte April–Mitte Sept. u. Mitte Dez.–Mitte März (brrh!). Anfahrt: Von Vimperk kommend am Ortseingang von Zdíkov ausgeschildert, von da noch 4 km. 2 Pers. mit Zelt u. Auto 19 €, DZ 42 €. Račov 15, ✆ 388426222, md.schaak@iol.cz, www.m-d.nl.

• *Skifahren* Das Skigebiet besteht aus drei Arealen (Churáňov, Kobyla und Nové Hutě), die nicht miteinander verbunden sind. Tageskarte 16 €. Weitere Infos unter www.lazadov.cz.

Kvilda, eine der höchstgelegenen Gemeinden Böhmens

Kvilda (Außergefild)

Das Dorf liegt inmitten einer Šumava-Hochebene auf 1065 m ü. d. M. Gegründet wurde die einstige Holzfällergemeinde und Raststation auf dem Goldenen Steig (→ Prachatice/Geschichte, S. 118) im 15. Jh. Über die Geschichte des Ortes informiert eine kleine **Ausstellung** (Stálá expozice historie Kvildy a Bučiny) im Zentrum neben der neogotischen **Kirche des Hl. Stephan** aus dem 19. Jh. Drum herum stehen ein paar traditionelle Holzhäuser, aber auch einige Bauten aus der sozialistischen Ära, die neu verputzt nicht mehr so negativ ins Auge fallen. Es gibt mehrere Pensionen und Hotels, in denen vorrangig Tschechen Urlaub machen, einen kleinen Supermarkt, ein Postamt und einen Radverleiher. Am Ortsrand wird fleißig gebaut – trotz des rauen Klimas leisten sich hier viele wohlhabende Prager ein Ferienhaus.

Eine Reihe von **Hochmooren** und die **Moldauquelle** (Pramen Vltavy) auf 1172 m machen die Gegend um Kvilda zum Wanderparadies. Ein blau markierter und 7 km langer Waldwanderweg führt von Kvilda zum Ursprung der „Mutter der böhmischen Flüsse", wie die Moldau gerne bezeichnet wird. Von der Quelle – wer Glück hat, sieht dort einen Wanderfalken seine Kreise ziehen – kann man dem rot markierten Weg nach Modrava folgen (weitere 10 km) und den Rückweg mit dem Bus antreten. Mit dem Rad erreicht man die Moldauquelle auf Radwanderweg 1041. Radwanderweg 33 führt gen Nordwesten Richtung Modrava und Antýgl (s. u.), gen Südosten zum Lipno-Stausee. Nach Sušice gelangt man auf Radwanderweg Nr. 331 (ca. 30 km). Zweigt man unterwegs (ca. 1,5 km hinter Rejštejn) nach rechts auf Radwanderweg 2106 ab, kommt man nach Kašperské Hory (27 km). Für den Rückweg stehen diverse Routen offen. An den Straßen sieht man häufig kleine Stände, wo Honig und im Spätsommer auch Riesensteinpilze verkauft werden. Im Winter lädt die Region zum **Langlaufen** ein.

• *Information* **Informační středisko,** zentral gelegen, mit einer kleinen Ausstellung über die Region (Gestein, Natur, Kunsthandwerk). Mo–Fr 8.30–12 u. 12.30–17 Uhr. ✆ 3884 35544, is.kvilda@npsumava.cz.

• *Verbindungen* **Busse** 5-mal tägl. über Modrava, Srní und Prášily nach Železná Ruda, 4-mal nach Lenora, 3-mal über Kašperské Hory nach Sušice, 1-mal nach Zdíkov und Vimperk. Außerhalb der Saison eingeschränkt!

• *Übernachten/Essen & Trinken* Viele Unterkünfte haben im Nov. geschlossen.

**** **Hotel Šumava Inn,** die vielen Sterne hat man sich wohl selbst gegeben, dennoch eine gute Adresse im Zentrum von Kvilda. Modern eingerichtete Zimmer. Sauna, Whirlpool, Fitnessraum. Gemütliches rustikales Restaurant mit böhmisch-mediterraner (!) Karte. Gute Wildgerichte, Hg. 5–11,60 €. Das Hotel vermittelt auch günstige Pensionszimmer. DZ 60 €. Kvilda 26, ✆ 388402511, 📠 388402512, www.sumavainn.cz.

Hotel Rankl, in Horská Kvilda, 5 km nördlich von Kvilda mitten in der Pampa. Landhotel im Böhmerwaldstil, 2004 eröffnet. 16 freundliche Zimmer mit Kühlschrank und Fotografien aus dem Böhmerwald. Das an sich recht nette Restaurant dient tagsüber als Selbstbedienungsrestaurant mit Kantinenflair und unterdurchschnittlichen Fertiggerichten. DZ je nach Zimmer 49–56 €. Horská Kvilda, ✆ 388435044, 📠 388435045, www.hotelrankl.cz.

Pekárna Kvilda, am Ortseingang von Kvilda (von Horská Kvilda kommend). Die traditionelle Dorfbäckerei hat erweitert und nennt sich nun „Restaurant". Viel mehr als Würstel und Suppen serviert man bislang jedoch noch nicht. Dazu hervorragendes Brot, leckere Kolatschen und Plunder. Super Frühstücksadresse. Außenbestuhlung.

• *Radfahren* Kvilda ist Ziel und Startpunkt diverser Cyklobusse → S. 15.

• *Radverleih* **Půjčovna kol,** in einem unauffälligen Wohnhaus an der Straße nach Lenora (Hnr. 44). Rad 7 €/Tag. ✆ 502973866 (mobil).

• *Öffnungszeiten* **Geschichtsausstellung,** Jan.–März, Juni, Sept. u. Okt. Di–Sa 10–16 Uhr, So 10–15 Uhr, April u. Mai sowie Nov. u. Dez. Di–Fr 10–16 Uhr, Juli u. Aug. tägl. (außer Mo) 9–16 Uhr. Eintritt 0,70 €, erm. die Hälfte.

Karel Klostermann und der Rankl Sepp

In Horská Kvilda, einem Weiler 5 km nördlich von Kvilda, steht die Statue eines lustig dreinblickenden Mannes mit Hut: Es ist der legendäre Rankl Sepp, ein Fuhrmann, der mit übermenschlichen Kräften ausgestattet gewesen sein soll und die Glashütten mit Quarzstein und Holz versorgte. Der Heimatdichter Karel Klostermann (1848–1923) verewigte ihn in seinem Roman Im *Böhmerwaldparadies,* der genau hier, in Horská Kvilda, beginnt. Klostermann wurde in Österreich geboren, verbrachte aber die meiste Zeit seines Lebens in Südböhmen. Ähnlich wie Adalbert Stifter romantisierte er den Böhmerwald in zahlreichen Romanen und Erzählungen. Überregionale Berühmtheit wie Stifter erlangte Klostermann jedoch nie.

Modrava (Mader)

7 km westlich von Kvilda liegt die Siedlung Modrava auf 980 m ü. d. M. Wie in Kvilda wird auch hier viel gebaut und restauriert. Im 19. Jh. war Modrava eine Holzhauersiedlung mit einer kleinen Manufaktur, die Resonanzholz für den Musikinstrumentenbau herstellte. Sie war untergebracht in jenem großen Gebäude mit dunklem Dach und kleinem Glockenturm, das noch heute steht. Ein grün markierter **Wanderweg** führt von Modrava in die **Mader Hochmoore** (Modravské slatě), den größten Hochmoorkomplex (3615 ha) im Böhmerwald. Nur die Randgebiete des überaus quellreichen Gebiets dürfen besichtigt werden, verlassen Sie den Weg nicht! Wohin die hiesigen Wasser gurgeln – ob hin zur Moldau oder zur Donau – ist übrigens nicht immer ganz klar. Die Vegetation ist typisch für die hiesigen Moorgegenden, sie besticht durch Alpenglöckchen, Enzian, Distel, Sonnentau,

durch Knieholzgewächse, Latschenkiefern und verkümmerte Zwergbirken. An Modrava führt Radwanderweg Nr. 33 vorbei.

- *Verbindungen* **Busse** 8-mal tägl. nach Kvilda, 5-mal nach Horní Vltavice und 5-mal über Srní und Prášily nach Železná Ruda, 3-mal über Kašperské Hory nach Sušice. Außerhalb der Saison eingeschränkt!
- *Übernachten/Essen & Trinken* **Hotel Modrava,** in Modrava an der Straße nach Antýgl. Gepflegtes Hotel. Farbenfrohe Aufgänge und rustikal-moderne, liebevoll eingerichtete Zimmer ohne jede Spießigkeit. 1-a-Service, gutes Restaurant mit gemütlicher Terrasse. Sauna und Billardsalon. DZ 54 €. Modrava 79, ✆/℻ 376599325, www.hotelmodrava.cz.

*** **Klostermannova chata,** von der Straße nach Kvilda ausgeschildert. 1924 errichtete große Berghütte mit Schindeldach, seit 2004 (nach aufwändiger Restaurierung) Hotelbetrieb. 15 Zimmer zum Wohlfühlen (bestehen Sie auf einem mit Aussicht!), tolle Terrasse, gutes Restaurant. Sauna, Bowling, Billard. DZ ab 49 €. Modrava 4, ✆/℻ 3765 99067, www.klostermannovachata.cz.

Pension Korýtko, Holzhaus ca. 2 km östlich von Modrava in der Häuseransammlung Filipova Huť (direkt an der Straße, nicht zu übersehen). Familienfreundliche Pension mit 7 schlichten Zimmern mit Bad. Gutes, beliebtes Restaurant: selbstgebackene Kuchen und ländlich-herzhafte Küche – kosten Sie die Ente! DZ 39 €. Filipova Huť 39, ✆ 376 599439, www.sumava.net/pensionkorytko.

Antýgl (Antiegl)

5 km nördlich von Modrava liegt der Weiler Antýgl. Man kann hier campen und wandern, mehr aber nicht. Dafür ist die **Wanderung,** die hier beginnt, ein echtes Highlight: Sie führt in die wildromantische **Vydra-Schlucht** (vom Parkplatz erst der Straße Richtung Srní bis zur Brücke folgen, dann rechts des Flusses weiter, der Weg ist rot markiert). Nach 2 bis 3 km, bei der Turnerova Chata (Turnerhütte), wird das tief eingeschnittene Flussbett mit seinen mächtigen Granitblöcken, ihrer Form wegen auch Riesentöpfe genannt, am schönsten. Antýgl passiert man wie Modrava auf Randwanderweg 33.

- *Verbindungen* **Busse** 8-mal tägl. nach Kvilda, 5-mal nach Horní Vltavice sowie über Srní und Prášily nach Železná Ruda, 3-mal über Kašperské Hory nach Sušice.
- *Camping* **Camping Antýgl,** idyllisch am rauschenden Fluss und zugleich weniger idyllisch rechts und links der rauschenden Straße gelegen (nachts hält sich der Verkehr jedoch in Grenzen). Einfach. Mai–Okt. 2 Pers. mit Zelt u. Auto 7 €, Bett in der Chata 5,30 €. Srní 113, ✆ 376599331.

Srní (Rehberg)

Das Böhmerwalddorf Srní liegt 5 km nördlich von Antýgl und ist leider nicht ganz so „urwüchsig und charmant“, wie es sich selbst sieht und preist. Beliebt aber ist der Ort auf jeden Fall, es gibt eine ganze Reihe an Unterkünften. Zudem ist Srní ein guter Ausgangspunkt für **Wander- und Radtouren.** Eine schöne Strecke führt beispielsweise nach **Prášily** (11 km auf Radwanderweg Nr. 33 oder gelber Wanderweg, etwas länger) und von dort zum **Prášilské jezero,** einem Bergsee auf 1080 m ü. d. M. (roter Wanderweg, Radweg 2113 führt auf dem Weg zum Gipfel des **Poledník** nahe daran vorbei). Der See entstand durch das Abtauen der Gletscher, deren eisige Zungen vor rund 12.000 Jahren verschwanden. Jahrzehntelang durchstreiften dieses Gebiet neben Rehen und Füchsen nur Milizen mit geschulterten Kalaschnikows. Die Umgebung von Prášily war ein weites militärisches Übungsgelände, und Prášily selbst, das durch die Vertreibung leergefegte ehemalige Stubenbach, ein Ziel von Schießübungen. Nur der Kern des Dorfes blieb erhalten. Heute erinnert daran kaum etwas mehr, Prášily lebt mittlerweile vorrangig vom Fremdenverkehr.

• *Verbindungen* **Busse** von Srní 8-mal tägl. nach Kvilda, 5-mal nach Horní Vltavice sowie über Srní und Prášily nach Železná Ruda. Außerdem 3-mal über Kašperské Hory nach Sušice.

• *Übernachten* **Mechovský Dvorec/ Mosauer Hof,** in Srnís westlichem „Vorort" Mechov. Eine Leserempfehlung, der wir uns anschließen. Von einer jungen Familie (englischsprachig) geführtes, hübsches Böhmerwaldhaus. Terrasse, sehr gepflegt. Alle Zimmer mit Bad. Haustiere und Rauchen nicht erlaubt. DZ 39 €. Mechov 181, ✆ 376599019, www.sumava-mechov.cz.

Penzion U Vendlů, in Srní. 6 freundlich-rustikale, mit hellen Holzmöbeln ausgestattete Zimmer, alle mit Bad. Blick auf den Böhmerwald. Sandkasten und Schaukel im Garten. Netter Service. Anfahrt: In Srní bei der Kirche die Straße nach Prášily nehmen. Nach ca. 500 m, hinter einer einsamen Kapelle, links ab. Nach weiteren 500 m rechter Hand. DZ 32 €. Staré Srní 16, ✆/℻ 376599274, t-vendl@quick.cz.

Kašperské Hory (Bergreichenstein)

Bereits im 13. Jh. war Kašperské Hory bekannt für seinen Goldreichtum, aus über 40 Stollen förderte man das edle Metall. Etwa 300 Goldmühlen gab es rund um den Ort. Doch mit der Zeit versiegte eine Goldader nach der anderen, und das Städtchen verarmte. Mit dem Fall des Eisernen Vorhangs hat sich eine neue Goldader aufgetan: der Fremdenverkehr. Immerhin zählt das geruhsame 2000-Einwohner-Städtchen zu den hübschesten im Böhmerwald.

Rund um den kleinen Dorfplatz mit einer rosa-weiß gestrichenen Pfarrkirche in der Mitte findet man Cafés und Restaurants mit Tischen und Stühlen im Freien sowie Souvenirläden, die Holzpuppen und böhmisches Glas verkaufen. Damit man auch etwas besichtigen kann, gibt es zwei Museen: Ein **Böhmerwaldmuseum** (Muzeum Šumavy) gleich hinter der Kirche und ein **Motorradmuseum** (Moto muzeum), das durch ein riesiges Werbebanner auf sich aufmerksam macht. Ersteres zeigt u. a. Ausgestopftes vom jungen Reh bis zur Forelle, Putten und Heiligenfiguren, lebendige (!) und tote afrikanische Käfer, Jugendstilgläser und sog. „Totenbretter": Darauf lagen einst die im Winter Verstorbenen bis zum Frühjahr, wenn der Boden nicht mehr gefroren war und sich ein Grab ausschaufeln ließ. Nach der Beerdigung wurden die Bretter mit Inschriften und Schnitzarbeiten verziert und am Haus des Verstorbenen, an der Kirche oder am Ort seines Verscheidens angebracht. Etwas einheitlicher geht es im Motorradmuseum zu: Zu sehen gibt es Fabrikate von NSA, BMW, F.N., DKW, BSA usw. Die älteste Maschine ist eine Wanderer, Baujahr 1913. Für Abwechslung sorgen im gleichen Gebäude eine Ausstellung über das Brauwesen im Böhmerwald sowie eine über Holzspielzeug.

Im Winter bestehen rund um den Ort gute Langlaufmöglichkeiten, es gibt auch ein kleines Skizentrum mit drei Liften – Mut für die Abfahrt braucht man nicht. Mit dem Rad gelangen Sie auf Radwanderweg 1201 nach Zadov-Churáňov (14 km), von dort führen diverse Wege in die Höhen des Böhmerwaldes. Nach Sušice (13 km) bringt Sie Radwanderweg 2105, der in Radwanderweg 331 übergeht.

• *Information* **Městské kulturní a informační centrum** im Rathaus in der Ortsmitte. Juli u. Aug. Mo–Fr 8.30–17 Uhr, Sa/So 9–15 Uhr, Juni u. Sept. So geschl., Okt.–Mai nur Mo–Fr 9–12 u. 13–16 Uhr. ✆ 376503411, www.sumavanet.cz/khory.

Ein weiteres, nur im Sommer geöffnetes **Infocentrum** gibt es am Ortsausgang Richtung Sušice. Mai u. Okt. Mo–Fr 8.30–15.30 Uhr, Juni u. Sept. Mo–Sa 8.30–16 Uhr, Juli u. Aug. tägl. 8.30–16.30 Uhr. ✆ 376582734, www.npsumava.cz.

• *Verbindungen* 3-mal tägl. **Busse** über Srní, Antýgl und Modrava nach Kvilda. Mehrmals tägl. nach Sušice. Diese halten auch an der Abzweigung nach Annín, von dort sind es nur noch ca. 5 Min. zu Fuß nach Annín.

• *Einkaufen* Etwa 9 km nordwestlich von Kašperské Hory liegt das Dörfchen **Annín** mit langer Tradition in der Glasherstellung. In der Glashütte **Rückl & Söhne** kann man allerlei Kitsch vom Briefbeschwerer über Vasen und Bowlesets bis zu Christbaumkugeln erstehen.

• *Übernachten/Essen & Trinken* Preisgünstige Pensionen und Privatzimmer findet man rund um den Ortskern, insbesondere oberhalb der Kirche. Eine überaus nette Unterkunft liegt nahe der Burg Kašperk (→ dort).

**** **Park Hotel Tosch,** in der Ortsmitte und unser Tipp. 43 klassisch-elegante, geräumige Zimmer und Apartments mit Marmorbädern. Innenpool, Parkmöglichkeiten im Hof, Frühstücksbüfett mit Bio-Ecke. Radverleih. EZ 65 €, DZ 87 €, Apartment 139 €. Náměstí 4, ✆ 376582592, ℻ 376582500, www.tosch-parkhotel.cz.

Aparthotel Šumava 2000, direkt am Marktplatz, der Best-Western-Kette zugehörig. Jugendliches Foyer, nette Aufgänge mit gemütlichen Sitzecken. Studios und Apartments etwas nüchterner, aber sehr gepflegt. Fitnessraum, Sauna, kleiner Pool auf dem Dach. Für 1 Pers. 53 €, für 2 Pers. 72 €. Náměstí 8, ✆ 376546910, ℻ 376546920, www.sumava2000.cz.

• *Außerhalb* *** **Hotel Rosa,** ca. 6 km östlich von Kašperské Hory im Dorf Řetenice. Gepflegtes Mittelklassehaus in schöner Lage. Angenehme, komfortable Zimmer und Apartments. Pool, Tennisplatz, Solarium, Fitnessraum, Mountainbike- und Bootsverleih – ideal für Aktivurlauber. Restaurant. DZ 43 €, Apartment 71 €, Gebühr für „vierbeinig Lieblings" 5,30 €/Nacht. Řetenice 4, ✆ 388428173, ℻ 388 428182, hotelrosa@iol.cz, www.hotelrosa.cz.

Penzion Jana, ca. 9 km nordwestlich von Kašperské Hory in Annín, im Ort nicht zu verfehlen. 7 geräumige Zimmer, z. T. mit Holzdecken und offenem Kamin. Ältliche, wenig geschmackvolle Ausstattung. Restaurant mit Terrasse. Rad- und Kanuverleih. DZ 22 €. Annín, ✆ 376593001, pension.jana@seznam.cz.

• *Camping* **Autokemp Annín I,** ca. 9 km nordwestlich von Kašperské Hory, jedoch nicht in Annín selbst, sondern auf der anderen Flussseite, von der Straße nach Sušice ausgeschildert. Schöner, an der Otava gelegener Platz. Einstiegsmöglichkeiten in den Fluss, Restaurant. Sanitäranlagen restaurierungsbedürftig, aber noch akzeptabel. April–Okt. 2 Pers. mit Zelt u. Auto 7 €, Hütte für 2 Pers. ab 10,50 €. Annín, ✆ 376593390, ℻ 376522698, www.kempannin.sumava.net.

Autokempink Nové Městečko, ca. 5 km nordwestlich von Kašperské Hory im gleichnamigen Weiler. An sich schöner Platz mit viel Schatten unter hohen Bäumen. Jedoch ziemlich laut, zudem stammen die Sanitäranlagen noch aus sozialistischer Zeit. Restaurant. 2 Pers. mit Zelt u. Auto 7 €, Hütte für 4 Pers. ab 18 €. Dlouhá Ves 155, ✆ 376528825, ℻ 376520247, www.sumavanet.cz/dlouhaves.

• *Öffnungszeiten* **Böhmerwaldmuseum,** Mai–Okt. Di–Sa 9–12 u. 12.45–17 Uhr, So 9–12 Uhr. Eintritt 1,40 €, erm. 0,35 €. **Motorradmuseum,** Juni–Sept. tägl. 9.30–17 Uhr. Eintritt 1,40 €, erm. die Hälfte.

Hrad Kašperk (Burg Karlsberg)

3 km nördlich von Kašperské Hory ragt die Burg auf einem Felsmassiv (870 m) imposant aus einem Nadelwald empor. Kaiser Karl IV. ließ sie in der Mitte des 14. Jh. zum Schutz der Landesgrenzen und der Goldgräbersiedlungen errichten. Kašperk war übrigens eine der wenigen Burgen Böhmens, deren wehrhafte Mauern allen Angriffen standhielten. Zwei Führungen werden angeboten, die spannendere und längere hat das Burggrafenamt zum Schwerpunkt (50–60 Min.), die andere den Ostturm (25 Min.).

Ein erst gelb, dann rot markierter, 10 km langer Wanderweg führt von hier nach Sušice. Auch von Kašperské Hory existiert ein (grün) markierter Weg zur Burg.

• *Anfahrt* Vom Motorradmuseum am Marktplatz in Kašperské Hory aus beschildert. Nach ca. 3 km liegt linker Hand ein großer Parkplatz, von dort noch 1,5 km zu Fuß. An schönen Sommertagen kann man auch mit der Kutsche nach oben fahren.

• *Übernachten* **Rychta na Racánku,** sympathische Landpension neueren Datums nahe dem Parkplatz. Ruhige Lage, Obstgarten mit Planschbecken, Hängematte und Sandkasten. Beliebtes Ausflugsrestaurant mit schöner Terrasse angeschlossen (Mo

Mit der Kutsche zur Burg Kašperk

Ruhetag). Ordentliche Zimmer mit eigenen Bädern. DZ 32 €. Žlíbek 17, ✆/℻ 376582117, penzion@racanek.webin.cz.

• *Öffnungszeiten* **Burg,** Mai/Juni u. Sept./Okt. tägl. (außer Mo) 9–17 Uhr, Juli u. Aug. tägl. (außer Mo) 9.30–18 Uhr. 1,40–1,90 €/Führung, erm. 1,10–1,40 €, fremdsprachige Führung (nur lange Tour) 2,50 €.

Hartmanice (Hartmanitz)

In dem unscheinbaren Böhmerwaldstädtchen Hartmanice 11 km südwestlich von Sušice steht unterhalb des Marktplatzes an der Straße nach Petrovice die 1883 errichtete kleine **Bergsynagoge** (Horské synagoga). 2006 wurde die Synagoge der Öffentlichkeit zugänglich gemacht, nachdem sich ein Bürgerverein ihrer angenommen und sie mühevoll restauriert hatte – in kommunistischer Zeit war das Gebäude u. a. als Tischlerwerkstatt und LKW-Reifen-Depot missbraucht worden. Heute zeigt man darin eine – für Tschechien außergewöhnliche – Ausstellung über das deutsch-jüdisch-tschechische Zusammenleben im Böhmerwald und insbesondere in Hartmanitz. Noch 1890 lebten hier exakt 15.298 Deutsche und nur 299 Tschechen. Neben der Dokumentation jüdischen Lebens – Siedlungsgeschichte im Böhmerwald, Zündholzherstellung als Domäne der Juden, Hartmanitzer Opfer des Holocaust oder der Todesmarsch von Helmbrechts nach Volary (→ Volary, S. 160) – wird auch das Thema der Vertreibung und der liquidierten Böhmerwalddörfer behandelt (→ Kasten „Verschwundene Ortschaften“, S. 152).

Verbindungen/Öffnungszeiten Häufig **Busse** nach Sušice, 3-mal tägl. nach Železná Ruda. **Synagoge,** tägl. (außer Mo) 9–18 Uhr. Eintritt 1,40 €, erm. die Hälfte.

Dobrá Voda (Gutwasser)

2 km südwestlich von Hartmanice liegt das Dorf Dobrá Voda. Dort ist das **Šimon-Adler-Museum** (Muzeum Dr. Šimona Adlera) ausgeschildert. Es informiert über den Rabbiner und Historiker Dr. Šimon Adler, der 1944 in Auschwitz ermordet

wurde – eine Art Fortsetzung der Ausstellung in der Hartmanitzer Synagoge. Nur ein paar Schritte vom Museum entfernt steht die **Kirche des Hl. Einsiedlers Gunther,** ein barocker Sakralbau aus der ersten Hälfte des 18. Jh. mit einem interessanten modernen Glasaltar. Die Kirche wurde erst 1996 neu geweiht, während des Sozialismus diente sie als Munitionslager der Grenztruppen. Die nahe Quelle machte einer Legende nach eine blinde Kuh sehend, daher der Name des Ortes. Noch heute nehmen sich viele Einheimische das „Gute Wasser" in Kanistern mit nach Hause. Vom Brunnenhaus führt ein Wanderweg hinauf zum **Guntherfelsen** (Březník) auf 1006 m Höhe. Die aussichtsreiche kleine Tour dauert hin und zurück nicht länger als 1 ½ Stunden. Danach bietet sich ein kühles Getränk auf der Aussichtsterrasse des Gasthauses St. Gunther an (zwischen Museum und Kirche).

• *Verbindungen* Die Busanbindungen sind miserabel.

• *Öffnungszeiten* **Museum,** tägl. (außer Mo) 9–12 u. 12.30–17 Uhr. Eintritt 0,70 €, erm. die Hälfte. Im Museum sind auch Eintrittskarten (gleicher Preis) für die Kirche (!) zu bekommen. Führungen durch die **Kirche** finden tägl. (außer Mo) von 10–16 Uhr im Stundenrhythmus statt.

Weiter Richtung Železná Ruda → S. 175.

Sušice (Schüttenhofen)

Wie so viele andere Gemeinden preist sich auch Sušice als das „Tor zum Böhmerwald". Die Stadt erstreckt sich in einem weiten, von grünen Hügeln umrahmten Tal. Fährt man jedoch von Norden hinein, macht Sušice einen wenig freundlichen Eindruck. Triste Industriebetriebe säumen die Straßen – überwiegend Streichhölzer werden hier produziert (→ Kasten S. 172). Die Altstadt präsentiert sich dagegen ganz ansehnlich, insbesondere rund um den **Náměstí Svobody,** den großen, baumbestandenen Marktplatz. Ihn umgeben ein paar Gebäude aus jener Zeit, als die Stadt noch von der Salz- und Goldgewinnung lebte. Dazu gehört z. B. das heute leer stehende **Rozacínovský-Haus** (Nr. 48) mit einem gotischen Türbogen und einer Sgraffitofassade, die übrigens erst 1914 bei Restaurierungsarbeiten unter dem Putz entdeckt wurde. Das **Voprchovský-Haus** (Nr. 40), ein ursprünglich gotisches Bürgerhaus, schmückt ein außergewöhnlich schöner Giebel. Vorübergehend beherbergte es einen Bierausschank, daraufhin eine Dekanei und heute das **Böhmerwaldmuseum** (Šumava muzeum Sušice) mit einer witzigen Sammlung an Streichholzschachteln und – die neueste Attraktion – einer riesigen mechanischen Weihnachtskrippe. Sie wurde erst 2004 von zwei Holzschnitzern fertig gestellt. Die Christkind-Szenerie bereichern historische Denkmäler aus Sušice.

Nur ein paar Schritte vom Marktplatz entfernt befindet sich linker Hand an der Príkopy (der Straße nach Petrovice) ein kleiner, von Mauern umgebener **jüdischer Friedhof.** Er wurde 1626 angelegt und illustriert die einstige Präsenz der jüdischen Gemeinde. Am 27. November 1942 verschwand diese für immer. An jenem Tag wurden die Juden Sušices nach Terezín (Theresienstadt) deportiert und später in den osteuropäischen Konzentrationslagern umgebracht. Überblickt wird die Stadt im Osten (nahe der Straße nach Podmokly) von der weithin sichtbaren **Schutzengelkapelle** aus dem späten 17. Jh. Von ihr genießt man eine herrliche Aussicht.

Über **Radwanderweg** 313 gelangen Sie nach Zichovice und von dort über 2084 zur Burg Rabí (15 km). Radwanderweg 2031 bringt Sie zur Burg Velhartice (14 km) und Nr. 331 in die Höhen des Böhmerwaldes. Für Cyklobusse → S. 15.

Heiße Ware – Rotköpfe aus Sušice

Ende des 19. Jh. wurde heiße Ware aus Südböhmen in der ganzen Welt gehandelt – in Afrika, Nord- und Südamerika, Australien, Asien und überall in Europa: Streichhölzer aus Schüttenhofen. In aller Herren Ländern flackerten sie auf wie heute die Birnen von Osram.

Angefangen hatte alles 1839, als der Zimmermann Adalbert Scheinost sich mit seiner Frau Marie in ein gerade abgebranntes (!) Haus am Marktplatz einmietete und die Köpfe von Holzspänen mit Phosphor überzog. Die Technik dazu hatte das Ehepaar in Wien erlernt. Die zündende Idee überhaupt war erst ein paar Jahre zuvor in England geboren worden. Knapp zwölf Monate später stieg der hiesige Kaufmann Bernhard Fürth in die Zündholzproduktion mit ein; große Maschinen konnten angeschafft werden, und keine zehn Jahre später exportierte man schon nach Übersee. 1903 überführte man die Schüttenhofener Zündholzfabriken – mittlerweile gab es mehrere – in eine Aktiengesellschaft namens SOLO, unter deren Namen noch heute produziert wird. Kurz darauf erreichte die hiesige Zündholzproduktion ihren Höhepunkt. Doch dann kamen die Weltkriege, dazwischen die Weltwirtschaftskrise, schließlich die Verstaatlichung des Unternehmens unter den Kommunisten und – parallel zu alledem – der Siegeszug des Feuerzeugs. Noch heute exportiert man in mehrere Länder Europas, im Vergleich zu früher zündelt man aber nur noch auf kleiner Flamme.

• *Information* **Městské informační středisko,** im Rathaus am Nám. Svobody. ✆ 37 6520537, www.sumava.net/icsusice. Mo–Fr 9–12 Uhr u. 13–17 Uhr, Sa/So 9–14 Uhr.

• *Verbindungen* **Busse** fahren am Flussufer ab. Mehrmals tägl. über Plánice nach Plzeň, zudem nach Klatovy, 3-mal tägl. über Kašperské Hory, Srní, Antýgl und Modrava nach Kvilda. Bahnhof im Norden der Stadt fast 4 km außerhalb des Zentrums. Bis zu 10-mal tägl. **Züge** nach Klatovy.

• *Essen & Trinken* **Restaurace Fialka,** neues Restaurant in einem schönen historischen Gebäude am Marktplatz. Außenbestuhlung. Greifen Sie zu Schaschlik oder den Rehfleischschnitten in Rotwein. Günstige Mittagsgerichte, sonst Hg. 4,20–7 €. Das angeschlossene Hotel war bei unserem Besuch noch nicht eröffnet, machte jedoch einen vielversprechenden Eindruck. ✆ 376522397.

• *Übernachten* *** **Hotel Gabreta,** provinzielles Mittelklassehotel gleich beim Marktplatz. Standardzimmer, z. T. recht geräumig, mit TV und Telefon. Eigene Parkplätze und Fahrradverleih. Im Restaurant gibt es neben den böhmischen Standards auch einige Wildgerichte. Hg. 3–6,70 €. EZ 21 €, DZ 32 €. Americké armády 73, ✆/℻ 376528016, www.hotelgabretasusice.cz.

Pension Milli, nahe dem Marktplatz. Schlichte Zimmer mit privatem Bad, TV und Geranien am Fenster. Restaurant. EZ 11 €, DZ 21 €, Frühstück extra. Kostelní 70, ✆ 3765 26598, www.sweb.cz/pension.milli.

• *Außerhalb:* **Penzion Jiřičná,** im Weiler Jiřičná bei Petrovice, ca. 7 km westlich von Sušice. Für Aktivurlauber, die Gemütlichkeit auf dem Lande schätzen, eine der schönsten Adressen der Gegend. Pension und Adventure-Zentrum unter belgischer Leitung, untergebracht in einer alten Brauerei. 12 liebevoll eingerichtete, heimelige Zimmer mit Bad. Angeboten werden u. a. Kanufahrten auf dem Fluss Otava, Pferdetrekking und diverse andere Adventure-Trips. Zudem Verleih von Mountainbikes. DZ 50 €. Jiřičná 3, ✆/℻ 37658 8457, www.sumava-adventure.com.

Penzion Javořičko, Urlaub auf dem Bauernhof in idyllischster Lage. 6 kleine, aber freundliche Zimmer mit privatem Bad. Die Tage kann man mit Ausritten in die Umgebung verbringen, die Abende in der Sauna oder am Lagerfeuer. Anfahrt: Von Sušice folgt man der Straße nach Petrovice und weiter nach Hlavnovice, dort links abbiegen nach Javoříčko, Haus mit Zwiebelturm und Hahn auf dem Dach. 12 €/Pers. Ca. 20 km westlich von Sušice im gleichnamigen Weiler, ✆/✆ 376588311.

Die **Campingplätze** vor Ort können wir nicht empfehlen. Besser die 8 km weiterfahren bis Nové Městečko (→ S. 169).

• *Kanuverleih* Gute Kajakmöglichkeiten bestehen am Flüsschen Otava von Sušice Richtung Rabí und weiter. Kajaks verleiht z. B. **Půjčovna lodí Otava** am Nám. Svobody 28. Es gibt Trassen zwischen 2 ½ und 6 ½ Std. Dauer. Für bis zu 3 Pers. 12 €/Tag. ✆ 376528839, www.otavatour.cz.

• *Öffnungszeiten* **Böhmerwaldmuseum,** Mai–Okt. tägl. (außer Mo) 9–12 Uhr u. 12.45–17 Uhr, So nur halber Tag, Eintritt 1,10 €, erm. 0,35 €.

Hrad Rabí (Burg Rabí)

Eine Dominante in der Landschaft, einer normannischen Burg ähnlich, furchteinflößend und imposant: Hrad Rabí, die größte Burgruine Böhmens. Ihre gewaltigen Mauern haben eine Gesamtlänge von 9 km.

Über dem gleichnamigen Dorf rund 10 km nordöstlich von Sušice thront die mächtige gotische Adelsburg aus dem 14. Jh. Allein bei ihrem Anblick aus der Ferne scheint das Mittelalter ganz nah zu sein; nicht das von den Romantikern verklärte Mittelalter, sondern das „dunkle" Zeitalter, als Feudalherren und Raubritter das Volk ausbeuteten und Burgen ein Symbol der Bedrohung waren. Bei der Belagerung der Burg im Jahr 1421 verlor der ohnehin schon einäugige Hussitenführer Jan Žižka (→ S. 94) sein zweites Auge. Ende des gleichen Jahrhunderts hielt sich Burgherr Graf Půta Švihovský einen Affen als Haustier. Als dieser einmal in die Wälder entwischte, hielten die Bauern das zwischen den Bäumen herumturnende Tier für den

Burg Rabí

„Leibhaftigen" und töteten es bei einer hitzigen Teufelsjagd. Wütend über die Dummheit der Bevölkerung erließ Graf Švihovský daraufhin die Strafabgabe *pensio simialis* – auf Deutsch Affensteuer. Im 18. Jh. wurde die Burg verlassen und verfiel. Erste Restaurierungsarbeiten begannen, nachdem das Dorf Rabí die Burg 1920 für eine Krone an den Staat verkauft hatte. Heute ist der größte Teil des weitläufigen Geländes mit vielen Treppen, Auf- und Abgängen sowie einem mächtigen Wohnturm der Öffentlichkeit zugänglich und zählt zu den meistbesuchten Burganlagen Böhmens. Von nah und fern reist man insbesondere im Juli an, wenn zwischen den alten Festungsmauern ein **Ritterfest** veranstaltet wird. Das kommt auch dem gepflegten Dorf Rabí mit schönen Bauten im typisch südböhmischen Stil am Fuße der Burg zugute – es lebt vornehmlich vom Tourismus.

• *Verbindungen* **Busse** mehrmals tägl. nach Sušice und Horažd'ovice.

• *Essen & Trinken* Die Restaurants rund um die Burg unterscheiden sich in Qualität, Ausstattung und Preis nur wenig voneinander. Im Sommer lädt insbesondere der nette Hinterhofbiergarten der unübersehbaren **Rabská hospůdka** nach der Burgbesichtigung auf ein Getränk ein.

• *Übernachten* *** **Hotel Atawa,** die beste Unterkunft vor Ort. Hübsche, in blauen Farbtönen gehaltene Zimmer mit Holzboden. Hallenbad und Sauna, Parkplätze im Hof. Für das Gebotene günstig. Reservierung empfohlen. EZ 22 €, DZ 34 €. Rabí 9, ✆ 376596228, 📠 376596066, www.hotelatawa.cz.

• *Öffnungszeiten* **Burg,** Juni–Aug. tägl. (außer Mo) 9–17 Uhr, Mai u. Sept. tägl. (außer Mo) 9–16 Uhr, April u. Okt. nur Sa/So 9–15 Uhr, Mittagspause 12–13 Uhr. Es gibt zwei verschiedene Touren durch das Gelände, beide zusammen kosten mit deutschsprachiger Führung 4,20 €, erm. 3 €.

Hrad Velhartice (Burg Welhartitz)

Diese imposante Befestigungsanlage aus dem 14. Jh. ca. 12 km nordwestlich von Sušice zählt zweifelsohne zu den romantischsten Burgen Böhmens. Sie liegt landschaftlich überaus reizvoll am Rande eines steil abfallenden Plateaus und hoch über einem rauschenden Bach, wie geschaffen für Rapunzel & Co. Eine einzigartige, vierbogige Brückenkonstruktion verbindet den klotzigen Wehrturm mit der Ruine des alten Palasts, auch Paradieshaus (Rájsky dům) genannt. Der weiße Spätrenaissancepalast neben dem Paradieshaus kam im 17. Jh. hinzu. Zwei Führungen werden angeboten: Bei der langweiligeren stolpert man durch die Burganlage, vorbei an Zisternen und Kellerräumen. Bei der spannenderen wandelt man durch die Salons des Spätrenaissancepalasts. Unter anderem erfährt man dabei auch etwas über die Gesellschaftsspiele, die zu jener Zeit in Mode waren.

Im Dörfchen selbst kann man noch – sofern gerade jemand da ist – eine **historische Schmiedewerkstatt** (Historicka kovárna, ausgeschildert) besichtigen. Falls niemand öffnet, gehen Sie einfach in die zünftige Wirtschaft nebenan, wo Brotzeiten mit Speckwurst oder eingelegtem Schweinekamm und Spezialitäten vom Lavagrill aufgetischt werden.

• *Anfahrt/Verbindungen* Die Burg ist mit „Hrad" ausgeschildert. Vom Parkplatz noch ca. 5 Min. zu Fuß. **Busse** mehrmals tägl. vom Ort Velhartice nach Klatovy.

• *Öffnungszeiten* **Burg,** Juni–Aug. tägl. (außer Mo) 9–18 Uhr, Mai u. Sept. tägl. (außer Mo) 9–17 Uhr, April u. Okt. nur Sa/So 9–16 Uhr. Eintritt je nach Führung 1,20–1,60 €, erm. 0,90–1,20 €.

Weiter Richtung Klatovy → S. 178.

Železná Ruda (Markt Eisenstein)

Das 2700 Einwohner zählende Grenzstädtchen in einem Tal am Flusslauf der Řezná hat sich ganz auf den Fremdenverkehr eingestellt. Es stehen mehr als 5000 Hotelbetten zur Verfügung. Im Winter kommen Skifahrer, im Sommer Wanderer und Radfahrer und das ganze Jahr über Sextouristen und Schnäppchenjäger, Letztere zum Tanken und Zigarettenkaufen. Sehenswertes gibt es kaum etwas in dem mit Plattenbauten gesprenkelten Zentrum. Stolz ist man vor Ort auf das dem Infozentrum angegliederte **Böhmerwaldmuseum** (Muzeum Šumavy), das in fünf Räumen die typischen Exponate der Region zeigt: Hirschgeweihe, ein paar antike Möbel, Gläser usw. Schräg gegenüber der Kirche mit ihrem überdimensionalen zwiebelförmigen Kirchturm kann man zudem ein kleines **Motorradmuseum** (Muzeum Historických Motocyklů) besichtigen, das auch einige historische Fahrräder präsentiert.

In der kalten Jahreszeit bildet Železná Ruda mit dem nördlich angrenzenden Ferienort Špičák ein **Wintersportzentrum.** An den beiden Hausbergen, dem Pancíř (1214 m) und dem Špičák (1202 m), ermöglichen 16 Liftanlagen 10 km Abfahrtspisten, dazu stehen 55 km Langlaufloipen zur Verfügung.

Im Sommer bieten sich rund um den Ort herrliche **Wandermöglichkeiten.** Ein erst blau, dann rot markierter Weg führt von Železná Ruda zum idyllisch gelegenen Teufelssee (Čertovo jezero), um den sich allerlei Legenden ranken. Die lustigste Version: Angeblich ist hier der Teufel ertrunken, weil ihm ein gemeines Mädchen einen Stein an den Schwanz band und ihn anschließend mit ihren nackten Reizen zum Baden verführte. Vom Teufelssee führt der rot markierte Weg weiter zum kleinen Špičák (1159 m) und zum Schwarzen See (Černé jezero), der seinen Namen seiner dunkel schimmernden Wasseroberfläche verdankt. Ein gelb markierter Weg bringt Sie von dort in die Ortschaft Špičák, von wo man mit dem Bus zurück nach Železná Ruda gelangt. Ein anderer schöner Weg (rot markiert) verläuft vom Gipfel des Pancíř zum Prenet (1071 m). Wer sich den Aufstieg auf den Pancíř sparen will, fährt von Špičák mit dem ganzjährig betriebenen Sessellift hinauf (9–16 Uhr, hin/zurück 2,80 €, erm. die Hälfte).

Auch **Radfahrer** kommen rund um Železná Ruda auf ihre Kosten: Die *Šumavská magistralá* (Radwanderweg Nr. 33) führt über Prášily, Srní und Lenora quer durch den Nationalpark bis nach Nová Pec (103 km) am Lipno-Stausee. Diverse davon abgehende oder kreuzende Radwanderwege ermöglichen Rundtouren jeder Länge (für Cyklobusse → S. 15). Gen Nordwesten führt die Šumavská magistralá nach Nýrsko (25 km), zurück bietet sich die herrliche Strecke auf den Radwanderwegen 2049 und 2055 nahe der Grenze an. Mountainbiker können sich auf den neuen **Bikepark** in Špičák freuen, der mit verschiedenen Trails und einer „Sprungsektion" für Kurzweil sorgt (Eintritt mit Sesselliftfahrt 2,10 €).

Information/Verbindungen/Sonstiges

• *Öffnungszeiten* **Böhmerwaldmuseum,** Di–Sa 9–12 u. 12.45–17 Uhr, So 9–12 Uhr. Eintritt 0,70 €. **Motorradmuseum,** tägl. 9–12 u. 13–17 Uhr. Eintritt 1,40 €.

• *Information* **Informační centrum,** an der Hauptdurchgangsstraße Javorská 154, ✆/℻ 376397033, www.sumava.net/itcruda. Hilfsbereit und kompetent. Tägl. 8–12.30 u. 13.30–18 Uhr.

• *Verbindungen* Regelmäßig **Busse** nach Klatovy und Nýrsko. 5-mal tägl. über Srní und Modrava nach Kvilda, 3 Busse davon fahren weiter über Horní Vltavice bis nach Kaplice.

Bahnhof ca. 600 m nördlich des Zentrums an der Straße nach Špičák. **Züge** bis zu 9-mal tägl. nach Klatovy, bis zu 10-mal nach Nýrsko, 1-mal nach Plzeň und Horažd'ovice. Im Sommer fährt gelegentlich auch eine alte **Dampflok** von Bayerisch Eisenstein (dort auch ein Lokalbahnmuseum) über Železná Ruda in die nahe gelegene Ortschaft Hojsova Stráž, Auskunft über das Infozentrum.

• *Radverleih* **Mountainbikes** gibt es an vielen Ecken zu mieten, z. B. bei **MAX** (hinter dem Restaurant Bultas an der Durchgangsstraße). 8 €/Tag. ✆ 603524262 (mobil), filip.pe@quick.cz.

• *Skifahren* In der Regel ist die Region von Dez.–März schneesicher. Tageskarte ca. 16,50 €, Kinder 10,50 €. Eine **Skischule** befindet sich in Špičák (Infos unter www.spicak.cz). Eintageskurs 61 €. Es können auch überall Skier geliehen werden, ca. 13 €/Tag, ca. 50 € für 6 Tage.

Essen & Trinken/Übernachten

• *Essen & Trinken* Im Ortskern drängt sich Restaurant an Restaurant. Ausstattung und Qualität unterscheiden sich meist nur wenig. Etwas aus der Reihe fallen folgende Lokalitäten:

Restaurant U Císaře Rudolfa II, relativ kleines, jedoch gemütliches Lokal mit netter Terrasse. Rostbraten, Schweinsrippchen oder Steaks zu 3,20–8 €. Sklářská 37 (von Bayern kommend vor der Kirche rechts ab), ✆ 376397509.

Joe's Restaurant U Hamru, gemütlich-warmes Lokal in einem alten Holzhaus. Abwechslungsreiche Küche der mittleren Preisklasse. Hier sitzt man gerne länger, auch draußen. Di–Sa 18–3 Uhr. Schräg gegenüber dem U Císaře Rudolfa II, ✆ 603797 979 (mobil).

Café Charlotte, bei bayerischen Grenzgängern äußerst beliebtes, großes und recht rustikales Café. Grund: Mega-Tortenvitrine, 30 verschiedene Eisbecher. Über den Köpfen der Gäste fährt eine Modelleisenbahn. Terrasse. Von Bayern kommend hinter der Kirche rechts abbiegen, dann unübersehbar.

• *Übernachten* Es gibt bislang nur wenige Hotels, deren Ausstattung zeitgemäß ist. Es wird jedoch viel gebaut und renoviert – vielleicht oder hoffentlich wird Železná Ruda künftig ansprechendere Unterkünfte bieten. Schöner als in Železná Ruda selbst übernachtet man in Hamry und Hojsova Stráž auf halber Strecke nach Nýrsko (s. u.).

*** **Hotel Špičák,** in ruhiger Lage nahe dem Ortsteil Špičák, von der Straße nach Nýrsko ausgeschildert. 73 der Sterneanzahl entsprechend ausgestattete Zimmer mit Standardeinrichtung. Buchen Sie ein Zimmer mit Balkon und Panoramablick auf den Böhmerwald. Haken: Abseits gelegen, im Winter sind Schneeketten für die letzten paar Meter ein Muss. Oft von Reisegruppen in Beschlag genommen. Bewachte Parkplätze. Sauna, Solarium, Skischule, Sommerterrasse etc. DZ 77 €, oft jedoch gute Paketpreise. Špičák 95, ✆ 376372111, ℻ 376372222, www.orea.cz.

Hotel Malá Paříž, im Ortsteil Špičák (ausgeschildert). Kleines, sympathisches Familienhotel. Freundliche Zimmer und Apartments, auch wenn Mobiliar und Kunstdrucke an den Wänden nicht recht zusammenpassen wollen. Restaurant. Sehr zuvorkommender Service. DZ 32 €, Frühstück 3,50 € extra. Špičák 17, ✆/℻ 376397511, www.malapariz.cz.

Pension St. Moritz, von der Durchgangsstraße ausgeschildert. Helle, saubere Zimmer, viele davon mit Balkon. Restaurant mit schöner Terrasse. Internetzugang. Oft ausgebucht. 17 €/Pers. Lyžařská 294, ✆ 376397 185, ℻ 376387181, http://stmoritz.webpark.cz.

• *Camping* **Autokemp Železná Ruda,** nördlich der Stadt unmittelbar an der Straße nach Klatovy. Wenig einladend, laut. Chatavermietung. Juni–Sept. 2 Pers. mit Zelt u. Auto 8 €, Chata für 4 Pers. 25 €. Železná Ruda, ✆ 376324223, ww.autokemp-zeleznaruda.cz.

Zwischen Železná Ruda und Nýrsko

Rund 25 km trennen Železná Ruda von Nýrsko. Die Landschaft dazwischen – kleine Gebirgsdörfer, glucksende Bergbäche und dichte Märchenwälder – ist herrlich. Welch lustige Wichtelgeister und Feen sich darin tummeln, erfahren Sie im **Puppenmuseum** (Pohádková země) in der Häuseransammlung **Brčálník** (von der

Straße 190 Nýrsko–Železná Ruda aus beschildert). Leider ist das Museum in einem wenig attraktiven Erholungsheim aus sozialistischer Zeit untergebracht, doch Kinder stört das nicht. Sie selbst können 100 m weiter warten, in der *Hospudce na Farmě*, einer idyllisch gelegenen Kneipe mit Feuerstelle und kleinem Zoo.

Wer die Strecke zwischen Železná Ruda und Nýrsko mit dem Rad abfahren will, verlässt am besten hinter Špičák die Straße 190 und nimmt das sich endlos windende Parallelsträßlein auf der anderen Hangseite des Úhlava-Tals. Hier herrscht sehr wenig Verkehr. Unterwegs passiert man das häuserarme, aber dennoch kilometerlange Dorf **Hamry** mit Einkehrmöglichkeiten. Von Hamry führt ein populärer, rund 8 km langer Wanderweg auf den Großen Osser (1293 m), der sich bereits auf bayerischer Seite befindet.

• *Verbindungen* Auf der schönen Strecke zwischen Železná Ruda und Nýrsko verkehrt bis zu 10-mal tägl. ein **Zug.** Dieser hält zwar auch in **Hamry,** jedoch liegt der Bahnhof im Tal und der weit verstreute Ort hoch darüber. **Brčálník** ist ein reines Selbstfahrerziel.

• *Übernachten* *** **Hotel Kollerhof,** in Hamry. Von der Straße Nýrsko – Železná Ruda bestens ausgeschildert. Natur pur. Berghotel mit traumhaften Ausblicken. Komfortable, helle Zimmer, alle mit Parkettböden und Balkon. Herrliche Terrasse, Sauna, Restaurant. Sehr freundliches Personal. EZ 27 €, DZ 46 €. Hamry 29, ✆ 376390113, www.hotelkollerhof.com.

Penzion Bečvářův srub, an der Durchgangsstraße in Hojsova Stráž, fast exakt zwischen Železná Ruda und Nýrsko. Hübsche 2006 eröffnete Pension im Blockhüttenstil, alles sehr rustikal. Angenehm möblierte Zimmer mit Holzböden, alle mit Bad. Restaurant mit schöner kleiner Terrasse. DZ ab 37 €, Aufschlag für Hunde (je nach Rasse!) 3,50–10,50 €. Hojsová Stráž 201, ✆ 376383678, ℻ 376387052, www.sumavasrub.cz.

Pension Královský hvozd, in Hamry direkt unterhalb des Hotels Kollerhof. 2004 eröffnet. Zimmer mit Bad und einfachen furnierten Möbeln, aber sehr gepflegt. Netter Garten. EZ 12 €, DZ 18 €. Hamry 28, ✆ 376390189, penzionkralovskyhvozd@post.cz, www.ceskehory.cz.

Horská Chata Hamry, am südlichen Ende von Hamry, von der Straße Nýrsko–Železná Ruda aus beschildert. Altes Fachwerkhaus direkt am Bach, Restaurant mit idyllischer Bierterrasse. Einfache Zimmer mit privaten Bädern. DZ 26 €. Hamry 66, ✆/℻ 376390171, www.chata-hamry.cz.

• *Öffnungszeiten* **Puppenmuseum,** Juli u. Aug. tägl. (außer Mo) 9–17 Uhr, Mai u. Juni sowie Sept. u. Okt. nur Sa/So 9–17 Uhr. Eintritt 1,40 €, erm. die Hälfte.

Bäuerin im Böhmerwald

Nýrsko (Neuern)

Rund 15 km südwestlich von Klatovy liegt Nýrsko, auf der Landkarte ein viel versprechendes Städtchen nahe einem Stausee. Leider entpuppt sich der schön gelegene See vor Ort als ein Trinkwasserreservoir, in dem Baden verboten ist. Auch der Ort selbst enttäuscht, obwohl er das Marktzentrum einer landschaftlich reizvollen Region am Rande des Böhmerwaldes ist. Den Ortskern teilt ein Fluss in zwei Hälften, drum herum überwiegen schäbige Bauten. Bekannt ist Nýrsko für das Optikunternehmen *Okula,* das ab Fabrik preiswert Brillen verkauft. Schöner sind die umliegenden Dörfer wie **Skelná Hut', Zelená Lhota** oder **Hamry** (s. o.), die mit einer Reihe von netten Unterkünften aufwarten können, was man von Nýrsko nicht gerade behaupten kann.

Über einen erst grün, dann blau, dann rot markierten Weg können Sie von Nyrsko entlang der Grenze nach Železná Ruda wandern, für **Radwanderwege** dorthin → Železná Ruda.

• *Information* **Informační a kulturní centrum Nýrsko,** am Busbahnhof im Zentrum, ausgeschildert. Mo–Fr 9–16 Uhr, im Sommer auch Sa. ✆ 376571616, ic@mestonyrsko.cz.

• *Verbindungen* **Busse** mind. alle 2 Std. nach Železná Ruda, 5- bis 6-mal tägl. nach Klatovy. **Züge** bis zu 6-mal tägl. nach Klatovy und bis zu 5-mal nach Plzeň.

Züge regelmäßig nach Klatovy, bis zu 10-mal tägl. nach Železná Ruda. Der Bahnhof liegt jedoch, im Gegensatz zum Busbahnhof, nicht zentral, sondern weit außerhalb.

• *Übernachten* **Penzion St. Leonard,** gehobene Pension beim Dorf Chudenín, ca. 5 km westlich von Nýrsko, gut ausgeschildert. Neubau im alpenländischen Stil, 2004 eröffnet. Sehr ruhige Lage im Grünen. 14 Zimmer und Apartments, freundlich ausgestattet, mit Minibar und Balkon. Restaurant, Sauna, kleiner Innenpool, Reithalle (Unterricht und Ausritte). DZ 55 €. Uhliště, ✆/℻ 376572110, penzion@impexa.cz.

Penzion Andrea, ca. 3 km westlich von Nýrsko in Skelná Hut', von der Straße zum Grenzübergang ausgeschildert. 6 schlichte, geschmacklich anspruchslose Zimmer, teils mit eigenem Bad und toller Aussicht. Sehr schöner, gemütlicher Terrassengarten, Kinderspielplatz, familienfreundlich. 15 €/Pers. Skelná Huť 29, ✆ 736536144 (mobil).

Autokemp Nýrsko, im Süden von Nýrsko (ausgeschildert). Enger Wiesenplatz ohne Schatten, dafür Schwimmbad nebenan. Restaurant und kleiner Laden. Kinderspielplatz. Sehr freundliches Personal. Mai–Sept. 2 Pers. mit Zelt u. Auto 6,30 €, Hütte für 2 Pers. 9,80 €. Tylova 778, ✆ 376571220, www.autokemp-nyrsko.cz.

• *Golf* Der Platz des **Golf Clubs Šumava** liegt ca. 7 km nordwestlich von Nýrsko nahe dem Weiler Liščí an der Straße 190. Bislang erst 6 Loch, er soll aber erweitert werden. Greenfee 7 €. ✆ 604202267 (mobil), www.golfklubsumava.cz.

Klatovy (Klattau)

Klatovy ist auch bekannt als Tschechiens Nelkenmetropole. Und einer aufgehenden Blüte gleich zeigt sich das Zentrum, doch drum herum viele welke Blätter.

Ein Glück, dass es Stadtmauern gibt. Im Falle Klatovys müssen sie gottlob nicht mehr vor Feinden schützen, sondern vor unliebsamen Ausblicken: Die teils noch gut erhaltenen Befestigungsanlagen aus dem 14. und 15. Jh. trennen die kleine freundliche Altstadt von tristen Plattenbausiedlungen. Zentrum der Altstadt ist der leicht abfallende, kopfsteingepflasterte Náměstí Míru. Meist geht es beschaulich auf ihm zu, im Sommer sorgt zuweilen ein Alleinunterhalter für Abwechslung. Der Platz wird gesäumt von schönen, alten Bürgerhäusern, die im Kern größtenteils gotisch sind. Das prächtigste Gebäude am Platz ist das Rathaus. Daneben erhebt sich

Klatovy aus der Vogelperspektive

der 81 m hohe **Černá věž** (Schwarzer Turm) aus dem 16. Jh. Man kann ihn besteigen. Einst patrouillierte auf dessen Brüstung jede Nacht ein Turmwächter, der stündlich ein Signal zu blasen hatte.

Ums Eck steht die barocke **Jesuitenkirche der Unbefleckten Empfängnis der Jungfrau Maria** (Neposkvrněného Početí P. Marie) aus dem Jahr 1665. Die drei Frontportale sollen das Werk Kilian Ignaz Dientzenhofers sein, für den Rest der Kirche zeichnen Domenico Orsi und Carlo Lurago verantwortlich. Spannender als die Kirche selbst sind die unter ihr gelegenen **Katakomben.** Hier ruhen mumifizierte Jesuiten und wohlhabende Einheimische, zusammengeschrumpelt auf 8–10 kg.

Von den einst über 200 Mumien sind heute nur noch einige wenige hinter Glas zu sehen, was insbesondere auf den Vandalismus vieler Besucher zurückzuführen ist. Nicht wenige Touristen nahmen sich Gliedmaßen der Mumien als schaurige Souvenirs mit nach Hause.

Die der Jesuitenkirche benachbarte **Barockapotheke** zählt zu den schönsten des Landes und ist seit 1964 ein Museum (Historická Expozice Barokní Lékárna). Ausgestellt sind u. a. Glasgefäße mit getrocknetem Ziegenblut und eingelegten Därmen, Apparate zum Pillendrehen und zur Salbenherstellung. Zu sehen gibt es außerdem ein 2 m langes Stoßhorn eines männlichen Narwals, das einstige Maskottchen des Apothekers. Bei den Einheimischen galt es als das Horn des legendären Einhorns, nach dem das Gebäude auch seinen Namen *U Bilhého Jednorožce* (Zum Weißen Einhorn) erhielt. Etwas abseits des Zentrums, in einem prächtigen Stadtpalais in der Hostašova 1, befindet sich das **Dr. Hostaš-Museum** (Muzeum Dr. Hostaše); es widmet sich der Geschichte der Region.

Beste Zeit für einen Besuch der 23.000 Einwohner zählenden Kreisstadt ist Anfang/Mitte Juli, wenn die *Klattauer Kirchweih* über die Bühne geht. Dann kommen nämlich auch die Nelkenzüchter aus den umliegenden Ortschaften und präsentieren ihre Neuzüchtungen. Die ersten Nelken kamen übrigens 1813 als Souvenir aus Nancy im Gepäck von heimkehrenden Soldaten, die an den Napoleonischen Kriegen teilgenommen hatten, an den Rand des Böhmerwalds. Heute genießen die hiesigen Züchter landesweiten Respekt.

Information/Parken/Verbindungen/Sonstiges

• *Öffnungszeiten* **Schwarzer Turm,** April–Okt. tägl. (außer Mo) 9–12 u. 13–17 Uhr. Eintritt 0,70 €, erm. die Hälfte. **Katakomben,** tägl. 9–12 u. 13–17 Uhr. Nov.–März geschl. Eintritt 1,40 €, erm. die Hälfte. **Barockapotheke,** Mai–Okt. tägl. (außer Mo) 9–17 Uhr. Eintritt (nur mit Führung) 1,10 €, erm. 0,70 €. **Dr.-Hostaš-Museum,** tägl. (außer Mo) 9–12 u. 13–17 Uhr. Eintritt 0,70 €, erm. die Hälfte.

• *Information* **Informační centrum Klatovy,** Náměstí Míru 63. Tägl. 9–17 Uhr, im Winter verkürzt. ✆ 376347390, www.klatovy.cz.

• *Parken* Gebührenpflichtig am Hauptplatz möglich.

• *Verbindungen* Bahnhof (vom Zentrum mit allen Stadtbussen zu erreichen) und Busbahnhof ca. 2 km außerhalb des Zentrums im Nordwesten der Stadt. Regelmäßig **Züge** nach Pilsen, Nýrsko und Sušice, bis zu 8-mal tägl. nach Železná Ruda, Horažd'ovice und Domažlice.

Sehr gute **Busverbindungen** nach Pilsen, häufig nach Švihov, Domažlice und Železná Ruda, 1- bis 2-mal nach Budweis.

• *Ärztliche Versorgung* Krankenhaus in der Plzeňská 569 nördlich des Zentrums. ✆ 3763 35111.

• *Polizei* Im Rathaus. ✆ 156.

• *Post* Hauptpost nordwestlich des Altstadtkerns an der Nádražní.

• *Einkaufen* **Dionýsos (4),** freundlicher Weinladen, in dem man sich mit tschechischen Tröpfchen weit über Supermarktniveau eindecken kann. Denisova 103.

Antiqua (2), kleiner Trödelladen, in dem von Posaunen über alte Emailleschilder bis zu antiken Messern nahezu alles zu finden ist. Nur Mo–Fr 10–12 u. 13–17 Uhr. Pražská 184.

Antiquariat Josef Barbůrek (1), etwas außerhalb des Zentrums in einem recht tristen Eck. Gute Auswahl an deutschen Büchern, dazu große Ansichtskartensammlung. Nur Mo–Fr 11–17 Uhr. Kollárova 179.

• *Baden* Ca. 13 km östlich von Klatovy beim Weiler Hnačov liegt ein **Badesee,** auf dem im Sommer auch gesurft wird.

• *Radverleih* Organisiert das Infozentrum (→ Information), 9 €/Tag.

• *Reiten* Ausflüge sind über die Westernranch Podolí möglich (→ Übernachten).

• *Rundflüge* **Aeroklub Klatovy,** je nach Flugzeug 1,80–3,50 €/Min. Infos unter ✆ 3763 10355 oder www.lkkt.cz.

Essen & Trinken/Nachtleben (siehe Karte S. 183)

• *Restaurants* **Tep (6),** eines der gepflegtesten Restaurants der Stadt, auch Václav Klaus aß schon hier. Geboten wird eine skurrile Mischung aus böhmischer, französischer, mexikanischer und argentinischer Küche. Hg. ab 3 €. So nur mittags. Nám. Míru 151 (1. Stock), ✆ 376311958.

Restaurant/Music Club Střelnice (3), Mischung aus Restaurant und Bierhalle, der „Pilsner Urquell Original Restaurant"-Kette zugehörig, die tschechienweit für Qualität bürgt. Zapftheke im kupfernen Brauerei-Look, böhmische Küche der mittleren Preisklasse, die nicht nur die Standards bietet. Im Club nebenan, einem der wenigen Nightspots der Stadt, hin und wieder Konzerte und „tschechoslowakische Partys". Pražská 22, ✆ 376322366.

Švejk Restaurant (10), in einem schönen sgraffitiverzierten Gebäude. Serviert wie alle Švejk-Restaurants des Landes deftige Braten- und Knödelküche. Mittlere Preisklasse. Denisova 90, ✆ 376321419.

Café-Bar & Pizzeria Segafredo (14), farbenfrohe, moderne Pizzeria mit netter großer Terrasse. Über 30 verschiedene Pizzen,

Marktplatz von Klatovy

SIWA

dazu Pasta. Hg. 2,10–4,20 €. Pavlíkova 6, ✆ 777101764 (mobil).

Slavie (8), Selbstbedienungsrestaurant mit billigsten Tagesgerichten, die natürlich nicht an Gourmets gerichtet sind. Zu empfehlen in erster Linie als Frühstücksadresse – Kuchen, belegte Brötchen und guter Kaffee. Mo–Fr 8.30–17 Uhr, Sa nur bis 13 Uhr. Nám. Míru/Ecke Pražská.

• *Außerhalb* **Country Saloon (12),** originelles Restaurant mit Cowboystiefeln an der Decke und Kuhfellen an der Wand. Serviert wird böhmische „Cowboyküche" wie „Bleichgesicht-Überraschung", „Das Geheimnis vom Apachenhäuptling", Bisonsteaks oder Kessel-Chili. Terrasse. Hg. 4,60–17,50 €, ab und zu Livemusik. So nur bis 20 Uhr. Vermietet werden zudem rustikal eingerichtete Zimmer über dem Lokal (DZ 32 €). Etwa 3 km westlich von Klatovy an der Straße nach Domažlice im Dorf Beňovy, ✆ 376313338, www.sumavanet.cz/saloonbenovy.

• *Cafés* **Pepino (13),** hinterm Schwarzen Turm in netter Lage. Hübsche, von alten Mauern umgebene Terrasse. Italienische Gerichte.

Mléčná (15), Café mit Korbmöbeln und Bildern alter Stadtansichten an den Wänden. Gute Kuchen- und Tortenauswahl sowie belegte Brötchen. Netter kleiner Außenbereich. Nám. Míru.

Čajovna & Keramika U naší milé paní (11), Teestube mit Keramikverkauf in den Festungsmauern der Altstadt. Sa/So erst ab 14 Uhr. Pavlíkova 215, gleich bei der Erzdekanatskirche.

Übernachten

*** **Hotel Ennius (5)**, gepflegteste Unterkunft in der Altstadt, wenn's auch von außen nicht so aussieht. Geräumige Zimmer mit Kiefernmöbeln und Plastiktopfpflanzen. Rustikales Restaurant mit Rittersaal-Ambiente. Freundliches Personal. EZ 32 €, DZ 49 €. Randova 1, ✆ 376320567, ℻ 376320564, www.sweb.cz/ennius.

Pension Marco Polo (16), Pension und Restaurant. Ordentliche Zimmer mit privaten Bädern. Eigene Parkplätze. EZ 18 €, DZ 28 €, kein Frühstück. Vídeňská 32, ✆ 3763130 60, restaurant.marcopolo@seznam.cz.

Alltag im Spiegel

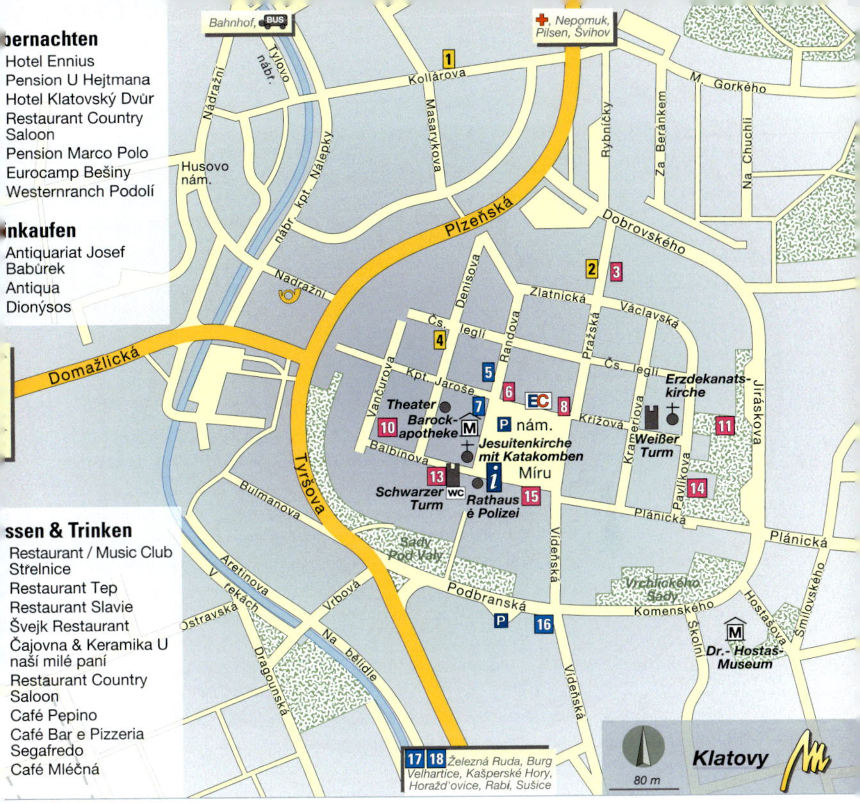

Hotel Klatovský Dvůr (9), etwas außerhalb des Zentrums an der Straße nach Domažlice gelegen, deswegen leider etwas laut. 11 kitschig, aber anständig eingerichtete Zimmer, z. T. sehr geräumig. Eigene Parkplätze. DZ 26 €. Domažlická 188, ✆/℡ 376321517.

Pension U Hejtmana (7), 7 recht geschmacklose Zimmer, die für den Preis okay sind. Bewachter Parkplatz. Telefonische Reservierung erforderlich. DZ 21 €. Kpt. Jaroše 145, ✆ 376312694.

• *Außerhalb* **Westernranch Podolí (18),** ca. 15 km südlich von Klatovy im gleichnamigen Bauerndorf (von der Straße nach Železná Ruda bei Běšiny ausgeschildert). Zwar bislang alles andere als eine Cartwrights-Ranch (zumal auch noch im Aufbau begriffen), aber für alle, die sich gern Sporen an die Stiefel schnallen und einen Cowboyhut aufsetzen, eine gute Wahl. Nette Apartments und simpel-rustikale Blockhüttenimitate mit Bad, zudem kann man im Tipi schlafen. Grillmöglichkeiten, Abenteuerspielplatz, Ausritte auf Haflingern (5,30 €/ Std.). Apartment für 2 Pers. 35 €, Hütte für bis zu 5 Pers. 25 €, kein Frühstück. Podolí, ✆ 606171999 (mobil), ℡ 376399253, www.rancpodoli.wz.cz.

Eine böhmische Prinzessin

• *Camping* **Kemp Sluneční Mlýn,** ca. 4 km westlich von Klatovy, an der Straße nach Domažlice ausgeschildert. Angenehmer Wiesenplatz vor einem alten Gutshof, ab vom Schuss. Pool und Hütten, saubere Sanitäranlagen, moderne Küche. Kein Restaurant. Aus unerfindlichen Gründen ist hier nie etwas los. Mai–Sept. 2 Pers. mit Zelt u. Auto 11,20 €, Chata für 2 Pers. 13,30 €. Benovy 5, ✆ 7772 72298 (mobil), kemp@nnn.cz, www.nnn.cz.

Eurocamp Bešiny (17), ca. 12 km südlich von Klatovy nahe dem gleichnamigen Dorf, von der Straße nach Železná Ruda ausgeschildert. Oft sehr voll, fest in holländischer Hand. Recht komfortabel. Schwimmbad, Minigolf, Feuerstelle, Tennisplätze, sehr gute und saubere Sanitäranlagen, sehr sicher. Ganzjährig. 2 Pers. mit Auto u. Zelt 6 €, gepflegte Bungalows mit Küche und Bad für bis zu 4 Pers. 37 €. Bešiny, ✆ 376375011, 📠 376375012, www.eurocamp.besiny.cz.

Leben zwischen Plattenbau und Datscha

Die Stadtrandbezirke von Klatovy sind Paradebeispiele sozialistischer Wohnungsbaupolitik aus der Zeit der Tschechoslowakei. In den 50ern schraubte man die ersten Blocks zusammen, heute lebt fast jeder dritte Tscheche in einem Plattenbau. Auf 50 Jahre wird die „Lebenserwartung“ dieser Modularbauten angesetzt, Jahr für Jahr überschreiten also immer mehr dieses Alter. Vielerorts hat man damit begonnen, die einst einheitsgrauen Fassaden zu verschalen und zu streichen. Doch im Inneren lebt der Geruch des Sozialismus meist noch bis heute fort, ein eigenartiger Dreiklang aus Bohnerwachs, Küchenmief und dem in jeder Betonritze festsitzenden Gestank verheizter Braunkohle. Die Gänge erinnern an Flure von Krankenhäusern, in denen man niemals gesund wird. Die Klospülung im 10. Stock ist auch noch im Keller zu hören und der Streit des jungen Ehepaars im Erdgeschoss durch die ganze Etage – als Mega-Reality-Soap entpuppt sich schließlich das Leben. Die Enge der Wohnung ist bedrückend, aus dem Weg kann man sich kaum gehen – kein Wunder also, dass tschechische Kneipen stets gut gefüllt sind. Die Raumknappheit führte übrigens auch dazu, dass die Tschechen überaus früh heirateten, eine Tradition, die bis heute fortbesteht, wenn auch in abgeschwächter Form. Es war die einzige Möglichkeit, den vier Wänden bei Mama und Papa zu Hause zu entgehen.

Einen Ausgleich zur Anonymität der Plattenbauten finden die Tschechen in ihren Datschen. Sie sind ebenfalls ein Relikt aus sozialistischer Zeit. Die meisten dieser Laubenkolonien liegen an Seen und Flussläufen. Fast jede Familie besitzt ein Wochenendhäuschen. Dort vergisst man Arbeitsstress und grauen Beton, grillt stattdessen Würstchen und plaudert mit dem Nachbarn am Gartenzaun. Wie die Zukunft der Plattenbauten liegt auch die der Datscha-Kultur im Ungewissen – für viele Tschechen ist ein Badeurlaub an der türkischen Riviera mittlerweile attraktiver als ein Schrebergarten an der Moldau.

Über den Dächern von Prag

Praha

(Prag)

Um all die Facetten der tausendjährigen Stadt zu entdecken, bräuchte man Wochen. Um sie zu verstehen, Jahre. Genießen aber kann man Prag auf Anhieb.

Prag ist eine Stadt im Wandel, eine Stadt auf dem Weg zu einer neuen Identität im Herzen Europas und innerhalb der EU. Die Tristesse aus der Zeit des Sozialismus ist passee, das Grau der Fassaden übertüncht. Das Attribut „golden" trägt Prag wieder zu Recht. Farbenprächtig und lebensfroh präsentiert sich das Zentrum. Anteil daran haben auch die Millionen Besucher aus aller Welt.

Prag zeigt seine Reize freizügig: eine erhabene Burg, hundert Türme und Kuppeln, verschlungene Gassen und prächtige Straßenzüge mit Bauten aus der Gründerzeit. Die Schätze liegen nicht wie in anderen Metropolen in Museen versteckt. Zwei Weltkriege hat die Stadt dank der ausgebliebenen Bomber nahezu unbeschadet überstanden, das kommt ihr zugute. Aber nicht nur die Vergangenheit ist an allen Ecken lebendig, auch die Gegenwart. Als eine pulsierende, weltoffene Metropole präsentiert sich Prag, als eine Stadt, die voller Optimismus in die Zukunft blickt.

Ein Optimismus aber, den nicht all ihre Bewohner teilen: Während sich in trendigen Cocktailbars die neureiche Oberschicht zur Caipirinha trifft, hinter mondänen Glasfassaden die Weichen für das Prag des neuen Jahrtausends gestellt werden, in eleganten Shoppingcentern die noch unentdeckten Eva Herzigovás flanieren und in prächtigen Jugendstilcafés Touristen über Kafka und den Golem plaudern, sitzen die einfachen Arbeiter in den Eckkneipen dicht gedrängt beim Pausenbier und studieren die Quoten der Fußballwetten. Ihre Frauen durchwühlen die Wäscheberge der

Übersicht S. 187

Secondhandläden, von der glamourösen Hochglanzwelt können sie nur träumen. Auf den Straßen knattern Auspuffe, Presslufthämmer und Ampeln um die Wette. Am Gehweg daneben erledigt der humpelnde Rauhaardackel sein Geschäft. Sein verarmtes Frauchen – zum Zaungast im neuen Prag geworden – kramt in der Mülltonne. Nur eine überfüllte Straßenbahn schaut zu. Prag hat verschiedene Gesichter.

Geschichte: Die ersten Siedlungen auf dem Gebiet des heutigen Prag entstanden ca. 3000 v. Chr. Alte Handelswege kreuzten hier, da sich die Moldau an einer Furt leicht überqueren ließ. Die eigentliche Stadtgeschichte beginnt aber erst in der zweiten Hälfte des 9. Jh. Damals wählte Herzog Bořivoj I. aus dem Geschlecht der Přemysliden jenen Bergrücken, der sich heute Hradčany nennt, zu seiner Burgstätte. Schon ein Jahrhundert später gab es unterhalb der Prager Burg ein blühendes Marktzentrum, wo Slawen, Muslime und Juden mit Sklaven, Zinn und Pelzen handelten. Bald darauf entstanden die ersten Klöster. Gegen Ende des 10. Jh. wurde flussaufwärts die Burg Vyšehrad im heutigen Prager Süden (→ S. 252) befestigt und mit einer Münzprägestätte ausgestattet.

Im Jahr 1158 ließ der Herrscher Vladislav II. die erste Steinbrücke über die Moldau errichten, die nach seiner Frau Judithbrücke genannt wurde. Dieser wichtige Übergang trug erheblich zur Entwicklung der Stadt bei. Insbesondere am rechten Moldauufer siedelten daraufhin mehr und mehr Kolonisten, vorrangig aus Bayern und Sachsen. Und nachdem Soběslav II. Juden, Italienern und Deutschen das Recht auf Selbstverwaltung zugestanden hatte, war deren Zuzug enorm. Man schätzt, dass in der zweiten Hälfte des 13. Jh. bereits 35.000 Menschen dort lebten. Zu jener Zeit ging auch der Name „Prag" von der Burg auf die Stadt darunter über. Das Handelszentrum, das aus mehreren Märkten bestand, umgab eine Befestigungsmauer, die entlang der heutigen Fußgängerzone Na příkopě (Am Graben), die die Alt- von der Neustadt trennt, verlief.

In der Mitte des 14. Jh., unter Karl IV., stieg Prag zu den bedeutendsten Städten Europas auf und wurde Mittelpunkt des Heiligen Römischen Reiches. Unter seiner Herrschaft erfolgte die Grundsteinlegung des Sankt-Veits-Doms, der ersten Universität Mitteleuropas und der Karlsbrücke, welche die durch Treibeis beschädigte Judithbrücke ersetzte. Zudem ließ Karl auf der rechten Seite der Moldau Nové Město, die Neustadt, mit weiten Straßen und Plätzen anlegen. Auf Karls Tod folgte für Prag ein Jahrhundert schwerer Rückschläge, bedingt durch verheerende Pestepidemien und die sozialen Spannungen zwischen Katholiken und Hussiten, die mit dem ersten Prager Fenstersturz (→ Kasten S. 245) die Hussitenkriege auslösten.

Erst in der zweiten Hälfte des 16. Jh. (mittlerweile zählte die Stadt rund 60.000 Einwohner) wurde Prag wieder zu einer der glanzvollsten Metropolen des Heiligen Römischen Reiches – insbesondere unter der Regierungszeit Rudolfs II., der Maler und Bildhauer, Alchimisten und Astrologen an seinen Hof kommen ließ und eine der imposantesten Kunstsammlungen weltweit aufbaute. Aber dann kam der 30-jährige Krieg, ausgelöst durch den berühmten zweiten Prager Fenstersturz (→ Kasten S. 245), und die Schweden plünderten die Kunstschätze der Prager Burg. Nach dem Krieg wurde Prag von Wien aus regiert. Im Zuge der Gegenreformation erhielt die Stadt ihr barockes Gesicht, das noch heute das „Goldene Prag" ausmacht.

1713 erlebte Prag ein verheerendes Jahr: Zum letzten Mal brach die Pest aus, 13.000 Menschen fielen ihr zum Opfer. Während des österreichischen Erbfolgekriegs wurde Prag von Bayern, Sachsen, Franzosen und Preußen belagert. Dem Preußen Friedrich II. gelang es 1745 sogar, mit einem Heer von 80.000 Mann die Stadt vorübergehend einzunehmen. 12 Jahre später versuchte er sein Glück erneut: Dieses Mal

stand er mit über 100.000 Mann vor den Toren der Stadt und fast genauso viele Kanonenkugeln hagelten auf sie nieder. Doch einnehmen konnte er sie nicht mehr.

In der ersten Hälfte des 19. Jh. kippte infolge der Industriellen Revolution und des damit verbundenen Zuzugs an Tschechen das zahlenmäßige Verhältnis zwischen Deutschen und Tschechen zugunsten Letzterer. Daraus entwickelte sich ein vehementer Konkurrenzkampf beider Kulturen, der bis in die Mitte des 20. Jh. anhielt. Durch den Bau feudaler Palais, großer Theater oder prachtvoller Bürgerhäuser, die noch heute der Stadt ihren besonderen Reiz verleihen, versuchten sich beide Kulturen einander zu beweisen. 1843 wurde der erste Prager Bahnhof eröffnet, vier Jahre später brannten die ersten Gaslaternen, und 1896 fuhr die erste elektrische Straßenbahn. Im 1. Weltkrieg blieb Prag von Kriegshandlungen verschont, auch den 2. Weltkrieg überstand die Stadt ohne große Zerstörungen.

Unter den Kommunisten begann der Verfall des historischen Zentrums und der Bau von Plattenbauten rund um die Stadt. 1960 zählte Prag eine Million Einwohner und rühmte sich der größten Stalinstatue der Welt (kurz nach ihrer feierlichen Einweihung jedoch war Stalin „out“ und man riss sie wieder ab). 1968, während des Prager Frühlings, stand die Moldaustadt im Mittelpunkt des Weltgeschehens, aber kurz darauf verschwand sie hinter dem Eisernen Vorhang und geriet fast in Vergessenheit.

Seit der Samtenen Revolution hat sich dieser Sachverhalt wieder geändert: Prag zählt heute zu den beliebtesten Zielen für Städtereisen. Die Stadt boomt und ist ein bevorzugter Ort internationaler Investoren, ihre Zukunft sieht rosig aus. An allen Ecken wird gebaut und restauriert.

Orientierung: Prag ist überschaubar. Das Gros aller Sehenswürdigkeiten, darunter die Prager Burg, der Staroměstské náměstí (Altstädter Ring), die Karlsbrücke, der Wenzelsplatz und der Alte Jüdische Friedhof, liegen in den historischen Stadtteilen Hradčany und Malá Strana westlich der Moldau und Staré Město, Josefov und Nové Město östlich der Moldau. Sie alle lassen sich problemlos zu Fuß erkunden. Aber auch mit der Straßenbahn oder der Metro gelangt man ohne Umstände in die Nähe jeder Sehenswürdigkeit. Die nächstgelegene Metrostation oder Straßenbahnhaltestelle sowie die dort hinführenden Linien sind unter den einzelnen Sehenswürdigkeiten angegeben. Es ist vorteilhaft, im Zentrum zu wohnen, die Auswahl an Unterkünften ist groß.

Information

Die offiziellen Touristeninformationen der Stadt gehören zum **Prager Informationsdienst** (*Pražská informační služba*, www.pis.cz – Infostellen und Webseite auch deutschsprachig). Zweigstellen mit der einheitlichen Rufnummer ✆ 12444 findet man z. B. in:

Staré Město (Altstadt): Staroměstská radnice (Altstädter Rathaus), Staroměstské nám. Im Sommer Di–So 9–18 Uhr, Mo 11–18 Uhr, im Winter eine Stunde kürzer. Ⓜ A Staroměstská.

Malá Strana (Kleinseite): Im Kleinseitner Brückenturm an der Karlsbrücke. April–Okt tägl. 10–18 Uhr. Ⓢ 12, 20, 22, 23 Malostranské náměstí.

Verbindungen

• *Bus* Die meisten nationalen und internationalen Busse starten und enden am **Busbahnhof Florenc.** Hier befindet sich auch die gleichnamige Metrostation: Sowohl mit der roten Linie (Haltestelle Muzeum) als auch mit der gelben (Haltestelle Můstek) gelangen Sie direkt zum Wenzelsplatz. In alle größeren Orte Südböhmens fahren von hier mehrmals täglich Busse. Weitere wichtige Busbahnhöfe für Fahrten nach Südböhmen (z. B. nach Písek) sind **Smíchovské nádraží** (Ⓜ B Smíchovské nádraží) und **Na Knížeci** (Ⓜ B Anděl), beide im Stadtteil Smíchov südlich der Kleinseite gelegen.

• *Zug* Prag hat mehrere Bahnhöfe. Die Züge aus Südböhmen, Deutschland oder Österreich enden entweder am **Hauptbahnhof (Hlavní nádraží)** im Zentrum der Stadt oder am **Bahnhof Holešovice** (seit 2007 auch *Nádraží Franze Kafky* bzw. Franz-Kafka-Bahnhof) im Norden Prags. Ins Zentrum gelangt man von dort mit der Ⓜ C, nach Mitternacht mit Ⓢ 54. In beiden Bahnhöfen finden Sie eine rund um die Uhr geöffnete Gepäckaufbewahrung, Geldwechselmöglichkeiten und Zimmervermittlungen.

Regelmäßige Direktzüge ins Reisegebiet nur nach Budweis und Tábor. Für alle anderen Orte muss man umsteigen.

• *Flugzeug* Prags internationaler Flughafen heißt **Letiště Ruzyně.** Er liegt etwa 20 km nordwestlich des Zentrums und besteht aus zwei miteinander verbundenen Terminals: Terminal 2 dient der Abfertigung von Maschinen aus Staaten des Schengener Abkommens (u. a. Deutschland und Österreich). Terminal 1 steht für Maschinen aus der restlichen Welt, deren Passagiere einen Duty-free-Einkauf tätigen können (u. a. Schweiz), zur Verfügung.

Im Ankunftsbereich von Terminal 1 befinden sich eine Flughafeninformation und mehrere Zimmervermittlungen, darunter auch ein Čedok-Schalter mit guten Angeboten (tägl. 7–21 Uhr). Zudem finden Sie eine Gepäckaufbewahrung, Zweigstellen nationaler und internationaler Autoverleiher sowie Geldwechselmöglichkeiten (tägl. 7–23 Uhr). Bankomaten im Terminal 1 zwischen Ankunfts- und Abflugbereich.

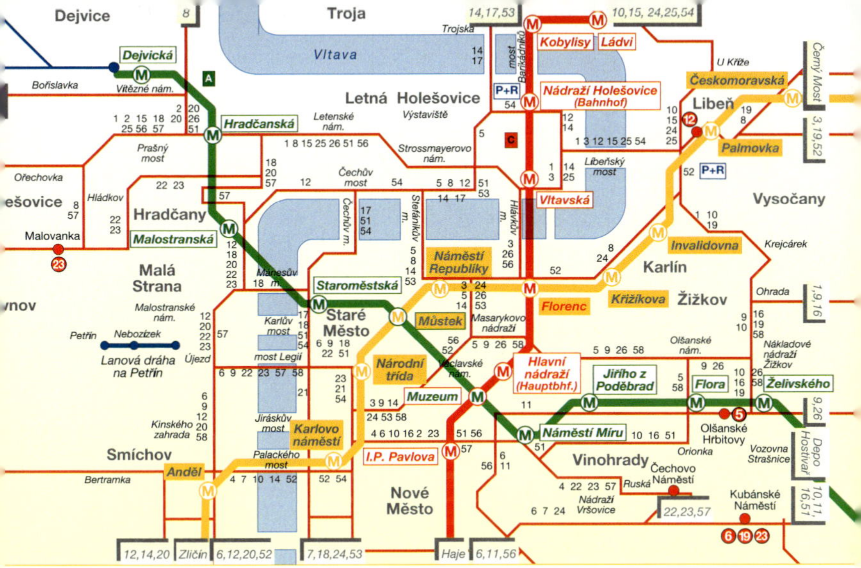

Transfer zwischen Flughafen und Zentrum

Der Prager Flughafen besitzt bislang noch keinen Metroanschluss – erst 2009 soll mit den Bauarbeiten begonnen werden (Fertigstellung nicht vor 2013!). Die einfachste Alternative, um ins Zentrum zu gelangen, ist mit dem **Cedaz-Minibus-Shuttleservice,** der von 5.30–21.30 Uhr alle 30 Min. fährt. Ins Zentrum (Endstation in der Straße V Celnici nahe dem Náměstí Republiky/Neustadt) 3,20 €/Pers., direkt ins Hotel wird ein Pauschalpreis von 17 € berechnet, egal ob für eine oder vier Personen. Die Minibusse fahren direkt vorm Ankunftsbereich der Terminals 1 und 2 ab. Wer auf diese Weise vom Zentrum zum Flughafen will, steigt in der Straße V Celnici zu (Abfahrtsstelle vor dem ČSA-Büro).

Taxis ins Zentrum kosten max. 18–25 €. Wer den Preis davor nicht aushandelt, wird glauben, Prag sei größer als New York City und ist Stunden unterwegs. Die Strecke zwischen Flughafen und Zentrum dauert 30 Min., planen Sie zu den morgendlichen und abendlichen Stoßzeiten zur Sicherheit 1 Std. ein.

Wer mit **öffentlichen Verkehrsmitteln** vom Flughafen ins Zentrum fahren will, steigt vor dem Ankunftsterminal in Ⓑ 119 bis Dejvická und dort in die Ⓜ A zum Wenzelsplatz um. Tickets bekommt man am Schalter der Prager Verkehrsbetriebe in den Ankunftsbereichen der Terminals 1 und 2.

Stadtverkehr/Parken

• *Metro* Die schnellste Verbindung zwischen den Stadtteilen. Das Netz ist klein und übersichtlich. Es besteht aus drei Linien, die mit den Buchstaben und Farben A (Grün), B (Gelb) und C (Rot) gekennzeichnet sind. Die Metro fährt täglich von 5 Uhr morgens bis Mitternacht, zu Stoßzeiten alle 2–3 Min., in den verkehrsschwachen Zeiten alle 4–10 Min. Es lohnt sich, einen Stadtplan zu kaufen, auf dem alle Metro-, Straßenbahn- und Buslinien verzeichnet sind (→ Wissenswertes von A bis Z/Literatur, S. 31).

• *Straßenbahn* Das Straßenbahnnetz ist sehr dicht und die meisten Linien sind auf die Minute pünktlich. Vor allem das Zentrum lässt sich besser mit der Straßenbahn als mit der Metro erkunden. Straßenbahnen *(tramvaj)* fahren i. d. R. von 4.30–0.15

Übersicht S. 187

Uhr, werktags alle 8–10 Min., am Wochenende und an Feiertagen alle 8–15 Min. Danach sind Nachttrams im Abstand von etwa 30 Min. unterwegs. Sie tragen 50er-Nummern und passieren das Stadtzentrum. Orientieren kann man sich an den Fahrplänen an jeder Haltestelle.

• *Bus* Auch die Busse verkehren meist auf die Minute genau, jedoch fahren sie vorrangig die Prager Außenbezirke an. Es existieren vier Nachtbuslinien – sie tragen 500er-Nummern und verkehren im 40-Minuten-Takt.

• *Taxis* Sind für Touristen leider meist ein Ärgernis. Lassen Sie sich von einem Taxifahrer nie ein Hotel, ein Restaurant oder einen Nachtclub empfehlen. Sie werden Stunden unterwegs sein und irgendwo in der Peripherie landen. Regulär kostet 1 km etwa 0,90 €, für die Anfahrt wird 1,20 € berechnet. Am besten fahren Sie mit **AAA-Taxis** (✆ 14014). Die seriöse Gesellschaft verfügt überall im Zentrum über eigene Taxistände mit Preistafeln. Betrügerische Fahrer werden fristlos entlassen.

• *Parken* Die von uns aufgeführten Unterkünfte bieten, wenn nicht anders angegeben, sichere Parkplätze an oder können einen Parkplatz außer Haus reservieren. Der bewachte Parkplatz gegenüber dem Rudolfinum in Staré Město kostet 1,40 €/Std., die Tiefgarage des Nationaltheaters an der Ostrovní in Nové Město bereits satte 30–35 €/Tag (saisonabhängig).

Nahverkehrstarife

Fahrscheine, die für alle öffentlichen Verkehrsmittel – egal ob Metro, Straßenbahn oder Bus – gültig sind, erhält man an den gelben Fahrkartenautomaten in den Metrostationen, zuweilen auch in Zeitungs- und Tabakläden. Nur wenige Bus- und Straßenbahnhaltestellen haben Automaten!

Preise: Fährt man mit der Metro nicht mehr als 5 Stationen oder steigt man mit der Straßenbahn oder dem Bus nicht um und ist auch nicht länger als 20 Min. unterwegs, reicht ein Kurzstreckenfahrschein zu 0,70 € (18 Kč; Stand Jan. 2008). Kinder zwischen 6 und 15 Jahren bezahlen die Hälfte, über 15 Jahren den vollen Preis, unter 6 Jahren fahren sie kostenlos. Für eine Fahrt bis 75 Min. mit Umsteigemöglichkeit (90 Min. zwischen 22 und 5 Uhr sowie am Wochenende) bezahlt man für sämtliche Transportmittel 1 € (26 Kč, erm. die Hälfte). Für größere Gepäckstücke müssen Extratickets zu 0,50 € (13 Kč) gelöst werden, sofern Sie kein Tages- oder Mehrtagesticket haben. Schwarzfahren lohnt nicht, Kontrollen sind häufig.

Tipp: Kaufen Sie sich Tages- bzw. Mehrtageskarten, auch wenn Sie mit Einzelfahrscheinen vielleicht billiger wegkämen. Die Sucherei nach dem nötigen Kleingeld und dem nächsten Automaten erledigt sich damit. Tages- und Mehrtageskarten gibt es an den Ticketschaltern der Metrostationen zu kaufen. Das 24-Stunden-Ticket kostet 3,80 € (100 Kč, erm. die Hälfte), das Dreitagesticket 12,70 € (330 Kč) und ein Fünftagesticket 19 € (500 Kč). Für das Drei- und Fünftagesticket gibt es keine Ermäßigung für Jugendliche. Erwachsene im Besitz eines der zwei Tickets dürfen jedoch ein Kind im Alter zwischen 6 und 14 Jahren kostenlos mitnehmen.

Adressen

• *Ärztliche Versorgung* Von der deutschen Botschaft empfohlene Ärzte und Krankenhäuser: **Krankenhaus Na Homolce,** Roentgenova 2, Motol. ✆ 257271111. Notfalldienst rund um die Uhr besetzt. Auch auf die Behandlung von Ausländern vorbereitet. Bei Zahnproblemen hilft Dr. Liška (deutschsprachig) weiter, ✆ 257272612. Ⓜ B Anděl, weiter mit Ⓑ 167 Na Homolce.

Medizinische Fakultät der Karlsuniversität, ebenfalls auf die Behandlung von Ausländern vorbereitet. U nemocnice 2 (Karlsplatz), III. Interna, Abt. C, ✆ 224961111. Ein deutschsprachiger Arzt dort ist u. a. Dr. Tomáš Zelinka, ✆ 224962945. Ⓜ B Karlovo náměstí.

• *Autoverleih* Die hier aufgeführten Anbieter verfügen über Zweigstellen am Flughafen und im Zentrum. Für weitere Informationen → Wissenswertes von A bis Z/Mietwagen, S. 31.

Einer der schönsten Plätze der Welt: der Staroměstské náměstí

Europcar, Pařížská 28, Josefov, ✆ 224811290, www.europcar.cz. Ⓜ A Staroměstská.

Sixt, Pobřežní 1 (Hilton), Nové Město, ✆ 222324995, www.e-sixt.cz. Ⓜ B, C Florenc.

Avis, Klimentská 46, Nové Město, ✆ 221851225, www.avis.cz. Ⓢ 3, 26 Těšnov.

• *Diplomatische Vertretungen* → Wissenswertes von A bis Z, S. 25.

• *Fundbüro* **Ztráty a nálezy,** in der Karolíny Světlé 5, Staré Město, ✆ 224235085. Mo–Do 8–12 Uhr und 12.30–16 Uhr, Fr nur bis 14 Uhr. Ⓜ B Národní třída.

• *Polizei* **Hauptdienststelle** an der Bartoloměјská 8, Staré Město. Ⓜ A, B Můstek. Notruf unter ✆ 158.

• *Post* **Hauptpost** an der Jindřišská 14, Nové Město. Tägl. 2–24 Uhr. Ⓜ A, C Muzeum.

• *Reinigung/Waschsalon* **Laundryland,** Selbstbedienungswaschsalon mit mehreren Filialen. Z. B. in der Londýnská 71, Vinohrady. Ⓜ C I.P. Pavlova.

Čistírna oděvu, Trockenreinigung und Waschsalon. Karoliny Světlé 10, Staré Město. Ⓜ B Národní třída.

• *Stadtrundfahrten und -führungen* Unzählige Veranstalter mit unterschiedlichsten Touren in der Innenstadt. Zwei Adressen:

Tägliche Prag-Führungen, Spaziergänge zu speziellen Themen, keine Voranmeldung nötig, auf Flyer achten, Treffpunkt Altstädter Ring unter der Astronomischen Uhr, ✆ 281917642. Ⓜ A Staroměstská.

Premiant City Tour, Na příkopě 23, Nové Město, ✆ 606600123 (mobil). Standardtouren zu Fuß und mit dem Bus. Ⓜ A, B Můstek.

• *Stadtpläne* → Wissenswertes von A bis Z/Literatur, S. 31.

Einkaufen

Von einem Shoppingparadies à la London oder Paris ist Prag weit entfernt. Zum Stöbern aber – egal ob in Antiquariaten oder verstaubten Trödelläden – ist die Moldaumetropole eine gute Adresse.

• *Kunsthandwerk/Souvenirs* Böhmisches Kristall, Töpferwaren, Holzspielzeug, Marionetten, Bernsteinschmuck und bemalte Ostereier (man bekommt sie ganzjährig) an jeder zweiten Ecke. Ein paar Extratipps:

Obchod pod Lampou (8/S. 231), einer der schönsten Marionettenläden der Stadt ist der von Pavel Truhlář im Schatten der Karlsbrücke. Handgeschnitzte Puppen, deren Kostüme vor Ort genäht werden.

Praha
Übersicht S. 187

Nightlife rund um den Altstädter Ring

U Lužického semináře 5/78, Malá Strana. Ⓢ 12, 20, 22, 23 Malostranské náměstí.

Erpet (8/S. 216/217), museumsgroßer Glaspalast für böhmisches Kristall in allen Variationen, darunter auch Moser-Gläser. Staroměstské náměstí 27, Staré Město. Ⓜ A Staroměstská.

Manufaktura (12/S. 216/217), Kunsthandwerk und Naturprodukte von bemalten Ostereiern über Holzspielzeug bis zu wohlduftenden Seifen. Mehrere Filialen, eine große in der Melantrichova 17, Staré Město. Ⓜ A, B Můstek.

• *Mode* Für *Diesel* & Co → Shoppingcenter. Boutiquen junger tschechischer Designer(innen) findet man v. a. in Josefov: z. B. **Tatiana (11/S. 220),** Dušní 1, **Bohème (8/S. 220),** Dušní 8, oder **Klára Nademlýnská (9/S. 220),** Dlouhá 3. Noch zwei Adressen außerhalb Josefovs:

Vintage (15/S. 216/217), wie der Name schon sagt, wird hier Erlesen-abgefahrenes aus zweiter Hand verkauft. Wirklich schräge Teile zu günstigen Preisen! Michalská 18, Staré Město. Ⓜ A, B Můstek.

Baťa (6/S. 206/207), größter Baťa-Laden der Stadt, auf 6 Etagen. Trendy und preislich okay. Es werden auch Schuhe anderer Hersteller verkauft. Václavské náměstí 6, Nové Město. Ⓜ A, B Můstek.

• *Shoppingcenter* **Palladium,** größte Shoppingmall der Innenstadt, dazu die beste und neueste Prags (seit Herbst 2007). 120 Läden und 30 Restaurants. Náměstí Republiky, Staré Město. Ⓜ B.

Palác Flora, übersichtlicher, auf 4 Etagen. Mit Kinos. Im Stadtteil Žižkov direkt an der Metrostation Ⓜ A Flora.

• *Märkte* **Bleší trh,** großer Flohmarkt auf dem Gelände einer ehemaligen Stahlgießerei im nordöstlichen Stadtteil Vysočany. Überwiegend billiger Trödel, dazu geklaute Autoradios und Neuware. Ⓜ B Kolbenova, dann den Massen hinterher.

Havelské tržiště, tägl. Touristenmarkt in der Altstadt. Havelská, Staré Město. Ⓜ A, B Můstek.

• *Lebensmittel* **Obchod Kořením (11/S. 231),** 1001 Gewürz aus 1001 Nacht in einem kleinen Laden, der etwas von einer alten Apotheke hat. Prokopská 5, Malá Strana. Ⓢ 12, 20, 22, 23 Malostranské náměstí.

Zemark Lahůdky (17/S. 206/207), großer Delikatessenladen. Feinkost, Spirituosen, Absinth in allen Variationen. Václavské náměstí 44, Nové Město. Ⓜ A, B Můstek oder A, C Muzeum.

• *Antiquitäten/Trödel* Hochwertigere Antiquitätengeschäfte findet man geballt im Stadtteil Josefov und in der Altstadt rund um den Betlémské náměstí. In allen anderen Stadtteilen dominieren Trödler *(bazar zastavárna)* mit einem oft recht bunten Warensortiment. Wer Glück hat, findet dort noch Relikte aus vorrevolutionärer Zeit. Noch zwei interessante Adressen:

Dorotheum (10/S. 216/217), das älteste Auktionshaus Europas, gegründet 1707 in Wien. Alles, was angeboten wird, ist antik und teuer: Porzellan, Zigarettenetuis, Orden, Glas, Gemälde usw. Ovocný trh 2, Staré Město. Ⓜ A, B Můstek.

Art deco Galerie (13/S. 216/217), ausgefallener Nobeltrödler. Das meiste im Stil der 20er Jahre, viel Kleidung. Michalská 21, Staré Město. Ⓜ B Národní třída.

• *Antiquariate/Buchhandlungen* **U Zlaté Číše (4/S. 231),** eines der schönsten Antiquariate der Kleinseite. Nerudova 16, Malá Strana. Ⓢ 12, 20, 22, 23 Malostranské náměstí.

Karel Křenek (4/S. 216/217), größte Auswahl an deutschsprachigen Büchern der Stadt. U obecního domů 2, Staré Město. NⓂ B Náměstí Republiky.

Vitalis (3/S. 231), deutsche Buchhandlung des gleichnamigen Prager Verlags. Viel Literatur zur Stadt, Übersetzungen tschechischer Autoren, zudem Kafka & Co. U Lužického semináře 19, Malá Strana. Ⓜ A Malostranská.

Buchhaus Kanzelsberger (5/S. 206/207), alteingesessenes Buchgeschäft auf mehreren Etagen. Auch Noten und deutschsprachige Literatur. Dazu ein nettes Café im 1. Stock. Václavské náměstí 4, Nové Město. Ⓜ A, B Můstek.

Essen & Trinken

Das touristische Zentrum Prags bietet eine fast unglaubliche gastronomische Vielfalt. Für Prager Standardeinkommen sind jedoch viele der dortigen Restaurants tabu, besucht werden sie vornehmlich von Touristen. Leider verstehen sich auch manche zentralen Restaurants weniger aufs Kochen, sondern mehr aufs Kassieren. Das gilt insbesondere für möchtegernschicke, bewusst traditionsbetonte und den Großteil der Restaurants, die mit einem Menüsonderangebot am Eingang werben. Das Essen ist dort meist keinen Deut besser als in der miefigsten Vorstadtkneipe, nur um ein Vielfaches teurer. Das Gros der Ausländer bekommt das gar nicht mit, da man von zu Hause solche Preise gewohnt ist oder sie für eine Großstadt noch immer als angemessen erachtet.

Empfehlenswerte Restaurants finden Sie unter den einzelnen Stadtteilen.

Übernachten

Das Angebot an Quartieren in Prag ist vielseitig. Von prunkvollen Hotels, die keinen Komfort vermissen lassen, bis zu muffeligen Absteigen mit verkeimten Teppichböden ist alles vorhanden. Alternativ dazu findet man Apartments und nette Hostels für Low-Budget-Reisende. Trotz enormer Kapazitäten kann es in der Hauptsaison (von Mitte März bis Ende Juni und von Anfang August bis Ende Oktober) und Topsaison (d. h. über Silvester, Ostern, Pfingsten und – je nachdem, wie die Feiertage liegen – über die verlängerten Wochenenden) zu Engpässen kommen. In der Topsaison steigen auch die hier angegebenen Hochsaisonpreise nochmals um 30–100 % an. Frühzeitig zu buchen lohnt daher. Ansonsten muss man nehmen, was noch frei ist, oder man schläft irgendwo in der Peripherie, in oder zwischen Plattenbauten. Bis auf die Campingplätze liegen die hier aufgeführten Unterkünfte im Zentrum oder zumindest in angrenzenden und problemlos zu erreichenden Stadtbezirken. Achtung: Übers Internet (→ S. 22) können Sie viele der von uns aufgeführten Unterkünfte wesentlich günstiger buchen – wer Glück hat, bekommt ein Zimmer für die Hälfte der angegebenen Walk-in-rate!

• *Hotels* ***** **Four Seasons (5/S. 216/217),** eines der besten Prager Hotels, untergebracht in einem Gebäudekomplex, zu dem u. a. eine Barockvilla und ein Neorenaissancebau gehören. Großzügige, elegante Zimmer mit Marmorbädern, Telefon auf der Toilette und z. T. mit Blick auf die Burg. Die Preise ändern sich ständig: DZ bei unserem letzten Besuch ab 330 €, EZ ab 310 €, aber immer wieder Specials. Veleslavinova

Praha Übersicht S. 187

2A, Staré Město, Ⓜ A Staroměstská, ✆ 221427000, ℻ 221426000, www.fourseasons.com.

****** Josef (3/S. 216/217),** eine Adresse für alle, die auf lichtes, minimalistisches Design stehen. Entworfen von der in London arbeitenden tschechischen Architektin Eva Jiřičá. DZ offiziell 293 €, jedoch oft hohe Rabatte. Parken 18 €/Tag extra. Rybná 20, Staré Město, Ⓜ B Náměstí Republiky, ✆ 221700111, ℻ 221700999, www.hoteljosef.com.

****** Yasmin (10/S. 206/207),** 2006 eröffnet. Ein Hotel mit außergewöhnlichem Design, z. T. sehr futuristisch. 198 schicke, helle Zimmer mit schwarzen Bädern. DZ 260 €. Politických vězňů 12, Nové Město, Ⓜ A, C Muzeum, ✆ 234100100, ℻ 234100101, www.hotel-yasmin.cz.

****** U zlaté studně (1/S. 231),** in traumhafter Lage neben dem Ledebour-Garten. 17 komfortable Zimmer, 3 Suiten. Die Räume sind mit stilvollen Repliken klassischer Möbelstücke ausgestattet. Panoramablick von der Dachterrasse. Ruhig. Eigene Parkplätze 5 Fußmin. entfernt. DZ ab 245 € (ohne Mehrwertsteuer). U zlaté studně 4, Malá Strana, Ⓜ A Malostranská, ✆ 257011213, ℻ 257533320, www.zlatastudna.cz.

****** Domus Henrici (3/S. 236/237),** kleine noble Herberge nahe der Burg. Altes, verwinkeltes Haus mit nur 8 Zimmern, die über Treppchen zu erreichen sind. Geschmackvoll restauriert, Parkettböden. 2 gemütliche Gemeinschaftsterrassen mit schöner Aussicht. Keine eigenen Parkmöglichkeiten. DZ ab 170 €. Loretánská 11, Hradčany, Ⓢ 22, 23 Pohořelec, ✆ 220511369, www.domus-henrici.cz.

****** Sieber,** komfortables, familiäres Hotel mit Flair. 20 geschmackvolle, klassische Zimmer und Suiten. 1a-Service. DZ 177 €, Apartments 203 €. Slezská 55, Vinohrady, Ⓜ A Jiřího z Poděbrad, ✆ 224250025, ℻ 224250027, www.sieber.cz.

***** Sax (6/S. 231),** nahe der deutschen Botschaft im einstigen italienischen Viertel. Kleine, aber helle Zimmer. Ruhige Lage. EZ 132 €, DZ 157 €, Suite 182 €. Jánský Vršek 3, Malá Strana, Ⓢ 12, 20, 22, 23, 57 Malostranské náměstí, ✆ 257531268, ℻ 257534101, www.sax.cz.

***** Tyl,** nur ein paar Schritte zur nächsten Metrostation, keine 10 Gehmin. zum Wenzelsplatz. Kleines, gepflegtes Haus mit klassisch-stilvollen Zimmern, alle mit Klimaanlage, Satelliten-TV, Telefon und Minibar. DZ 139 €, in der NS fast die Hälfte billiger. Tylovo náměstí 5, Vinohrady, Ⓜ A I.P.Pavlova, ✆ 221595711, ℻ 221595712, www.hoteltyl.com.

***** Hotel 16 (27/S. 206/207),** kleines, gut geführtes und etabliertes Haus. 14 Zimmer, sehr sauber und frisch restauriert. Zuvorkommender Service. Kleiner Garten. EZ 104 €, DZ 130 €. Kateřinská 16, Nové Město, Ⓜ B Karlovo náměstí, ✆ 224920636, ℻ 224920626, www.hotel16.cz.

***** Mušketýr (22/S. 206/207),** schräg gegenüber dem Nationalmuseum. Stilvolle Zimmer (lassen Sie sich keines zur Mezibranská geben – laut!). Wer einmal König von Prag spielen will, sollte eines der beiden Dachzimmer mit Traumterrasse buchen – das Goldene Prag liegt Ihnen hier zu Füßen. Von Lesern gelobt. Gutes Restaurant mit böhmischer Küche. DZ ab 100 €. Mezibranská 13, Nové Město, Ⓜ A, C Muzeum, ✆/℻ 296220000, www.musketyr.com.

**** Evropa (12/S. 206/207),** eines der bekanntesten Häuser der Stadt, darf in keinem Buch fehlen. Zimmer z. T. unter Hostelniveau, z. T. aber schon billigst renoviert. Eine Lesermeinung: „Schmuddeliger Frühstücksraum mit unfreundlicher, manchmal die Gäste beschimpfender Bedienung." Dreist überteuert. DZ mit Bad 111 €, ohne Bad 72 €. Václavské náměstí 26, Nové Město, Ⓜ A, C Muzeum oder A, B Můstek, ✆ 224228215, ℻ 224224544, www.evropahotel.cz.

• _Pensionen_ **U červené židle (16/S. 216/217),** sehr komfortable, neue Pension, besser als so manches Drei-Sterne-Haus. Nett möblierte Zimmer mit Safe und Kühlschrank. Ruhige Lage, freundlicher Service. DZ ab 107 €, EZ ab 95 €. Liliová 4, Staré Město, Ⓜ B Národní třída, ✆/℻ 296180018, www.redchairpension.com.

Museum (20/S. 206/207), eine Empfehlung. Die 12 Zimmer und Apartments sind um einen gepflegten Innenhofgarten angelegt. Helle und modern eingerichtete Räumlichkeiten. „Ein Glücksgriff", meinen Leser. DZ 108 €. Mezibranská 15, Nové Město, Ⓜ A, C Muzeum, ✆ 296325186, ℻ 296325188, www.pension-museum.cz.

Vyšehrad (29/S. 206/207), ruhig gelegene Familienpension (deutschsprachig, sehr freundlich) mit grünem Garten samt Terrasse im Stadtteil Vyšehrad. 4 große DZ und ein kleines EZ, alle mit Bad. Anhängliche Hauskatzen (9 an der Zahl!) und liebe Hunde (2). Kaffee und Tee kann man sich stets

Café Slavia

nehmen. EZ 37 €, DZ 63 €. Krokova 6, Vyšehrad, Ⓜ C Vyšehrad, ✆ 241408455, www.pension-vysehrad.cz.

Miss Sophie's (26/S. 206/207), bietet Zimmer mit Bad, Hostel-Schlafsäle und geräumige Apartments. Modern eingerichtet, sehr freundlich. Super Preis-Leistungs-Verhältnis. DZ mit Bad 66 €, im Schlafsaal ab 15 €/Pers., Apartment für 3 Pers. 93 €, kein Frühstück. Melounová 3, Nové Město, Ⓜ C I.P.Pavlova, ✆ 296303530, 📠 296303531, www.miss-sophies.com.

Unitas (22/S. 216/217), einst Gefängnis der Geheimpolizei, heute von Nonnen geführtes Haus, nach wie vor mit Knastcharakter. Sehr sauber, netter Frühstücksraum. Etagenbäder und -toiletten, Rauch- und Alkoholverbot. Hunde sind erlaubt. Noch bis zum Frühjahr 2008 wegen Restaurierung geschlossen. Preise vor der Restaurierung: EZ 46 €, DZ 56 €, im Schlafsaal 12–18 €/Pers. Bartolomějská 9, Staré Město, Ⓜ B Národní třída, ✆ 224221802, 📠 224217555, www.unitas.cz.

Pension 15, freundlich und preiswert. Renovierter Altbau, einfache, saubere Zimmer, Etagenbad. Über den Hinterhof gelangt man zu neuen, nett eingerichteten Apartments mit Fliesenböden. Parkplätze im Hof (5,40 €/Nacht). EZ 23 €, DZ 27 €, Apartments ab 47 €, Frühstück extra. Vlkova 15, Žižkov, Ⓢ 5, 9, 26, 55, 58 Husinecká, ✆ 2227 21800, 📠 222718429, www.pension15.cz.

• *Hostels* **Traveller's Hostel (2/S. 216/217),** großes Hostel, einer Kette angehörig, beste Lage. Guter Traveller-Service, sicher und sauber. Spartanische Teppichbodenzimmer mit und ohne Dusche (Toilette stets auf dem Gang). Im DZ mit Dusche 24 €/Pers. (ohne 20 €), im Schlafsaal 10 €. Dlouhá 33, Staré Město, Ⓜ B Náměstí Republiky, ✆ 224826662, 📠 224826665, www.travellers.cz.

Czech Inn, 2006 in einem neogotischen Stadtpalast eröffnet. Sehr schick, von der Lobby über die Bar bis zu den Zimmern. Freundliches Personal. Keine Parkplätze. Im Dormitory ab 14 €/Pers., DZ mit Etagenbad 52 €, mit privatem Bad 63 €, am Wochenende etwas teurer, Frühstück extra. Francouská 76, Vinohrady, Ⓢ 4, 22, 23 Krymská, ✆ 267267600, 📠 267267601, www.czech-inn.com.

Rosemary (4/S. 206/207), nette, modern eingerichtete Zimmer. Küche, freie Internetnutzung. Keine eigenen Parkplätze. Auch für Gäste jenseits der 25 geeignet. Von Lesern gelobt. DZ mit Bad 52 €, ohne Bad 44 €, im Schlafsaal 17 €/Pers. Růžova 5, Nové Město, Ⓢ 3, 9, 14, 24 Jindřišská, ✆/📠 22 2211124, www.praguecityhostel.cz.

Praha Übersicht S. 187

U Melounu (28/S. 206/207), ruhig gelegenes, gastfreundliches Haus, sehr sauber. Hübscher Innenhofgarten mit Grillmöglichkeit, gemütlicher Frühstücksraum, Gemeinschaftsküche, Waschservice, Internetzugang. Auch für ältere Jahrgänge geeignet. DZ mit Bad 51 €, ohne 37 €, im Mehrbettzimmer 14 €/Pers. Ke Karlovu 7, Nové Město, Ⓜ C I. P. Pavlova, ☏/℻ 224918322, www.hostelumelounu.cz.

Sir Toby's, 115 Betten in 23 liebevoll und sehr kreativ eingerichteten Zimmern in einem Jugendstilbau. Zimmer in allen Größen, teilweise mit eigenem Bad. Waschservice, Innenhof für Grillpartys im Sommer, gemütliche Gemeinschaftsküche (Tee und Kaffee stets umsonst). Deutscher Besitzer. Raucher müssen auf den Balkon oder den Hof ausweichen. Keine eigenen Parkplätze. EZ mit Bad 37 €, DZ 54 €, im Mehrbettzimmer ab 13 €/Pers., Frühstück extra. Dělnícká 24, Holešovice, Ⓜ C Vltavská, weiter mit Ⓢ 1, 3, 5 Dělnícká, ☏/℻ 283870635, www.sirtobys.com.

• *Apartments* **Nebozízek (13/S. 231),** ein Traum für Flitterwöchner. Dem Restaurant am Petřín-Berg angeschlossen. 2 für das Gebotene sogar recht günstige Apartments mit klassischem Mobiliar, Himmelbett und herrlichem Blick auf die Stadt. 145 €/Tag. Petřínské sady 411, Malá Strana, Ⓢ 12, 20, 22, 23, 57 Újezd, weiter mit der Drahtseilbahn Nebozízek, ☏ 257315329, ℻ 257321468, www.nebozizek.cz.

Residence Řetězová (14/S. 216/217), 9 erstklassig und liebevoll ausgestattete Luxusapartments. Alle tragen Städtenamen, haben Stein- oder Parkettboden. Schöne, ruhige Lage. Zuvorkommender Service. Keine Parkplätze. Je nach Größe und Anzahl der Schlafzimmer 175–395 €/Tag, Frühstück 5 € extra. Řetězová 9, Staré Město, Ⓢ 17, 18, 51, 54 Karlovy lázně, ☏/℻ 222221800, www.residenceretezova.com.

Residence Bělehradská, 16 unterschiedlich eingerichtete Apartments für 1–6 Pers., alle mit Küche, privaten Bädern und Safe. Sehr freundliche, deutschsprachige Inhaber. Gute Verbindung zum Zentrum. Kein Frühstück, dafür Supermarkt in der Nähe. Apartment für 2 Pers. ab 67 €, für 4 Pers. ab 93 €. Bělehradská 35, Vinohrady, Ⓢ 6, 11, 56 Nuselské schody, ☏ 603460828 (mobil), www.b35.cz.

• *Camping* Im **Stadtteil Troja** im Norden Prags reihen sich an der Straße Trojská sechs Plätze, meist auf Obstbaumwiesen, aneinander. Wegen der Auswahl – für jeden Geldbeutel ist etwas dabei – und der guten Anbindung ans Zentrum (auch nachts) eine der besten Anlaufstellen. Anfahrt am einfachsten mit Ⓢ 14, 17, 53 Trojská. Oder: Ⓜ C Nádraží Holešovice, weiter mit Ⓑ 112 Trojská oder Kazanka. Mit dem eigenen Fahrzeug folgt man vom Zentrum (Neustadt, auf der Wilsonova am Hauptbahnhof vorbei) der Beschilderung „Teplice/Dresden" und, kurz nachdem man das zweite Mal die Moldau überquert hat, der Beschilderung „Troja/Zoo". Die Campingplätze passiert man auf dem Weg zum Zoo.

Mit folgenden **Preisen** müssen Sie auf den Campingplätzen rechnen: Erwachsene 3,50–6 €, Kinder die Hälfte. Zelt nach Größe 3,30–8 €. Pkw 3,30–5 €, Motorrad 1,90–3,50 €, Wohnwagen 5,60–6,50 € und Wohnmobil 5,40–7,40 €. Strom/Tag 2–3 €. Haustiere dürfen auf dem einen Platz umsonst das Zelt bewachen, auf anderen sind für sie bis zu 2 € zu berappen. Für eine Übernachtung in einem Bungalow muss man mit ca. 10 €/Pers. rechnen, für ein Zimmer mit Bad mit 15–18 €.

Camp Prager, auf dem Anwesen eines ehemaligen Bauernhofs im Vorort Šeberov. Schöner, gepflegter Platz, gut für Wohnmobile und Wohnwagen, familiäre Atmosphäre und sehr ruhig. Anfang Mai–Ende Sept. Leider zu Fuß ca. 20 Min. bis zur nächsten Metrostation. V Ladech 3, ☏ 244911490, www.camp.cz/prager. Anfahrt: Ⓜ C Opatov, weiter mit Ⓑ 165, 226, 325, 326 V Ladech. Anfahrt mit dem Auto: Von der Autobahn Prag–Brünn (E 50) die Ausfahrt Nr. 2 (Chodov) nehmen und dann ca. 1 km Richtung Süden (Šeberov/Jesenice) fahren, dort ausgeschildert.

Caravan Park Praha, auf der Moldauinsel Císařská louka nahe dem Stadtteil Smíchov. Nicht ganz so idyllisch, wie es klingen mag. Ganzjährig geöffnet, netter Service, gute sanitäre Einrichtungen, genug Platz auch für größere Gespanne. Jedoch etwas veraltete Sanitäranlagen. In der HS stündl. von 9–22 Uhr Pendelfähre zum Stadtteil Smíchov nahe Ⓜ B Smíchovské nádraží (die

Fähre legt vom Hotelboot Vodník ab). Davor und danach muss man von der Metrostation weiter mit Ⓢ 12 Lihovar und sich von dort auf einen mind. 15-minütigen, einsamen Spaziergang gefasst machen. Mit dem eigenen Fahrzeug findet man die Beschilderung zum Campingplatz, wenn man von Süden kommend auf der Straße Nr. 4 stets links der Moldau ins Zentrum fährt.

Der Smetana-Saal: Heimat des Prager Symphonieorchesters

Kultur & Nachtleben

Klassische Konzerte, Ballett, Theater – jeden Abend stehen unzählige Veranstaltungen in prunkvollen Opernhäusern, Kirchen und Konzertsälen auf dem Programm. Eine lange Tradition haben Prags **Schwarze Theater** (Černé divadlo). Dunkel gekleidete Schauspieler bewegen dabei unbemerkt vom Publikum Gegenstände vor einem schwarzen Hintergrund. Viele Vorstellungen bedienen sich rein pantomimischer Darstellung, Musik untermalt die einfach erzählten Geschichten. Zu viel des Zaubers, wie oft angepriesen, sollte man nicht erwarten. Die Schwarzen Theater sind ein Stück Touristenkult. Berühmt ist Prag aber auch für seine Jazzclubs, rockenden Revivalbands, Avantgarde-Sessions und Festivals – auf irgendeiner Bühne laufen die Verstärker immer heiß. Ohnehin steht in Prag dem Clubbing bis zum Morgengrauen nichts im Wege, denn eine Sperrstunde gibt es nicht. Einen Überblick über Veranstaltungen und Veranstaltungsorte geben die „Prager Zeitung" und die „Prague Post" . Im Folgenden eine Auswahl der wichtigsten Adressen:

• *Konzertsäle* **Rudolfinum,** Dvořák und Brahms dirigierten schon hier (→ S. 223). Vorverkauf u. a. im Haus, ✆ 227059234, www.czechphilharmonic.cz. Alšovo nábřeží 12, Staré Město. Ⓜ A Staroměstská.

Smetana-Saal, im Jugendstilbau Obecní dům (→ S. 213). 1200 Sitzplätze, Heimat des Prager Symphonieorchesters. Karten bekommt man im Haus. Náměstí Republiky 5, Staré Město, ✆ 222002101, www.obecnidum.cz. Ⓜ B Náměstí Republiky.

• *Oper/Ballett* **Stavovské divadlo (Ständetheater),** zählt mit Recht zu den schönsten Theatern Europas (→ S. 214). Das Innere ein blau-goldener Traum, 5 Ränge, 3 davon mit Logen. Vorverkauf schräg gegenüber dem Theater am Ovocný trh 6, Staré Město. ✆ 224902 322, www.narodni-divadlo.cz. Ⓜ A, C Můstek.

Praha Übersicht S. 187

Národní divadlo (Nationaltheater), ebenfalls eines der prächtigsten Häuser der Stadt (→ S. 204). Theater-, Opern- und Ballettaufführungen in prunkvollem Ambiente. Ticketverkauf u. a. im Haus. Národní třída 2, Nové Město. ✆ 224901448, www.narodni-divadlo.cz. Ⓢ 6, 9, 18, 21, 22, 23 Národní divadlo.

Státni opera (Staatsoper), das ehemalige Neue Deutsche Theater (→ S. 203. Wesentlich kleiner als das Nationaltheater, aber ebenfalls eine Augenweide. Ticketverkauf u. a. im Haus. ✆ 224227266, www.opera.cz. Wilsonova 4, Nové Město. Ⓜ B Hlavní nádraží.

• *Musical* **Divadlo Hybernia,** neuestes Musicaltheater der Stadt, Ende 2006 eröffnet. Im Empirebau Domu U Hybernů am Náměstí Republiky 3 (Ⓜ B), Staré Město. Vorverkauf u. a. im Haus, ✆ 221419419.

• *Schwarze Theater* **Černé divadlo Jiřího Srnce,** gilt als weltweit erstes Schwarzes Theater, zudem als das beste Prags. Zwei Ensembles, eins davon ist meist auf Tournee. Verschiedene Auftrittsorte. Kontakt unter ✆ 257923397, www.blacktheatresrnec.cz.

Laterna Magica, touristenüberlaufenes Multimediatheater mit Projektionen, Pantomime und Tanz. Wenig Atmosphäre im Glasbau aus den frühen 80ern. Ticketverkauf im Haus. ✆ 224931482, www.laterna.cz. Národní třída 4, Nové Město. Ⓢ 6, 9, 18, 21, 22, 23 Národní divadlo.

Ta Fantastika, gespielt wird am laufenden Band, bis zu 60 Vorstellungen im Monat. Teils müde Schauspieler. Ticketverkauf im Haus, ✆ 222221366, www.tafantastika.cz. Karlova 8, Staré Město. Ⓜ A Staroměstská.

• *Kinos* **Lucerna,** grandioser Kinopalast aus den 20er Jahren des letzten Jahrhunderts. Prächtige ornamentale Ausschmückung. 500 Sitzplätze, Standardfilmprogramm. Vodičkova 36, Nové Město. Ⓜ A, B Můstek oder A, C Muzeum.

Village Cinemas Anděl, moderner Kinokomplex mit 14 Sälen, darunter auch ein „Gold-Class-Saal" mit Bar und großen Lümmelsesseln samt Fußlehne. Radlická 1E, Smíchov. Ⓜ Anděl.

Světozor, traditionelles Kino, das nach einer umfassenden Renovierung 2004 wieder eröffnet wurde. Alternatives Programm, viele tschechische Filme mit englischen Untertiteln. Verkauf von Filmplakaten. Vodičkova 41 (Eingang von der Passage), Nové Město. Ⓜ A, B Můstek.

Tickets für kulturelle Veranstaltungen: Karten können überall in der Innenstadt an diversen Vorverkaufsstellen erstanden werden. Die Preise sind deutlich niedriger als zu Hause, variieren jedoch stark je nach Veranstaltung und Platz. Für eine Theaterkarte sollte man 5–35 € einplanen, für Oper und Ballett 5–70 €, für Musicals 7–30 €. Klassische Konzerte kosten 5–40 €, Schwarze Theater 20–25 €. Bei Rock- und Jazzkonzerten muss man je nach Bekanntheitsgrad der Combo mit 5–40 € rechnen. Da viele Vorverkaufsstellen versuchen, zuerst oder ausschließlich die teuersten Tickets zu verkaufen (mehr Provision), lohnt es sich, die Häuser direkt aufzusuchen!

Wer sich eine Karte für ein klassisches Konzert kaufen will, sollte die als Mozart verkleideten Ticketverkäufer meiden und besser eine offizielle Vorverkaufsstelle aufsuchen. Die Straßenhändler stehen im Ruf, Tickets zu überhöhten Preisen oder gar gefälschte Karten anzubieten. Seriöse Vorverkaufsstellen sind z. B. **Ticketpro,** Rytířská 31, Staré Město, ✆ 216101624, www.ticketpro.cz (Ⓜ A, B Můstek), oder **Bohemia Ticket,** Na příkopě 16, Nové Město, ✆ 224215031, www.bohemiaticket.cz (Ⓜ B Náměstí Republiky).

• *Jazzclubs* **Reduta (11/S. 206/207),** legendärer Jazzschuppen seit 1958. Bill Clinton packte hier vor Václav Havel sein Saxophon aus. Dixie, Swing und Jazz-Rock. Národní třída 20, Nové Město. Ⓜ B Národní třída.

U malého Glena (10/S. 231), der Tipp für die Kleinseite. Gemütliche Bar im Erdgeschoss, winziger Club im Keller. Tägliche Live-Gigs zwischen Funk, Blues und Modern Jazz. Sehr beliebt unter US-Amerikanern. Karmelitská 23, Malá Strana. Ⓢ 12, 20, 22, 23, 57 Malostranské náměstí.

AghaRTA Jazz Centrum (9/S. 216/217), für viele bester Jazzclub der Stadt, zudem auch noch in einem wunderschönen Gewölbekeller untergebracht. Fusion und Modern Jazz. Kleiner Shop angeschlossen. Železná 16, Staré Město. Ⓜ A, B Můstek.

• *Rock, Dance usw.* **Lucerna Music Bar (16/S. 206/207),** Touristen und junge Prager ge-

Neujahrsfeuerwerk

ben sich im Ballsaal der Jahrhundertwende ein Stelldichein. Gute Konzerte, 80's-Partys am Wochenende. Von Lesern gelobt. Faire Preise für die Lage. Nebenan die Kneipe **Hospoda V Lucerně** – billiges Bier und durchschnittliches Essen. Vodičkova 36, Nové Město. Ⓜ A, B Můstek oder A, C Muzeum.

Vagon (9/S. 206/207), verqualmter Laden für Altfreaks, die sich nicht von Jimi Hendrix oder Frank Zappa lösen können. Fast tägl. Live-Gigs. Viel Blues, faire Preise. Trotz zentralster Lage vornehmlich tschechisches Publikum. Národní třída 25, Nové Město. Ⓜ B Národní třída.

Palác Akropolis, Kulturzentrum mit riesigem Angebot. Originelle Kneipe im Erdgeschoss. Im Keller regelmäßig Konzerte (u. a. spielten hier schon die *Pixies*, die *Strokes*, *Nouvelle Vague*, *Ween*, aber auch schräge Trompeter aus Rumänien und, und, und ...). Dazu tägl. wechselnde DJs. Sehr empfehlenswert. Kubelíkova 27, Žižkov. Ⓜ A Jiřího z Poděbrad.

Klub Strahov 007 (14/S. 231), im UG eines Plattenbau-Studentenwohnheims im Viertel Strahov westlich der Kleinseite. Undergroundclub, der bereits seit 1987 (!) einheizt. Fast tägl. Konzerte oder DJs: Ska, Hiphop (i. d. R. Sa), Punk, Hardcore, Jungle, Electroclash etc. Jello Biafra war auch schon hier. Mit 150 Besuchern ist es allerdings bereits knallvoll. Günstig. Chaloupeckého, Strahov. Ⓢ 12, 20, 22, 23, 57 Újezd, weiter mit der Standseilbahn bis zur Endstation.

Radost FX (24/S. 206/207), seit Jahren einer der angesagtesten Clubs der Stadt. Schicke Sofas, Parketttanzfläche. Überwiegend amerikanisches Publikum. Angegliedert sind ein gutes vegetarisches Restaurant und eine coole, gemütliche Lounge. Vorrangig House und Latin. Lounge tägl., Club nur Do–Sa. Bělehradská 120, Vinohrady. Ⓜ C I. P. Pavlova.

Mecca, durchgestylter Danceclub in einem ehemaligen Fabrikgebäude. Mischung aus illustrem, reichem und schönem Publikum. House und softer Techno. Nur Mi/Fr/Sa, Mi freier Eintritt. U Průhonu 14, Holešovice. Ⓢ 5, 12, 15, 54 U Průhonu.

Roxy (2/S. 216/217), im großen Kellerclub tanzen internationale Partypeople. Techno-, House- und Reggae-Partys, gelegentlich

Praha Übersicht S. 187

gute Konzerte renommierter Bands. Mo freier Eintritt. Im 1. Stock das **NOD,** eine abgefahrene Avantgardekneipe mit viel Design, verrückten jungen Leuten und ausgefallener Musik. Galerie im Vorraum. Sessions und Performances. Dlouhá 33, Staré Město. Ⓢ 5, 8, 14, 53 Dlouhá třída.

Veranstaltungskalender – die Highlights

• *Januar* An **Neujahr** feiert und feuert Prag, was das Zeug hält. Menschenmassen und Rauchbomben gibt's am Wenzelsplatz und auf der Karlsbrücke. Wer das Feuerwerk in Ruhe genießen will, geht auf den Vítkov-Hügel in Žižkov oder auf die Moldauinsel Střelecký ostrov.

Days of European Film, eine Veranstaltung der internationalen Kulturinstitute Prags. Oft liegt der Schwerpunkt auf osteuropäischen Filmen (viele mit englischen Untertiteln), doch auch deutsche Produktionen werden gezeigt.

Beginn der **Ballsaison.** Jeder Stadtteil, jeder Verein feiert seinen repräsentativen Ball. Die Spannbreite reicht von feuchtfröhlichen Polka-Partys bis zu elitären Veranstaltungen in Anlehnung an den Wiener Opernball.

• *Februar* **Karneval,** wird vornehmlich im Stadtteil Žižkov gefeiert. *Masopust* nennt sich das dortige Spektakel mit einem Umzug am Faschingsdienstag, bei dem es von Kneipe zu Kneipe geht.

• *März* **Febiofest,** ein weiteres populäres Filmfestival. Es läuft Neues und Kultiges auf verschiedene Kinos der Stadt verteilt.

• *April* Traditionelles **Hexenfeuer** am Ausstellungsgelände Výstaviště, stets am 30. April.

• *Mai* Das klassische Musikfestival **Prager Frühling** beginnt am 12. Mai mit einer Prozession vom Grab Smetanas (Ehrenfriedhof Vyšehrad) zum Obecní dům.

Marathon, die Strecke führt durch die ganze Stadt. Jeder kann nach Voranmeldung mitmachen.

• *Juni* **Internationales Puppen- und Marionettenfestival** – für Kinder.

Respect Festival – Worldmusic-Open-Air auf der Moldauinsel Štvanice.

• *Juli/August* **Rock- und Folkfestivals** – achten Sie auf Plakate! In den Sommermonaten finden in und rund um die Stadt größere und kleinere Festivals im Grünen statt.

Verdi-Festival – Veranstaltungen in Konzertsälen und Kirchen.

• *September* **Prager Herbst,** Festival der klassischen Musik.

Žižkover Herbst, unkonventionelles klassisches Musikfestival. Dauert bis in den November hinein.

Mozartiana Iuventus, Festival der Kammermusik.

AghaRTA Prague Jazz Festival, oft mit internationaler Prominenz. Veranstaltungsort ist neben dem gleichnamigen Jazzclub auch die Lucerna Music Bar. Dauert bis in den November hinein.

• *Oktober* **International Jazz Festival,** ältestes Jazzfestival Mitteleuropas, u. a. im „Reduta" (→ S. 198).

• *November* **Deutsch-tschechisches Theaterfestival,** auf mehrere Theater der Stadt verteilt.

• *Dezember* Beim traditionellen **Moldauschwimmen** am 26. Dezember (seit 1923!) organisiert der „1. Prager Schwimmverein der Abgehärteten" den Sprung ins kalte Nass. Start am Nationaltheater.

Sport & Freizeit

• *Boots- und Schiffsausflüge* Sie sind in Prag ganzjährig möglich, insbesondere aber in den Sommermonaten. Die Angebote variieren dabei von Trips auf kleinen Tuckerbooten mit Platz für 8 Leute über Touren auf Moldaudampfern mit Schaufelrad bis hin zu Nachtfahrten mit Diskobetrieb. Ein 1- bis 2-stündiger Ausflug kostet 6–12 €, wer Live-Musik und Essen inklusive will, muss mit etwa 25 € rechnen. Die meisten Boote dümpeln zwischen Nationaltheater und Burg Vyšehrad vor sich hin. Tickets sind überall erhältlich: in Hotels, an den Kiosken der Tourveranstalter und am bil-

Auf der Pferderennbahn im Süden Prags

ligsten an den diversen Anlegestellen selbst.

Tret- und Ruderboote werden südlich der Karlsbrücke am Altstadtufer und auf der Slovanský Ostrov (Slaweninsel) vermietet.

• *Casinos* Die meisten Prager Casinos liegen in der Neustadt rund um den Wenzelsplatz. Eines der schönsten ist das **Savarin** in der Na příkopě 10, Nové Město. Barockfresken und Kronleuchter! Tägl. 13–4 Uhr. Ⓜ A, B Můstek.

• *Eishockey* Die Eishockeysaison dauert von September bis April. Hauptspieltage sind Freitag und Sonntag, hin und wieder auch der Dienstag. Die Eintrittspreise liegen bei 4–20 €.

HC Sparta Praha, spielt in der T-Mobile-Arena beim Ausstellungsgelände Výstaviště, Holešovice. Ⓢ 5, 12, 14, 15, 17 Výstaviště.

HC Slavia Praha, spielt in der zur Eishockey-WM 2004 nach amerikanischen Vorbildern erbauten Sazka Arena, Ocelářská 460/2, Libeň. Ⓜ B Českomoravská.

• *Fußball* Prag hat – je nach Saison – vier Erstligisten: Sparta Praha, Slavia Praha, Bohemians Praha und Viktoria Žižkov. Am spannendsten sind die Lokalderbys. Stadionwürste und Bier im Plastikbecher gibt es auch. Fußballspiele finden i. d. R. am Samstag- und Sonntagabend statt, gelegentlich auch am Montag. Tickets für Ligaspiele kosten 3–10 €. Wo spielt wer:

TJ Viktoria Žižkov, Seifertova/Ecke Krásova, Žižkov. Ⓢ 5, 9, 26 Husinecká.

AC Sparta Praha, Toyota Arena, Milady Horákové 98, Bubeneč. Ⓢ 1, 8, 15, 25, 26 Sparta.

SK Slavia Praha, spielt seit März 2008 im Stadion Eden, Vladivostocká, Vršovice. Ⓢ 6, 7, 22, 23, 24 Slavia.

Stadion CU Bohemians Praha, Vršovická 31, Vršovice. Ⓢ 6, 7, 24 Oblouková.

• *Golf* Am zentrumsnächsten ist der 18-Loch-Platz des **Golf Clubs Praha,** Plzeňská 401/2, Motol. Greenfee 25–40 €. ✆ 257216584, www.golfpraha.cz. Ⓢ 7, 9, 10 Hotel Golf. Deutlich schöner ist jedoch das **Golf Resort Karlštejn** (ebenfalls 18 Loch) in Běleč bei der Burg Karlštejn. Greenfee 71–107 €. ✆ 311604999, www.karlstejn-golf.cz.

• *Pferderennen* Galopp- und Trabrennen finden von April–Okt. (Ausnahme im Juni) nahezu jedes Wochenende auf der Rennbahn in **Velká Chuchle,** ca. 8 km südlich des Zentrums, statt. Es kann auch gewettet werden. Ⓜ B Smíchovské nádraží, weiter mit Ⓑ 129, 172, 241, 243, 244, 255 Dostihová. Von dort aus noch ca. 10 Min. zu Fuß, ausgeschildert. Eintritt je nach Renntag 2–4 €.

Praha
Übersicht S. 187

Wenzelsstatue vor dem Nationalmuseum

Sehenswertes in Nové Město (Neustadt)

Nové Město ist das Handels- und Geschäftszentrum Prags, wenn nicht der ganzen Republik. Breite Boulevards und belebte Flaniermeilen, repräsentative Theater- und Opernhäuser, Einkaufszentren und Casinos prägen den Stadtteil. Ganz so neu aber, wie der Name vermuten lässt, ist er nicht. Bereits im 14. Jh. ließ Kaiser Karl IV. den großzügigen Grundriss von Nové Město anlegen. Das Bild bestimmen heute überwiegend monumentale Gebäude aus der Gründerzeit und der Epoche des Jugendstils, aber auch Bauten des Funktionalismus und des sozialistischen Realismus sind zu finden. Bis in die Gegenwart wird an Nové Město gefeilt. Es wird neu, um- und angebaut oder auch nur die Fassade gestrichen.

Nové Město zieht sich wie ein breiter Gürtel um Staré Město. Altstadt und Neustadt treffen sich an den Straßen Revoluční, Na příkopě und Národní. Letztere zwei gehen vom Wenzelsplatz ab, und bilden mit ihm das so genannte Goldene Kreuz *(zlatý kříž)*, eines der teuersten Pflaster der Hauptstadt. Prag zeigt sich hier weltstädtisch und geschäftig. Fußgängerzonen laden zum Flanieren und Straßencafés zum Genießen ein.

▸ **Václavské náměstí (Wenzelsplatz):** Früher hatte er das Aussehen eines Platzes und hieß Rossmarkt. Im Revolutionsjahr 1848 gestaltete man ihn in einen Boulevard um und gab ihm einen neuen Namen, nicht jedoch „Wenzelsboulevard", sondern Wenzelsplatz. Zukünftig (nicht vor 2010) soll aus dem Boulevard mit den enormen Ausmaßen von 750 m auf 60 m wieder ein Platz werden, Pläne dazu liegen bereits in der Schublade. Der Verkehr soll hier ganz verschwinden und die Magistrale, die ihn zwischen Nationalmuseum (s. u.) und Wenzelsstatue durchschneidet, unterirdisch verlaufen.

In der Geschichte Prags und Tschechiens war der Wenzelsplatz immer wieder Schauplatz von Massenaufmärschen, -demonstrationen und -feiern, zumal es kaum einen anderen Platz in der Stadt gibt, auf dem sich das Volk in so großer Zahl hätte versammeln können.

Rund um den Platz findet man repräsentative Bankgebäude, aber auch Allerweltsketten wie C&A und H&M, einfache Blumen- und Buchläden sowie Kaufhäuser und Souvenirshops, deren Warensortiment guten Geschmack auf die Probe stellt. Tagsüber marschieren die Touristen zügig auf und ab, und abends torkeln manche daher als leichte Beute für Taschendiebe. Ohnehin ist hier bis spät in die Nacht viel los, nicht zuletzt wegen der Kneipen, Casinos und rot beleuchteten „Cabarets" drum herum. Auch Prostituierte stehen dann Spalier. Und über all dem zieht immer wieder der Geruch fettiger Bratwürste hinweg, denn der Wenzelsplatz ist Prags Bratwürstelmekka.

Verbindungen Ⓜ A, C Muzeum oder Ⓜ B, C Můstek.

▸ **Národní muzeum (Nationalmuseum):** Es gilt als eines der größten Museen der ganzen Republik, und zählt man die Exponate, dann ist es das garantiert. Allein die mineralogische Sammlung – Steinchen neben Steinchen in alten Vitrinen – ist eine der umfangreichsten der Welt. Auch die zoologische Abteilung ist an Vielfalt kaum zu überbieten. Kein Tier, das nicht ausgestopft wurde: Giraffe, Hammerhai, Leopard, Elefant usw. Zudem gibt es einen Saal mit Büsten und Statuen berühmter tschechischer Persönlichkeiten, eine entomologische (insektenkundliche) und eine anthropologische Sammlung etc. Ferner finden oft sehr interessante Wechselausstellungen statt.

Verbindungen/Öffnungszeiten Václavské náměstí 68. Ⓜ A, C Muzeum. Im Winter 9–17 Uhr, im Sommer 10–18 Uhr. Am ersten Di im Monat geschl. Eintritt 4 €, erm. die Hälfte. Am ersten Mo im Monat frei.

▸ **Státní opera (Staatsoper):** Sie wurde Ende des 19. Jh. im Neorenaissancestil als das „Neue Deutsche Theater" gebaut. Viele berühmte Künstler gaben sich hier ein Stelldichein, unter anderem Mahler, Seidl, Klemperer und Szell. Im Innern dominieren roter Samt und Gold – allein schon deswegen einen Besuch wert.
Der bronzefarbene, gläserne, auf Stelzen stehende Kasten zwischen der Staatsoper und dem Nationalmuseum war übrigens das Parlamentsgebäude der ČSR und ČSSR. Den steinernen Sockel des Gebäudes bildet die ehemalige Börse. Doch mit der Machtübernahme der Kommunisten wurde die Börse überflüssig und der Klotz daraufgesetzt. Noch bis 2008 sendet von hier Radio Free Europe.

Verbindungen Wilsonova 4. Ⓜ A, C Muzeum.

▸ **Muzeum Antonína Dvořáka (Dvořák-Museum):** In einem der schönsten Sommerschlösschen Prags, einem Bau Kilian Ignaz Dientzenhofers aus dem frühen 18. Jh., befindet sich das Museum zum Gedenken an Antonín Dvořák (1841–1904). Das populärste Werk des wohl berühmtesten tschechischen Komponisten entstand in Amerika, die *Sinfonie in e-Moll*, auch bekannt unter dem Namen *Aus der Neuen Welt*. Dvořák selbst war übrigens gelernter Fleischer, bevor er mit Müh und Not die Aufnahme in die Prager Organistenschule schaffte. Im Sommer finden im oberen Saal regelmäßig Konzerte statt.

Verbindungen/Öffnungszeiten Ke Karlovu 20. Ⓜ C I. P. Pavlova. April–Sept. tägl. (außer Mo) 10–13.30 u. 14–17.30 Uhr, Okt.–März tägl. (außer Mo) 9.30–13.30 u. 14–17 Uhr. Eintritt 1,80 €, erm. die Hälfte.

▸ **Karlovo náměstí (Karlsplatz):** Er war einst der größte Platz der Stadt. Heute zu einem recht reizlosen öffentlichen Park umgewandelt, lassen sich seine Proportionen

Praha/Nové Město
Karte S. 206/207

kaum mehr ausmachen. Am nördlichen Ende steht das *Neustädter Rathaus (Novoměstská radnice).* Das Gebäude mit den markanten Renaissancegiebeln wurde in der Mitte des 14. Jh. im gotischen Stil errichtet und erlebte unzählige An- und Umbauten. Seine heutige weiße Fassade verdankt es der letzten großen Restaurierung Ende des 20. Jh. Berühmtheit erlangte das Neustädter Rathaus durch den Ersten Prager Fenstersturz (→ Kasten S. 245). Heute wird es nur noch für repräsentative Zwecke verwendet, gelegentlich finden auch Ausstellungen darin statt. Der 50 m hohe Turm (221 Stufen sind's hinauf) mit einer Kapelle im ersten Stock kann besichtigt werden. Weitere bedeutende Gebäude am Platz sind die barocke Kirche *St. Ignatius (Kostel sv. Ignáce)* von Giovanni Orsi und das sog. *Fausthaus (Faustův dům)* am südlichen Ende, in dem einst Alchemisten wohnten und das daher gerne mit der Sage des Doktor Faustus in Verbindung gebracht wird.

Verbindungen/Öffnungszeiten Ⓜ B Karlovo náměstí. **Turm,** Mai–Sept. tägl. (außer Mo) 10–18 Uhr. Eintritt 0,70 €, erm. die Hälfte. Nachts sollte man einen Bogen um den Park machen!

▶ **Brauhaus U Fleků:** Seit 1499 existiert die traditionsreiche Brauerei, die eines der süffigsten Biere Prags, ein bitter-süßes Dunkles ausschenkt, das nirgendwo anders in der Stadt gezapft wird. Eine Volksweise besagt sogar, dass jeder Tscheche einmal im Leben ins U Fleků pilgern sollte. Tschechen trifft man hier allerdings außer als Bedienung keine mehr an. Das Bier kostet das Doppelte wie anderswo in Prag, und den „Willkommensschnaps" haben Sie hinterher selbstverständlich auf Ihrer Rechnung vermerkt. Busladung auf Busladung stolpert herein, und im Garten wird zu böhmischer Blasmusik geschunkelt.

Dem Brauhaus ist ein kleines *Museum* angegliedert. Heute wird noch ein- bis zweimal wöchentlich gebraut, insgesamt 2200–2500 Hektoliter im Jahr, ganz ohne Chemie. Dafür ist das Bier auch nur zwei Wochen haltbar.

Verbindungen/Öffnungszeiten Křemencova 11. Ⓜ B Národní třída oder Karlovo náměstí. **Wirtschaft,** tägl. 9–23 Uhr, **Brauereimuseum,** Mo–Fr 10–16 Uhr (nach 16 Uhr und am Wochenende nur nach Anmeldung). Eintritt für das Museum 1,70 €, mit Führung durch die Brauerei, Degustation und Souvenirkrug 6 €.

▶ **Národní divadlo (Nationaltheater):** Das im Neorenaissancestil erbaute Theater, der Stolz der Nation, wurde überwiegend aus Spendengeldern in der zweiten Hälfte des 19. Jh. errichtet. Doch kurz vor seiner Einweihung im Jahr 1881 brannte es aus. So fand die feierliche Eröffnung erst zwei Jahre später statt. Für alle bedeutenden tschechischen Künstler der damaligen Zeit war es eine Ehre, an der Ausschmückung des Theaters mitzuwirken. Und so präsentiert es sich heute – äußerst prunkvoll. Auf dem Programm stehen Theater (in tschechischer Sprache), Oper und Ballett – sollten Sie daran eine Freude haben, versuchen Sie, Tickets zu bekommen. Der gläserne Kasten daneben, die *Neue Bühne (Nové scéna),* beherbergt übrigens das Multimediatheater *Laterna Magika.* Es erinnert an ein deutsches Kaufhaus aus den 1970ern. Die Prager lästern, es sehe aus wie „gefrorene Pisse".

Verbindungen Národní 2. Ⓢ 6, 9, 18, 21, 22, 23 Národní divadlo.

▶ **Tančící dům (Tanzendes Haus):** Das von 1992 bis 1996 errichtete dekonstruktivistische Gebäude des Versicherungskonzerns Nationale Nederlanden ist von allen modernen Bauten der Stadt eines der interessantesten. Dynamisch tritt es mit seinen massiven Stahlbetonsäulen in den Straßenraum ein. Mit Phantasie – viel Phantasie – kann man in der sich herausdrehenden, schwungvollen Fassade Ginger Rogers und Fred Astaire erkennen. Verantwortlich zeichnen der kanadische Architekt Frank O. Gehry und der Slowene Vladimír Milunič.

Verbindungen Jiráskovo náměstí. Ⓢ 17, 21 Jiráskovo náměstí.

Spektakuläre Architektur in der Neustadt: Frank Gehrys „Ginger und Fred"

▶ **Slovanský ostrov (Slaweninsel):** Die Slaweninsel, eine der schönsten Moldauinseln, wird von den Pragern schlicht *Žofín* genannt. Sonntags gehen hier Familien spazieren, unter der Woche die Verliebten. Touristen kommen zum Tret- oder Ruderboot fahren. Vor dem einstigen Casino, heute ein vornehmes Café, steht ein Bronzedenkmal für Božena Němcová (1820–1862), die tschechische George Sand – man kennt sie vom 500-Kronen-Schein. Sie ist die Autorin des Romans *Die Großmutter (Babička),* der als populärstes tschechisches Prosawerk überhaupt gilt und zahllose Auflagen erlebte.

Verbindungen Ⓢ 6, 9, 18, 21, 23, 51, 54, 57, 58 Národní divadlo.

▶ **Muchovo muzeum (Mucha-Museum):** Angeblich konnte Alfons Mucha (1860–1939) zeichnen, bevor er gehen konnte. Und als er gehen konnte und auf eigenen Füßen stand, zog es ihn nach Paris und Amerika. Dort illustrierte er Bücher und entwarf jene Plakate, die ihn als Vertreter des Jugendstils weltberühmt machten. Später, wieder zurück in seiner Heimat, stellte er sich ganz in den Dienst seines Landes, entwarf Banknoten, Orden und dergleichen. Dem kleinen Museum ist auch ein Shop angegliedert, der Mucha-Bücher und -Plakate verkauft.

Verbindungen/Öffnungszeiten Panská 7. Ⓜ A, C Muzeum. Tägl. 10–18 Uhr. Eintritt 4,30 €, erm. die Hälfte.

▶ **Kostel sv. Cyrila a Metoděje (Kirche Sankt Kyrill und Method):** Die barocke Kirche, in der ersten Hälfte des 18. Jh. von Kilian Ignaz Dientzenhofer erbaut, ist heute das Zentrum der tschechisch-orthodoxen Gemeinde. In der Krypta befindet sich eine kleine Gedenkstätte für die Opfer des Nationalen Widerstandes während der deutschen Okkupation. Nach dem Anschlag auf Reinhard Heydrich (→ S. 42) im Mai 1942 suchten hier die Attentäter Zuflucht. Durch Verrat erfuhr die SS von dem Versteck und stürmte mit 360 Mann Kirche und Krypta.

Verbindungen/Öffnungszeiten Resslova. Ⓜ B Karlovo náměstí. **Krypta,** tägl. (außer Mo) 10–17 Uhr. Eintritt 1,80 €, erm. 0,70 €.

Praha/Nové Město
Karte S. 206/207

Einkaufen
5 Buchhaus Kanzelsberger
6 Bat'a
17 Zemark Lahůdky
Nachtleben
9 Vagon
11 Reduta
16 Lucerna Music Bar
24 Radost FX
Detailkarte Josefov auf S. 220
Anschlusskarte Staré Město auf S. 216/217
Anschlusskarte Malá Strana (Kleinseite) auf S. 231
Na Františku
nábr. Ludvíka
Svobody
Pařížská
Řásnovka
Post-museum
Nové mlýny
Klimentská
Revoluční
Samcova
Lodecká
Petrské nám.
Petrská
Soukenická
Dlouhá
Truhlářská
Těšnov
Wilsonova
Hilton
Biskupský dvůr
Na poříčí
Florenc
Museum der Stadt Prag
Busbhf. Florenc
Alter jüdischer Friedhof
Kaufhaus Kotva
Shoppingcenter Palladium
Bílá labuť
Divadlo Archa (Theater)
Náměstí Republiky
Minibusse z. Flughafen
Havlíčkova
Na Florenci
Kaprova
Altstädter Ring
Náměstí Republiky
V Celnici
Obecní dům (Gemeindehaus)
Masarykovo nádraží
Celetná
Prašná brána
Divadlo Hybernia
Hybernská
Karlsbrücke
Živnostenská banka
Česka Národní Banka
Senovážné nám
Hlavní nádraží
Sankt-Heinrichs-Turm
Bohemia Ticket
Nekázanka
Na příkopě
Museum of Communism/ Casino Savarin
Jerusalémská
Jubilejní synagóga
Panská
Jindřišská
sv. Jindřich
Praha hlavní nádraží (Hauptbahnhof)
Můstek
Mucha-Museum
Rilke-Geburtshaus
Hlavní nádraží
Karlovy lázně
Vltava (Moldau)
28. října
Bat'a
Wenzels-
Kubist. Straßenlaterne
Österreichisches Kulturforum
Můstek
Růžová
Politických vězňů
Smetanovo nábr.
Kauf-haus Tesco
Jung-mannovo nám.
Kostel P. Marie Sněžné
Václavské
Jindřišská
Haupt-post
Hotel Evropa
Streleckÿ ostrov (Schützen-insel)
Laterna Magika
Mitfahr-zentrale
Národní
Palais Adria
Franziskaner-Garten
Kino Světozor
Národní divadlo
Národní třída
Mikulandská
most Legií
Václavské nám.

Nové Město (Neustadt)
100 m
Übernachten
4 Rosemary
10 Yasmin
12 Evropa
20 Museum
22 Mušketýr
26 Miss Sophie's
27 Hotel 16
28 U Melounu
29 Vyšehrad
Essen & Trinken
1 Červená Tabulka
2 Café Imperial
3 Pizzeria Nuova
7 Šenk Vrbovec
8 Bredovský Dvůr
11 Café Louvre
12 Café Evropa
13 Kavárna Slavia
15 Jelínkova
18 Universal
19 Novoměstský pivovar
21 U Fleků
23 Vesmírna
25 Pivovarský dům
Tennisplätze
Goethe-inst.
Slovanský ostrov (Slawen-insel)
Mánes-Galerie
Masarykovo nábř.
Jiráskovo náměstí
Jiráskovo nám.
Jiráskův most
Smíchov
Tanzendes Haus
Rašínovo nábř.
Palackého most
Palackého náměstí
Anlegestelle
Karlovo náměstí
Na Moráni
Výtoň
Vyšehrad
Plavecká
Podskalská
Trojická
Gorazdova
Dittrichova
Myslíkova
Pštrossova
Křemencova
Opatovická
Lazarská
14,24
17,21
3,7,16,17,21
10,16
4,6,10,16,22,23
3,9
Vodičkova
Passage
American Express
Statue d. hl. Wenzel
Parlaments-gebäude
Muzeum
opera
Národní muzeum (National-museum)
Neustädter Rathaus
Jungmannova
Žitná
Školská
Štěpánská
Ve Smečkách
Krakovská
Mezibranská
Anglická
Bělehradská
Malá Štěpánská
Karlovo náměstí
Kostel sv. Cyrila a Metoděje
Resslova
Sv. Václav na Zderaze
Charles Square Center
Jenštejnská
Václavská
Karlsplatz
Moráň
Ječná
Kirche St. Ignatius
ehem. Jesuiten-schule
Lipová
Melounova
Dvořák-Museum (Villa Amerika)
Na Bojišti
Ke Karlovu
I. P. Pavlova
U nemocnice
Poliklinik
Fausthaus
Kostel sv. Jana na Skalce
Emauzský klášter
Vyšehradská
Kateřinská
Benátská
Botanischer Garten
Apolinářská
Botanická zahrada
Na slupi
Botičská
Sokolská
Legerova
Lublaňská
Polizei-museum

▸ **Střelecký ostrov (Schützeninsel):** Vom Nationaltheater ist sie über die Legionärsbrücke (Most legií) zu erreichen. Ab Mitte des 18. Jh. war darauf das Korps der Prager Scharfschützen positioniert, daher der Name. Heute gibt es hier eine Freilichtbühne im Grünen, auf der im Sommer allabendlich Filme gezeigt oder Konzerte geboten werden, dazu einen kleinen Bierverkaufsstand – Treffpunkt der jugendlichen Hundebesitzer. Des Weiteren befinden sich auf der Insel die Tennisplätze des *Start Praha Sportovní Klub* und im Sommer das *Hostel Island.*

Verbindungen Ⓢ 6, 9, 18, 21, 23, 51, 54, 57, 58 Národní divadlo.

▸ **Kostel P. Marie Sněžné (Kirche Maria Schnee):** Karl IV. stiftete den Karmelitern die heute versteckt gelegene Kirche am Tage seiner Krönung zum König von Böhmen. Doch als der Chor fertig war, ging das Geld aus und der ursprünglich geplante dreischiffige Bau mit über 100 m Länge wurde nie vollendet. Anfang des 17. Jh. übernahmen die Franziskaner die Kirche bzw. den Chor und ließen ihn im Barockstil umbauen – sehenswert. Betrachtet man sie von dem kleinen angrenzenden Franziskanergarten, kann man erahnen, wie die Kirche ursprünglich hätte werden sollen.

Verbindungen Jungmannovo náměstí. Ⓜ A, B Můstek. Zugang über das Österreichische Kulturforum. Tägl. 9.30–11 Uhr und 14–17 Uhr.

▸ **Museum of Communism (Kommunismusmuseum):** Hier kann man einen Rundgang durch die 41 Jahre währende sozialistische Ära der Tschechoslowakei unternehmen – vom Wahlsieg der Kommunisten 1948 bis zu den Bürgerprotesten 1989. Die Dokumentation (auch auf Deutsch) setzt sich zwar kritisch mit der Vergangenheit auseinander, die Präsentation (Büsten und Statuen von Stalin, eine nachgebaute Ladentheke usw.) ist jedoch alles andere als spannend. Für das Gebotene werden satte Preise verlangt – ein Versuch, mit dem Ostalgiekult den schnellen Euro zu machen.

Verbindungen/Öffnungszeiten Na příkopě 10, 1. Stock. Ⓜ A, B Můstek. Tägl. 9–21 Uhr. Eintritt 6,50 €, erm. 5 €.

Essen & Trinken (siehe Karte S. 206/207)

• *Restaurants* **Červená Tabulka (1),** gediegenes ländlich-rustikal eingerichtetes Restaurant mit nettem Innenhof für den Sommer, etwas versteckt gelegen. Internationale Küche (Ente, Perlhuhn, gute Steaks, Fisch), variantenreich und nett fürs Auge zubereitet, teils jedoch sehr üppig. Kostenlose Vorspeise, gute Weinauswahl, flinker Service. Hg. 9–17 €. Lodecká 4, ✆ 224810401. Ⓢ 5, 8, 14 Dlouhá třída.

Universal (18), etabliertes jugendliches Lokal im Stil eines französischen Bistros. Auch die Küche tendiert zum Französischen: Entenbrust mit Preiselbeersauce, Tournedos mit Pilzsauce oder Sirloinsteak zu 7–12,50 €. Günstige Mittagsmenüs. Empfehlenswerter Sonntagsbrunch (Büfett, 7,20 €), ein beliebter Treffpunkt junger Familien. V Jirářích 6, ✆ 224934416. Ⓜ B Narodní třída.

Novoměstský pivovar (19), Mikrobrauerei mit großem, rustikalem Restaurant (350 Plätze), sehr beliebt bei Reisegruppen. Alles sehr deftig, gutes Bier. Hg. 4–14 €. Vodičkova 20, ✆ 222232448. Ⓜ A, B Můstek.

Pizzeria Nuova (3), weitläufiges, durchgestyltes Lokal mit breiter Fensterfront. Originelles Konzept: Für einen All-you-can-eat-Preis von günstigen 7,70 € kann man sich entweder am umfangreichen Vorspeisenbüfett bedienen oder sich stets neue Pasta- und Pizzavariationen an den Tisch bringen lassen. Wer beides will (nur: wer schafft das?), zahlt 13 €. Fantastische Küche dank neapolitanischer Tomaten und Pizzabäcker. Freundliches Personal, Spielecke und Luftballons für Kinder. Revoluční 1, ✆ 221803308. Ⓜ B Náměstí Republiky.

Pivovarský dům (25), ebenfalls eine Mikrobrauerei, in der auch Bananenbier, Beerenbier und Biersekt ausgeschenkt werden ... Lichtes Ambiente im EG, Raucher werden in den Keller verbannt. Ordentliche böhmische Küche (Hase, Wild, Steaks) in „Standard-" oder „Luxusportionen", Hg. 3,50–10,50 €. Lípová 15, ✆ 296216666. Ⓢ 4, 6, 10, 16, 22, 23 Štěpánská.

U Fleků (21), → Sehenswertes, S. 204.

Bredovský Dvůr (8), moderne, laute Bierschwemme im gepflegten Backsteinambiente. Bei bedeutenden Fußballübertragungen werden hier zuweilen auch verletzte tschechische Stars gesichtet. Einsehbare Küche, in der variantenreiche böhmische Küche (kosten Sie die Schweinshaxe am Spieß!) gezaubert wird. Flinker Service. Hg. 3,50–14 €. Politických Vězňů 14, ✆ 224215428. Ⓜ C Hlavní nádraží.

• *Pivnice/Weinstube* **Jelínkova (15),** beliebte kleine Pilsner-Bierstube mit üblicher Holzvertäfelung. Abends knallvoll und verraucht. Snacks. Sa/So geschl. Charvátova 1. Ⓜ B Národní třída.

Šenk Vrbovec (7), von Touristen beharrlich übersehene Stehweinstube am Wenzelsplatz. Kork an den Wänden, Prager Hausfrauen und Geschäftsleute an den Stehtischen. Gute und günstige heimische Weine vom Fass. Václavské náměstí 10. Ⓜ A, B Můstek.

• *Cafés* **Café Imperial (2),** eines der schönsten Kaffeehäuser der Stadt, wenn auch seit seiner kürzlichen Restaurierung deutlich steriler geworden. Wände und Decken sind – einmalig weltweit – vollständig mit kunstvoll gearbeiteter Keramik ausgeschmückt. Zum Kaffee werden kostenlos Krapfen gereicht. Manko: zuweilen Stinkstiefel-Service. Na Poříčí 15. Ⓜ B Náměstí Republiky.

Kavárna Slavia (13), Rilkes und Kunderas Wohnzimmer. Heute werden hier v. a. Reiseführer in allen Sprachen gelesen. Mit der letzten Renovierung ist aus dem alten Kaffeehaus ein modernes, helles Café geworden. Der Moldaublick ist nach wie vor grandios. Smetanovo nábřeží 2. Ⓢ 6, 9, 18, 21, 22, 23, 51, 54, 57, 58 Národní divadlo.

Café Louvre (11), von den Kommunisten wegen bourgeoiser Tendenzen geschlossen, seit 1992 wieder Kaffeehaus. Hohe, kitschig altrosa gestrichene Wände, viel Stuck. Große Auswahl an internationalen Tageszeitungen, fesche Bedienungen. Restaurant und Billardsalon angegliedert. Národní třída 20. Ⓜ B Národní třída.

Café Evropa (12), Jugendstilperle in zentralster Lage, deswegen wohl auch die größte Touristenschwemme nach der Karlsbrücke. Man hat sich darauf eingestellt, serviert zweitklassigen Kaffee zu erstklassigen Preisen. Zuweilen Aufpreis für die Live-Musik am Nachmittag! Unfreundliches Personal. Trotzdem kann man dem Café den (abgewetzten) Charme nicht absprechen. Václavské náměstí 25. Ⓜ A, C Muzeum oder A, B Můstek.

Kunst auf dem Wenzelsplatz

Vesmírna (23), kleines, freundliches Nichtrauchercafé, ein Sozialprojekt – hier werden Sie von Behinderten bedient. Gute Öko-Sandwichs, frisch gepresste Fruchtsäfte und hervorragende Milchshakes. Von Lesern immer wieder gelobt. Ve Smečkách 5. Ⓜ A, C Muzeum

Gemalt und in natura: die Karlsbrücke

Sehenswertes in Staré Město (Altstadt)

Staré Město ist einer der lebhaftesten Stadtteile Prags, der mit den traditionsreichsten Pivnices, den meisten Restaurants, Galerien und Wechselstuben. Er gehört den Touristen, weniger den Pragern. Sein Herz ist der Staroměstské náměstí (Altstädter Ring), der gerne als der schönste Platz Europas bezeichnet wird. Aber auch die angeblich schönste Brücke der Welt ist hier zu finden, die Karlsbrücke.

Ein Wirrwarr aus engen, verwinkelten Gassen prägt die Altstadt. Ohne Plan ist man schnell darin verloren, aber das macht nichts. Lassen Sie sich einfach treiben. Die belebtesten Gassen sind die Celetná und die Karlova. Beide werden gesäumt von alten Barock- und Renaissancefassaden, die mit viel Liebe restauriert wurden; kaum noch ein Winkel, der nicht der Postkartenharmonie entspricht.

Abseits dieser Gassen geht es erheblich ruhiger zu. Und je mehr man sich von ihnen entfernt, desto mehr taucht man ein in jenen Teil der Altstadt, der erst kürzlich aus seinem Dornröschenschlaf erwacht ist. Hier sehen nicht mehr alle Häuser aus, als hätte man sie gestern erst gebaut. Hier bröckelt noch der Putz, und hier besitzen die Hinterhöfe gelegentlich einen Charme wie in Italien. Hier findet man noch Cafés und Kneipen, die auch Prager besuchen. Hier stellen in den Galerien junge Künstler aus, die auch etwas anderes malen als Aquarelle von der Karlsbrücke.

▸ **Staroměstské náměstí (Altstädter Ring):** „Es gibt wenige Plätze auf Erden, die sich an Schönheit mit dem Altstädter Ring in Prag messen können“. Was der Arzt und Dichter Hugo Salus (1866–1929) am Anfang des 20. Jh. schrieb, gilt noch immer, vielleicht sogar mehr denn je. Den stets belebten weiten Platz beherrscht ein *Denkmal für Jan Hus*. 1915 wurde es eingeweiht, zum 500. Todestag des Reformators (→ S. 94). Seine eingravierten Worte „Milujte se, pravdy každému přejte“ sind ein Aufruf zu Brüderlichkeit und Ehrlichkeit.

Hinter der Häuserfront der Ostseite erhebt sich imposant die *Teinkirche (Kostel P. Maria před Týnem).* In der zweiten Hälfte des 14. Jh. wurde mit ihrem Bau begonnen. Die markanten Türme kamen erst im 15. und 16. Jh. hinzu. Der Zugang zum lichtdurchfluteten Inneren erfolgt durch den dritten Arkadenbogen in dem davor stehenden Bau. In der Teinkirche liegt der dänische Astronom Tycho Brahe begraben. 1599 war er an den kaiserlichen Hof Rudolfs II. gerufen worden. Er besaß eine künstliche Nase aus Gold; der Grund dafür war ein Duell in Rostock. Auch sein Tod 1601 spricht nicht gerade für einen soliden Lebenswandel, er starb nach einem Saufgelage an einem Blasenriss.

An der nordwestlichen Seite des Platzes fällt die schneeweiße barocke *Nikolauskirche (Kostel sv. Mikuláše)* ins Auge. Ihr Äußeres wirkt vielversprechend, ihr Inneres ist es nicht. Um die Ecke erblickte Franz Kafka das Licht der Welt. Von seinem *Geburtshaus* blieb zwar nicht mehr als das Portal erhalten, doch befindet sich in dem Gebäude eine Art Mischung aus Kafkaausstellung und Fanshop – im Vergleich zum Museum auf der Kleinseite (→ S. 229) jedoch die zweite Wahl.

Weitere Attraktionen am Altstädter Ring sind das Altstädter Rathaus und das Palais Kinský, die im Folgenden beschrieben werden.

Verbindungen/Öffnungszeiten Ⓜ A Staroměstská. **Teinkirche,** Mo–Fr 10–12 u. 15–18 Uhr. **Kafka-Geburtshaus,** Mo–Fr 10–18 Uhr, Sa 10–17 Uhr. Eintritt 1,40 €.

▸ **Staroměstská radnice (Altstädter Rathaus):** Das Rathaus ist der markanteste Bau am Altstädter Ring. Unter Johann von Luxemburg erhielten die Bürger der Altstadt im 14. Jh. das Recht, sich ein Rathaus zu bauen. Aus Geldmangel verzichteten sie jedoch und kauften lieber ein altes Gebäude. Was man heute sieht, ist letztendlich das Ergebnis unzähliger Um- und Anbauten. Die letzte große Restaurierung des Rathauses erfolgte nach dem 2. Weltkrieg, in dem es als eines der wenigen Gebäude der Stadt stark beschädigt wurde. Am beeindruckendsten ist die *Astronomische Uhr (Orloj):* Von 9 bis 21 Uhr zieht zu jeder vollen Stunde der Tod (rechts über dem oberen zweiten Blatt als Skelett dargestellt) an einem Seil und dreht das Stundenglas herum. Dann öffnen sich zwei Fenster über der Uhr, und – von Petrus angeführt – defilieren die zwölf Apostel. Zum Schluss kräht noch der Hahn. Betrachtet man die Zifferblätter, so zeigt das obere mit römischen Zahlen die Zeit auf Ihrer Uhr an, das mit den alten arabischen Ziffern drum herum die mittelalterliche böhmische, bei welcher der Tag mit dem Sonnenuntergang endete. Der kleinere, innere Kreis steht für die Tierkreiszeichen, der farbige Hintergrund für Tag und Nacht. Darunter sieht man das Kalendarium. Und weil die Uhr so schön ist, und weil jede

Tycho Brahes letzte Ruhestätte: die Týnkirche

Stadtführung vor ihr Halt macht, hat man sich auch eine Legende einfallen lassen, um das Warten bis zur vollen Stunde unterhaltsam zu überbrücken. Demnach soll Meister Hanuš, der die Uhr im 15. Jh. geschaffen hatte, geblendet worden sein, um keiner anderen Stadt eine solche Uhr ans Rathaus basteln zu können. Bald darauf aber blieb die Uhr stehen, und kein Mensch wusste, wie man sie reparieren sollte.

Im Innern des Rathauses finden heute Wechselausstellungen statt, u. a. auch in den Kellergewölben. Besichtigen kann man ferner ein paar Repräsentationsräume und eine Kapelle – beide gehören nicht unbedingt zum Pflichtprogramm. Lohnenswert jedoch ist ein Blick vom Rathausturm über die Stadt.

Verbindungen/Öffnungszeiten Staroměstská radnice 1. Ⓜ A Staroměstská. Im Sommer Di–So 9–18 Uhr, Mo 11–18 Uhr, im Winter bis 17 Uhr. Für die historischen Säle, die gotische Kapelle und den Rathausturm müssen separate Tickets zu jeweils 1,80 €, erm. 1,40 €, gelöst werden.

Die Bürger von Velvary – die Ostfriesen der Tschechen

Im Mittelalter vermengte man bei Bauten, die extremen Belastungen ausgesetzt waren, den Mörtel mit Eiern, um ihn härter und widerstandsfähiger zu machen. Das geschah angeblich auch beim Bau der Karlsbrücke. Dafür waren mehrere Tausend Eier vonnöten, die man aus sämtlichen Regionen des Landes anforderte. Zu den Ostfriesen der Tschechen wurden dabei die Bürger von Velvary nordwestlich von Prag, ihre Lieferung war hart gekocht.

▶ **Palác Kinských (Palais Kinský):** Das altrosafarbene Palais auf der Ostseite des Altstädter Rings wurde nach Plänen von Kilian Ignaz Dientzenhofer zwischen 1755 und 1765 erbaut. Im 19. Jh. verbrachte die Komtesse Bertha Kinský (1813–1914), spätere Freifrau von Suttner, darin ihre Kindheit. Als überzeugte Pazifistin und Schriftstellerin (u. a. des Romans *Die Waffen nieder*!) machte sie sich einen Namen. Zu ihren größten Verehrern zählte Alfred Nobel. Er war von ihr so angetan, dass er den Friedensnobelpreis stiftete, dessen erste weibliche Trägerin (1905) sie wurde. Heute präsentiert die Nationalgalerie im Palais ihre Sammlung „Landschaften in der Tschechischen Kunst vom 17. bis zum 20. Jh.", die durch Werke von deutschböhmischen und Schweizer Malern, darunter Johann Rudolf Byß (1660–1738), bereichert wird. Zudem finden temporäre Ausstellungen statt. Unmittelbar an das Palais grenzt ein mittelalterlicher Bau, das *Haus zur Steinernen Glocke (Dům U Kamenného Zvonu).* Es wird ebenfalls für wechselnde Ausstellungen, aber auch für Konzerte genutzt.

Verbindungen/Öffnungszeiten Staroměstské náměstí 12. Ⓜ A Staroměstská. Tägl. (außer Mo) 10–18 Uhr. Eintritt für die permanente Ausstellung der Nationalgalerie 1,90 €, erm. 1,10 €.

▶ **Karlův most (Karlsbrücke):** Sie ist das eigentliche Zentrum Prags, verbindet sie doch Malá Strana (Kleinseite) mit Staré Město. Und sie ist zweifelsohne das Prager Weltwunder, überstand sie doch trotz der seit langem überfälligen Restaurierung das Augusthochwasser 2002. Berühmt ist die Brücke wegen ihrer vielen barocken Statuen, die die Brüstung säumen. Wie am Fundament und an den Pfeilern nagt auch an ihnen der Zahn der Zeit, mehrere wurden daher bereits durch Kopien ersetzt.

Mit dem Bau der über 500 m langen und 10 m breiten Brücke wurde 1357 begonnen. Karl IV., nach dem sie seit 1870 benannt ist, hatte Peter Parler damit beauftragt. Bis 1741 stellte sie die einzige feste Verbindung zwischen den Stadtteilen rechts und links der Moldau dar. 1683 wurde die erste Statue aufgestellt, es ist die des Hl. Nepomuk (von Staré Město die achte rechts). Das Bronzerelief darunter zeigt den Augenblick seines Brückensturzes (→ Kasten). Ein paar Studenten sollen es einst blank poliert und daraufhin die Geschichte erfunden haben, dass es dem, der es berührt, Glück bringt. Als letzte der insgesamt 21 Plastiken kam 1938 die der Heiligen Kyrill und Method hinzu (fünfte rechts). Ein wenig aus der Reihe fällt das lebensgroße Kruzifix mit dem vergoldeten hebräischen Schriftzug „Heiliger, heiliger, heiliger Herr" (dritte Plastik rechts). Angeblich hatte man einen Juden dazu verurteilt, diesen anbringen zu lassen, da er vor dem Kreuz gelästert haben soll.

Mit dem Start der Sanierungsarbeiten an der Brücke im Sommer 2007 – zehn Jahre sollen sich diese hinziehen, zu einer kompletten Sperrung wird es aber nicht kommen – wurde auch das kleine *Muzeum Karlova Mostu* (Karlsbrückenmuseum) eröffnet. Es informiert über die Entstehungsgeschichte der Brücke und die diversen Restaurierungsarbeiten über die Jahrhunderte hinweg – kein Muss! Das Museum befindet sich auf der Altstadtseite schräg gegenüber dem Altstädter Brückenturm (s. u.) am Křížovnické náměstí, dem Platz vor der Brücke.

Verbindungen Ⓢ 17, 18 Karlovy lázně. **Karlsbrückenmuseum,** tägl. 10–20 Uhr. Eintritt 5,70 €, erm. die Hälfte.

Die Nepomuk-Legende

Den Intrigen zwischen Kirche und Krone Ende des 14. Jh. fiel der Generalvikar des Prager Erzbischofs, Johannes aus Pomuk, *„ne Pomuk"*, zum Opfer. Václav IV. hatte ihn zu Tode foltern und in die Moldau werfen lassen. Drei Jahrhunderte später, während der Gegenreformation, sponnen die Jesuiten daraus die Geschichte vom schweigsamen Beichtvater Nepomuk, der die Beichtgeheimnisse der Königin nicht preisgeben wollte und deshalb auf Geheiß des Königs sterben musste. Seine unversehrte Zunge, welche die rührigen Jesuiten bei der Exhumierung des Leichnams vorfanden und daraufhin der Welt präsentierten, sollte als Beweis für seine tugendhafte Schweigsamkeit dienen. (In weniger frommen Quellen allerdings wird behauptet, dass es sich dabei um das verschrumpelte Gehirn gehandelt hat.) 1729 schließlich wurde Johannes Nepomuk heiliggesprochen. Acht Tage dauerten die prunkvollen Feierlichkeiten in Prag. Sein Denkmal auf der Karlsbrücke, 1683 errichtet, machte ihn zum wichtigsten Brückenheiligen der katholischen Welt.

▸ **Staroměstská mostecká věž (Altstädter Brückenturm):** Er ist wie die Karlsbrücke ein Werk des Baumeisters Peter Parler und wird vielfach als der schönste gotische Wehrturm Europas bezeichnet. 1357 begann man mit seinem Bau, und als hätte man damals schon geahnt, dass über die Karlsbrücke einmal Straßenbahnen holpern würden (bis 1950), errichtete man ihn mit einem ausreichend großen Durchgang. Man kann ihn besteigen. In der Abenddämmerung, wenn die Prager Türme in ihrem schönsten Licht erscheinen, lohnen sich die vielen Stufen nach oben am meisten.

Verbindungen/Öffnungszeiten Křížovnické náměstí. Ⓢ 17, 18 Karlovy lázně. Juni–Sept. 10–22 Uhr, Okt. u. Mai 10–18.30 Uhr, ansonsten 10–16.30 Uhr. Eintritt 1,80 €, erm. 1,40 €.

▸ **Obecní dům:** Anfang des 20. Jh. entstand der extravagante, monumentale Jugendstilbau, ein multifunktionales Repräsentationsgebäude mit sechs Sälen, französischem Restaurant, Kneipe, Kaffeehaus usw. (→ Essen & Trinken, S. 217). Es gibt kaum einen tschechischen Künstler der Sezession, der nicht an der aufwändigen Innen- oder Außengestaltung beteiligt war. Die Gemälde im Primatorensaal stammen

z. B. von Alfons Mucha. Der größte Raum ist der Smetanasaal mit 1500 Plätzen. Am 28. Oktober 1918 wurde darin die Selbstständigkeit der Tschechoslowakischen Republik verkündet; seitdem ist dieser Tag ein staatlicher Feiertag.

Verbindungen/Öffnungszeiten Náměstí Republiky 5. Ⓜ B Náměstí Republiky. Die Säle können in Verbindung mit einem Konzertbesuch besichtigt werden. Bis zu 4-mal tägl. finden zudem Führungen statt (5,40 €); die Zeiten erfahren Sie bei der Auskunft im Gebäude.

Královská cesta oder Prag in 90 Minuten

Quer durch die Stadt verläuft der Královská cesta, jener Weg, den einst die Könige in einer feierlichen Prozession zu ihrer Krönung im Sankt-Veits-Dom abschritten. Bereits im Mittelalter hatte sich diese Tradition entwickelt, da viele Könige Böhmens aus dem Ausland kamen. Beim Eintreffen in Prag wurden sie vom Bürgermeister am Pulverturm begrüßt, wo man ihnen symbolisch den Schlüssel zu ihrer Residenzstadt aushändigte. Die letzte Krönungsprozession fand 1836 für Ferdinand V. statt, an dem Spektakel nahmen mehrere Tausend Reiter teil, nicht nur auf Pferden, auch auf Kamelen.

Der Weg führt an den schönsten Ecken und Winkeln Prags vorbei und wird von Millionen Touristen jedes Jahr bewusst oder unbewusst begangen. Auch wenn viele Sehenswürdigkeiten der Stadt abseits davon im Gassenwirrwarr versteckt liegen, das viel gerühmte „Goldene Prag“ präsentiert sich nirgendwo schöner als auf dieser Meile. Etwa 1 ½ Std. benötigt man für den Weg. Er verläuft vom Pulverturm über die Celetná zum Staroměstské náměstí und weiter über die Karlova zur Karlsbrücke. Auf der Kleinseite führt er vom Malostranké náměstí schließlich über die Nerudova hinauf zur Prager Burg.

▸ **Prašná brána (Pulvertor):** Der Turm mit Durchgang ist der einzige noch existierende Wachturm aus der Zeit, als die Prager Altstadt befestigt war. Die Stadtmauer verlief entlang der heutigen Fußgängerzone Na příkopě (Am Graben). Erbaut wurde er in der zweiten Hälfte des 15. Jh., seinen heutigen Namen bekam er jedoch erst im 17. Jh., als man ihn als Pulvermagazin nutzte. Seit dem Mittelalter war er zudem der Ausgangspunkt des so genannten „Königsweges“, dem Královská cesta (→ Kasten). Man kann den Turm besteigen, der Ausblick ist aber bei weitem nicht so imposant wie vom Altstädter Rathaus.

Verbindungen/Öffnungszeiten Na příkopě. Ⓜ B Náměstí Republiky. April–Okt. 10–18 Uhr. Eintritt 1,80 €, erm. 1,40 €.

▸ **Stavovské divadlo (Ständetheater):** Der neoklassizistische Bau entstand in der zweiten Hälfte des 18. Jh. und war kurz darauf im Besitz der böhmischen Stände, daher der Name. In ihm fand am 29. Oktober 1787 die Uraufführung von Mozarts *Don Giovanni* statt. Das Innere ist ein blau-goldener Traum, nicht umsonst wählte es Miloš Forman als Kulisse für Szenen seines *Amadeus*. Leider ist es nur in Verbindung mit einer Aufführung zu besichtigen. Unmittelbar daneben liegt das geschichtsträchtige, aber alles andere als unbedingt sehenswerte *Karolinum*. 1348 legte hier Karl IV. den Grundstock für die älteste Universität Mitteleuropas. Von dem ursprünglichen Gebäude ist heute aber von außen nicht mehr als ein gotischer Erker zu erkennen.

Verbindungen Ovocný trh 1. Ⓜ A, B Můstek.

▸ **Dům U Zlatého prstenů (Haus zum Goldenen Ring):** Die Fundamente des gotischen Stadthauses stammen aus dem 13. Jh. Nach aufwändigen Restaurierungsarbeiten zeigt hier die *Städtische Galerie (Galerie hlavního města Prahy)* auf vier Etagen tschechische Kunst des 20. Jh.; die Exponate wechseln regelmäßig. Angeschlossen ist ein Innenhofcafé – ein Treffpunkt Intellektueller und aller, die sich dafür halten.

Verbindungen/Öffnungszeiten Týnská 6. Ⓜ B Náměstí Republiky. **Städtische Galerie,** tägl. (außer Mo) 10–18 Uhr. Eintritt 3,20 €, erm. 1,80 €.

▸ **Dům U Černé Matky Boží (Haus zur Schwarzen Madonna):** Es wurde 1911 von Josef Gočár erbaut, einem Begründer der modernen tschechischen Architektur und einer der Initiatoren des Kubismus in Prag. Das Gebäude mit seinen facettenartig gebrochenen breiten Fenstern wurde ursprünglich als Waren- und Wohnhaus entworfen; heute ist es im Besitz der Nationalgalerie, die darin das *Museum des tschechischen Kubismus* unterhält. Auf drei Stockwerken werden u. a. Bilder der wichtigsten tschechischen kubistischen Maler wie Antonín Procházka oder Emil Filla, Plastiken und Skulpturen von Otto Gutfreund sowie Plakate von Josef Čapek gezeigt. Zu sehen ist darüber hinaus kubistische Gebrauchskunst: Möbel, Vasen usw. Angeschlossen sind ein Museumsshop und ein empfehlenswertes Café im kubistischen Stil.

Astronomische Uhr am Altstädter Rathaus

Verbindungen/Öffnungszeiten Celetná 34. Ⓜ B Náměstí Republiky. **Museum,** tägl. 10–18 Uhr. Eintritt 3,60 €, erm. die Hälfte.

▸ **Muzeum Bedřicha Smetany (Smetana-Museum):** Wo könnte man zum Gedenken an den Komponisten Bedřich Smetana (1824–1884) passender ein kleines Museum einrichten als direkt an der Moldau? Korrespondenz, Zeichnungen, Pressekritiken, Porträts usw. führen in sein Werk und Leben ein. Smetana, der fast den Status eines Nationalheiligen genießt, ertaubte übrigens am Ende seines Lebens – bittere Ironie des Schicksals. Zu seinen größten Werken zählen der Zyklus *Mein Vaterland,* aus dem auch die *Moldau* entspringt, die tragische Oper *Dalibor, Libuše* und *Die verkaufte Braut.*

Verbindungen/Öffnungszeiten Novotného lávka. Ⓢ 17, 18 Karlovy lázně. Tägl. (außer Di) 10–17 Uhr. Eintritt 1,80 €, erm. die Hälfte.

▸ **Sex Machine Museum:** Eine modern präsentierte Sammlung von rund 200 libidinösen Objekten auf drei Etagen. Zu sehen gibt es vorrangig Sadomaso-Accessoires, aber auch antike Vibratoren, Korsetts und amüsante Erotikfilme aus dem Jahr 1930.

Verbindungen/Öffnungszeiten Melantrichova 18. Ⓜ A Můstek. Tägl. 10–23 Uhr. Nur für Erwachsene! Eintritt 8,90 €.

Praha/Staré Město
Karte S. 216/217

Essen & Trinken

• *Restaurants* **Bellevue (18),** eines der besten Prager Restaurants. Luxuriöse Diners unterm Kronleuchter und mit Moldaublick. Iranischer Kaviar, Steinbutt, Carpaccio vom neuseeländischen Lamm – nichts für den schmalen Geldbeutel! Oft Klavierbegleitung. Lassen Sie sich im Sommer einen Platz auf der Terrasse reservieren. Jazzbrunch am Wochenende. Smetanovo nábřeží 18, ✆ 222221443. Ⓢ 17, 18, 51, 54 Karlovy lázně.

U Vejvodů (19), gepflegtes großes Bierrestaurant auf zwei Etagen, Brauereiambiente, viele (manchmal laute) Touristengruppen. Böhmische Standards, Hg. 5,20–21 € (Riesensteaks). Fr/Sa bis 4 Uhr, sonst kürzer. Jilská 4, ✆ 222329221. Ⓜ A, B, Můstek.

Dahab (1), orientalische Küche im dazu passenden stilvollen Ambiente. Hin und wieder Bauchtanz und Livemusik. Gutes *Couscous*, tolle Vorspeisenplatten. Angeschlossen ein Schnellimbiss (nur tagsüber). Mittlere Preisklasse. Rybná 28, ✆ 224827375. Ⓜ B Náměstí Republiky.

Übernachten
- 2 Traveller's Hostel
- 3 Josef
- 5 Four Seasons
- 14 Residence Řetězová
- 16 U červené židle
- 22 Unitas

Essen & Trinken
- 1 Dahab
- 6 Kavárna Obecní dům
- 7 Brasileiro
- 11 U zlatého tygra
- 12 Country Life
- 17 Duende
- 18 Bellevue
- 19 U Vejvodů
- 20 U medvídků
- 21 Káva Káva Káva

Nachtleben
- 2 Roxy
- 9 AghaRTA Jazz Club

Einkaufen
- 4 Karel Křenek
- 8 Erpet
- 10 Dorotheum
- 12 Manufaktura
- 13 Art deco Galerie
- 15 Vintage

Staré Město (Altstadt)

00 m

Brasileiro (7), Erlebnisgastronomie im Gewölbekeller. Im Stil einer brasilianischen *Churrasqueira* kommen hier in einem fort leckere Riesenspieße (20 Sorten Fleisch!) an Ihren Tisch, dazu Fisch oder Meeresfrüchte – bis man zahlt oder platzt. *All you can eat* (mit exzellentem Vorspeisenbüfett) bis 18 Uhr 16 €, danach teurer. Ohne Reservierung hat man am Abend keine Chance. Zweigstellen in der Slovanský-Dům-Passage, Na příkopě 22 (Nové Město). U Radnice 8, ✆ 224234474. Ⓜ A Staroměstská.

Country Life (12), für Veganer. Öko-Schnellrestaurant mit Biogerichten vom Burger bis zum Risotto, alles ohne Eier oder Milchprodukte. Alternativ eingerichtet, Bioladen angegliedert. Sehr günstig. Nur tagsüber. Melantrichova 15 (Zweigstelle in der Neustadt, Jungmannova 1). Ⓜ A, B Můstek.

• *Pivnices* **U medvídků (20),** einst waren die Literaten Jan Neruda und Jaroslav Hašek hier Stammgäste. Heute treffen sich hier Touristengruppen aus aller Welt, aber auch noch viele Prager. In der Bierhalle im EG gibt es gut gezapftes Budweiser und böhmische Standards (leckere Krautsuppe!), Hg. 3,50–10,50 €. Zudem ein Biershop, ein kleines Museum und im OG eine etwas sterile Brauereikneipe, in der das selbst gebraute halbdunkle, 13-gradige *Oldgott* gezapft wird. Über den Service lässt sich streiten, trotzdem meist voll bis überfüllt (Reservierung empfohlen). Na Perštýně 7, ✆ 224 211916. Ⓜ B Národní třída.

U zlatého tygra (11), „Zum Goldenen Tiger". Die feuchtwarme Bierhöhle wurde berühmt durch ihren zechfreudigen Stammgast Bohumil Hrabal. Heute hängt der 1997 verstorbene Literat als Riesenporträt an der Wand, umringt von zahlreichen Kneipenmaskottchen in Tigerform. Ruppige Bedienungen, das Lokal ist schon am Morgen überfüllt. Bestellen Sie Bierkäse *(pivní sýr)* zum Pilsner Urquell – er soll hier erfunden worden sein. Husova 17. Ⓜ A Staroměstská.

• *Cafés/Kneipen* **Kavárna Obecní dům (6),** prunkvoller Jugendstilsaal. Gelegentlich Livepianomusik. Stets voller Touristen. Teuer, aber Kaffee und Kuchen in diesem Ambiente sind ihr Geld wert. Náměstí Republiky 5. Ⓜ B Náměstí Republiky.

Káva Káva Káva (21), abseits vom Trubel. Kleines Innenhofcafé, das im Wettbewerb um den „besten Prager Kaffee" schon mehrmals als Gewinner hervorging. Diverse Kuchen. Internetecke. Junges Publikum. Národní třída 37/Platýz. Ⓜ B Národní třída.

Duende (17), eine gemütliche Oase in der Altstadt, mit viel Trödel eingerichtet (Achtung: So manchem Gast brach hier schon der Stuhl unterm Hintern zusammen). Kunterbuntes Publikum – nach ihrem Prager Gig schauten auch die Pixies vorbei. So lange offen, bis die Bedienungen keine Lust mehr haben. Karoliny Světlé 30. Ⓢ 17, 18, 51, 54 Karlovy lázně.

Praha/Staré Město
Karte S. 216/217

Die Spanische Synagoge

Sehenswertes in Josefov (Josefstadt)

Es ist das einstige jüdische Viertel. Außer ein paar Synagogen blieb davon aber nicht viel erhalten – Ende des 19. Jh. riss man es ab. Heute findet man hier herrliche Jugendstilhäuser und eine der vornehmsten Straßen Prags: die Pařížská, die Pariser Straße.

Kein Viertel Prags wurde durch die Literatur mehr verewigt als Josefov. Doch das Josefov, von dem dort größtenteils die Rede ist, ist das Josefov der Tagelöhner, der Spieler, der Prostituierten und Zigeuner aus der zweiten Hälfte des 19. Jh. Das Josefov der Juden gab es zu diesem Zeitpunkt bereits nicht mehr. Das Gros der Juden hatte es längst verlassen. Lediglich das alte Ghetto existierte noch. Es entstand im 13. Jh., als man die Siedlung mit einer Mauer umschloss, deren Tore nachts verriegelt wurden. Sechs Jahrhunderte lebten die Prager Juden dort – mal verfolgt, mal toleriert. In schlechten Zeiten wurden sie zu Sündenböcken und Opfern von Pogromen. In guten Zeiten standen sie unter dem Schutz der Krone und verhalfen Prag zu kultureller und wirtschaftlicher Blüte. Eines der größten Probleme im Ghetto war die stetig steigende Zahl seiner Einwohner. Anfang des 18. Jh. erließ die jüdische Gemeinde daher ein Gesetz, das vorschrieb, dass nur noch der älteste Sohn einer Familie heiraten durfte, und das erst nach dem Tod des Vaters. Aus der Isolation befreite Joseph II. die Prager Juden in der zweiten Hälfte des 18. Jh. Die Mauern ums Ghetto wurden abgerissen, Kleidervorschriften aufgehoben und die Glaubensfreiheit wurde gewährt. Zum Dank benannte man das Viertel nach ihm. Als ab 1796 die Juden auch außerhalb des Ghettos leben durften, verkam es zum Armenviertel der Stadt mit miserabelsten hygienischen Verhältnissen. Ein Jahrhundert später befahl der städtische Sanitätsrat deswegen die Sanierung des Stadtteils, die einem Abriss gleichkam. Bürgerliche Wohnhäuser mit stolzen Jugendstilfassaden prägen Josefov heute, an das einstige jüdische Viertel erinnern nur noch wenige Gebäude.

Das Jüdische Museum

Das Museum mit seiner über 100-jährigen Geschichte besitzt eine einzigartige und umfangreiche Sammlung an jüdischem Kulturgut aus Böhmen und Mähren. Anlass zur Gründung gab die Sanierung der Josefstadt. Das Inventar zum Abriss freigegebener Synagogen, aber auch Gegenstände des häuslichen und religiösen Lebens wurden hier gesammelt. Das Gros des Fundus stammt jedoch aus der Zeit der deutschen Okkupation, als die Nazis die jüdische Bevölkerung nach Theresienstadt und von dort weiter in die Vernichtungslager deportierten. Das Museum war ab 1942 der Leitung des Zentralamtes für die Judenfrage direkt unterstellt und hatte die Aufgabe, das beschlagnahmte Gut zu katalogisieren. Nach dem Krieg fiel das Museum in staatlichen Besitz, seit 1994 ist es Eigentum der jüdischen Gemeinde von Prag. Diese zählt rund 1500 Mitglieder, Tendenz sinkend.

Auf mehrere Synagogen verteilt, zeigt das Jüdische Museum heute nur einen Bruchteil seiner Exponate, in erster Linie Drucke, Bücher, Gegenstände aus Silber, Tapisserien, Teppiche und Thoramäntel. Unter der Verwaltung des Jüdischen Museums stehen die Maiselsynagoge, die Spanische Synagoge, die Pinkassynagoge, die Klausensynagoge *(Klausová synagóga),* der Alte Judenfriedhof und der ehemalige Zeremoniensaal.

• *Öffnungszeiten* Für alle genannten Einrichtungen gelten dieselben Zeiten: Nov.–März 9–16 Uhr, April–Okt. 9–18 Uhr, jeweils tägl. außer Sa und an jüdischen Feiertagen. Bei extrem großem Andrang werden auf der Eintrittskarte Besuchszeiten für die einzelnen Synagogen vermerkt, die vorschreiben, wann man was zu besichtigen hat. Die Eintrittspreise des Jüdischen Museums liegen erheblich über denen anderer Museen (10,20 €, erm. 6,70 €), da es als nichtstaatliche Institution weitaus weniger Fördermittel erhält. Das Ticket ist für alle oben genannten Einrichtungen gültig. Extra zahlt man für die Altneusynagoge (→ dort).

▸ **Staronová synagóga (Altneusynagoge):** Der frühgotische Bau aus der zweiten Hälfte des 13. Jh. zählt zu den ältesten Synagogen Europas. Für seinen paradox klingenden Namen gibt es zwei Theorien: Die erste geht davon aus, dass die Synagoge eine an jenem Ort bereits existierende ersetzte, die andere, dass sie ursprünglich nur „Neue Synagoge" hieß, bis im 16. Jh. weitere Synagogen hinzukamen – sprich: aus „neu" wurde „alt". Tatsache ist auf jeden Fall, dass sie das Zentrum der Juden westlicher Observanz war, die isoliert von den Juden mit östlichem Ritus lebten. Letztere hatten ihr Viertel bei der heutigen Spanischen Synagoge. Das erklärt zudem, warum man in Josefov auch Kirchen findet: Die verschiedenen jüdischen Gemeinden waren bis ins 13. Jh. durch „christliche Streifen" getrennt. Im Inneren der Synagoge, genau in deren Mitte, befindet sich das *Almemor,* ein von einem schmiedeeisernen Gitter umgebenes Podium, vom dem aus der Thora, den fünf Büchern Moses, vorgelesen wird. Die Thorarollen sind im Schrein hinter einem Vorhang verborgen. Auffallend sind die schießschartenähnlichen Fenster. Sie wurden im 18. Jh. für die Frauen eingefügt, da ihnen der Besuch der Synagoge nicht gestattet war und sie wenigstens so dem Geschehen folgen konnten.

Verbindungen/Öffnungszeiten Červená 2. Ⓜ A Staroměstská. So–Do 9.30–18 Uhr, Fr 9.30–17 Uhr. Eintritt 7 €, erm. 4,90 €.

Praha/Josefov
Karte S. 220

▸ Starý Židovský Hřbitov (Alter Jüdischer Friedhof) und Pinkasova Synagóga (Pinkassynagoge): Das ummauerte Areal des Alten Jüdischen Friedhofs umschließt auch die Pinkassynagoge aus dem 15. Jh., die gleich hinter dem Kassenhäuschen steht. Sie ist benannt nach ihrem Stifter, dem Rabbiner Pinkas. Im Inneren erinnert sie heute an die Juden aus Böhmen und Mähren, die dem Holocaust zum Opfer fielen. Das geschieht auf eine schlichte und ergreifende Weise: An den Wänden stehen die Namen der Ermordeten, 77.297 an der Zahl. Im Obergeschoss sind Zeichnungen von Kindern aus dem Ghetto Theresienstadt zu sehen. Der Friedhof selbst, auf dem Grabstein an Grabstein steht oder lehnt, wurde ebenfalls im 15. Jh. angelegt. Der älteste Stein stammt aus dem Jahr 1439, der jüngste aus dem Jahr 1787. Wie viele Menschen hier beigesetzt wurden, weiß man nicht. Die Zahlen in der Sekundärliteratur schwanken zwischen 10.000 und 110.000. Tatsache ist, dass der Friedhof, obwohl mehrmals erweitert, stets zu klein war. So begrub man die einen über die andern.

Viele der Grabsteine tragen Barock- oder Rokokoverzierungen, aber auch Motive, die den Namen oder Beruf des Verstorbenen symbolisieren. Auf ein paar Grabsteinen liegen statt Blumen kleine Steinchen – ein alter jüdischer Brauch als Zeichen der Pietät. Der Grabstein, auf dem die meisten Steinchen liegen, ist der des Rabbi Löw (1570–1609), an dem der vorgeschriebene Weg durch den Friedhof automatisch vorbeiführt. Oft sieht man auch Zettel darauf, es sind Bitten und Wünsche.

• *Verbindungen/Öffnungszeiten* Široká. Ⓜ A Staroměstská. Öffnungszeiten und Eintritt → Jüdisches Museum, S. 219. Aufgrund des Besucherandrangs ist es – falls möglich – ratsam, den Friedhof früh am Morgen zu besuchen, ansonsten wird man von den Massen wie auf einer Einbahnstraße vom Eingang zum Ausgang geschoben.

Jehuda Liwa ben Bezal'el, genannt Rabbi Löw, und die Legende vom Golem

Polnische Chassiden waren es, die im 18. Jh. die Person des Prager Rabbi Löw mit dem legendären Golem in Verbindung brachten. Der historisch belegte Rabbi war oberster Lehrer einer Talmudschule und als Pädagoge und Theologe bereits zu Lebzeiten überaus angesehen. Die Inschrift des wohl berühmtesten Grabes auf dem Alten Jüdischen Friedhof – Löw starb 1609 – bekundet, dass er vor allem wegen seiner Weisheit geschätzt wurde. Auf die chassidischen Legenden, welche dem Rabbi übernatürliche Fähigkeiten nachsagen, ist der Glaube zurückzuführen, dass ein jeder Wunsch in Erfüllung geht, wenn man ihn in Zettelform auf das Grab des Rabbi legt.

Zu den sagenhaftesten Geschichten aber, die sich um den Rabbi ranken, zählt zweifelsohne die des Golem, einer mächtigen, menschenähnlichen Gestalt. Angeblich hatte der Rabbi diese aus Ton geformt und dann zum Leben erweckt, in dem er ihr ein *Schma* (Zettel mit magischen Formeln) in den Mund legte. Der Golem war fortan ein treuer Diener des Rabbi, stand allen Juden bei und bewahrte sie vor Pogromen. Am Sabbat jedoch musste der Golem ruhen, und so nahm der Rabbi stets am Vorabend des Sabbats das Schma aus dem Mund des Geschöpfs. Doch eines freitags vergaß dies der Rabbi. Der Golem wurde böse, so böse, dass er das Ghetto zu vernichten drohte. In letzter Sekunde gelang es dem Rabbi, den magischen Zettel aus dem Mund des Golems zu ziehen und ihn so wieder in ewigen Schlaf zu versetzen. Im Glauben der Menschen jedoch lebte der Golem im Ghetto noch lange fort, in der Literatur bis heute.

Den bekanntesten Golem-Roman schrieb Gustav Meyrinck (1868–1932), ein gebürtiger Wiener. Er war Gründer mehrerer okkulter Orden und in seiner Golem-Fassung, einer Reise in das innerste Ich, verarbeitete er zugleich seine Drogenerlebnisse. Auch Egon Erwin Kisch (1885–1948), der rasende Reporter, der unter anderem für das „Prager Tagblatt“ schrieb, widmete dem Golem eine Reportage.

▸ **Španělská synagóga (Spanische Synagoge):** Der Name hat nichts mit den sephardischen Juden zu tun, die 1492 mit dem Ende der Reconquista Spanien verlassen mussten, wenn sie sich nicht taufen lassen wollten, und u. a. auch nach Prag kamen. Die Spanische Synagoge entstand erst in der zweiten Hälfte des 19. Jh. und trägt den Namen aufgrund ihrer pseudomaurischen Stilelemente. Im sehenswerten Innern wird in Vitrinen die Geschichte der Juden Böhmens und Mährens von der Aufklärung bis zur Gegenwart dokumentiert. Von dem Kapitel Holocaust zeugt

Kunst in den Gassen der Altstadt

Praha/Josefov Karte S. 220

unter anderem eine Kiste voller Tefilline (Gebetsriemen) der Ermordeten. Abends dient die Synagoge gelegentlich als Konzertsaal. Die kopflose Skulptur neben der Synagoge wurde 2003 aufgestellt und ist das erste *Kafka-Denkmal* der Stadt. Es zeigt eine Szene aus Kafkas Novelle *Beschreibung eines Kampfes.*

Verbindungen/Öffnungszeiten Vězeňská 1. Ⓜ A Staroměstská. Öffnungszeiten und Eintritt → Jüdisches Museum, S. 219.

▸ **Maiselova synagóga (Maiselsynagoge):** Ursprünglich im Stil der Renaissance errichtet, wurde sie nach einem Brand barock wieder aufgebaut. Das gefiel aber nicht, und so erfolgte Ende des 19. Jh. ein schlichterer neugotischer Umbau. Während der deutschen Okkupation machten die Nazis aus der Synagoge ein Lager für beschlagnahmtes jüdisches Vermögen. Auch diese Synagoge wird heute als Museum genutzt und liefert die historische Ergänzung zur Spanischen Synagoge: In ihr wird die Geschichte der böhmischen und mährischen Juden von den Anfängen der jüdischen Besiedlung im 10. Jh. bis zur Aufklärung dokumentiert. Zu sehen sind u. a. hervorragende Silberarbeiten.

Verbindungen/Öffnungszeiten Maiselova 10. Ⓜ A Staroměstská. Öffnungszeiten und Eintritt → Jüdisches Museum, S. 219.

Silberarbeiten in der Maiselsynagoge

▸ **Klausová synagóga (Klausensynagoge) und Bývalá obřadní síň (Zeremoniensaal):** Die beiden benachbarten Gebäude beherbergen die Ausstellung „Jüdische Traditionen und Bräuche“. Von der Geburt über die Beschneidung und die Heirat bis zum Tod werden alle Stationen im Leben gläubiger Juden erläutert. Die Ausstellung beginnt in der Klausensynagoge.

Verbindungen/Öffnungszeiten U Starého Hřbitova 1 und 3. Ⓜ A Staroměstská. Öffnungszeiten und Eintritt → Jüdisches Museum, S. 219.

▸ **Jüdisches Rathaus (Židovská radnice):** Das Eckhaus finanzierte Mordechaj Maisl, der reichste Mann im rudolfinischen Prag. Es lohnt, nach oben zu blicken und die Uhr anzuschauen – nicht die am Turm, sondern die darunter mit hebräischen Ziffern. Die Zeiger bewegen sich entgegen dem Uhrzeigersinn, so wie auch die hebräische Schrift nicht von links nach rechts, sondern von rechts nach links läuft.

Verbindungen Maiselova 18. Ⓜ A Staroměstská.

Fast wie in Wien – Kutsche vor dem Rudolfinum

▸ **Klášter sv. Anežky (Agneskloster):** Gründerin des einstigen Klarissenklosters im 13. Jh. war die Hl. Agnes, die ihr Leben in den Dienst der Kranken gestellt hatte. Agnes ist die Frau auf dem 50-Kronen-Schein. Im Kloster befindet sich heute die beachtenswerte Sammlung böhmischer Kunst des Mittelalters, die Teil der Nationalgalerie ist.

Verbindungen/Öffnungszeiten Anežská 1. Ⓜ A Staroměstská o. Ⓜ B Náměstí Republiky. Tägl. (außer Mo) 10–18 Uhr. Eintritt 3,50 €, erm. die Hälfte.

▸ **Rudolfinum:** Das Konzertgebäude, einer der nobelsten Neorenaissancebauten Prags, entstand in der zweiten Hälfte des 19. Jh. im Zuge der tschechischen Nationalbewegung. Dvořák und Brahms dirigierten hier vor ausverkauftem Haus. Heute residiert hier die Tschechische Philharmonie – ein Konzert ist immer ein Erlebnis. Das Gebäude beherbergt zudem eine Galerie und ein Café (→ Essen und Trinken, S. 224; Eingang auf der Moldauseite).

Verbindungen/Öffnungszeiten Náměstí Jana Palacha 1. Ⓜ A Staroměstská. **Galerie und Café,** tägl. (außer Mo) 10–18 Uhr.

▸ **Uměleckoprůmyslové muzeum (Kunstgewerbemuseum):** Es existiert bereits seit 1885 und besitzt einen riesigen Fundus, für den man eigentlich mehr Platz bräuchte. In schönen Sälen sind künstlerisch wertvolle Alltagsgegenstände aus den verschiedensten Epochen ausgestellt: Glas, Porzellan, Uhren, Festtagskleidung, Möbelstücke, Schmuck, Werbeplakate usw. Zudem finden immer wieder interessante Wechselausstellungen statt.

Verbindungen/Öffnungszeiten Ulice 17. listopadu 2. Ⓜ A Staroměstská. Di 10–19 Uhr, Mi–So 10–18 Uhr. Eintritt für die Dauerausstellung 2,80 €, erm. die Hälfte.

Praha/Josefov Karte S. 220

Essen & Trinken/Einkaufen (siehe Karte S. 220)

• *Restaurants* **Zlatá Praha (1),** vornehmes Restaurant im Obergeschoss des Hotels Intercontinental. Traumhafter Blick über die Dächer Prags. Keine große, dafür erlesene Speisekarte. Hg. 25–33 €. So toller Brunch mit Livejazz. Náměstí Curieových 43/5, ✆ 29 6639914. Ⓢ 17 Právnická fakulta.

Kolkovna (7), ordentliche böhmische Küche. Lendenbraten, „Mährischer Spatz", *Halušky* (eine Art Spätzle). Zum Nachtisch werden Buchteln, Strudel oder Palatschinken serviert. Ambiente zwischen rustikal und modern. Hg. 5,80–13,50 €. V Kolkovně 8, ✆ 224819701. Ⓜ A Staroměstská.

Barock (6), von den Trendlokalen des Stadtteils eines der etabliertesten. Minimalistische Einrichtung, hohe Wände mit Modefotografien. Seebarsch mit Erdbeerrisotto, Pasta oder Sashimi zu 14–20 €. Außenbestuhlung. Pařížská 24, ✆ 222329221. Ⓢ 17 Právnická fakulta.

• *Pivnices* **U milosrdných (2),** dunkel getäfelte Pivnice mit derben Holztischen, ein echter Klassiker. Günstige böhmische Küche (besonders mittags und sofern die Rechnung stimmt), Hg. 2,50–7 €. So geschl. Kozí 21. Ⓜ A Staroměstská.

U Rudolfina (10), verraucht, l[illegible]chisch. Von außen unscheinbar, [illegible] innen riesig und auf 2 Etagen. Die Bierstrichlisten mancher Gäste haben Gartenzauncharakter! Bierpreise im Voraus erfragen. Křižovnická 10. Ⓜ A Staroměstská.

• *Cafes/Kneipe* **Kavárna Rudolfinum (5),** Kaffeesaal im gleichnamigen Konzerthaus. Prachtvolle Säulen unterteilen den Raum, hohe Fenster, Parkettboden. Kellner und Küche jedoch auf dem Niveau einer einfachen Kantine. Tägl. (außer Mo) bis 18 Uhr. Náměstí Jana Palacha. Ⓜ A Staroměstská.

Chez Marcel (4), sympathisches Café im französischen Stil. Internationale Küche, auch Frühstück. Ein paar Tische draußen. Hg. 4–12,30 €. Haštalské náměstí 12. Ⓢ 5, 8, 14, 53 Dlouhá třída.

La Casa Blů (3), relaxte, junge Kneipe, unter chilenischer Leitung und deswegen auch Treff der in Prag lebenden Latinos. Günstige Texmex-Küche, Bier und Cocktails, südamerikanische Musik und freundliche Leute. Bílkova 20. Ⓢ 17 Právnická fakulta.

Grabsteine auf engstem Raum: der alte jüdische Friedhof

Zentrum der Kleinseite: Malostranské náměstí, der einstige Marktplatz

Sehenswertes in Malá Strana (Kleinseite)

Malá Strana, der Stadtteil unterhalb der Prager Burg am Ufer der Moldau, ist das malerischste Eck der Stadt – ein großes Schaufenster des Barock, kaum ein Gebäude, das nach dem 18. Jh. errichtet wurde. Doch so malerisch sich Malá Strana auch zeigt – die Kleinseite ist ein Stadtteil, den die Prager räumen und der das Leben aushaucht. Aus den Krämern und Trödelläden von einst oder den kleinen Handwerksbetrieben wurden Restaurants, Cafés oder Galerien, aus den großen Palais Ministerien, Botschaften oder Hotels. Kinder sieht man nur noch selten spielen, und mit jedem neu restaurierten Gebäude werden sie weniger. In Malá Strana löst nicht mehr eine Generation die nächste ab, sondern eine Gesellschaftsschicht die andere. Zwar strahlt der Stadtteil nun in immer neuerem Glanz, verliert dadurch aber auch etwas von seinem ursprünglichen Charme. Ganz verschwinden wird dieser jedoch nie. Die Kleinseite ist zu groß, als dass man sie so wie die Prager Burg in ein einziges Schmuckkästchen verwandeln könnte – für die Denkmalpflege wird der Stadtteil eine nie enden wollende Herausforderung bleiben. Egal, wie viel Farbe man darüber legt, die Spuren der Vergangenheit lassen sich nicht wegschminken, sie werden immer zu sehen sein. Nicht ohne Grund wählte der Regisseur Miloš Forman Malá Strana als Kulisse seines *Amadeus*, da es dem Wien des 18. Jh. näher kommt als die heutige österreichische Hauptstadt.

▸ **Kostel svatého Mikuláše (Nikolauskirche):** Sie zählt zu den prachtvollsten Barockbauten Europas, und ihre mächtige Kuppel samt Glockenturm – nach Plänen Kilian Ignaz Dientzenhofers – zu den Wahrzeichen Prags. Errichtet wurde die Kirche

Karte S. 231

Winterliches Idyll

von den Jesuiten im Zuge der Gegenreformation. Der protestantische Vorgängerbau musste dafür weichen. Lediglich der Name wurde beibehalten – schließlich wird der Hl. Nikolaus als Schutzpatron der Kaufleute verehrt, und wo steht eine Nikolauskirche besser als inmitten eines (einstigen) Marktplatzes? Viel Freude hatte der Orden an seinem Gotteshaus jedoch nicht, genau 100 Jahre nach der Grundsteinlegung 1673 wurden die Jesuiten des Landes verwiesen.

Im Innern der Kirche ist das Deckengemälde im Langhaus von Johann Lukas Kracker am beeindruckendsten. Mit 1500 m^2 ist es eines der größten seiner Art. Es zeigt Szenen aus dem Leben des Bischofs Nikolaus von Myra. Ansonsten, so weit das Auge reicht, Barock total – keine Ecke ohne Putte. Lohnenswert ist auch ein Blick über die Dächer Prags vom Kirchturm.

Verbindungen/Öffnungszeiten Malostranské náměstí. Ⓢ 12, 22, 23 Malostranské náměstí. **Kirche,** tägl. 9–16.45 Uhr. Eintritt (!) 2,10 €, erm. die Hälfte. **Turm,** im Sommer tägl. 10–18 Uhr (letzter Einlass 17.30 Uhr). Eintritt 1,80 €, erm. 1,40 €. Zugang von der Südseite (außen).

▸ **Nerudova ulice (Nerudagasse):** Sie ist zweifelsohne eine der schönsten Gassen der Kleinseite, und es gibt wohl keinen Pragreisenden, der sie nicht mindestens einmal auf- oder abschlendert. Benannt ist sie nach dem Schriftsteller Jan Neruda (1834–1891), der im *Haus zu den Zwei Sonnen* (Nr. 47) lebte und jenen Stadtteil in seinen *Kleinseitner Geschichten* literarisch verewigte. Herrliche Palais und Bürgerhäuser säumen die Gasse. Auffallend sind die reizvollen Hauszeichen. Zu den imposantesten Gebäuden gehören das Thun-Hohenstein-Palais und der Palais Czernín-Morzin. Beide sind leider nicht zugänglich, im ersteren residiert die italienische Botschaft, im zweiten die rumänische. Im *Haus zum Goldenen Löwen* (Nr. 32) ist ein kleines, aber schönes *Apothekenmuseum (Expozice historických lékáren)* eingerichtet. Es informiert über die Geschichte der Pharmazie von der Renaissance bis ins 19. Jh. Schräg gegenüber im *Haus zum Frühling und Sommer* (Nr. 33) waren einmal Wolfgang Amadeus Mozart und Giacomo Casanova zu Gast.

Verbindungen/Öffnungszeiten Ⓢ 12, 20, 22, 23 Malostranské náměstí. **Apothekenmuseum,** April–Sept. tägl. (außer Mo) 11–18 Uhr, Okt.–März tägl. (außer Mo) 10–17 Uhr. Eintritt 0,70 €, erm. die Hälfte.

▸ **Chrám Panny Marie Vítězné (Wallfahrtskirche Maria zum Siege):** Von allen Kirchen Prags zählt sie neben dem Dom die meisten Besucher, und darunter sind nicht nur Touristen auf Kulturtour, sondern echte Pilger. Der Grund ist das „Prager Jesulein“ (→ Kasten) in einem Glaskasten. Die Kirche selbst wurde 1611 von deutschen Luthe-

ranern erbaut und 1624 im Zuge der Gegenreformation dem Orden der Unbeschuhten Karmeliter übertragen. Der Orden verwaltet das Gotteshaus übrigens noch heute.
Verbindungen/Öffnungszeiten Karmelitská. Ⓢ 12, 20, 22, 23 Hellichova. Tägl. 8.30–19 Uhr.

Kult und Kitsch und weltberühmt – das Prager Jesulein

In der ganzen katholischen Welt wird das Prager Jesulein verehrt, eine kniehohe Wachsfigur mit einer gigantischen Krone, die aussieht wie ein kleiner König. Im 16. Jh. hatte sie ein spanischer Mönch modelliert, getreu dem Abbild des Jesuskindes, wie es ihm im Traum erschienen war. Die Prinzessin Maria Maximiliana Manriquez de Lara, eine spätere Lobkowitz, brachte sie nach Prag, ihre Tochter stiftete sie schließlich den Karmelitern. Und während der Gegenreformation, als Wunder bei der Rekatholisierung des Landes ja so nützlich waren, begann das Jesulein, eines nach dem anderen zu vollbringen. Es bewahrte Prag vor Pestepidemien und dem Siebenjährigen Krieg. Und bald sprach sich auch herum, dass es Kranke heilte, Armen half und sehnsüchtig Liebenden Glück brachte. Zum Dank wurde es reich beschenkt, unter seinen Gaben befanden sich auch Gewänder, die ihm fortan regelmäßig angezogen wurden. Eines schneiderte sogar Kaiserin Maria Theresia persönlich aus Samt und Gold. Nachahmungen des Prager Jesulein gibt es überall zu kaufen, groß und klein, aus Glas und Porzellan, einfarbig und handbemalt.

▸ **Kostel sv. Tomáše (Thomaskirche):** Sie entstand zusammen mit dem Klostergebäude der Augustiner-Eremiten zwischen 1285 und 1379. Ihr heutiges barockes Aussehen verdankt sie Kilian Ignaz Dientzenhofer, der die Umbauarbeiten in der ersten Hälfte des 18. Jh. leitete. Aus jener Zeit stammen auch die leichten und farbenfrohen

Praha/Malá Strana
Karte S. 231

Deckenmalereien, eine Bilderfolge über den Hl. Augustinus, für welche die Kirche heute überaus berühmt ist. Geschaffen wurden sie von Böhmens bedeutendstem Freskenmaler Wenzel Lorenz Reiner (1689–1743). Lange war das Kloster zudem für sein Brauhaus und sein schweres dunkles Bier bekannt. Weder die Brauerei noch die angeschlossene Bierschwemme haben jedoch die Zeiten überlebt.

Verbindungen/Öffnungszeiten Letenská. Ⓢ 12, 20, 22, 23 Malostranské náměstí. **Kirche,** tagsüber i. d. R. zugänglich.

Der Bekannteste aller Tschechen – der brave Soldat Švejk

Etwa 1200 Kurzgeschichten verfasste Jaroslav Hašek (1883–1923) in seinem Leben. Aber nicht nur als Schriftsteller machte sich Hašek einen Namen – in seinem Leben ging er unzähligen Beschäftigungen nach: Er war Bankangestellter, Landstreicher, Journalist, Laborassistent, Hundehändler, Gründer der *Partei des maßvollen Fortschritts in den Grenzen der Gesetze,* Soldat an der galizischen Front und im russischen Bürgerkrieg, Volkskommissar in der Roten Armee usw.

Zwei Jahre vor seinem Tod erschien die erste Ausgabe des Heftchens *Die Abenteuer des braven Soldaten Švejk.* Daraus wurde später der mit Abstand erfolgreichste tschechische Roman, und der brave Soldat selbst, ein einfacher Mann aus dem Volk, aber ein Schlitzohr, stieg zu einer unsterblichen Figur der Weltliteratur auf. Hašek zeichnete ihn als einen Charakter, der es mit Optimismus und Humor versteht, in einer politisch-ideologisch verrückten Welt zurechtzukommen, indem er sich die Maske eines Trottels überstreift.

In mehr als 40 Sprachen wurden die Abenteuer des Švejk bislang übersetzt. Sie waren mit Hašeks Tod nicht zu Ende, sondern wurden von einem anderen Autor fortgesetzt. Die bekanntesten Illustrationen zum braven Soldaten schuf Josef Lada, der auch den *Kater Mikesch* kreierte. Die ersten zeigten den heute als mollig dargestellten Švejk noch als schlanken Hering.

▸ **Valdštejnský palác (Palais Waldstein):** Hier tagt heute der Senat. Das riesige Palais, das sich um fünf Höfe und eine große Gartenanlage gruppiert, wurde in der ersten Hälfte des 17. Jh. erbaut; knapp 30 Häuser mussten dafür weichen. Sein Bauherr war Albrecht von Waldstein, eine der zentralen Figuren des Dreißigjährigen Krieges. Waldstein stammte aus einer protestantischen böhmischen Adelsfamilie, konvertierte zum Katholizismus und kam durch Heirat zu großem Reichtum. Diesen wusste er geschickt zu vermehren. Er stellte auf eigene Kosten Heere bis zu 40.000 Mann Stärke zusammen, denn die Kriegsbeute gehörte stets dem, der die Söldner bezahlte. Mit seinen Soldaten vertrieb er nichtkatholische Adelige und eignete sich ihr Vermögen an. Doch sein Glück war nicht von Dauer, 1634 wurde Waldstein ermordet. Ein paar Säle sind, wenn der Senat sich ins Wochenende verabschiedet, der Öffentlichkeit zugänglich. Dazu gehört der große, sich über zwei Etagen erstreckende Festsaal, der wie die meisten Räume im Stil des Manierismus ausgeschmückt ist. Daneben kann man noch wechselnde Ausstellungen in der einstigen *Reithalle* (Valdštejnská jízdárna) und den frühbarocken *Valdštejnská zahrada* (Palaisgarten) besichtigen. Passenderweise fand in Letzterem zu Friedrich Schillers 100. Geburtstag eine Festaufführung statt. Auf dem Programm stand jenes Historiendrama, das Waldstein in der Schreibweise „Wallenstein" unsterblich machte. Noch heute wird die Sala Terrena der Anlage im Sommer für Konzerte und Theateraufführungen genutzt. An der Nordseite des Palastgartens lohnt noch ein Blick in die künstliche Grotte mit Tropfsteinen.

Verbindungen/Öffnungszeiten **Palais,** Valdštejnské náměstí. Ⓢ 12, 20, 22, 23 Malostranské náměstí. Sa/So 10–16 Uhr, Eintritt frei. **Garten,** Zugang über die Letenská. Ⓜ A Malostranská. April–Okt. tägl. 10–18 Uhr, ebenfalls Eintritt frei.

▸ **Zahrady pod Pražským hradem (Gärten unter der Prager Burg):** Im Mittelalter dienten die Südhänge der Burg als Weingärten. Erst als der Adel im 17. Jh. die Kleinseite entdeckte, ließ er hier zu seinen Palästen terrassenförmige Gärten anlegen. Im 18. Jh. verzierte man sie mit barocken Statuen, Galerien, Balustraden, Glorietten und Brunnen. Fünf solcher Gärten wurden zur Jahrtausendwende zu einem einzigen zusammengefasst. Darunter ist auch der Ledeburská zahrada (Ledebour-Garten) ganz im Westen der Anlage, mit einer herrlichen Sala terrena, einem offenen Gartensaal – hier finden im Sommer gelegentlich Konzerte statt.

Verbindungen/Öffnungszeiten Valdštejnská (2 Zugänge). Ⓜ A Malostranská. Zum Teil mit „Ledeburská zahrada" ausgeschildert. April–Okt. tägl. 10–20 Uhr. Eintritt 2,80 €, erm. 1,70 €. Die Gärten sind auch von den südlichen Wallgärten der Prager Burg zugänglich.

▸ **Franz-Kafka-Museum:** Kafka und Prag, das ist wie Goethe und Weimar. Kein Buch über die Stadt, das dem deutsch-jüdischen Versicherungsangestellten und Literaten (1883–1924) nicht die Referenz erweist, kein Souvenirshop, der ihn nicht vermarktet. Und endlich gibt es auch ein Museum über den berühmtesten Sohn der Stadt. Kafkas Welt wird in wahrlich kafkaesker Atmosphäre dokumentiert: beengende, manchmal labyrinthartige Gänge, schwarz gestrichene Wände, niedrige Decken. Spannend sind die vielen Faksimiles: Bewerbungsschreiben, ein Zeugnis der Prager-Handels-Akademie, Briefe, der Nachruf seines Freundes und späteren Herausgebers Max Brod, die Todesanzeige der Familie Kafka. Zudem erfährt man Details über die Frauen in Kafkas Leben, über den deutschsprachigen Prager Literatenzirkel und die Symbolik der wichtigsten Kafka-Romane.

Verbindungen/Öffnungszeiten Cihelná 2b. Ⓜ A Malostranská. ⌚ tägl. 10–18 Uhr. Eintritt 4,20 €, erm. die Hälfte. Museumsshop ums Eck an der U Lužické semináře 2a.

▸ **Vrtbovská zahrada (Vrtba-Garten):** Der barocke Terrassengarten zählt mit den Gärten unter der Prager Burg zu den reizvollsten zugänglichen Gartenanlagen der Stadt. Ende des 20. Jh. war er jedoch so heruntergekommen, dass er sich von den Obstwiesen dahinter kaum unterschied. Fünf Jahre benötigte man für die Sanierungsarbeiten – genauso lange, wie man zu Anfang des 18. Jh. brauchte, um ihn anzulegen. Von seiner obersten Terrasse genießt man eine herrliche Aussicht über die Kleinseite und auf die Prager Burg. Die antiken Götterstatuen, wie der Atlas mit der Erdkugel, sind übrigens das Werk des Tiroler Bildhauers Matthias Bernhard Braun, der auch mehrere Skulpturen der Karlsbrücke geschaffen hat.

Verbindungen/Öffnungszeiten Karmelitská 18. Ⓢ 12, 20, 22, 23 Hellichova. April–Okt. tägl. 10–18 Uhr. Eintritt 1,40 €, erm. 1,10 €.

▸ **Insel Kampa:** Der Čertovka (Teufelsbach) mit seinen Mühlrädern trennt die Insel vom westlichen Moldauufer. Um diesen Bach ranken sich mehrere Legenden. Eine erzählt von einem alten Weib, das im Bach die Kleider des Adels wusch. Dabei blickte sie auf ihr Spiegelbild im Wasser und sah plötzlich den Teufel. Gelacht soll er haben und in sie gefahren sein. Das gleiche Schicksal ereilte angeblich noch andere (→ Foto S. 232). Die Kommunisten wollten den Bach eigentlich zuschütten und in eine Straße verwandeln. Zum Glück kam es nie dazu, denn dann wäre es vorbei gewesen mit Prags so genanntem *Klein-Venedig*. Das Zentrum bildet der ovale, baumbestandene Hauptplatz Na Kampě, auf dem einst der Töpfermarkt der Stadt abgehalten wurde. Heute gibt es hier eine Reihe von Straßencafés, und es geht recht beschaulich zu. Das war nicht immer so: Die Bewohner der Insel Kampa hatten häufig unter Moldauhochwasser zu leiden. Seinen bislang höchsten Stand erreichte der Fluss im August 2002, als die Häuser des Platzes Na Kampě bis zur ersten Etage unter Wasser standen. Die südliche Hälfte der Insel, hinter dem Museum Kampa (s. u.), nimmt der *Kampa-Park* ein, einer der idyllischsten zentralen Parks der Stadt mit alten Kastanienbäumen und Moldaublick. Hier gibt es keine steif angelegten Beete mit strammstehenden Tulpen, sondern gemütliche Liegewiesen (Vorsicht: Hunde schätzen sie auch).

Verbindungen Ⓢ 12, 20, 22, 23 Hellichova.

Frühling im Kampa-Park

▸ **Museum Kampa:** Das 2004 eröffnete Museum in einer schick umgebauten alten Wassermühle am Ufer der Moldau beherbergt die Kunstsammlung des einst nach Amerika ausgewanderten Ehepaars Jan und Meda Mládek, darunter viele abstrakte Werke des Malers František Kupka (1871–1957) und kubistische Skulpturen von Otto Gutfreund (1889–1927). Auch wird zeitgenössische Kunst, insbesondere der 60er und 70er Jahre, aus den ehemaligen sozialistischen Bruderstaaten von Polen bis Ungarn gezeigt. Durch den Kauf dieser Werke unterstützten die Mládeks Künstler, die staatskonträres Denken in Ländern zum Ausdruck brachten, in denen die schöpferische Freiheit durch die kommunistischen Machthaber stark eingeschränkt war. In einem Nebengebäude werden zudem wechselnde Ausstellungen gezeigt. Angeschlossen ist ein Restaurant mit herrlicher Terrasse am Wasser.

Verbindungen/Öffnungszeiten U Sovových mlýnů 2. Ⓢ 12, 20, 22, 23 Hellichova. Tägl. 10–18 Uhr. Eintritt 4,30 €, erm. die Hälfte.

Ü bernachten
1 U zlaté studně
6 Sax
13 Nebozízek

E ssen & Trinken
2 Pálffy palác
5 Baráčnická rychta
7 Hergetova Cihelna
9 Kampapark
12 Petřínské Terasy
13 Nebozízek
15 Olympia
16 Café Savoy

N achtleben
10 U malého Glena
14 Klub Strahov 007

E inkaufen
3 Vitalis-Buchhandlung
4 U Zlaté Číše
8 Obchod pod Lampou
11 Obchod Kořením

125 m

Malá Strana (Kleinseite)

▸ **Lobkovický palác (Palais Lobkowitz):** Der hochbarocke Palastbau entstand zu Beginn des 18. Jh. Das Adelswappen der Familie Lobkowitz krönt das mächtige Eingangsportal. Ein vergleichsweise unauffälliges Schild darüber informiert über die heutigen Mieter: die Deutsche Botschaft. Der große Garten des Palais wird als einer der schönsten der Stadt gepriesen. Er ist leider nicht zugänglich. Und als er es einmal war, im Spätsommer '89, schrieb er Geschichte: Tausende DDR-Bürger campierten hier vor ihrer Übersiedlung in die BRD. Ein Trabi auf vier plumpen Menschenbeinen, ein Werk des Pop-Künstlers David Černý im hinteren Teil des Gartens erinnert heute daran.

Verbindungen Vlašská 19. Ⓢ 12, 20, 22, 23 Malostranské náměstí. Ein Blick in den Garten ist werktags durch das Hauptportal möglich. Ansonsten muss man das Botschaftsgebäude in einem weiteren Bogen umgehen (zuerst bergauf und dann bei einem Spielplatz links ab), um den Trabi sehen zu können.

▸ **Petřín (Laurenziberg):** Früher baute man am Petřín Wein an, doch das ist Vergangenheit. Heute zieht sich eine steile Wiese voller Obstbäume den Prager Hausberg hinauf, der die Kleinseite von dem südlichen Stadtteil Smíchov trennt. Auf dem Berg befindet sich auch ein Teil der ehemaligen Stadtbefestigung, die vom Kloster Strahov hinunter nach Újezd verlief. Einer Legende zufolge ließ sie Karl IV. errichten, um der Hunger leidenden Bevölkerung Arbeit zu geben. Daher wird sie auch Hungermauer genannt.

Blick aus dem Kampa Museum

Auf den Petřín selbst gelangt man am einfachsten mit der *Standseilbahn* (lanová dráha). Als sie 1891 in Betrieb genommen wurde, funktionierte sie auf eine so einfache wie geniale Weise, die etwas an einen Flaschenzug erinnert: Stets zog die jeweils obere Bahn durch ihr höheres Gewicht die untere hinauf. Beide Bahnen hatten große Wassertanks, die oben gefüllt und unten geleert wurden. Heute verkehrt eine elektrifizierte Bahn. In der Mitte der Strecke befindet sich die Haltstelle Nebozízek; daneben zwei allein schon wegen ihrer Aussicht empfehlenswerte Restaurants (→ Essen & Trinken).

An der Endstation liegt ein im Sommer wohlduftender Rosengarten, eine *Sternwarte* (Štefánikova Hvězdárna), ein *Aussichtsturm* (Rozhledna) – oder besser eine missratene Kopie des Pariser Eiffelturms – und ein lustiges *Spiegelkabinett* (Zracadlové Bludiště).

• *Verbindungen/Betriebszeiten* Die **Drahtseilbahn** ist nur wenige Meter von der Straßenbahnhaltestelle Újezd (Ⓢ 6, 9, 12, 22, 23) entfernt. Verkehrt im Winter tägl. 9–20.45 Uhr, im Sommer 9–23.30 Uhr, jeweils alle 10–15 Min. Ticket 0,70 € oder mit einer Tages- bzw. Wochenkarte des öffentlichen Nahverkehrs.

Essen & Trinken (siehe Karte S. 231)

• *Restaurants* **Kampapark (9),** schon Lou Reed, Phil Collins und Johnny Depp genossen die zeitgemäße Küche dieses gepflegten Restaurants. Hg. 16–33 €. Tipp: Tisch auf der Terrasse mit herrlichem Blick auf die Karlsbrücke reservieren lassen. Na Kampě 8b, ✆ 257532685. Ⓢ 12, 20, 22, 23, 57 Malostranské náměstí.

Hergetova Cihelna (7), trendiges Lokal in toller Lage direkt an der Moldau und mit

Teuflische Kunst auf der Karlsbrücke

Karlsbrückenblick. Große Terrasse, für die man abends reservieren sollte. Sehr gute Pizzen (z. B. *Pizza Foie Gras* oder *Pizza Sashimi*), aber auch Risotto, Filet Mignon oder Klassiker der böhmischen Küche. Hg. 8–25 €. Cihelná 2b, ✆ 257535534. Ⓜ A Malostranská.

Pálffy palác (2), der ideale Ort für ein romantisches Abendessen bei Kerzenschein und klassischer Musik. Die Küche ist international und unkonventionell, die Atmosphäre im barocken Saal einmalig. Herrliche Terrasse mit Blick auf Prager Burg und Kleinseite. 1a-Service. Hg. 13–23 €. Valdštejnská 14, ✆ 257530522. Ⓜ A Malostranská.

Nebozízek (13), Spezialitäten der Altprager und internationalen Küche in einem pseudomodernen Wintergarten. Die Panoramaterrasse davor lädt auf einen Kaffee ein. Zwar berühmt, aber insgesamt mehr Schein als Sein. Hg. 9–16 €. Links der Standseilbahn gelegen, Petřínské sady 411, ✆ 257 315329. Ⓢ 12, 20, 22, 23, 57 Újezd, weiter mit der Standseilbahn (Mittelstation aussteigen).

Petřínské Terasy (12), die gemütlich-rustikale und preiswertere Alternative auf der anderen Seite der Standseilbahn. Wahnsinnsterrasse mit traumhaften Ausblicken auf die Stadt. Herkömmliche tschechische Küche, dazu Grillgerichte für 7–14 €. Seminářská zahrada 13, ✆ 257320688. Anfahrt → Nebozízek.

Olympia (15), gepflegte Bierschwemme mit gehobener böhmischer Küche. Hg. 3,50–12,30 €. Am Abend Reservierung empfehlenswert. Vítězná 7, ✆ 251511080. Ⓢ 6, 9, 12, 20, 22, 23 Újezd.

Baráčnická rychta (5), versteckt gelegene rustikale Gaststätte. Auf der Speisekarte steht Deftiges wie Mährischer Spatz, Gänsebraten oder Schweinelendchen mit Speck. Hg. 3,20–9 €. Im Keller Konzertsaal mit dem Flair eines katholischen Vereinshauses. Tržiště 23. Ⓢ 12, 20, 22, 23, 57 Malostranské náměstí.

• *Café* **Café Savoy (16),** hier war Franz Kafka Stammgast und hier drehte Karel Gott schnulzige Musikvideos. Nach seiner letzten Komplettrenovierung wurde das Savoy als elegantes Kaffeehaus im Stil der Jahrhundertwende wieder eröffnet. Herrliche klassizistische Stuckdecke, hauseigene Patisserie, Frühstück, kleine Auswahl an Hauptgerichten. Besonders stolz ist man auf die heiße Schokolade. Vítězná 1. Ⓢ 6, 9, 12, 20, 22, 23 Újezd.

Praha/Malá Strana Karte S. 231

Straßenmusikanten am Hradschiner Platz

Sehenswertes in Hradčany (Hradschin)

Hradčany, das ist nicht nur die Prager Burg, sondern auch die **Burgvorstadt,** der Stadtteil rund um die böhmische Akropolis. Trotz beeindruckender Palais wirkt dieser Teil der Moldaumetropole verschlafen und an manchen Ecken sogar dörflich. Bis ins 16. Jh. allerdings war die Vorstadt ein ärmliches Viertel, in dem die Burguntertanen (auf Tschechisch „Hradčani") lebten. 1541 brannten deren Hütten ab; das kleine Volk zog hinab nach Malá Strana. Der Adel übernahm den Wiederaufbau, und unzählige Paläste entstanden. Stets aber blieb Hradčany ein Anhängsel der Prager Burg, das nie einen eigenen städtischen Charakter entwickelte. Noch heute ist das so. In vielen der alten Paläste sind Museen und Ministerien untergebracht. Einen Metzger oder Bäcker sucht man hier nahezu vergebens, nicht jedoch Cafés, Restaurants und Souvenirshops, die auf den schnellen Euro aus sind. Schön zum Durchspazieren ist die Burgvorstadt aber allemal.

Pražský hrad, die Prager Burg, wird aufgrund ihrer vielen Sehenswürdigkeiten in einem eigenen, nachstehenden Kapitel behandelt.

▸ **Strahovský klášter (Kloster Strahov):** Seit 1989 ist das Kloster wieder im Besitz des Prämonstratenserordens. Man muss kein Ungläubiger sein, wenn man den Namen zweimal liest. Die Blütezeit des Ordens ist heute zwar vorüber, im Mittelalter war er jedoch sehr populär und nahm eine zentrale Rolle bei der Christianisierung des Landes ein. Der Name des Ordens stammt von dessen erstem Kloster im Tal Prémontré in Frankreich. Gegründet hatte es Norbert von Xanten, nachdem er, vom

Blitz getroffen, vom Pferd fiel und dazu eine Stimme flüsterte, er solle von der Hurerei ablassen und nur noch Anständiges tun. Das war 1115, schon fünf Jahre später gab es das Kloster in Frankreich und bereits 1140 entstand der Prager Ableger. Seit 1627 befinden sich sogar Norberts sterbliche Überreste hier in der *Abteikirche Mariä Himmelfahrt;* sie ist zugleich die größte Kirche des Klosters. In ihr liegt übrigens auch der kaiserliche Feldmarschall Gottfried Heinrich Graf zu Pappenheim begraben. Seine Popularität verdankt er Friedrich Schiller, der ihm im *Wallenstein* die geflügelten Worte „Ich kenne meine Pappenheimer" in den Mund legte.

Gleich nebenan befindet sich der Eingang zur *Bibliothek,* deren Bestand auf knapp eine Millionen Bände geschätzt wird. Der Blick in die zwei imposanten Lesesäle beeindruckt und lässt das Kloster ins Prager Pflichtprogramm aufrücken. Im ersten, dem sog. Philosophischen Saal, reichen die Bücherschränke, übrigens aus Nussbaum, bis an die Decke. Diese ist mit Fresken verziert, die der österreichische Maler Anton Maulpertsch 1870 schuf und die den Drang der Menschheit nach dem wahren Wissen darstellen. Der zweite Saal, der sog. Theologische Saal, ist mit Globen bestückt. Die dortigen Fresken malte ein Ordensbruder; sie zeigen die Liebe zur Bildung und zur Wissenschaft. Auf dem Gang zwischen beiden Sälen befindet sich in Glasvitrinen eine kleine Kuriositätensammlung: Muscheln, Skorpione, Seesterne usw., dazwischen auch das Geschlechtsteil eines Wals.

Kurios ist auch das *Museum Miniatur* (beim Durchgang zum Pohořelec), das millimetergroße Arbeiten des sibirischen Künstlers Anatolij Konjenko zeigt. Durch Vergrößerungsgläser sieht man ein Kamel im Nadelöhr, ein Beethovenporträt im Mohnkorn usw.

Im eigentlichen Klostergebäude ist die *Strahover Bildergalerie* (Strahov obrazárna) untergebracht. Sie ist sozusagen eine Verwandte der Sammlung böhmischer Kunst,

Bibliothek im Kloster Strahov

Praha/Hradčany
Karte S. 236/237

die im Palais Schwarzenberg (→ s.u.) zu sehen ist: nahezu die gleichen Maler, nahezu die gleichen Gemälde.

• Verbindungen/Öffnungszeiten Strahovské nádvoří 1/132. Ⓢ 22, 23 Pohořelec. **Abteikirche,** nur zu Messen geöffnet, tägl. um 18 Uhr, So auch um 10 Uhr. **Bibliothek,** tägl. 9–12 u. 13–17 Uhr. Eintritt 2,80 €, erm. 1,80 €. **Miniaturmuseum,** tägl. (außer Mo) 9–17 Uhr. Eintritt 1,70 €, erm. 1,10 €. **Bildergalerie,** tägl. (außer Mo) 9–12 Uhr und 12.30–17 Uhr. Eintritt mit Besichtigung der Klosterräume 1,80 €, erm. 0,70 €.

▸ **Loreta (Loretoheiligtum):** Der Name des Heiligtums geht auf eine Legende zurück, die vom Wunder der Santa Casa, des Hauses der Jungfrau Maria, erzählt. Der Überlieferung nach wurde es Ende des 13. Jh. von Engeln aus Nazareth ausgeflogen, um es vor einem Sarazeneneinfall in Sicherheit zu bringen. Über Umwege gelangte das heilige Häuschen schließlich in einen Lorbeerhain bei Ancona. Dort entwickelte es sich zu einem berühmten Wallfahrtsort, der kurzerhand Loreto genannt wurde. Später, während der Gegenreformation, verkaufte die katholische Kirche das Wunder als – heute würde man sagen – PR-Gag. So entstanden überall in Böhmen Loreto-Heiligtümer (das in Prag zwischen 1626 und 1631). Sie sind eine Kopie des Originals, und wer sie besichtigt, kann sich die Fahrt nach Ancona sparen. Im Kreuzgang rund um die Santa Casa ist die wundersame Geschichte des Häuschens auf 47 Deckengemälden festgehalten.

Die Schatzkammer des Heiligtums beherbergt ein paar liturgische Gegenstände. Das wertvollste ist eine Monstranz mit über 6000 Diamanten. Zuvor zierten die Steine übrigens das Hochzeitskleid einer Gräfin. Nicht sehens-, aber hörenswert sind die 1694 in Amsterdam gegossenen 24 Glocken im Turm über dem Eingang. Sie können ähnlich wie ein Klavier gespielt bzw. in Gang gesetzt werden. Unter anderem improvisierte Franz Liszt auf ihnen. Zu jeder vollen Stunde erklingt heute das Lied *Sei tausend mal gegrüßt, Maria.*

Verbindungen/Öffnungszeiten Loretánské náměstí 5. Ⓢ 22, 23 Pohořelec. Tägl. (außer Mo) 9–12.15 Uhr und 13–16.30 Uhr. Eintritt 3,30 €, erm. 2,50 €.

▸ **Schwarzenberský palác (Palais Schwarzenberg):** Das mit venezianischen dreidimensional wirkenden Sgraffitos in Briefchenform verzierte Palais gehört zu den prächtigsten Palastbauten Prags aus der Zeit der Renaissance. Zwischen 1545 und

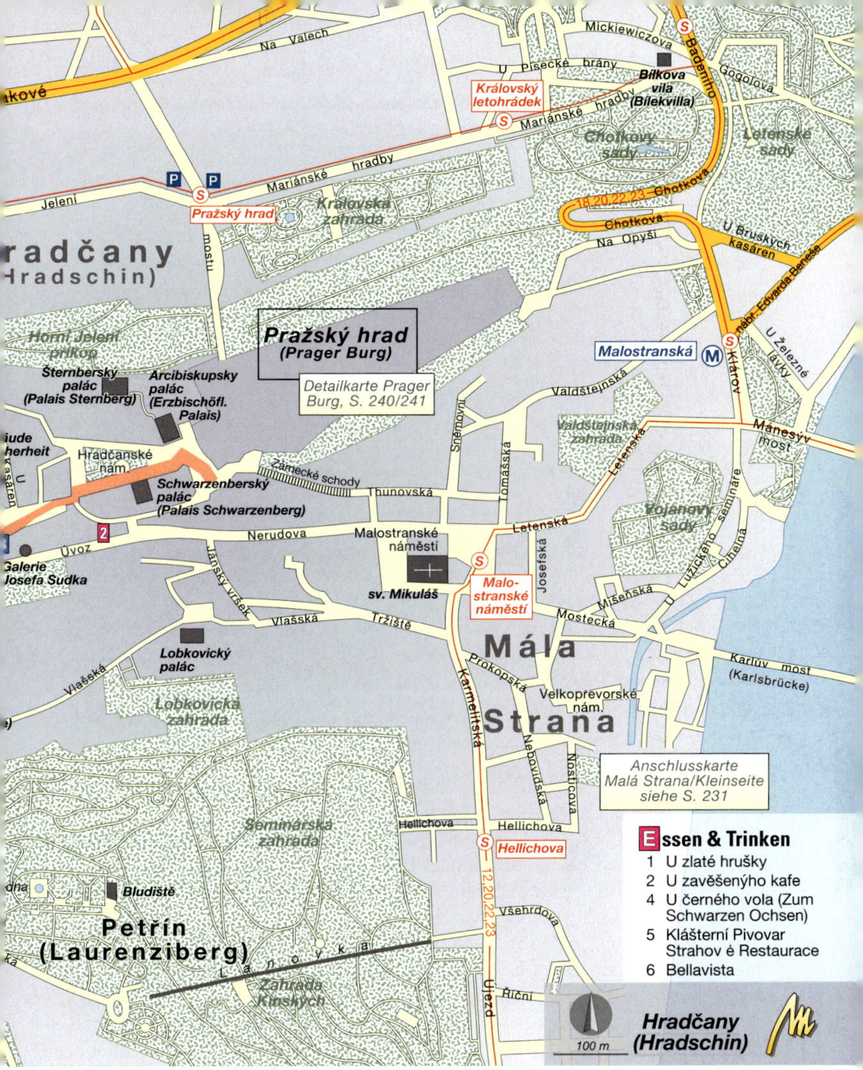

1563 ließ ihn die Adelsfamilie Lobkowitz erbauen. Nach jahrelangen Restaurierungsarbeiten will die Nationalgalerie Prag darin – falls sich der Eröffnungstermin nicht wieder verschiebt – ab April 2008 ihre Sammlung böhmischer Kunst des Manierismus und des Barock zeigen; für den einen ein Genuss, für den anderen alte Schinken. Zu den bedeutendsten Werken werden Gemälde von Peter Brandl (1668–1735), Bartholomäus Spranger (1546–1611) und Hans von Aachen (1552–1615) gehören, dazu Plastiken von Ferdinand Maximilian Brokoff (1688–1731) und Matthias Bernhard Braun (1684–1738).

Verbindungen/Öffnungszeiten Hradčanské náměstí 2. Ⓢ 22, 23 Pražský hrad. Öffnungszeiten und Eintrittspreise standen zum Zeitpunkt der Drucklegung noch nicht fest, sollen aber ähnlich denen des Šternberský palác (s. u.) sein.

▸ **Šternberský palác (Palais Sternberg):** Auch dieses hochbarocke Palais gehört zu den bedeutendsten Palastbauten Prags. Graf Wenzel Adalbert von Sternberg ließ ihn Anfang des 18. Jh. errichten. Heute wird das Gebäude von der Nationalgalerie verwaltet. Im Erdgeschoss zeigt sie ihre Sammlung alter Meister aus den deutschen Landen und Österreich. Wertvollstes Exponat darunter ist Albrecht Dürers *Rosenkranzfest,* das er 1506 für die San-Bartolomeo-Kirche in Venedig geschaffen hatte und das durch die Sammelleidenschaft Rudolfs II. im 17. Jh. nach Prag gelangte.

Im ersten Stock sieht man eine kleine Ausstellung antiker Kunst aus römischer und hellenistischer Zeit, zudem eine umfangreiche italienische Ikonensammlung aus dem 14. und 15. Jh. Den Rest des Stockwerks sowie die darüber liegende Etage beherrschen niederländische, italienische, spanische, französische und flämische Maler des 15.–18. Jh. Darunter sind Werke von El Greco, van Dyck, Rubens, Goya, Tintoretto und Rembrandt. Im Innenhof des Palais lädt ein gemütliches Café auf eine Pause ein.

Verbindungen/Öffnungszeiten Versteckt am Hradčanské náměstí. Schräg gegenüber dem Palais Schwarzenberg, über das Erzbischöfliche Palais (Durchgang) zu erreichen. Ⓢ 22, 23 Pražský hrad. Tägl. (außer Mo) 10–18 Uhr. Eintritt 4,80 €, erm. 2,20 €.

▸ **Nový Svět (Neue Welt):** Dörflicher als hier kann eine Großstadt kaum sein. Nový Svět ist der Name einer Gasse und zugleich der des Viertels, das sich nordwestlich des Hradčanské náměstí erstreckt. Die engen, verwinkelten Gassen haben Ähnlichkeit mit denen des Goldenen Gässchens (→ S. 247). Auch beider Geschichte gleicht sich: einst Armenviertel, im 19. Jh. dann restauriert. Im Gegensatz zum Goldenen Gässchen bleibt Nový Svět jedoch vom Massenandrang verschont und ist so um einiges romantischer.

Verbindungen Ⓢ 22, 23 Brusnice.

Essen & Trinken (siehe Karte S. 236/237)

• *Restaurants/Pivnice* **U zlaté hrušky (1),** gediegenes Restaurant, in dem schon Margaret Thatcher speiste. Hirschroulade mit Spinatkartoffeln, Hummer mit Kräuterbutter oder Chateaubriand zu 21–28 €. Angegliedert ein gemütliches Gartenlokal mit „Livefish“ und preiswerteren Gerichten. Nový Svět 3, ✆ 220514778. Ⓢ 22, 23 Brusnice.

U černého vola (4), „Zum Schwarzen Ochsen“, eine der urigsten Bierstuben der Stadt. Die hübschesten Mädchen soll es einem tschechischen Schlager nach hier geben – auf jeden Fall aber gutes Bier: *Velkopopovický kozel,* frisch gezapft, dazu deftige kleine Snacks. Und zudem heißt es: trinken für einen guten Zweck – alle Erlöse fließen einer Blindenschule zu. Eine preiswerte Oase. Loretánské náměstí 1. Ⓢ 22, 23 Pohořelec.

Bellavista (6), Terrassenrestaurant mit traumhafter Aussicht auf Burg und Kleinseite. Italienische Küche (Tomatenrisotto mit Salsiccia, Lachscarpaccio mit Kapern oder Kalbssteak in Korianderpesto) zu 8,50–21 €, zudem gegrillter Fisch. Innen modern-gediegen eingerichtet. Strahovské nádvoří 1, ✆ 220517274. Ⓢ 22, 23 Pohořelec.

Klášterní Pivovar Strahov & Restaurace (5), Brauereigaststätte auf dem Klosterareal, nicht zu verwechseln mit dem Velká Klášterní Restaurace nebenan. Leckeres 13- und 14-gradiges Svatý-Norbert-Bier. Böhmische Braten- und Steakküche zu 3,20–13,70 €. Viel Touristenrummel, Blasmusik, Außenbestuhlung. Strahovské nádvoří, ✆ 233353155. Ⓢ 22, 23 Pohořelec.

• *Cafe* **U zavěšenýho kafe (2),** gemütliche, von Pragern gern besuchte Mischung aus Café und Bierstube mit dem originellen Namen „Zum aufgehängten Kaffee“. Tatsächlich wird der Kaffee hier „aufgehängt“, d. h. im Voraus bezahlt. Ebenfalls ein Tipp für den preiswerten Imbiss zwischendurch. Úvoz 6. Ⓢ 22, 23 Pohořelec.

Die Prager Burg

Sehenswertes auf der Pražský hrad (Prager Burg)

Die Prager Burg ist das Wahrzeichen der Stadt, der Nabel des Landes und das seit eh und je. Tausend Jahre Geschichte treffen hier auf Millionen Besucher. Paläste, Kirchen, Museen, Klöster – es gibt viel zu sehen, mehr als genug. Zu später Stunde von der Karlsbrücke, wenn sich die Fassade der Burg gebieterisch im Scheinwerferlicht erhebt, wirkt sie am schönsten. Die Tschechen blickten über die Jahrhunderte hinweg mit Angst und Verachtung, aber auch mit Stolz und Anerkennung nach oben. Dunkle und goldene Zeiten wurden hier eingeläutet. Die Burg war Sitz von Fürsten, Königen, Kaisern, von Bischöfen und Erzbischöfen und damit stets ein Symbol weltlicher und geistlicher Macht. Heute empfängt hier der Präsident des Landes, Václav Klaus, Staatsgäste aus aller Herren Länder. Für gewöhnlich betreten diese wie Sie die Burg vom Hradčanské náměstí.

Wege zur Burg: Die zwei schönsten Fußwege von Malá Strana hinauf zur Prager Burg verlaufen über die Nerudova (→ S. 226) und über die Zámecke schody (viele Treppen). Beide Wege enden am Hradčanské náměstí, von wo sich ein herrlicher Blick über Prag auftut. Wer es bequemer haben will, nimmt die Ⓢ 22, 23 von der Metrostation Malostranská bis zur Haltestelle Pražský hrad.

▸ **Erster und zweiter Burghof:** Die Prager Burg war bis ins 18. Jh. durch einen Graben vom Hradčanské náměstí getrennt. Doch mit dem Bau des aristokratischen, repräsentativen ersten Burghofs, auch *Ehrenhof* genannt, verlor sie ihren Festungscharakter nach Westen hin. Die regungslos dastehende Burgwache hat ebenfalls nur noch

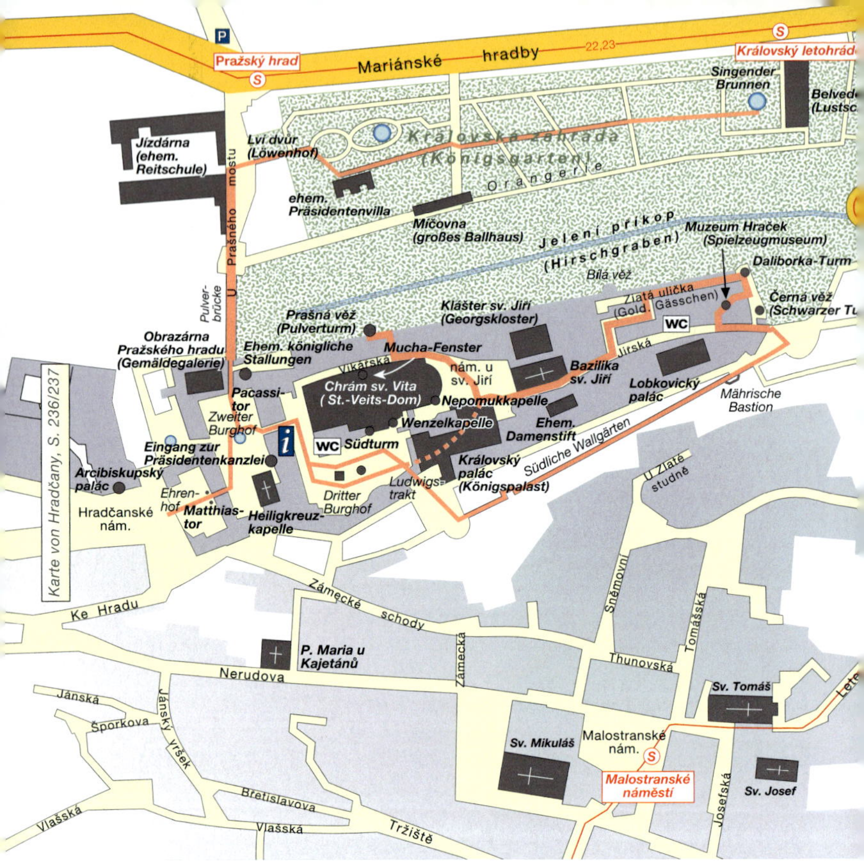

repräsentative Funktion. Einst trug sie paramilitärisches Khaki, heute blaue Uniformen, die Theodor Pištěk, Kostümausstatter des Forman-Films *Amadeus,* entwarf. Stets eine Stunde müssen die Soldaten ausharren, dann werden sie abgelöst. Mittags um zwölf wird daraus ein Spektakel gemacht: Fanfarenmusik erklingt dann zum Stechschritt und zur Übergabe der Standarte des Präsidenten im Blitzlichtgewitter. Das Tor, vor dem sie stehen, ziert ein Rokokogitter mit den Monogrammen der Kaiserin Maria Theresia und ihres Sohnes Josephs II. Die furchteinflößenden, todbringenden Giganten rechts und links davon schuf Ignaz Platzer. So verrußt wie sie sind, könnte man glauben, es seien noch die Originale, dabei handelt es sich um Kopien.

Zwei hohe Flaggenmasten aus Tannenholz flankieren das barocke *Matthiastor*. Es war einst ein freistehender Triumphbogen. An den Gebäudekomplex darüber schließen mehrere prunkvolle Räumlichkeiten an. Die beeindruckendsten wären der *Spanische Saal* und die *Rudolfsgalerie,* doch sind sie – außer zu kulturellen Veranstaltungen – der Öffentlichkeit nicht zugänglich. Den etwas nüchtern wirkenden zweiten Burghof lockert ein barocker Sandsteinbrunnen auf. Links davon, also nördlich, blickt man auf das sog. *Pacassitor,* das nichts anderes als eine Durchfahrt ist. Zu beiden Seiten befanden sich früher Pferdestallungen. Heute wird dort Kunst gezeigt: Links liegt der Eingang zur *Gemäldegalerie der Prager Burg*

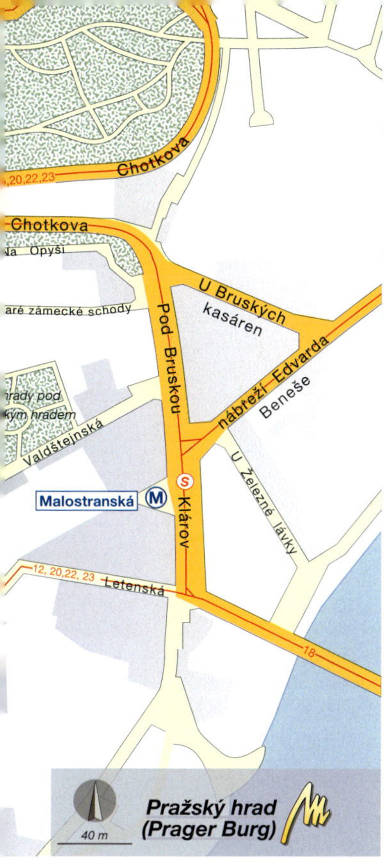

(s. u.), rechter Hand der zu den *Císařská konírna,* den „Königlichen Stallungen", wo wechselnde Ausstellungen gezeigt werden.

Die Passage westlich des Brunnens führt zum dritten Burghof, in dem der Sankt-Veits-Dom steht.

▸ **Obrazárna Pražského hradu (Gemäldegalerie der Prager Burg):** Sie beherbergt eine kleine, aber feine Sammlung deutscher, italienischer, flämischer, niederländischer und tschechischer Meister der Renaissance- und Barockmalerei. Die Bilder gehörten einst zu einer der imposantesten Kunstsammlungen weltweit, die unter Rudolf II. und Ferdinand II. begonnen wurde. Doch das Gros der Gemälde ging durch Plünderungen, insbesondere während des Dreißigjährigen Krieges, verloren. Glücklicherweise wussten nicht alle Diebe Gutes von Schlechtem zu unterscheiden und so blieben so wertvolle Originale wie Rubens *Versammlung olympischer Götter,* Tizians *Junge Frau bei der Toilette* oder Tintorettos *Geißelung Christi* erhalten.

Öffnungszeiten Im zweiten Burghof. April–Okt. tägl. 9–18 Uhr, im Winter 9–16 Uhr. Eintritt 5,20 €, erm. die Hälfte, oder mit Kombiticket „Große Tour" (→ Kasten „Burg-Tickets").

Burg-Tickets: Um nur das Burggelände zu betreten, brauchen Sie kein Ticket. Es ist von April–Okt. von 5–24 Uhr zugänglich, von Nov.–März von 6–23 Uhr. Für die Sehenswürdigkeiten innerhalb des Burggeländes gibt es zwei verschiedene Kombitickets, keines jedoch, das alle Attraktionen einschließt. Mit dem Ticket **„Große Tour"** („Velký okruh", 13 €, erm. die Hälfte) darf man die *Gemäldegalerie der Prager Burg*, den *Königspalast*, die *Ausstellung „Geschichte der Prager Burg"*, die *Sankt-Georgs-Basilika*, das *Georgs-Kloster* samt Ausstellung, den *Pulverturm* und das *Goldene Gässchen* besichtigen. Das Ticket **„Kleine Tour"** („Malý okruh", 9,30 €, erm. die Hälfte) erlaubt nur den Zutritt zum *Königspalast*, zur *Sankt-Georgs-Basilika* und zum *Goldenen Gässchen.* Einzeltickets gibt es nur für ein paar Sehenswürdigkeiten (Preise siehe dort), die nicht im Ticket der „Kleinen Tour" inbegriffen sind. Die Besichtigung des *Doms* war zuletzt kostenlos.

Die Kombitickets bekommt man u. a. beim Ticketschalter im zweiten Burghof (neben der Gemäldegalerie der Prager Burg) und bei der Tourist Information im dritten Burghof gegenüber dem Sankt-Veits-Dom (im Winter 9–16 Uhr, im Sommer 9–17 Uhr). Die Tickets sind zwei Tage gültig.

▸ **Chrám sv. Vita (Sankt-Veits-Dom):** Von außen wirkt der Dom wie ein steinernes Tohuwabohu aus Strebe- und Tragpfeilern, Krabben und Kreuzblumen und riesigen Maßwerken. Statuen von Heiligen wechseln mit figürlichen, dämonenhaften Wasserspeiern ab, die, so der Glaube von einst, den Dom vor bösen Geistern bewahren, da diese beim Anblick ihres Ebenbildes die Flucht ergreifen. Da sich der Smog und der Ruß der Stadt über all dem niedergesetzt und das Bauwerk in ein einheitliches Graubraun getaucht hat, lassen sich auf den ersten Blick die einzelnen Bauabschnitte der Kathedrale nicht mehr unterscheiden.

1344 erfolgte unter König Johann von Luxemburg und Kronprinz Karl die Grundsteinsetzung. Erster Baumeister war Matthias von Arras, der zuvor in Avignon tätig war. Er sollte jetzt auch in Böhmen den Idealtypus einer französischen Kathedrale realisieren. Ansätze davon zeigt jedoch lediglich das Chorhaupt, denn schon 1352 starb der Baumeister. Zu seinem Nachfolger berief Karl, der inzwischen zum Kaiser des Römischen Reiches gekrönt worden war, den damals gerade erst 23-jährigen Peter Parler aus Schwäbisch Gmünd. Dieser überarbeitete die Entwürfe seines Vorgängers und ließ den bis dato in Ansätzen fertig gestellten Chor vollenden. Damit die Kathedrale auch schon als Gotteshaus genutzt werden konnte, schloss er den Chor dort, wo heute das Querschiff verläuft, mit einer „provisorischen" Fassade ab. Nach Parlers Tod 1399 schmückten seine Söhne die Kathedrale weiter aus. Am Grundriss sollte sich aber für die nächsten 450 Jahre nicht mehr viel ändern. Die Kathedrale war also lange Zeit nur halb so groß wie heute, und der Zutritt erfolgte über das beeindruckende *Goldene Tor* an der südlichen Längsseite, das mit einem Mosaikbild des Jüngsten Gerichts verziert ist. Erst als 1859 ein Förderverein zur Vollendung des Doms gegründet wurde, begann man mit dem Bau der westlichen Domhälfte, deren feierliche Einweihung 1929 erfolgte.

Heiliger oder Lebemann – Wenzel und kein Ende

Die Geschichte des tschechischen Nationalheiligen begann im Jahr 924: Fürst Václav (auf Deutsch „Wenzel") war jetzt verantwortlich für die Geschicke Böhmens. Elf Jahre lang regierte er, dann war er tot, umgebracht von seinem eifersüchtigen Bruder. Manchen Quellen zufolge soll seine Ermordung überflüssig gewesen sein, da er ohnehin die Macht an seinen Bruder abgeben wollte. Nach Rom plante Wenzel zu reisen, dort die Weihen zu empfangen, um als erster Bischof nach Böhmen zurückzukehren. Andere Quellen jedoch behaupten, dass der Fürst gar nicht so ein Heiliger war. Mit Heiden soll er gezecht und sich nachts mit hübschen Frauen vergnügt haben.

Sei es, wie es will, Wenzels großer Verdienst war die Christianisierung des Landes. Darauf fußen auch die Wenzellegenden, die den Herrscher zum Märtyrer und zur Heiligengestalt aufsteigen ließen. Noch im 10. Jh. wurde er heiliggesprochen. Unter Kaiser Karl IV. – er ließ die Wenzelskapelle im Dom bauen – wurde er schließlich zur Ikone, zum Landesheiligen. Es folgten Wenzelsfresken, Wenzelsdenkmäler, Wenzelsstatuen und der Wenzelsplatz. Und schließlich wurde Wenzel zum Symbol der Einheit und Unabhängigkeit des Landes, zum Schutzpatron aller Tschechen. In Prag kafkat, brodelt und kischt es also nicht nur, es wenzelt noch viel mehr. Und dass die Wenzelmanie kein Ende nimmt, dafür sorgt allein schon die Präsidentenfolge der jetzigen Republik: Václav „Wenzel" Havel wurde abgelöst von Václav Klaus.

Das Goldene Tor am Sankt-Veits-Dom

Die große kreisförmige *Rosette* über dem heutigen Eingang an der westlichen Stirnseite schaut man sich am besten von innen an. Die lebendig-bunte Bilderfolge zeigt die Genesis – 27.000 Glasstücke wurden dafür verarbeitet. Eines der farbenfrohsten Fenster in der westlichen Hälfte des Doms ist jedoch das der Neuen Erzbischöflichen Kapelle (dritte links), die als letzte Ruhestätte der Prager Bischöfe dient. Im Auftrag der Banka Slavie gestaltete es Alfons Mucha im späten Jugendstil mit Szenen aus dem Leben der heiligen Slawenapostel Kyrill und Method.

Kurz bevor man das Querschiff betritt, führt rechter Hand eine Wendeltreppe auf die *Aussichtsplattform* des südlichen Domturms (96,5 m hoch). Kein anderer Turm der Stadt bietet einen faszinierenderen Ausblick über Prag, kein anderer Aufstieg ist aber auch so mühselig: 287 Stufen!

Ein paar Schritte weiter befindet sich die prunkvollste der insgesamt 22 Seitenkapellen des Sankt-Veits-Doms, die *Kapelle des Hl. Wenzel*. Durch ihre reiche Ausschmückung mit weit über 1000 Halbedelsteinen, violetten Amethysten, roten Jaspissen und grünen Chrysoprasten, z. T. in Gold eingefasst, wirkt sie wie ein riesiges Schmuckkästchen. Bereits 1372 wurde der Passionszyklus, der über dem Altar mit der Kreuzigungsszene seinen Höhepunkt erreicht, geschaffen; der Künstler ist unbekannt. Ein weiterer Zyklus mit Szenen aus dem Leben des Hl. Wenzels verläuft auf Fensterhöhe. Der frei stehende Altar darin ist zugleich das Grab des Heiligen. Hinter dem kleinen Portal auf der Südseite führt eine Treppe zu der über der Kapelle liegenden Krönungskammer. Dort sind – der Öffentlichkeit verborgen – die Krönungskleinodien aufbewahrt, darunter die berühmte goldene Wenzelskrone. Sie soll übrigens jedem den Tod bringen, der sie ungebührlich aufsetzt. Ein Aberglaube? Der Letzte, der dies als Humbug abtat und sich zum Spaß mit der Krone im Spiegel anschaute, war der Reichsprotektor Reinhard Heydrich. Kurz darauf fiel er einem Attentat zum Opfer (→ S. 42). Die kleine Tür zur Krönungskammer ist übrigens

Fotoshooting vor der Burg

mit sieben Schlössern versehen, deren sieben Schlüssel auf sieben Persönlichkeiten der Stadt und des Staates verteilt sind.

Das barocke Gegenstück zur mittelalterlichen Wenzelskapelle ist die des Hl. Johann von Nepomuk (fünf Kapellen weiter). Vor ihr steht das silberne Grabmal des Heiligen, ein hoch gepriesenes Werk von Johann Bernhard Fischer von Erlach (u. a. Baumeister von Schloss Schönbrunn), das 1733–36 entstand. Irgendwie kann man sich des Eindrucks nicht erwehren, dass man es einfach im Chorgang stehen ließ, als man merkte, dass es für die Kapelle zu groß geraten war.

Im Chor des Doms ist vor dem Hauptaltar noch das *königliche Mausoleum* sehenswert, ein großer Sarkophag aus hellem Marmor, der von einem Renaissancegitter umgeben ist. Rudolf II. stiftete ihn für seinen Großvater Ferdinand I., dessen Gemahlin und deren Sohn. Die Putten drum herum scheinen sich über die drei fast lustig zu machen. Rudolf selbst ruht übrigens etwas tiefer in der Krypta. Sein Sarg ist aus Zinn und hat das Aussehen eines Brauereikessels. Mehrere Könige und Königinnen leisten ihm Gesellschaft.

Öffnungszeiten Im dritten Burghof. März–Okt. Mo–Sa 9–17 Uhr, So 12–17 Uhr, im Winter nur bis 16 Uhr. Eintritt frei. Der Domturm ist nur im Sommer geöffnet.

▸ **Královský palác (Königspalast):** In ihm residierten vom 11. bis zum 16. Jh. die Regenten Böhmens. Man betritt ihn im dritten und zugleich obersten Stockwerk. Dort befindet sich der berühmte *Vladislav-Saal,* der 62 m lang, 16 m breit und 13 m hoch ist. Er wurde in den Jahren 1492–1502 nach Plänen des Architekten Benedikt Ried gebaut. Krönungsfeierlichkeiten und Hofbälle fanden darin statt, aber auch Turniere, bei denen die Ritter zu Pferd über die Reitertreppe im Nordflügel (heute der Ausgang) hereinkamen. Seit 1918 wird hier der Präsident des Landes vereidigt. Von der südwestlichen Ecke des Vladislav-Saals gelangt man in den *Ludwigstrakt,* an sich nicht besonders sehenswert, dafür geschichtsträchtig. Hier war der Ort des zweiten Prager Fenstersturzes, der zum Dreißigjährigen Krieg führte (→ Kasten).

Der *Sitzungssaal des Landtags* grenzt im Nordosten an den Vladislav-Saal an. Das Mobiliar ist zwar nicht original – es stammt aus dem 19. Jh. –, wurde aber in der historischen Anordnung nachgestellt. Auf der Renaissancetribüne linker Hand saßen die Landesschreiber, rechts vom Thron der Bischof, auf den Bänken gegenüber die Adels- und Ritterstände. Etwas weiter führt eine Wendeltreppe zu Räumen, in denen die sog. Landtafeln aufbewahrt wurden. Darin verzeichnete man Beschlüsse des Landtags, zugleich waren sie auch eine Art Grundbuch. Die Wappen an den Wänden und Decken sind die der Beamten, die die Kanzlei leiteten.

Öffnungszeiten Im dritten Burghof. April–Okt. tägl. 9–18 Uhr, im Winter 9–16 Uhr. Zutritt zum **Königspalast** nur in Verbindung mit einem Kombiticket, → Kasten, S. 241.

Prager Fensterstürze – eine lange Tradition

Die Premiere der Prager Fensterstürze fand am 30. Juli 1419 statt. Aufgebrachte Hussiten katapultierten damals zwei katholische Ratsherren aus den Fenstern des Neustädter Rathauses. Diese Tat markiert heute den Beginn der Hussitenkriege.

1483 rückte das Altstädter Rathaus in den Mittelpunkt. Der katholische Bürgermeister musste dieses Mal dran glauben. Der Wurf, den die Protestanten nun landeten, blieb aber für die europäische Geschichte ohne Folgen, und so wird dieser in der offiziellen Fenstersturzchronik nicht mitgezählt.

Der berühmte zweite Prager Fenstersturz fand am 23. Mai 1618 statt. Die Spannungen zwischen Protestanten und Katholiken waren erneut eskaliert. Radikale Protestanten warfen zwei Statthalter samt deren Sekretär aus der Böhmischen Kanzlei auf der Prager Burg. Alle drei überlebten den 16 m tiefen Sturz, sie landeten weich auf einem Müllhaufen. Für die erlittene Schmach wurden sie übrigens von den Habsburgern reich entschädigt. Auch der Sekretär: Er wurde in den Adelsstand erhoben und durfte sich von nun an „von Hohenfall“ nennen.

Humorvoll stellte der englische Schriftsteller Jerome Klapka Jerome fest, dass die Geschichte Europas vielleicht anders verlaufen wäre, „wenn die Prager Fenster kleiner gewesen wären und zu solchen Taten nicht verlockt hätten“. Er gab den Ratschlag, öfters mal im Keller zu verhandeln.

Die Kette der Fensterstürze reißt bis heute nicht ab. Zum Glück lösen sie keine Kriege mehr aus. Der letzte Politiker, der aus dem Fenster fiel, war 1948 der einstige Außenminister Jan Masaryk kurz nach der kommunistischen Machtübernahme. Sein Tod ist bis heute nicht geklärt. Ebenso wenig der des Literaten Bohumil Hrabal, der 1997 angeblich beim Vogelfüttern aus dem Fenster gefallen war.

Příběh Pražského Hradu (Geschichte der Prager Burg): Die Ausstellung in den unteren Etagen des Königspalastes ist eine Art Parforceritt durch die Historie der Prager Burg. Sie ist chronologisch aufgebaut und liefert Burgmodelle zu jeder Epoche. Doch die Fülle der behandelten Aspekte (Baugeschichte, Katastrophen, Begräbniskult etc.) geht in den verwinkelten Räumlichkeiten auf Kosten der Übersichtlichkeit. Erläuterungen gibt es zudem nur in Englisch und Tschechisch. Zu den sehenswertesten Exponaten gehören ein Drahtmantel und ein silberner Helm – beide soll der heilige Wenzel getragen haben –, das gotische Tympanon *Thronende*

Madonna aus der Georgsbasilika, diverse Kronjuwelen und die Grabbeigaben Rudolfs I. Die vielen Urkunden sind hingegen längst nicht so wertvoll, wie ihre dicken Siegel glauben machen: Es handelt sich durchwegs um Imitate.

Öffnungszeiten Zugang zwischen drittem Burghof und Náměstí sv. Jiří. ⌚ wie Königspalast. Eintritt 5,20 €, erm. die Hälfte, oder mit Kombiticket „Große Tour" (→ Kasten, S. 241).

▸ **Bazilika sv. Jiří (Georgsbasilika):** Sie ist der bedeutendste und schönste romanische Sakralbau Prags und zugleich die zweitälteste Kirche der Stadt, wenn man dies von außen auch gar nicht vermuten mag. Bereits im Jahr 925 wurde die Kirche, damals noch einschiffig, der Fürstin Ludmila geweiht. Sie wurde als erste Märtyrerin Böhmens heiliggesprochen. Ihre Schwiegertochter hatte sie aufgrund von Machtstreitigkeiten erdrosselt. Die sterblichen Überreste Ludmilas befinden sich heute in der Kapelle, die sich an die Südseite des Chors anschließt. Die im Chor erhalten gebliebenen Fresken stammen aus dem 13. Jh. und lassen das himmlische Jerusalem nur noch erahnen. Neben Ludmila haben noch weitere Fürsten aus dem Geschlecht der Přemysliden hier ihre Grabstätte. So befinden sich zu Füßen des Chors in der hölzernen Tumba die Gebeine Vratislavs I. Gegenüber ruht Boleslav II. unter dem von einem schmiedeeisernen Gitter umgebenen Grabstein. Dahinter, in der Krypta unter dem Chor, steht rechter Hand die grauenerregende, dunkle Plastik der *Vanitas* aus der Mitte des 16. Jh. Sie stellt den Verfall bzw. die Vergänglichkeit des menschlichen Körpers dar. Einer Sage nach schuf sie ein Bildhauer, der aus Eifersucht seine Geliebte ermordet hatte und vor seiner Hinrichtung als letzte Bitte geäußert hatte, zum Beweis seiner Reue ihren verwesenden Körper darstellen zu dürfen.

Öffnungszeiten Náměstí u sv. Jiří. April–Okt. tägl. 9–17 Uhr, im Winter 9–16 Uhr. Zutritt nur in Verbindung mit einem Kombiticket (→ Kasten, S. 241).

▸ **Klášter sv. Jiří (Georgskloster):** Das Benediktinerinnenkloster wurde 927 als erstes Kloster Prags gegründet. Im Mittelalter war es durch seine illuminierten Handschriften aus dem klostereigenen Skriptorium weit über die Grenzen Böhmens hinaus bekannt. Von den vielen Um- und Anbauten erlebte es den letzten großen in der zweiten Hälfte des 17. Jh. Ende des 18. Jh. wurde es aufgelöst und in eine Artilleriekaserne verwandelt. Zum Zeitpunkt der letzten Recherche fanden umfangreiche Restaurierungsarbeiten statt. Zukünftig (falls der Termin nicht verschoben wird: ab Mai 2008) will darin die Nationalgalerie die Ausstellung „Tschechische Kunst des 19. Jh." zeigen (u. a. Procházka, Mánes, Myslbek, Švabinský, Bílek und Aleš).

Öffnungszeiten Náměstí u sv. Jiří. Tägl. (außer Mo) 10–18 Uhr. Das Kombiticket „Große Tour" (→ Kasten, S. 241) soll für das Georgskloster gültig sein, der separate Eintrittspreis war zum Zeitpunkt der Recherche noch unbekannt.

▸ **Prašná věž (Pulverturm):** Im Jahr 1485 wurde der Turm zur Verteidigung des Burgareals errichtet, 1649 flog er in die Luft. Nicht durch feindlichen Beschuss, sondern durch das darin eingerichtete Munitionslager – daher auch der Name. Böse Zungen behaupten jedoch, die Turmbezeichnung rühre aus jener Zeit, als Alchemisten darin für Rudolf II. Blei zu Gold verwandeln sollten und nichts anderes als irgendwelche Pülverchen hervorbrachten. Seit 2007 befindet sich im Pulverturm eine Waffensammlung (Säbel, Krummschwerter, Pistolen, Gewehre) der Infanterie und Kavallerie des Habsburger Reiches. Da der Platz beschränkt ist, sind die Geschütze der Artillerie nur als Modelle vertreten.

Öffnungszeiten Vikářská. April–Okt. tägl. 9–18 Uhr, im Winter 9–16 Uhr. Zutritt nur mit dem Kombiticket „Große Tour" (→ Kasten, S. 241).

▸ **Lobkovický palác (Palais Lobkowitz):** Das frühbarocke Palais, ursprünglich ein Renaissanceanwesen, wurde im Jahr 2003 der Adelsfamilie Lobkowitz restituiert, die Kommunisten hatten es 1952 konfisziert. Neben dem Palais bekam die Familie auch ihre Schlösser und Güter zurück, dazu ihre Kunstsammlung, eine der größten Mitteleuropas. Die kostbarsten Exponate zeigt die Adelsfamilie heute auf Schloss Nelahozeves (25 km nördlich von Prag) und im frisch restaurierten Palais Lobkowitz auf der Prager Burg, darunter Gemälde von Cranach d. Ä., Brueghel d. Ä. und Canaletto. Darüber hinaus werden Waffen und Rüstungen, Familienporträts, Beethovens Originalpartitur der 4. und 5. Symphonie und vieles mehr präsentiert. Des Weiteren beherbergt das Palais ein nettes Café, zudem werden im kleinen Festsaal stets mittags um 13 Uhr Klavierkonzerte geboten.

Adresse/Öffnungszeiten Jiřská 1. Tägl. 10.30–18 Uhr. Eintritt 10 €, erm. 6,50 €. Tickets für Konzerte 14 €. Was wann geboten wird, erfahren Sie unter www.praguecastleconcert.cz.

Ewiger Rummel im berühmten Goldenen Gässchen

▸ **Zlatá ulička (Goldenes Gässchen):** Einst wohnten hier die Ärmsten der Armen in einfachen Verschlägen rechts und links der Gasse, die gerade 1 m breit war. Für alle gab es nur eine Toilette, und die düngte den Hirschgraben. Nach einem Umbau der Burgmauern im 16. Jh. wurden aus den Hütten kleine Häuschen und vorübergehend zog die Burgwache ein. Danach lebten hier ein paar Goldschmiede – daher der Name des Gässchens. Im 19. Jh. begannen sich Wahrsager, Handwerker und Künstler einzumieten. Berühmtester Anwohner sollte Franz Kafka werden. In Haus Nr. 22 verfasste er im Winter 1917 mehrere Prosatexte. Madame de Thebes, eine damals bekannte Hellseherin, bewohnte das Haus Nr. 14. Nachdem sie den Untergang des Dritten Reiches prophezeit hatte, wurde sie von der Gestapo totgeschlagen. Heute wohnt niemand mehr hier – aus all den kleinen Häuschen sind Souvenirshops geworden, an denen sich die Touristenmassen vorbeidrängen. Und

Karte S. 240/241

Sommerkonzert auf der Burg

da es in manchen auch Goldschmuck zu kaufen gibt, trägt die Gasse ihren Namen wieder zu Recht.

Eintritt → Kasten, S. 241. Vor 9 Uhr und nach 19 Uhr benötigen Sie übrigens kein Ticket für das Gässchen!

▸ **Královská zahrada (Königsgarten):** Er wurde einst vielfach als der schönste Renaissancegarten nördlich der Alpen gepriesen. 1534 ließ ihn Ferdinand I. anlegen. Erstmals in Europa wurden darin Tulpen gezüchtet; die Zwiebeln stammten aus Konstantinopel. Während des Dreißigjährigen Krieges verwüsteten Schweden und Sachsen den Garten und vorbei war es vorerst mit dem herrschaftlichen Lustwandeln. Als man ihn im 18. Jh. als Barockgarten gerade neu angelegt hatte, kamen die Franzosen. Zum Glück konnte man sie durch eine Zahlung von 30 Ananas davon abhalten, dem oben erwähnten Beispiel zu folgen. Seine ursprüngliche Renaissanceform stellte man nach dem 1. Weltkrieg wieder her.

Am östlichen Ende des Gartens befindet sich das *Lustschloss Belvedér*. Den Grundstein für den Renaissancebau mit seinem auffälligen Dach in Form eines kieloben schwimmenden Schiffsrumpfs ließ Ferdinand I. 1538 legen; seiner geliebten Gemahlin wollte er das Schlösschen schenken. Es sollte dem Vergnügen und der Erholung dienen, auch ein Tanzsaal war geplant. Letztendlich zogen sich die Bauarbeiten jedoch bis 1564 hin. Während der Regierungszeit Rudolfs II. wurde das Lustschloss als astronomisches Observatorium zweckentfremdet. Heute wird es überwiegend für Ausstellungszwecke genutzt.

Der berühmte *Singende Brunnen* davor stammt aus der Mitte des 16. Jh. Das Modell, einem römischen Brunnen gleich, schuf Francesco Terzio. Für den Guss war ein Glockengießer namens Thomas Jaroš verantwortlich. Vielleicht klingen deshalb die herabfallenden Wassertropfen auf der untersten Metallschüssel wie ein nie enden wollendes Glockenspiel, das am besten zu hören ist, wenn man den Kopf unter (nicht in) das untere Brunnenbecken hält.

Adresse/Öffnungszeiten U prašného mostu. **Garten,** April u. Okt. tägl. 10–18 Uhr, Mai u. Sept. 10–19 Uhr, Juni u. Juli 10–21 Uhr, Aug. 10–20 Uhr.

Essen & Trinken

Die Restaurants und Cafés im Burgbereich werden ausschließlich von Touristen aufgesucht. Dementsprechend stimmen Qualität und Service größtenteils nicht mit den Preisen überein.

Burg Vyšehrad

Ziele rund um die Innenstadt

Auch außerhalb der herausgeputzten touristischen Stadtteile liegen bedeutende Setel, durch die sich ein Spaziergang lohnt, sind Vinohrady und Žižkov östlich des Zentrums, Smíchov südlich von Malá Strana und Holešovice im Norden der Stadt. Wer mit der Metro oder Straßenbahn noch weiter hinausfährt, gelangt in den breiten, Prag umschließenden Gürtel von Plattenbausiedlungen, brachliegendem Land, Parks und Industriegebieten.

▸ **Veletržní palác – Muzeum moderního a současného umění (Messepalast – Museum moderner und zeitgenössischer Kunst):** Das Museum begeistert in zweierlei Hinsicht: aufgrund seiner Architektur und aufgrund seiner Exponate. Als der ehemalige Messepalast 1928 eröffnet wurde, war er das erste Bauwerk Europas im funktionalistischen Stil und zugleich das größte Messegebäude der Welt. Heute hat sich das Auge an solche Bauten gewöhnt, von außen nimmt man den Palast deshalb gar nicht mehr als etwas Besonderes wahr. Von innen jedoch ist er noch immer überwältigend. Den Kern des Gebäudes bildet eine imposante Halle mit verglastem Dach, die von den offenen Galerien der sechs Stockwerke umgeben wird. Die Architekten Oldřich Tyl und Josef Fuchs schufen dadurch ein Bauwerk von solcher Leichtigkeit, dass sich Le Corbusier bei dessen Anblick wie ein Dilettant vorgekommen sein soll.

Das Gros des Gebäudes belegt heute die Nationalgalerie. Im 1. Stock werden Werke internationaler Künstler des 20. Jh. gezeigt (u. a. Miró, Kokoschka, Beuys und Klimt), im 2. Stock tschechische Kunst von 1930–2000 (Surrealismus, Aktionskunst, sozialistischer Realismus etc.) und im 3. Stock tschechische Kunst von 1900–1930 (große Sammlung kubistischer Werke) sowie französische Kunst des 19. und 20. Jh. (u. a. Delacroix, Rodin, Gauguin und Monet). Zudem finden immer wieder spannende Wechselausstellungen statt.

Verbindungen/Öffnungszeiten Dukelských hrdinů 47. Ⓜ C Nádraží Holešovice, weiter mit Ⓢ 12, 15 Veletržní. Tägl. (außer Mo) 10–18 Uhr. Eintritt 6 €, erm. die Hälfte, ab 16 Uhr 4,20 €.

▸ **Národní technické muzeum (Technisches Nationalmuseum):** Wegen Restaurierungsarbeiten war das Museum zum Zeitpunkt der letzten Recherche geschlossen, die Wiedereröffnung war jedoch noch für 2008 geplant. Dann erwarten Sie eine gigantische Sammlung an fotografischen und kinematografischen Apparaten (mit annähernd 18.000 Exponaten aus über 50 Ländern eine der größten der Welt), eine astronomische Abteilung mit Instrumenten, mit denen schon Tycho Brahe und Johannes Kepler Sonne, Mond und Sterne studiert haben, eine Verkehrshalle mit alten Škodas, Tatras und Bugattis, ein über 1 km langer Nachbau einer Erz- und Kohlengrube im Untergeschoss und, und, und ... Ein Erlebnis für Groß und Klein.

Verbindungen/Öffnungszeiten Kostelní 42, Holešovice. Ⓢ 1, 8, 15, 25, 26 Letenské náměstí.

▸ **Letenské sady (Letná-Park):** Hoch über der Moldau gelegen, bietet er herrliche Ausblicke über die Stadt. Auf Bierbänken sitzt man beim Letenský zámeček, einem kleinen Beinaheschlösschen, etwas gediegener im Westen der Parkanlage auf der Aussichtsterrasse des Hanavský pavilón. Dieser Jugendstilpavillon erinnert an eine russisch-orthodoxe Kirche, besitzt eine Stahlkonstruktion und wurde 1891 zur Landesjubiläumsausstellung gebaut. Ganz im Osten liegt der *Expo-Praha-58-Pavillon*. Der nahezu vollständig verglaste Pavillon gewann die Goldmedaille bei der Weltausstellung in Brüssel und fand danach auf der Letná einen neuen Standort. Einst befand sich ein nobles Restaurant mit Aussichtsterrasse darin, heute wird der Pavillon als Bürogebäude genutzt – schade. Noch zu sozialistischer Zeit wurden auf der Rückseite des Parks, beim Sparta-Stadion, die Maiparaden abgenommen. Aber das ist Vergangenheit. An die wechselvolle Geschichte des Landes erinnert heute das große *Metronom* des Pop-Künstlers David Černý. Es ist jedoch von überall in der Stadt interessanter anzusehen als vor Ort. Könnte man die Frequenz steigern, wäre der Platz davor die geniale Kulisse für eine Techno-Party.

Verbindungen Holešovice. Ⓢ 1, 8, 15, 25, 26 Sparta.

▸ **Ausstellungsgelände Výstaviště:** Rund um die alten Jugendstilmessehallen, die noch heute genutzt werden, erstreckt sich ein etwas schäbiges Freizeitgelände – dementsprechend ist der Andrang. Es gibt u. a. einen *Lunapark* mit Riesenrad, eine kitschige multimediale *Springbrunnenshow* (Křižíkova fontána, nur im Sommer, www.krizikovafontana.cz), einige Theater, Terrassenlokale und Imbissstände. Im *Seaworld* (Morský svět) kann man Korallen und Meeresfische – darunter auch Haie in einem viel zu kleinen Aquarium – besichtigen. Im Osten begrenzt die *T-Mobile-Arena,* in der Sparta Prag Eishockey spielt und musikalische Großevents stattfinden, das Gelände.

Verbindungen Výstaviště, Holešovice. Ⓜ C Nádraží Holešovice, weiter mit Ⓢ 12 Výstaviště.

▸ **Vítkov (Veitsberg):** Hoch über Prag hat man hier Jan Žižka ein Denkmal gesetzt, so gigantisch, als hätte der einäugige Hussitenführer nicht nur ein Kreuzfahrerheer besiegt (→ S. 94), sondern die Welt auch noch vor einem Überfall der Klingonen bewahrt. Das Denkmal ist zugleich das größte bronzene Reiterstandbild der Welt. Aus der Nähe betrachtet, wirkt es aber gar nicht so imposant. Hinter ihm liegt die Nationale Gedenkstätte (Národní památník), ein riesiger konstruktivistischer Würfel aus den 20er Jahren, der zum Ruhm der neuen Republik errichtet wurde. Die

Kommunisten zweckentfremdeten das Bauwerk und machten daraus ein Mausoleum. Unter anderen fand darin auch der einstige Präsident Klement Gottwald seine Ruhestätte – aber nicht die letzte: 1990 bettete man ihn schließlich um auf den Friedhof Olšany (s. u.). Der Arme erlag übrigens einer Grippe, die er sich beim Begräbnis Stalins geholt hatte.

Verbindungen/Öffnungszeiten Žižkov. Ⓜ B, C Florenc, weiter mit Ⓑ 133 U Památníku, von dort führen Spazierwege nach oben. Jeden ersten Sa im Monat ab 14 Uhr Führungen durch die **Nationale Gedenkstätte,** Anmeldung nötig unter ✆ 602664078 (mobil). Ansonsten ist sie nur zu gelegentlichen Veranstaltungen geöffnet.

▸ **Nové Židovské Hřbitovy (Neuer Jüdischer Friedhof):** Er ist ein bizarr-idyllischer Ort und nicht weniger besuchenswert als der Alte Jüdische Friedhof in Josefov, zumal hier kein Gedränge herrscht. Das Gros der Grabsteine stammt aus dem 19. Jh. und der ersten Hälfte des 20. Jh. Das bekannteste Grab ist das Franz Kafkas, der 1924 im Alter von knapp 41 Jahren an Tuberkulose starb. Er liegt zusammen mit seinen Eltern an der Südmauer bestattet. Seine Fangemeinde legt hier Briefe, Blumen und Steinchen nieder. Der riesige und ebenfalls überaus interessante *Friedhof Olšany (Olšanské hřbitovy)* nebenan wurde ursprünglich für die Toten der Pestepidemie des Jahres 1680 angelegt.

Verbindungen/Öffnungszeiten Izraelská 1, Žižkov. Ⓜ A Želivského. Das Kafkagrab ist ab dem Eingang ausgeschildert. So–Fr 9–17 Uhr, im Winter bis 16 Uhr.

▸ **Televizní Vysílač Praha (Fernsehturm):** Nach 7-jähriger Arbeitszeit wurde 1992 das letzte sozialistische Bauwerk Prags vollendet. Mehr als 100 m ragt es in den Himmel. Davor liegen noch die kümmerlichen Überreste eines jüdischen Friedhofs aus dem 19. Jh., der dem Giganten weichen musste. Ursprünglich sollte der Turm v. a. die Frequenzen westlicher Sender stören. Heute dient er der Übertragung von Radio- und Fernsehprogrammen. Der Panoramablick von der Aussichtsplattform wäre schöner, würde man öfters mal die Fenster putzen. Auf 70 m befinden sich ein Café und ein Restaurant mit satten Preisen.

Verbindungen/Öffnungszeiten Mahlerovy sady, Žižkov. Ⓜ A Jiřího z Poděbrad. Tägl. 10–23 Uhr. Eintritt 5,30 €, erm. 4,30 €.

▸ **Burg Vyšehrad:** Zahlreiche Legenden ranken sich um die südlich von Nové Město gelegene Burg Vyšehrad auf

Die größte bronzene Reiterstatue der Welt: das Jan-Žižka-Denkmal auf dem Vítkov

einem Felsen hoch über der Moldau. Angeblich war sie die erste Residenz böhmischer Könige, und Prinzessin Libuše soll – wie vielfach in der Literatur beschrieben – von hier die glorreiche Zukunft Prags prophezeit haben (→ Kasten). Leider alles Humbug: Vyšehrad entstand erst um das Jahr 930 und damit später als die Prager Burg.

Von der ursprünglichen Burganlage ist heute außer den ziegelroten Festungsmauern und ein paar Toren kaum mehr etwas erhalten. Wirklich sehenswert ist lediglich der im 19. Jh. errichtete *Ehrenfriedhof.* Auf ihm ruht die Crème de la Crème der tschechischen Kunstszene unter reich verzierten Arkaden in prachtvollen Gräbern, darunter Antonín Dvořák und Bedřich Smetana. Ein Plan am Eingang weist auf die wichtigsten Gräber hin. Der Friedhof liegt direkt neben der *Peter-und-Pauls-Kirche* (Kapitulní Chram sv. Petra a Pavla), deren Zwillingstürme die Burg dominieren. Ihre Fundamente reichen bis ins 11. Jh. zurück. Zu sehen gibt es ansonsten noch eine romanische *Rotunde,* auf der 1776 Prags erster Blitzableiter installiert wurde, eine Kunstgalerie (meist geschlossen), die spärlichen Überreste einer Basilika aus dem 11. Jh. und die *Kasematten,* unterirdische Gewölbegänge des Befestigungswalls am nördlichen Ziegeltor. Sie münden in einen großen Saal, in dem einige Originalstatuen der Karlsbrücke aufbewahrt werden.

• *Verbindungen/Öffnungszeiten* Vyšehrad. Ⓜ C Vyšehrad, von dort ausgeschildert. Informationsbüro wenige Meter hinterm Eingang, hier gibt es auch einen Plan zur Burganlage. Infobüro und **Kasematten** (Eintritt 1,10 €) im Sommer tägl. 9.30–18 Uhr, im Winter bis 17 Uhr. **Kirche** tägl. (außer Di ganztags und Mi nachmittags) 9–12 und 13–17 Uhr. **Friedhof** im Sommer tägl. 8–19 Uhr, im Winter bis 17 Uhr.

Libušes Liebe und Visionen

Erstmals berichtete Domdechant Cosmas Anfang des 12. Jh. über Libuše, die Thronfolgerin des slawischen Königs Crocco. Er beschrieb sie als „liebenswürdig zu jedermann“ und als „Zierde und Pracht der Weiblichkeit, die mit klugen Urteil sich der Geschäfte der Männer annahm“. Doch sei sie laut Cosmas eben eine Frau gewesen, und habe folglich nicht ordentlich von einem Thron aus regiert, sondern von „einem hochgetürmten Haufen weicher und bestickter Kissen, wie es der wollüstigen Weichlichkeit der Frauen entspricht“. Das konnte selbstverständlich nicht gut gehen. Das Volk verlangte nach einem Herzog. Libuše entschied sich für einen jungen kräftigen Ackersmann, genannt „Přemysl der Pflüger“, der von seinem Glück nichts wusste, bis ihn Libuše zu sich bringen ließ. Er wurde ihr Gemahl und damit auch Fürst, der erste des Geschlechts der Přemysliden. Und an seiner Seite prophezeite Libuše, dass dort, wo ein Mann eine Schwelle (auf Tschechisch „prah“) zimmert, man eine Burg bauen wird, die den Namen Praha trägt. Und mit Worten, die an Vergil erinnern, lässt Cosmas Libuše fortfahren: „Siehe, ich sehe eine große Stadt, deren Ruhm bis an die Sterne reichen wird“.

Cosmas Zeilen inspirierten unzählige Autoren und Komponisten, u. a. Herder, Grillparzer, Brentano, Smetana, Mahler usw. Bis in die Gegenwart lebt Libuše in Kunst und Literatur fort.

PRAHA
PRAHA
PRAHA
PRAHA
VÁNOČNÍ POZDRAV
PRAHA
PRAHA
PRAHA
PRAHA
PRAHA
PRAGUE'S JEWISH TOWN
PRAHA ŽIDOVSKÉ MĚSTO
JOHN LENNON
PRAHA
PRAHA
PRAHA

Kleines Sprachlexikon

Aussprache

Grundsätzlich gilt, dass alle Vokale ohne Längenzeichen kurz gesprochen werden, alle mit gedehnt werden. Die Betonung liegt stets auf der ersten Silbe. **Hier nur die Abweichungen von der deutschen Aussprache:**

á	langes A wie in Vater
é	langes Ä wie in Hände
C, c	wie Ts (nie wie K!)
d'	erweichtes D wie Dj
Ě, ě	wie Je, erweicht zudem vorangehendes D, T und N
H, h	wenn es zwischen zwei Vokalen steht, wie das deutsche H, ansonsten wird es zum Teil leicht angehaucht ausgesprochen, also fast wie unser Ch
í, ý	langes I wie in Liebe
ch	wie das Ch in Ach
K, k	K, unbehaucht
Ň, ň	erweichtes N wie Nj in Sonja
ó	langes O wie in Mode
R, r	gerolltes R
Ř, ř	in etwa Rsch
S, s	wie Ss
Š, š	wie Sch
t'	erweichtes T wie Tj
ů, ú	langes U
V, v	wie W
Z, z	stimmhaftes S (nie Tz)
Ž, ž	wie J in Journal

Grundlegende Wörter und Sätze

Ano/Ne	Ja/Nein
Děkuju/Prosím	Danke/Bitte
Pardon, promiňte	Entschuldigung
Ahoj	Hallo/Tschüs
Na shledanou	Auf Wiedersehen
Dobré jitro	Guten Morgen
Dobrý den	Guten Tag
Dobrý večer	Guten Abend
Dobrou noc	Gute Nacht
Jak se máte?	Wie geht es Ihnen?
Prosím vás, můžete mi pomoci?	Können Sie mir bitte helfen?
Máte ...?	Haben Sie ...?
Kolik je hodin?	Wie viel Uhr ist es?
Pomoc!	Hilfe!
Velké/Malé	groß/klein
Dobře/Špatně	gut/schlecht
S/Bez	mit/ohne

Unterwegs

Ortsbezeichnungen

Nádraží	Bahnhof
Zámek	Schloss
Ulice	Straße/Gasse
Třída	Boulevard
Náměstí	Platz
Klášter	Kloster
Hrad	Burg
Zahrada	Garten
Kostel	Kirche
Banka	Bank
Směnárna	Wechselstube
Nemocnice	Krankenhaus
Most	Brücke
Starožitnictví	Antiquitätengeschäft
Knihkupectví	Buchhandlung
Lékárna	Apotheke
Lahůdky	Feinkostladen
Obchodní dům	Kaufhaus
Potraviny	Lebensmittelgeschäft
Trh	Markt
Pošta	Postamt
Cestovní kancelář	Reisebüro

Zur Orientierung

Kde je...?	Wo ist ...?
Jak je to daleko?	Wie weit ist das?
Jak se dostanu k ...?	Wie komme ich zu...?
Kdy?	Wann?
Nalevo	Links
Napravo	Rechts
Rovně	Geradeaus
Autobusem	Mit dem Bus
Vlakem	Mit dem Zug
Příjezd/Odjezd	Ankunft/Abfahrt
Musím přestupovat?	Muss ich umsteigen?
Musím mít místenku?	Muss ich reservieren?
Autem	Mit dem Auto
Pěšky	Zu Fuß
Taxíkem	Mit dem Taxi
Jízdenka	Fahrkarte
Autobusová stanice	Busbahnhof

Mit dem Auto unterwegs

Měl/-a jsem poruchu	Ich habe eine Panne
Můžete se na to podívat?	Können Sie mal nachsehen?
Je tady někde blízko autoopravna?	Wo ist hier in der Nähe eine Werkstatt?
Stala se nehoda	Es ist ein Unfall passiert
Zavolejte prosím rychle policii	Rufen Sie bitte schnell die Polizei
Plnou prosím	Voll tanken, bitte

Verständigung

Rozumím	Ich verstehe
Nerozumím	Ich verstehe nicht
Co?	Was?
Mluvíte anglicky/německy?	Sprechen Sie Englisch/Deutsch?
Mluvím jen málo ...	Ich spreche nur wenig ...
Jak se to řekne česky?	Wie sagt man das auf Tschechisch?
Jmenuji se ...	Ich heiße ...

Hinweise

Vchod	Eingang	Pozor!	Gefahr!
Východ	Ausgang	Policie	Polizei
Záchod	Toilette	Kouření zakázáno	Rauchen verboten
Muži	Männer	Koupání zakázáno	Baden verboten
Ženy	Frauen	Vstup zakázán	Eintritt verboten
Otevřeno/Zavřeno	Offen/Geschlossen		

Zahlen

Jeden	1	Dvacetjedna	21
Dva	2	Třicet	30
Tři	3	Čtyřicet	40
Čtyři	4	Padesát	50
Pět	5	Šedesát	60
Šest	6	Sedmdesát	70
Sedm	7	Osmdesát	80
Osm	8	Devadesát	90
Devět	9	Sto	100
Deset	10	Sto jedna	101
Jedenáct	11	Dvě stě	200
Dvanáct	12	Tři sta	300
Třináct	13	Čtyři sta	400
Čtrnáct	14	Pět set	500
Patnáct	15	Šest set	600
Šestnáct	16	Sedm set	700
Sedmnáct	17	Osm set	800
Osmnáct	18	Devět set	900
Devatenáct	19	Tisíc	1000
Dvacet	20		

Wochentage

Pondělí	Montag	Pátek	Freitag
Úterý	Dienstag	Sobota	Samstag
Středa	Mittwoch	Neděle	Sonntag
Čtvrtek	Donnerstag		

Monatsnamen

Leden	Januar	Červenec	Juli
Únor	Februar	Srpen	August
Březen	März	Září	September
Duben	April	Říjen	Oktober
Květen	Mai	Listopad	November
Červen	Juni	Prosinec	Dezember

Übernachten

Můžete mi prosím doporučit nějaký dobrý hotel?	Können Sie mir bitte ein gutes Hotel empfehlen?
Máte ještě volné pokoje?	Haben Sie noch Zimmer frei?
Jednolůžkový	Einzelzimmer
Dvoulůžkový	Doppelzimmer
Se sprchou/s koupelnou	Mit Dusche/Bad
Na jednu noc	Für eine Nacht
Kolik stojí pokoj se snídaní?	Was kostet ein Zimmer mit Frühstück?
Máme bohužel všechno obsazené	Wir sind leider voll belegt.
Mám reservaci	Ich habe reserviert
Nosič	Portier
Klíč	Schlüssel

Essen und Trinken

Allgemein

Kde je tady nějaká dobrá restaurace?	Wo gibt es hier ein gutes Restaurant?
Dobrou chut'	Guten Appetit
Na zdraví!	Prost!
Jsou tyto místa volná?	Sind diese Plätze frei?
To jsem si neobjednal/-a	Das habe ich nicht bestellt
Nejím maso	Ich esse kein Fleisch
Zaplatím prosím	Die Rechnung bitte
Snídaně	Frühstück
Oběd/večeře	Mittag-/Abendessen
Bylo to výborné	Das Essen war ausgezeichnet

Frühstück

Chléb	Brot
Houska	Rundes Brötchen
Rohlík	Längliches Brötchen
Máslo	Butter
Vejce	Eier
Vajíčko na měkko	Weiches Ei
Míchaná vejce	Rühreier
Vejce na slanině	Eier mit Speck
Med	Honig
Džem	Marmelade
Šunka	Schinken
Salám	Wurst
Sýr	Käse
Uzený sýr	Räucherkäse
Cukr	Zucker
Sůl	Salz
Pepř	Pfeffer

Getränke

Pivo	Bier
Budvar	Budweiser
Plzeňský prazdroj	Pilsner Urquell
Černé pivo	Dunkles Bier
Nealkoholické pivo	Alkoholfreies Bier
Bílé víno	Weißwein
Ryzlink	Riesling
Červené víno	Rotwein
Frankovka	Blaufränkischer (trockener, beliebter Rotwein)
Svařené vino	Glühwein
Džus	Saft
Minerální voda	Mineralwasser
Čaj	Tee
Káva	Kaffee
Káva překapávaná	Filterkaffee
Černá káva	Schwarzer Kaffee
Bílá káva	Kaffee mit Milch
Káva bez kofeinu	Koffeinfreier Kaffee
Vídeňská káva	Wiener Kaffee (mit Sahnehaube)
Mléko	Milch
Čokoláda	Schokolade

Zum Auftakt

Předkrmy	Vorspeisen
Pražská šunka	Prager Schinken
Polévka	Suppe
Bramborová polévka	Kartoffelsuppe
Čočková	Linsensuppe
Hovězí vývar	Rinderbrühe

Žampionový krém	Champignon-cremesuppe
Hrachová	Erbsensuppe
Rajská	Tomatensuppe
Zeleninová	Gemüsesuppe

Das Beste zum Bier

Nabídka dne	Tagesgericht
Hlavní jídlo	Hauptgericht
Maso	Fleisch
Vepřové	Schweinefleisch
Vepřový řízek	Schweineschnitzel
Vepřový steak	Schweinesteak
Kotleta	Kotelett
Žebírko	Rippchen
Uzená krkovice	Rauchfleisch
Hovězí	Rindfleisch
Telecí	Kalbfleisch
Guláš	Gulasch
Svíčková na smetaně	Lendenbraten mit Sahnesoße
Španělský ptáček	Gefüllte Rinderroulade
Sekaná	Hackbraten
Biftek	Beefsteak
Skopové	Lammfleisch
Játra	Leber
Ledvinky	Nieren
Jazyk	Zunge
Kuře	Hähnchen
Kachna	Ente
Pečená husa	Gänsebraten
Ryby	Fisch
Pstruh	Forelle
Kapr	Karpfen
Zavináč	Hering
Tuňák	Tunfisch
Krevety	Krabben
Na roštu	gegrillt

Und dazu

Přílohy	Beilagen
Houskové knedlíky	Semmelknödel
Špekové knedlíky	Speckknödel
Bramborové knedlíky	Kartoffelknödel
Brambory	Kartoffeln
Bramborový salát	Kartoffelsalat
Hranolky	Pommes frites
Rýže	Reis
Zelí	Sauerkraut
Červené zelí	Rotkraut
Špenát	Spinat
Zelenina	Gemüse
Cibule	Zwiebeln
Česnek	Knoblauch
Fazole	Bohnen
Hrášek	Erbsen
Květák	Blumenkohl
Mrkev	Karotten
Chřest	Spargel
Houby	Pilze
Salát	Salat
Okurka	Gurke
Rajčata	Tomaten
Ocet	Essig
Tatarská omáčka	Remouladensoße

Zum Abschluss

Zákusky	Nachspeisen
Kompot	Kompott
Zmrzlina	Speiseeis
Ovocné knedlíky	Obstknödel
Palačinky	Palatschinke
Vdolečky se šlehačkou	böhmisches Hefegebäck mit Sahne
Sýrový talíř	Käseplatte
Dort	Kuchen

Zwischendurch

Chlebíček	Belegtes Brötchen
Pečivo	Gebäck
Klobásy	Würste
Párek	Würstchen
Slanina	Speck
Hořčice	Senf
Oříšky	Erdnüsse

Obst

Ovoce	Obst
Banán	Banane
Hrozny	Weintrauben
Hruška	Birne
Jablko	Apfel
Jahody	Erdbeeren
Maliny	Himbeeren
Pomeranč	Orange

Verlagsprogramm

Michael Müller Verlag GmbH, Gerberei 19, 91054 Erlangen
Tel. 0 91 31 / 81 28 08-0; Fax 0 91 31 / 20 75 41; E-Mail: mmv@michael-mueller-verlag.de

Register

Prag – Register (ab S. 185)